帝国的伙伴

Partners of the Empire

革命年代奥斯曼帝国的秩序危机

The Crisis of the Ottoman Order in the Age of the Revolutions

Ali Yaycioglu

[土耳其] 阿里·亚伊哲奥卢 著

宋宁刚 译

GUANGXI NORMAL UNIVERSITY PRESS

广西师范大学出版社

·桂林·

DIGUO DE HUOBAN: GEMING NIANDAI AOSIMAN DIGUO DE ZHIXU WEIJI

图书在版编目（CIP）数据

帝国的伙伴：革命年代奥斯曼帝国的秩序危机 /（土）阿里 • 亚伊哲奥卢著；宋宁刚译. --桂林：广西师范大学出版社，2022.9

书名原文: Partners of the Empire: The Crisis of the Ottoman Order in the Age of the Revolutions

ISBN 978-7-5598-5131-4

Ⅰ. ①帝… Ⅱ. ①阿… ②宋… Ⅲ. ①奥斯曼帝国—历史 Ⅳ. ①K374.3

中国版本图书馆 CIP 数据核字（2022）第 104680 号

广西师范大学出版社出版发行
（广西桂林市五里店路 9 号 邮政编码：541004
网址：http://www.bbtpress.com）
出版人：黄轩庄
全国新华书店经销
北京盛通印刷股份有限公司印刷
（北京经济技术开发区经海三路 18 号 邮政编码：100176）
开本：880 mm × 1 240 mm 1/32
印张：11 字数：242 千字
2022 年 9 月第 1 版 2022 年 9 月第 1 次印刷
审图号：GS（2022）3819 号
定价：78.00 元

献给我已故的父亲阿拉埃廷·亚伊哲奥卢

和我的母亲蕾赞·亚伊哲奥卢

目 录

序　言

涉足18世纪末19世纪初的奥斯曼帝国历史之初，我天真地以为，这一时期极少被研究。我错了：实际上这是奥斯曼历史中被研究得最多的时期之一。自19世纪初以来，奥斯曼和欧洲的历史学家及外交学者就已经写出专著、报告和文章，论述奥斯曼帝国在法国大革命和拿破仑战争期间经历的危机。在19世纪末的政治现代化努力和立宪运动中，决策者、法学家和知识分子把目光转向这个动荡的早期，从制度、事件和个人的丰富剧目中寻找现代化的根源。在民族国家的构建过程中，研究巴尔干、土耳其和阿拉伯民族主义的历史学家围绕着他们在18世纪末19世纪初的民族话语，追寻他们的民族运动的起源、早期现代化者和开国元勋。一些历史学家将奥斯曼在这一时期的经验视为旧时代危机和现代开端的典型代表。所谓的东方问题学者则把这一时期作为20世纪初奥斯曼帝国逐步解体的前奏来研究。因此，关于这一时期的文献已堆积成山，既有使用奥斯曼土地上所有语言的，也有许多使用的是欧洲语言。

这一时期虽然是奥斯曼帝国被研究得最多的时期之一，但对它的整体理解也是最缺乏的。尽管关于这一时期有大量文献、众多档案资料以及学术作品，但我经常发现对重要主题的研究——诸如巴尔干、土耳其和阿拉伯世界的区域发展，外省显要的崛起，奥斯曼制度的转型，军事和财政改革，以及外交和战争的背景等——是被分开处理的。

我意识到，将这些问题割裂开来思考，会使我们无法看到奥斯曼秩序的复杂性、其制度的全貌，以及帝国内各行动者之间的互动和联系。在本书中，我试图将奥斯曼的制度转型、区域形态和全球语境作为一种综合现象来解释。

斯坦福·肖 1971 年出版的《新旧之间：塞利姆三世时期的奥斯曼帝国（1789—1807）》无疑是迄今为止关于这一时期最全面的著作，至今仍形塑着许多历史学家对这一时期的看法，即视其为新旧之争。2006 年肖教授去世前夕，我在安卡拉与他有过一面之缘。虽然我们没有机会聊到他的书，但作为一个过于自信的研究生，我的语气让他察觉到我想重新评价他的作品。他一点也不恼火，反而抱怨说，自从他的书问世以来，没有一个学者试图在一个更大的图式中重写这一时期的历史。我把这句话当作真诚的鼓励。

在本书中，我从一个新的视角来进入奥斯曼帝国的这个过渡时代。首先，我认为它的居民们有多种选项，有些是旧的，但大多数是新的。他们往往把新旧结合起来。这个危机时代在议题、规划、联盟、冲突和解决方案上有着丰富可能。其中很多半途而废了，对热衷于为我们时代的制度和经验寻根的学者来说，它们自然就变得不那么重要。

其次，我认为参与奥斯曼转型的行动者具有多样性，个体、家庭和集体行动者都有其议题、打算和改变现状的能力。这并不是新与旧、国家与人民、精英与群众、中心与边缘、穆斯林与非穆斯林各自作为铁板一块的集团之间的斗争。相反，在混乱的政治景观中，各种群体和利益集团之间出现了许多斗争和联盟。因此，我并不是要向读者讲述参与一场特定斗争的诸党派，而是要检视政治行动的模式、联盟的成立与瓦解、确立和失去权力的形式、舆论的表达，以及秩序如何维护、协议如何达成。

本书绝不是一项要去探讨这个时代奥斯曼的每个问题、地区和事件的全面研究。我的兴趣主要在于分析制度、话语和政治文化的转型，并将重要的个人、集体行动者和事件置于奥斯曼帝国的这一转型中。自从完成本书，我更加坚信，我们需要对奥斯曼世界如何进入现代化和全球化的19世纪进行更多的讨论和研究。今天，对于思考、关心中东和巴尔干的学者和知识分子来说至关重要的，是认识到这些地区的人们尝试了各种解决方案，展开了一系列的制度重建，调动了巨大的想象力来应对他们面临的挑战。最终，正如任何一个变革年代，会有赢家和输家，有延续和断裂，有些选项被采纳，有些选项被放弃。在将这些问题放在奥斯曼的语境和革命年代的更大框架中综合考虑时，本书首要之务在于发起一场新的讨论：当奥斯曼世界来到19世纪现代性的前夕，人们如何参与一个激进的变革年代。

《帝国的伙伴》是在许多机构和人士的帮助、支持、指导、鼓励和启发下完成的。我有幸在各种档案馆和图书馆中工作。我要感谢哈佛大学威德纳图书馆，斯坦福大学格林图书馆，普林斯顿大学费尔斯通图书馆，伊斯坦布尔的总理府奥斯曼档案馆和托普卡珀宫博物馆档案馆，索非亚的西里尔和美多迪乌斯国家图书馆东方馆，萨拉热窝的加齐·胡思雷夫贝格图书馆，维也纳的家族、宫廷和政府档案馆，以及巴黎的外交部档案馆的工作人员。我特别感谢斯坦福大学人文中心为本书组织了一个审稿研讨会。

我对我的老师、督导和顾问杰马尔·卡法达尔感激不尽。多年来，他一直是我不可或缺的向导和灵感来源。我要感谢哈利勒·伊纳尔哲克、厄泽尔·埃尔根奇和恩金·德尼兹·阿卡利，我和这些老师密切合作，学习奥斯曼历史。我要感谢阿龙·罗德里格和乔尔·贝宁过去4年在斯坦福的指导、支持和友谊。我还要感谢基思·贝克、莫莉·格林、阿夫纳·格赖夫、哈坎·卡拉特克、亚历山大·基、南希·科尔曼、克里斯托夫·诺伊曼、奥克塔伊·厄泽尔、谢夫凯特·帕穆克、理查德·罗伯茨、巴基·泰兹詹、罗伯特·特拉弗斯、卡罗琳·温特尔，以及法提赫·耶希尔，他们在不同阶段阅读了我的部分或全部手稿，并分享了他们的宝贵意见和评价。

多年来，我从许多老师、同事和朋友的想法、指导和批评中受益匪浅。在众多人中，我要特别感谢哈吉·阿均、塞文·阿伊尔、弗吉尼亚·阿克桑、穆罕默德·阿里桑、图纳·阿尔通、伊尔凯尔·艾蒂尔克、卡伦·巴基、哈利勒·贝尔克塔伊、许利亚·詹巴卡厄、安妮特·焦什昆、查尔斯·多纳休、贝沙拉·杜迈尼、毛希丁·埃伦、博阿奇·埃尔盖内、尼吕费尔·杜伊古·埃里滕、季米特里·贡迪卡斯、蕾切尔·戈什格里安、罗西察·格拉德娃、安东尼斯·哈吉尼科劳、许克吕·哈尼奥卢、穆罕默德·卡尔帕克利、莱拉·卡伊汉、塞伊菲·凯南、伊尔哈姆·扈利－马克迪西、迈克尔·金麦芝、哈坎·基里姆利、埃利亚斯·科洛沃斯、胡卢西·莱凯西兹、努拉伊·梅尔特、阿兰·米哈伊尔、居尔鲁·内吉普奥卢、埃罗尔·奥日瓦尔、叶夫根尼·拉杜舍夫、韦伊塞尔·希姆谢克、伊安尼斯·斯派罗普洛斯、特里斯坦·斯坦、希梅特·塔什克米尔、乌穆特·乌泽尔、已故的吉勒·委因施泰因、菲克雷特·耶尔马兹、伊佩克·约什马奥卢、帕特里夏·扬，以及西贝尔·赞迪－萨伊克。我想感谢已故的杰拉勒丁·恰潘奥卢以及恰潘家族的其他成员与我分享关于家族历史的记忆。

在我写这本书的过程中，斯坦福大学历史系（和其他系）的同事给予了很大的支持和帮助。感谢他们所有人。但我要特别感谢葆拉·芬德伦、卡伦·威根、珍妮弗·伯恩斯、詹姆斯·坎贝尔、戈登·张、罗伯特·克鲁斯、埃斯特尔·弗里德曼、马丁·刘易斯、马克·刘易斯、诺曼·奈马克、文由美、普里亚·萨蒂亚、伊迪丝·谢费尔、马特·萨默、劳拉·斯托克斯、内田润、阿米尔·韦纳、史蒂文·齐佩施泰因、莫妮卡·惠勒、沙赫扎德·巴希尔、卡比尔·坦巴尔、布尔恰克·克斯金－科扎特、布尔久·卡拉汉、克丽丝滕·阿尔夫、菲拉特·博兹贾利、丽贝卡·格鲁斯金、阿里·卡拉穆斯塔法、米歇尔·卡恩、季米特里奥斯·卢法斯、乌乌尔·佩切，以及弗拉基米尔·特罗扬斯基。我要感谢科奇大学校长奥姆兰·伊南和科奇大学安纳托利亚文明研究中心前主任斯科特·雷德福，我在科奇大学和研究中心期间，他们在我写书的不同阶段给予了支持。我要特别感谢我的历史学家同事和编辑丹妮拉·布莱以及斯坦福大学出版社的编辑彼得·德雷尔，他们帮助我以一种易于理解的方式，向更广泛的历史学家群体传达关于奥斯曼帝国的事实。我还要感谢斯坦福大学出版社的主编凯特·沃尔，她对人文和社会科学有着伟大的愿景。

我在土耳其期间，我的表兄弟塞维尔·巴厄塔利－蒂尔潘、图卢·蒂尔潘、塞夫吉·考劳伊、哈伊里·考劳伊、阿厄米拉·考劳伊、德尼兹·焦什昆、梅利哈·焦什昆－耶尔达尔、詹贝克·耶尔达尔、亚塞明·比里吉克－图茹梅特，以及我的儿时玩伴通奇·巴沙兰总是照顾着我。

我几乎无法表达我对我的爱人、妻子和同事帕特里夏·布莱辛的感激之情。在我写作这本书的过程中，她一直在我身边，容忍我的沮丧，阅读每一行，与我一起思考，这本书也是她的作品。没有她，这本书就不会存在。

最后，我在这里要感谢我已故的父亲阿拉埃廷·亚伊哲奥卢和母亲蕾赞·亚伊哲奥卢，他们相信在研究生院和之后的多年学习中，我会创造一些有意义的东西。我希望我已经满足了他们的期望。我的父亲是一名土木工程师和知识分子，毕生致力于做好他的工作，他在去世前得知这本书将会出版。我想念他，但我知道我们会再见。我将这本书献给他和我的母亲，希望在这一生中能和她分享更多的美好时光。

导 论

1760年至1820年的革命年代，像世界范围内许多政体一样，奥斯曼帝国经历了一系列的制度调整、政治危机、民众叛乱，为解决这些问题做出了不同尝试。旧秩序正在崩溃，新秩序的可能性已出现。旧的制度消失了，新的制度受到考验和质疑。伊斯坦布尔以及巴尔干、安纳托利亚和阿拉伯土地上的城市和地区成为政治剧场，在其中，各种行动者就相互冲突的计划和相互对立的利益进行斗争、合作和竞争。本书通过对其中一些事件、行动者和制度进行考察，描述奥斯曼帝国在这个激进年代的转型。

在历史文献中，研究奥斯曼帝国的学者们将这一时期视为苏丹塞利姆三世统治下的西化和行政改革的第一个重要阶段，1806年和1808年的动乱之后，改革失败。根据主流观点，这一被耽误的改革进程在1820年代马哈茂德二世的统治下重启。[1] 本书则表明，18世纪末19世纪初的帝国历史远比一个西化失败的故事要复杂得多。在这一时期，奥斯曼帝国提供了改革计划、制度重构、政治论述以及变换的联盟等多种多样的剧目，其不能被简单归结为东方与西方或者新与旧的冲突。对于把握帝国的多方面转型而言，二元论具有误导性。正如我们将看到的，西方的模式和伊斯兰的模式是纠缠在一起的，并不能简单地将二者并置。这一时期的竞争不仅发生在新旧势力之间，甚至也发生在不同的行动者和计划之间，其中许多可以归为新派。本书超越既有的二元论，展示了一幅奥斯曼帝国在革命年代的多层次图景。

在考察帝国的复杂性时，我把重点放在奥斯曼中央和外省的各种主题、制度和行动者上。但本书也提供了一个宏观的论点——在这一时期，奥斯曼政体经历了从垂直帝国向扁平的参与性帝国的转变：前者，帝国精英通过等级制来维持其对权力的要求；后者则由中央和外省的行动者联手共治帝国。在整个 18 世纪，通过正式和非正式的契约关系，外省显要作为国家必不可少的组成部分，其地位得到巩固。外省社群在显要们的领导下形成了新的公共行政参与机制，成为治理的积极参与者。这两个结构性变化同 18 世纪末奥斯曼帝国精英推动的军事和财政重组改革方案纠缠在一起。改革是以牺牲各种群体为代价的，尤其是近卫军——这个庞大的社会 - 军事组织，其成员在先前的两个世纪里积累了特权和权利，控制了伊斯坦布尔及其他城市的舆论。因此，改革派精英、近卫军、外省显要和社群之间的联合和同盟变来变去。这些群体为了控制国家，就不同的秩序、改革及复辟议题进行协商。1808 年，一个由改革派和外省显要组成的同盟，近乎将帝国秩序一劳永逸地改变成基于互信、生命和财产安全，以及军事 - 行政改革的伙伴关系。但这一尝试仍然是局部的。帝国继续其在 19 世纪的构建新秩序之旅。

这一经验既是制度和政治发展的结果，也反映了世界其他政体发展的结构性变化和突发事件。在革命年代，其他政体经历过类似的危机，但采取了不同的解决方案。其中一些成功了，另一些则失败了，或者被重新定向并重新谈判。奥斯曼精英应对危机的一个策略是发展伙伴关系。它帮助帝国克服了生存挑战，而不至于肢解。随后，帝国改弦，恢复垂直结构。奥斯曼的 19 世纪，在很大程度上是一个关于国家现代化、中央集权化及官僚化的故事。然而，在这一时期经受住考验的新做法和新制度维续了下来，在革命年代起着变革作用的行动者的遗产继续通过不同渠道形塑着整个 19 世纪和 20 世纪初的奥斯曼政治文化。就此而言，奥斯曼在革命年代的经验是关于不同版本的自上而下（或官僚制）、契约（或立宪）和参与（或民主）的经验，我们应当在政治和制度的语境中理解它们，而不是简单地比附为现代范畴。

本书的每一章都有其独立的主题。第一章主要基于目前奥斯曼史领域的研究，简述 18 世纪的奥斯曼世界，并考察新秩序（New Order）——这是奥斯曼帝国精英为解决军事和财政危机而提出的一系列改革计划，其中有的威胁到了社会的某些部分，特别是那些赞同近卫军政治主张的人。我认为，新秩序和反对派都不是铁板一块的集团，而毋宁说是一个在各省有分支、立场各异、利益多样的大联盟。第二章和第三章将焦点从中央转移到外省。在第二章中，我讨论了 18 世纪末 19 世纪初外省精英与帝国之间关系的性质。我认为，在整个 18 世纪，外省显要开始充当财政、行政和军事领域的企业家，与帝国订立正式或非正式的契约关系。这些契约关系基于一个不稳定的竞技场中的出价、接受、拒绝、还价，没有正式的契约、地位、财产和生命保障。一些外省显要加入了新秩序的联盟，另一些则与反对派一起行动。这个过程逐渐生成了一个新的显要秩序，借此秩序中央精英和外省精英合伙经营帝国。第三章分析了 18 世纪外省社群回应变化的方式。我认为，当中央政府与外省分离，将权力外包给外省显要时，外省社群发展出了自下而上的机制，以在选举产生或由社群任命的显要的监督下，管理财政和行政事务。中央政府并未推翻这种参与和选举的程序，推出一项集权的政策，而是相反，将自下而上的集体行动制度化。在新的外省秩序中，集体行动成为合法性的一个来源。外省社群正在成为治理中的政治行动者——有时以牺牲显要为代价。

因此，本书前三章对奥斯曼秩序的制度转型以及 18 世纪末 19 世纪初帝国精英、显要和社群如何经历和形塑这一转型进行了分析性和专题性的讨论。第四章转而叙述 1806 年 8 月至 1808 年 11 月期间发生的事件。在这里，我将前几章的故事集中到一起，重点放在民众在近卫军的领导下对新秩序的反对、外省精英与帝国精英之间变动的联盟、奥斯曼社群政治化的加剧，以及拿破仑战争时期帝国间的故事和战时外交。这种叙事方式能够凸显一个由多重事件、偶发状况、变动的同盟以及僵局组成的过程。受到 1807 年近卫军领导的民众叛乱的冲击，新秩序崩溃，先前的秩序复辟。这促使新秩序的精英们和一群外省显要组成政治联盟，为恢复新秩序而发动政变。这一联盟表现为新秩序和显要秩序在立宪上的结合体，体现在一份名为《同盟誓约》的文件中，该文件展望了一个基于伙伴关系、安全、稳定（而非动荡）以及精英互信的新帝国政权。第五章对《同盟誓约》进行了文本分析。在细读和评论文本之后，我讨论了该文件在现代史上的接受情况及其在革命年代诸立宪文本中的地位。

因此，本书是在数个层面展开论述的。在支持总论的同时，每一章都处理了一些具体问题，如军事－财政改革、外省显要及其政治和经济权力、社群和集体行动、群众的政治化和城市暴动、奥斯曼政治文化中立宪文件的制定，以及革命年代的战争和外交。尽管主题和体裁各异，每一章都会出现相关联的论题、事件和人物。例如，读者将多次遇到鲁塞城、1807 年和 1808 年的事件、终身合同或分摊、改革派苏丹塞利姆三世、外省显要领袖穆斯塔法·巴伊拉克塔尔以及新秩序的鼓吹者乌贝杜拉赫·库什马尼。

由于涉及许多地方的不同问题和论题，本书广泛利用了各种体裁和语言的资料。除了关于这一时期不同语种的学术成果外，土耳其和保加利亚的奥斯曼帝国地方和中央档案文献（有些已出版，但大部分没有）也为我的故事提供了大量原始材料。我也十分依赖叙事性的资料、编年史和历史记录，以及欧洲（法国、奥地利、英国和俄罗斯）的外交档案。考虑到本书的重点和篇幅，这里只提及我多年来收集和研究的众多资料中的一些。在某些时候，我会讨论我的主要资料的性质。

一系列革命，还是多元革命的年代?

读者从本书的标题可以看出，我的目标之一是将奥斯曼帝国置于革命年代。在整个叙述中，我探讨了奥斯曼历史如何有助于我们将这个年代作为一个全球现象来理解，反过来，我们对革命年代的讨论又如何使我们低估了奥斯曼帝国在其中扮演的角色。奥斯曼帝国在 18 世纪末 19 世纪初经历了许多政体共同面临的挑战。它所应对的事件有时与世界其他地区的相似，有时则不然。我的主要目标并非要置历史的特殊性于不顾，把奥斯曼帝国放在由美、法政治革命和英国工业革命组成的既有的历史编纂学框架内。相反，我依据奥斯曼帝国自身的路径和条件来理解其在革命年代的经验。但本书也为革命年代构思了一个更广泛的框架，在其中，不仅北美、英国、法国和奥斯曼帝国，而且海地、俄国、伊朗、缅甸、墨西哥和其他地区的事件、模式和主题，都共有同一种全球经验。因此，在不同的地方发生的事件是相似的、可比较和可通约的，而且是互联的。

罗伯特·罗斯韦尔·帕尔默在其 1959 年出版的开创性著作《民主革命年代》中，将革命时期描述为具有跨国性的。[2] 帕尔默探讨了欧洲和大西洋世界之间存在关联的现象，表明民主革命的边界延伸到且止于波兰。许多历史学家继帕尔默之后，聚焦一个具有跨国性的革命年代，检视了从中欧到美洲的发展。穆斯林世界的历史学家只是助长了这种失察。伯纳德·刘易斯关于法国大革命对奥斯曼帝国的冲击（或冲击的缺乏）的著作影响深远，他认为，法国大革命的观念冲击了帝国，但遇到了分隔伊斯兰与西方的文明壁垒的抵触。[3]正如我前面提到的，根据许多历史学家的看法，这一时期是西化的播种期，而奥斯曼的西化是军事和行政方面的，无涉社会和民主。因此刘易斯认为，奥斯曼知识分子大多对法国大革命漠不关心。

在这种叙事中，奥斯曼帝国于 1798 年至 1799 年波拿巴入侵埃及期间才在革命年代中短暂地出现。许多历史学家将这一拿破仑时刻视为中东“现代”时期的开端。这段短暂的时期在埃及引发了意想不到的发展，导致 19 世纪初穆罕默德·阿里的崛起和他对埃及的彻底改造。在这一叙述中，包括埃及在内的奥斯曼帝国构成了另外的世界，有别于欧洲的革命性变化。奥斯曼苏丹们在巴尔干和安纳托利亚，或者穆罕默德·阿里在埃及的现代化改革是自上而下的，与革命年代的民主理念和自下而上的运动并不相同。

美国和法国革命对奥斯曼政治文化的主要影响在于，催生了信奉基督教的巴尔干人民的民族主义。从 1820 年代的希腊独立战争开始，巴尔干各民族在革命思想的影响下纷纷脱离了奥斯曼帝国。根据这种论点，法国大革命对穆斯林的唯一影响是青年土耳其党在 19 世纪末 20 世纪初的崛起，他们是奥斯曼帝国的立宪派，反对苏丹阿卜杜勒－哈米德二世的专制。他们在 1908 年发动的立宪革命与 1906 年的伊朗革命是穆斯林版本的法国大革命，结束了苏丹的专制统治。因此，在法国 1789 年的革命事件过去 119 年后，革命终于来到奥斯曼土地。共和主义则来得更晚，要等到 1923 年土耳其共和国成立，而奥斯曼帝国也随之沦为历史的尘埃。[4]

这种叙事以一种特殊版本的世界史为基础，它将革命变化描述为由启蒙运动形塑的某种普世主义框架的进步，该框架提倡个人权利、市场以及公共主权，反对旧秩序的特权。这一进步始于 18 世纪末的美、法革命和法国旧制度的垮台（对某些历史学家来说，则是 1688 年英国的光荣革命）。于是，革命的潮流在 19 世纪和 20 世纪沿着地球表面逐个地区涌动，经过一个世纪的延迟，到达奥斯曼帝国。马克思主义版本的全球革命进步叙事认为，这一革命之旅由 1917 年俄国革命激进化，后者标志着从资产阶级革命到无产阶级革命的本体论转变。这一进程由 1911 年结束清帝国的辛亥革命延续，之后被 1949 年中国共产党的革命承继。其他版本的革命继续在世界范围内蔓延，在不同时期爆发，具有不同的特点，如印度（1947）、埃及（1952）、阿尔及利亚（1954）、桑给巴尔（1964）、伊朗（1979）、东欧（1989）、埃及（2011）等。[5]

正如一些人所言，18 世纪末的革命从未结束。19 世纪和 20 世纪，甚至本世纪出现过的不同类型的革命，在一定程度上都植根于 18 世纪末的欧洲和美国。基斯·贝克认为，法国大革命改变了“革命”一词的含义，它不再是任意的突变，而是一种特定的突变，有一个为世界不同角落所期待和遵循的普世历史的脚本。大卫·阿米蒂奇表明，在美国革命之后，民族国家主权的思想变得具有感染力，以至于 19 世纪和 20 世纪每个聚集的族群都有可能宣示国家主权。[6] 但是这种革命进步主义不应阻止我们追问，18 世纪末 19 世纪初突然的、剧烈的制度变化，以及在更广泛的社会基础上协商构建新秩序的探索，是否存在着一个更广泛的背景。也许美国和法国的情况只是这类事件在世界不同角落展开的两个版本。

近来，一些历史学家不再遵循从先进社会到“后进”社会的全球革命进步史叙事，而是开启了另一场关于 18 世纪末 19 世纪初全球革命并发史的争论。佛朗哥·文图里在其大部头研究《1768—1776年欧洲旧制度的终结》（1979）中，为当代关于全球革命年代的讨论埋下了种子。[7]文图里认为，结束旧秩序的激进变化最初不是在西欧，而是在更远的东边，在奥斯曼帝国－俄国－波兰边境出现的，那里属于希腊、斯拉夫和伊斯兰文化纠缠的地带。文图里将革命年代的根源从西向东迁移，精湛地阐明了18世纪末欧洲、奥斯曼帝国、俄国和波兰之间的联系是如此深刻和活跃，以至于不可能将它们的历史分开来书写。

最近一些历史学家提出了一个更广泛的分析范围，探讨了一个全球或多元革命年代的概念。[8]在《现代世界的诞生》（2004）中，C. A. 贝利提供了一张地图，上面汇集了世界不同地区发生的革命，从缅甸到海地，从1760年代到1820年代。其中一些革命由相似的政治或哲学议题以及启蒙运动的变体联系在一起。但大多数并非如此。每一种政治、法律和思想文化都以自己的方式回应类似的危机。然而根据贝利的说法，在某种程度上，这些回应——在同一个风波不断的全球语境中——是相关联的、可比较的和可通约的。因此，一名历史学家在通过考察更广泛的模式、动态和观念来研究一个具体案例时，就必须正视这些共性。[9]

这些全球模式、一般性和联系到底是什么？18世纪，随着流动性的加强，商品和观念借助贸易网络和侨民社群的流通日益增多，全球的互动也更频繁。然而，在殖民帝国（特别是英、法）得到巩固之后，国家间（帝国间）的竞争在全球范围内展开，这在一定程度上造成了1756年至1763年之间一场发生在世界许多角落的“世界大战”。其他帝国也深化和扩大了它们的统治。俄国的势力到达内亚和中亚；西班牙帝国在拉美和菲律宾重新确立自身地位；奥斯曼帝国征服了克里特岛，夺回了伯罗奔尼撒半岛并攻占了高加索——从前为伊朗萨法维王朝的一部分。在纳迪尔沙的统治下，伊朗向印度扩张。与此同时，许多政体受到灭亡的威胁。莫卧儿帝国夹在伊朗、英、法及它们的代理人之间。波兰在被俄国、奥地利和普鲁士瓜分后亡国。奥斯曼帝国在 18 世纪初的扩张被俄国严重削弱，后者向奥斯曼支配的黑海北岸进军，吞并了克里米亚。

帝国的扩张、远距离军事行动和旷日持久的战争导致军事改革的需求急剧增加，包括昂贵的军事技术以及规训和操练常备军所需的新组织模式。军费的飙升、战争和不断的军事重组，促使国家从人民、行省或殖民地榨取更多资源。这些压力导致了财政改革和新金融工具的引入，以进行内部和外部借贷。军事和财政改革往往会带来新的改革计划，以规训城市和农村人口，或要求进行社会改革，以遏制不同形式的反对。各种改革计划不仅通过出版物和贸易网络，而且还借助在外国谋职的军事和财政专家来传播。

改革计划激起了广泛的反应和不安，引发了多地的暴动和叛乱。分裂主义运动有时是成功的，但也刺激了政权统治或帝国控制的新的扩张和巩固。在动乱中，统治精英与其他集团之间的谈判和联盟出现了新可能。一些控制着国家机器的联盟通过吸纳而扩大，另一些则通过新的排斥而缩小。这些谈判和联盟催生了前所未有的解决方案，以及通过重新配置权利和特权来设想政治秩序的方式。改变秩序的想法和尝试使法典的编纂得以启动。国家在处理反对派的问题上，既有成功也有失败。在不同的区域，这些发展带来了深刻的制度变化，在一般称为“革命”的过程中，重构了从社会秩序到生活意义的一切。[10]

本书聚焦奥斯曼语境，考察了一些能为 18 世纪末 19 世纪初危机、改革和革命的比较史做出贡献的论题和事件。我的目的是展示在一个变革被日益理解为不可避免的时代里，奥斯曼政治文化如何为帝国的改革创造可能，以及不同的群体——他们各有其计划、偏好和算计——

如何挑战改革政治，或成为改革政治的一部分。本书还强调了历史的关联，因为这些事件大多不是发生在一个孤立的奥斯曼剧场，而是与欧亚政治、经济和战争连成一体。在这一时期，国家的内外事务没有明确分开，主权和领土不断被重新谈判，对民族或君主的忠诚也在不断分裂和转移。旨在变更政权的雄心勃勃的计划被摆上了桌面。

比较的和联系的历史可以帮助我们识别和分析同异，以及趋同点和分歧点。虽然本书没有特别论及奥斯曼帝国与欧洲的趋同或分流，但它可以为这些讨论做出贡献。它考察了各种对理解政治和经济运行至关重要的制度和实践，如契约、谈判、参与、信任与财富积累、风险与波动、秩序与暴力。这些分析范畴有助于我们理解经济发展和制度转型的比较史。关于西方、伊斯兰世界和东亚的发达与欠发达、威权和民主的制度起源的争论，被我的如下论点置于比较的视角中，即在革命年代，奥斯曼帝国进行了由垂直国家转向扁平国家，从不稳定的等级秩序转向具合作性和参与性的稳定秩序的试验。[11]

关于奥斯曼衰落、危机与改革的历史编纂学

长期以来，奥斯曼帝国的历史是这样被讲述的：15 世纪的崛起、16 世纪的辉煌、17 世纪的停滞、18 世纪的衰落和 19 世纪（不成功）的改革，然后是20世纪初的崩溃。在这种爱德华·吉本式的兴衰叙事中，1770 年至 1820 年这一时期被描述为西化的初试和失败，在这个时代，奥斯曼帝国遭遇了在一战前最严重的危机之一。改革和西化的努力被各种力量阻遏：首先是近卫军，他们与保守势力如乌理玛（伊斯兰学者阶层）联手；在一定程度上还有外省显要，他们代表着离心的反动封建力量。在 19 世纪官僚现代化和 20 世纪民族国家构建期间出现的

常规历史论述，未能把握这个早先的危机时期的复杂性。在土耳其的历史编纂学中，近卫军和外省显要联盟将现代化国家作为攻击目标；在巴尔干和阿拉伯的历史编纂学中，外省显要和近卫军收紧了奥斯曼－土耳其这一枷锁，按照封建秩序的暴虐和专横规则对当地人民进行打击。悖谬的是，显要的统治成了促进民族觉醒的工具，因为在他们的统治下，各省同奥斯曼国家（state）分离，这为随后的民族主义运动和民族国家构建进程打下了基础。[12]

1960 年代中期以来，历史学家们从多个角度修正了这种“衰落与崩溃”的叙事。艾伯特·胡拉尼关于显要政治的著作，为外省精英的研究开辟了新途径。在胡拉尼的描绘中，阿拉伯土地上的显要并非封建压迫者，而是作为地方精英，反对帝国，为当地人民的利益发声，因为他们被纳入了地方的政治和经济中。[13] 哈利勒·伊纳尔哲克修订了其在 1970 年代书写的关于帝国衰落的著作，认为 17 世纪和 18 世纪的军事和财政转型催生了新的外省精英，这些精英推动了帝国的分权，而非解体。[14] 阿夫多·苏杰斯卡阐明了在 18 世纪的巴尔干，地方社群和显要是如何通过各种法律和财政手段形成互惠关系。[15] 这三位具开创性的历史学家在修正旧叙事的同时，表明 18 世纪和 19 世纪初的奥斯曼帝国并没有总体崩溃，而是引入了新的行动者、制度和关系，处于多面的转型之中。

1970 年代以后，对奥斯曼漫长的 18 世纪的研究沿着三个轨道进行：（i）区域研究，（ii）军事和财政转型以及（iii）政治文化和改革政治。自 1980 年代以来，关于区域背景、家族和经济的著作丰富了胡拉尼、伊纳尔哲克和苏杰斯卡引入的视角。出现了大量关于 18 世纪和 19 世纪初阿拉伯[16]、安纳托利亚[17]、巴尔干[18]和希腊[19]的省会、显要家族和网络的文献。然而，这些研究并未将帝国语境当作必须解决的问题而给予足够的重视，且假设了后奥斯曼诸国家的现代边界以及中东、安纳托利亚和巴尔干的地理区域划分。近来关于安纳托利亚中部、摩苏尔、贾巴尔、纳布卢斯、埃及和塞浦路斯等地的著作，展示了奥斯曼帝国控制的局限性、区域政治经济的巩固和其与帝国间经济地带的联系，以及外省显要在作为帝国新中心的外省社会的转型中扮演的角色。[20] 在关注地方层面的同时，这些学者将地方、区域、帝国和全球的视角作为研究对象，通过各种关系和制度来展示它们的交集与互动。

从 1980 年代开始，一些研究考察了奥斯曼政体如何从一个朝贡帝国转型为一个有着影响深远的金融和行政制度的财政 – 军事国家。许多历史学家对作为主要财政机制的包税制的扩张做了细致的研究[21]，关于包税制在农村经济中的结构性影响[22]、奥斯曼新秩序下的新财政制度的研究[23]也得到了进一步发展。这些学者认为，基于实行外省单元外包和内部借贷的新财政转型，提升了私人企业家的态度和联结，使得帝国可以通过财政领域的企业家促进自身的一体化。[24] 最近对奥斯曼世界的宏观经济表现以及市场经济在 18 世纪逐渐出现的研究，不仅将经济分析从财政史的框架中解脱出来，而且提出了定性的和定量的论据，证明 18 世纪不是经济衰落时期。[25] 然而，尽管关于 18 世纪和 19 世纪初奥斯曼财政制度和经济表现的文献越来越多，但这些研究大多没有将其与政治发展互相连接起来，而是在相对孤立的财政和经济史领域中进行。

另外已有一些学者对 17 世纪和 18 世纪奥斯曼世界的政治文化和公共生活转型表现出兴趣。近来有一种见解获得了认可，即这两个世纪不应从结构性的衰落，而应从转型的角度来理解，其中既有输家也有赢家，他们支持不同的政治议题和历史话语。[26] 杰马尔 · 卡法达尔提出要将近卫军的叛乱理解为由公共生活中新的社会交往形式、城市社群的政治化以及它们与经济生活的融合所导致的社会运动，这得到了历史学家的响应。[27] 一些学者认为，17世纪和18世纪，奥斯曼帝国产生了一个新的政治社会，其独立于王朝和中央帝国建制之外，拥有新的政治和经济主张，标志着奥斯曼帝国进入第二阶段。早期关于18世纪末19世纪初奥斯曼改革的研究——将改革政治分析为旧与新、东方与西方之争[28]——已被学者们重估，这些学者为奥斯曼的改革和西化提供了更为复杂的图景。具体来说，他们揭示了计划乃是由内部动力、复杂的文化冲突和社会运动策动起来的。[29] 新一代学者表明，新秩序的改革远不止是军事重组，而是一套包含政治和社会成分的计划，它成了19世纪初奥斯曼世界重塑社会秩序的规训机制。[30] 关于18世纪和19世纪城市空间中的各种公开反对运动和道德经济如何对这一规训的改革政治做出反应的研究支持了这一论点。[31]

本书与这些不断发展的文献展开对话，但在方法论、重点和尺度上与它们不同。首先，它以综合的方式来检视主题和问题（它们通常被该领域的学者作为独立的现象来探讨），并围绕着这样一个过程：革命年代奥斯曼帝国的危机、转型、改革、革命和解决。我认为，财政转型、军事改革、外省显要的崛起、集体行动与舆论的加强、政治激进主义与暴力、立宪协议等主题，都是同一被加速的转型的分析要素。其次，本书分析的层面是帝国，而不是特定区域，也不是中央政府的转型。因此，我通过把镜头推远和变焦趋近的方式，将焦点从行省转移到区域，从区域转移到帝国，从帝国转移到伊斯坦布尔，再从那里转移到法国大革命和拿破仑时期的全球政治。

就此而言，我既分析了联系，也分析了自主发展，以及地方、帝国、帝国间的背景。显然，我无法关注每个区域每个事件，而只能选择一些具体案例（其中有些很有代表性，另一些很独特），并以比较的方式研究这些发生在不同区域的重要时刻。我并不否认地方和区域现实的重要性。相反，我建议结合帝国和帝国间的背景来看地方现实，以考察不同层面的活动如何相互作用。通过这样做，我认为帝国和外省之间的关系并不是一个中心和边缘的二元故事。在我的叙述中，奥斯曼帝国是一个相对完整的单位，其中交织着各种纽带、制度和关系，它们在多方博弈下不断更新调整。整合既非必然由中央强加，也并非完全受中央控制。

近来，有两本书为17世纪和18世纪奥斯曼帝国的转型设定了新议题。在《奥斯曼第二帝国》（2010）中，巴基·泰兹詹认为，17世纪初的社会和政治危机导致了一个新的政治阶层的产生。旧的帝国精英同新的社会和政治力量（包括近卫军的成员和学者）之间的不断斗争，催生了一个强大的阶层，它与传统的中央国家精英对立，要求维护其经济资源和政治权利，并主张新的文化和法律取向。泰兹詹将这一过程称为“原始的民主化”。它逐渐改变了帝国的制度结构，因此泰兹詹认为，我们可以把这一新政权称为第二帝国。18世纪或多或少是第二帝国的延续，其中加入了一些新的行动者，即外省显要，他们利用第二帝国的财政制度获得了权力和财富。[32]

在《差异帝国》（2008）中，卡伦·巴基为奥斯曼帝国体系及其转型提出了一个全面的框架。[33]他认为，18世纪和19世纪初有两个重大发展：“政治上的赋权”和网络化社会的强化。前者是指通过近卫军领导的公开异议而使城市空间政治化，后者则指以财政契约和包税制为基础的财政关系的增多。在巴基的分析中，这两种独立发展的趋势都没有成为奥斯曼现代化的可行性替代方案。最终在19世纪，奥斯曼国家通过中央集权政策和官僚现代化，压制异见，消灭了网络化社会。

虽然本书的总体论点在很大程度上与泰兹詹和巴基的相同，但它提供了一个不同的解释。他们认为17和18世纪帝国发生了深刻变革，我同意这一看法。在中央和外省，奥斯曼社会的不同部分出现了新的行动者，他们对经济资源和政治生活提出了新主张。与此同时，基于苏丹权力和国家仆人自上而下的等级制的中央组织，即使没有被边缘化，也得屈服于新的行动者、现实和制度。比起16世纪，17和18世纪的奥斯曼国家在中央和外省都有更多的伙伴。然而，这种在17和18世纪逐渐形成的、建立在“赋权政治”和“网络社会”基础上的“新”社会政治秩序并未带来长久稳定。城市暴动、区域叛乱、农民骚乱、国家代理人或地方显要犯下的暴行、大规模没收、对进行了一定时间财富积累的群体的消灭，都是这一时期的自然组成部分。事实上，在17和18世纪，帝国精英和日益壮大的财政官僚、近卫军成员、有财有权的外省显要、学者和批评统治精英的不同宗教团体之间并未达成一致协议。然而，帝国并未崩溃，受到抑制的不稳定的体系创造了让自己持存的动力学，以及权力集团之间的权力均衡。无法承受的危机来自外部。1730年至1768年的相对稳定期，被1768年至1774年的俄土战争终结。这场战争给奥斯曼帝国带来了巨大到有可能威胁生存的军事财政危机。18世纪末，泰兹詹所说的第二帝国，在遭受了一场其他早期现代政体经历过的类似危机之后，走到了尽头。

18世纪末，奥斯曼政治社会虽然没有对改革的性质达成共识，但普遍认为某种程度的改革不可避免。然而，有很多问题需要回答。谁会是改革的伙伴？谁会是同盟的成员？谁会被纳入新秩序之中，或被排除在新秩序之外？近卫军是否意欲成为改革进程的一部分，如果不，是否要忽视或牺牲他们？是否要把外省显要涵括进来？如果要的话，他们会在新秩序中扮演什么角色？他们会成为自由订约人还是国家的仆人？他们与外省社群的关系会是怎样？是让国家官员尽可能密切地管理外省社群，还是由外省显要来承担此任？或者由社群通过选举产生领导以进行自我管理？若像这样，国家将如何监督外省？帝国应该与行动者达成什么样的交易，以保持他们的忠诚，或至少防止他们威胁到和平与整合？所有这些问题都在18世纪末被摆上桌面，没有简单的答案。类似的疑问来自近卫军、外省显要以及社群的领导成员，他们知道改革不可避免，也会聪明地制定战略，以决定在什么条件下加入改革联盟或反对它。

本书认为，18世纪末，奥斯曼帝国为改革帝国秩序，维护一个相对完整的、可运作的体制，测试了三种相互竞争的替代方案。第一种改革计划基于自上而下的重组，通过官僚制和军事集权，在规训军队之后，逐渐规训社会。我把这种替代方案称为“帝国新秩序”。第二种替代方案基于帝国精英与外省精英的伙伴关系，不仅通过财政关系，还通过政治和立宪纽带来发挥作用。我称其为“显要秩序”。第三种基于自下而上的机制，诸如集体参与财政和行政管理、舆论和选举过程，我称之为“社群秩序”。这些备选方案都被卷入了更大的改革计划之中。这三种秩序——基于伙伴关系的扁平秩序、基于军事－官僚等级制的自上而下的秩序、基于公意的自下而上的秩序——与古典政治哲学中理想的贵族制、君主制和民主制相呼应。在革命年代，奥斯曼帝国尝试和测验了这三种方案的不同组合。1808年是我所讲述的故事的高潮，当时中央精英和外省精英之间的伙伴关系在军事改革以及新的信任和安全防范机制上取得了胜利。故而，我把本书取名为《帝国的伙伴》。

第一章
帝国：秩序、危机与改革，1700—1806

如果我配得上这尘世的王座与权势，
为人民服务将是一项纯然的欢愉。
愿真主护佑伊斯兰教。
崩溃然后重建，世人称之为命运（devrān）。[1]

——塞利姆三世

1789 年 4 月 7 日，在叔父阿卜杜勒 - 哈米德一世（1774 年至 1789 年在位）驾崩之后，塞利姆三世（1761—1808）作为第二十八任奥斯曼苏丹，在伊斯坦布尔践祚。塞利姆还是个诗人和作曲家，在成为苏丹前不久，他写了一首四行诗，即开头所引的。[2] 土耳其语“devrān”有着多种含义：时代、时间中的交替、星辰的周期运动、回路和革命。[3] 在奥斯曼与波斯的文学、天文学和政治学著作中，该词表示的是时间的循环本质。[4] 塞利姆不仅将“devrān”与一个循环的过程联系起来，还关联了崩溃和重建。它与“革命”这个词相呼应，后者在 17 世纪和 18 世纪的欧洲，意味着社会秩序的崩溃所形成的改变以及新秩序的构建。[5] 塞利姆立志在一个崩溃和重建的时代完成他的使命，即为人民服务。在同一首诗中他写道：“国家的性情（ṭabʿ）已紊乱，我的真主，给它治一治。”

塞利姆成为苏丹时，奥斯曼秩序正处于深刻的危机之中。1767年至1774年间漫长的对俄战争中，奥斯曼军队屈辱落败，暴露出奥斯曼军事部门的无能。战争导致奥斯曼失去了克里米亚这一具有战略意义的著名行省。1774年两大帝国签订的《库楚克－开纳吉条约》给奥斯曼人带来难以承受的经济负担。财政制度无法从外省得到必要的资源，以赔偿俄国或给扩大的军事单位支薪。战后，财政压力和内部动荡摇撼着巴尔干和阿拉伯诸省。1786年，战事再起，这次是俄国和奥地利。这场爆发于塞利姆登基之时的战争，只是恶化了既有的问题。[6]

尽管存在危机，塞利姆在他的诗歌中却对未来心态乐观。“Devrān”不只意味着崩溃，也意味着重建，作为制定了改革计划的年轻君主，他志在服务人民，化无序为有序。其乐观主义的基调不同于如下态度，即认为秩序的衰弱是预先注定的，是一个无法避免的结局。[7] 塞利姆为人民服务的志向反映了一个新的取向。在传统的帝国话语中，真主将人民托付给苏丹，命令他来统治他们。塞利姆对这一关系进行了重新定向。他欣然希望能为人民服务。“人民”（nās）这个词的选择也许是经过深思熟虑的，有一种普世感，听起来就像塞利姆志在为人类服务。

在奥斯曼帝国，塞利姆的改革计划受到很多人欢迎。作为一位著名的诗人以及莫拉维教团（Mevlevi order）的教长，加利布（1757—1799）将塞利姆的人民仆人形象予以拔擢，在塞利姆登基之后将其描画为“müceddid”——这个概念适用于那些带着神圣使命来到世间的人——“为了土地和宗教”。[8] 中世纪以来，这个术语一直被用于形容早前的穆斯林统治者。[9] 这一次它被用来附和“新秩序”这一被塞利姆庇护的改革运动。塞利姆所属的莫拉维苏菲教团，是一个能影响到伊斯坦布尔和其他城市的读者大众的网状组织。[10] 莫拉维教团将塞利姆的公众形象精心打造成一位更新奥斯曼帝国秩序的苏丹。他作为力主改革的统治者的声誉在海外也深入人心。他在 1786 年与路易十六的通信并非秘密。这位住在托普卡珀宫的王子就军事和财政重组向法国国王寻求建议。[11] 在奥斯曼帝国，已经有一些法国国王的军事专家同奥斯曼军官一起进行改革军事建制的工作。然而，塞利姆在伊斯坦布尔登基数月后，巴黎陷入骚动的漩涡，为路易十六走上断头台埋下了伏笔。三级会议导致巴士底狱被攻占。这些事件可谓革命年代世界许多地区发生的鼎新革故的缩影。在塞利姆诗歌的另一句中，他事实上将那一全球时刻指涉为最后审判日：

> 既然整个世界在衰败，
> 就让天平在某一天重置。[12]

奥斯曼世界

塞利姆即位时，奥斯曼帝国已屹立 400 多年，是世界上最大的政体之一。它与奥地利 / 哈布斯堡、俄国 / 罗曼诺夫、伊朗 / 卡扎尔诸帝国毗邻，囊括巴尔干的大部分、希腊、克里米亚（直到 1774 年）、安纳托利亚、库尔德斯坦、阿拉伯地区，以及东地中海岛屿，如克里特和塞浦路斯。帝国的人口总计约 3000 万。[13] 自从 1453 年穆罕默德二世征服东罗马帝国的首都以来，君士坦丁堡（或伊斯坦布尔）成为奥斯曼王朝的基座和帝国的中心。18 世纪末，伊斯坦布尔及其腹地居民合计 60 万，为当时世界上人口最密集的大都市之一。[14] 虽然伊斯坦布尔和其他主要港口、内地城市的城市生活热闹非凡，但帝国大多数的人口住在乡村地区。逊尼派伊斯兰教在统治精英中占支配地位，但在奥斯曼世界居住的社群信奉三个亚伯拉罕宗教——伊斯兰教、基督教和犹太教（及其宗派和教派变体）。奥斯曼土耳其语是奥斯曼国家机器的主要语言，但阿拉伯语、希腊语和亚美尼亚语作为通行书面语在整个帝国被使用，还有超过 20 多种方言在不同的社群被使用。[15] 城市、乡村、沿海、牧区在生活形式上的多样，使得这个令人眼花缭乱的宗教、伦理和语言的混合体进一步分化。[16]

奥斯曼的行省、城市和社区以不同的方式被帝国整合。从历史上看，奥斯曼中央在安纳托利亚（延伸到大叙利亚）和鲁米利亚（巴尔干）建立了严紧的制度控制和政治控制。瓦拉几亚、摩尔达维亚、波斯尼亚、摩里亚（伯罗奔尼撒）、库尔德斯坦、巴格达省和巴士拉省、埃及、也门、汉志以及其他毗邻中心地区的区域则相对独立，在制度架构和与政府的关系上呈多样化。中央政府发展出将这些偏远行省整合进帝国的机制。有时它会在据点维持小而精的军队，或者拉拢区域精英。克里米亚、阿尔及利亚、突尼斯、杜布罗夫尼克共和国和黑山作为附庸国，有自己的统治王朝或寡头政治集团。[17]

奥斯曼帝国尽管有着多样性，但交通网络创造了可观的物理整合。奥斯曼首都和外省被一张由古老的陆运、河运和海运路线组成的网连接着，这些路线中有许多为更早的帝国使用。城市间的道路被奥斯曼人养护和升级，数以百计的客栈、仓库和牲口房为旅客、商人、沙漠商队和帝国官员提供服务。沿途设有关卡和驿站，为信使准备驿马。强盗和土匪经常在奥斯曼城市间的交通线上出没。中央以免税的方式将道路安全和养护的任务指派到地方社群，或者将这项工作外包给地方显要。[18]

奥斯曼帝国是一个陆地、河流和海洋帝国。伊斯坦布尔是帝国的首都，也是一个港口城市，其所在的博斯普鲁斯海峡连接马尔马拉海与黑海，乃具有战略地位的海上通道。其他港口城市，诸如伊兹密尔、

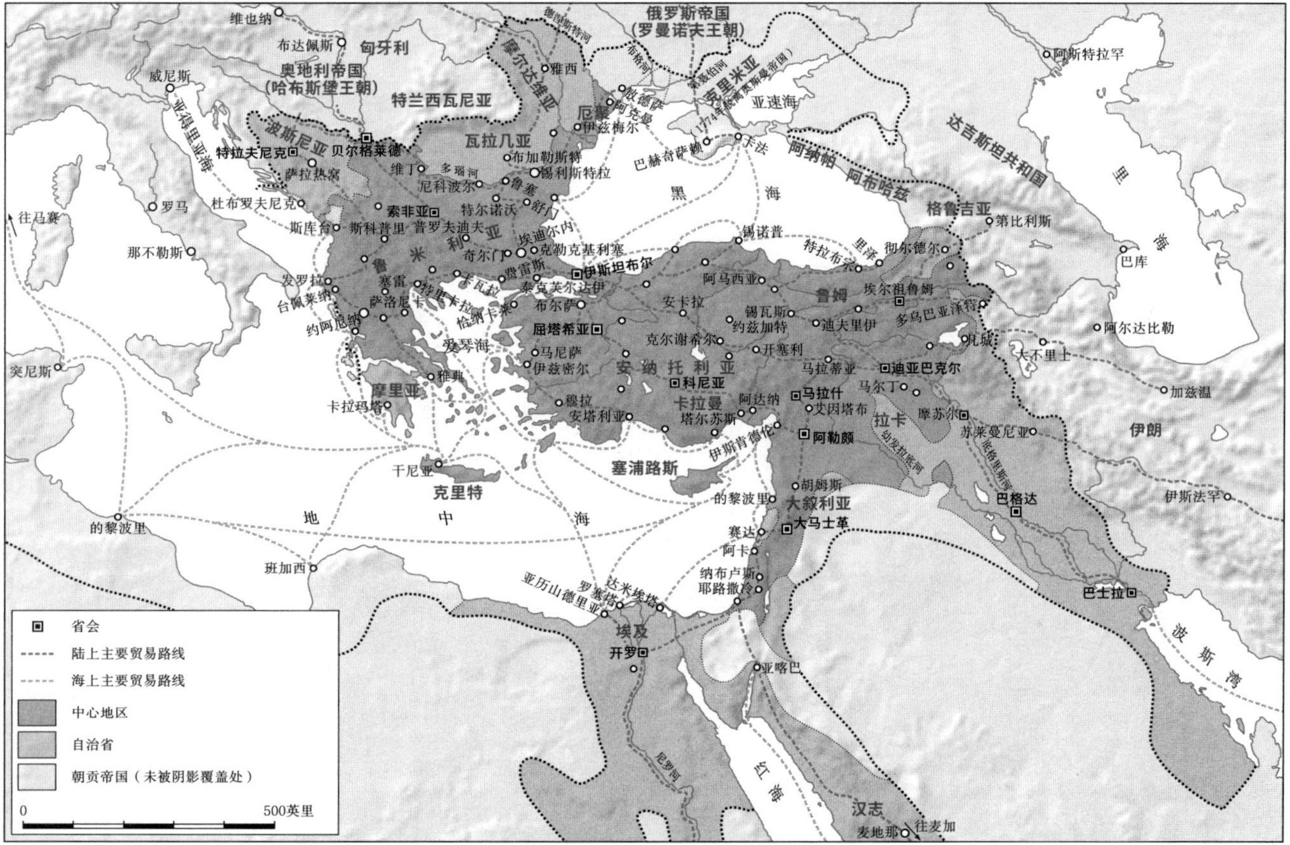

原书所附地图1　18世纪的奥斯曼帝国。作者与菲利普·施瓦茨贝里 / 子午线测绘制作。

萨洛尼卡、阿科、西顿、亚历山大里亚和巴士拉，不只是枢纽和海关驻地，还是帝国间商人社群麇集的地方。多瑙河是连接东欧与巴尔干、巴尔干与黑海的主要水道。伊斯坦布尔依靠这条航道，从保加利亚和瓦拉几亚获得粮食供应。尼罗河将撒哈拉以南非洲和奥斯曼地中海联系起来，幼发拉底河和底格里斯河则成为印度洋贸易航线与奥斯曼美索不达米亚之间的纽带。[19]

自然的屏障，如河流和山脉，形成了奥斯曼帝国同奥地利、俄罗斯和伊朗帝国的边界。边境的要塞配备着当地民兵和中央派去的分队。商人和外交使节从这些关卡穿过边界时，需要支付关税，向守卫出示文件。但总也不乏其他的行动者——与邻国存在文化和经济纽带的牧民和农民、流动的农业工人、走私者、政治难民和逃犯，他们会绕开边防。而对于奥斯曼当局来说，沿海其实更难控制。私掠活动是个长期的挑战。从别国商船上夺取的俘虏和货物，使得驻伊斯坦布尔的外交使团和奥斯曼派驻到其他帝国首都的使团都忙得不可开交。[20]

查尔斯·梅尔认为，帝国的定义性特征有两重。一是一个征服性的精英集团对不同的人民和土地的征服和降伏，二是一个基于统治精英和被统治的臣民之间不平等关系的政治体制。[21]如果接受这个定义，我们便可以将奥斯曼政体称为一个帝国，然而，与殖民帝国不同，奥斯曼帝国并非依据母国（或“宗主国”）同被征服、被殖民的偏远土地和人民之间的等级关系来构建自身。相反，它类似罗马帝国，有一个各部分相互连通的身体，以及一个让人联想到帝国首都的中心，即伊斯坦布尔。奥斯曼精英将他们统治下的土地称为“奥斯曼国土”（Memālik-i ‘Os̱mānī）或者“神护国土”（Memālik-i Maḫrūse），将他们用一套制度和一个官员等级制组成的政体称为“至高国家”（Devlet-i ‘Aliyye）。政体的中心支柱为奥斯曼王朝（Āl-i ‘Os̲mān），它从 14 世纪起缔造和统治这个帝国，既无中断，也无竞争。除了 15 世纪初有过一段短暂的空位期，当时四个奥斯曼王子成为突厥 – 蒙古征服者帖木儿的附庸，奥斯曼苏丹总是占据着国家之巅。直到 17 世纪，奥斯曼王子都是通过内部竞争的方式成为苏丹的，包括内战和手足相残。17 世纪初，手足相残让位于家族男性继承人中间的长嗣继承。塞利姆三世登基之时，另外只有两位亲王，即他的堂弟穆斯塔法和马哈茂德。[22]

奥斯曼苏丹还秉有另外的头衔，包括帕迪沙、可汗、哈里发（分别与波斯、突厥 – 蒙古和伊斯兰的传统相关），被认为是全能的君主，其权柄为神所授。奥斯曼精英有时将苏丹描述为圣战（ġazā）之矛和圣战士（ġāzīs）之首领，或者一个弥赛亚式的人物，在天启式的崩溃中掌权，使世界恢复秩序。有时苏丹代表着哈里发，作为神在人间的影子、所有穆斯林的首领，以及圣城麦加和麦地那的仆人。或者他会以一个领袖的形象出现，负有更新宗教和尘世事务的精神使命，就像加利布归于塞利姆三世的角色。在神、苏丹、苏丹的仆人、人民（或子民）之间被认为存在一个心照不宣的契约。神将其子民托付给苏丹，苏丹转而将其托付给他的仆人——维齐尔、总督或者其他官员——统治。如果这些仆人的行为违反公正和法律，苏丹会惩罚他们。然而如果苏丹行为不公，并没有正式的制度来惩罚他。神将在不义的统治者死后惩罚他。[23]

传统的奥斯曼政治并不包括对苏丹权力的正式限制。他既无伙伴，也无三级会议或帝国议会之类的制度和形式上的限制。作为至高无上的权力者，他的正当性有两个不同的根源，即伊斯兰教法（Sharia）以及苏丹法律和帝国惯例大全（Ḳānūn）。康奈尔・弗莱舍写道，伊斯兰教法“是普遍的、不变的、神示的，因而在精神上至高的”法律，而苏丹法律和帝国惯例大全是区域性的、可修正的、由人的理性所创设的”。[24] 在奥斯曼的政治语言中，“宗教和国家”（dīn ü devlet）经常结合起来作为一个术语使用，以反映权力来源的双重性。虽然苏丹不受正式法律的约束，就像早期现代世界的其他大多数专制君主一样，但奥斯曼精英和公众期待苏丹作为统治者和保护者——或者如塞利姆三世对自身的定位，人民的仆人——能友好地信守伊斯兰教法和帝国惯例，并向高官和学者咨询。尽管如此，伊斯兰教法和帝国惯例之间的关系并非静态的，两者存在张力。伊斯兰教法经常被用于保护生命免受苏丹剥夺、财产免受苏丹没收的威胁。各种圈子从道德和宗教方面对苏丹和苏丹权力的批评，有时能引起社会不同部分的强烈共鸣。宫廷政治以及帝国精英和军队建制里的派系斗争经常会限制苏丹的权力。大多数时候，苏丹的母亲、兄弟姊妹、妻妾、表兄弟姊妹和女婿们在相互竞争的派别充当首领或主角。由近卫军领导和联合社会各部分（包括宗教学者、宣教师、行会、商人和外来工人）发动的城市叛乱，不仅经常对权力形成挑战，而且会对社会和政治秩序的合法性产生新的要求。17 世纪和 18 世纪的区域性骚动，以及农民和游牧民起义，对苏丹的权力施加了进一步的限制。[25]

帝国精英和外省精英

> 如果需要将维齐尔授予某个来自外省的人，应该看看他的名望。
>
> ——贾尼克的阿里帕夏[26]

在宗主国的统治者并非一个国家机构（national body），而是一个帝国精英和外省精英网络，他们围绕着奥斯曼王朝、军队和财政官僚机构组织起来，或立足于外省，或通过不同的职位、交易和身份依附于中央。与许多欧洲和亚洲政体不同，奥斯曼的治国之术并没有要求设立从一代自动传到下一代的世袭职位。尽管如此，帝国建制中的职位被各个家族垄断达好几代之久。一个年轻人要想开创事业，家系、恩庇和推荐信对他来说至关重要。奴隶制依然是一个很重要的手段，借此帝国精英阶层可招引和训练年轻人，以雇用其进入军队和官僚机构中。奴隶或底层出身的精英在巩固了其作为高级官员的地位后，会和其他精英一样，倾向于构建自己的官僚王朝。[27]

军事和行政职业的顶点是维齐尔。领导帝国这些为数有限的维齐尔的是大维齐尔，即帝国军事与官僚机构的首领。各个级别的行省总督（包括维齐尔）和主要军事指挥官位列大维齐尔之后。拥有维齐尔头衔的高级总督不仅享有作为苏丹权力主要代表的巨大声望，还享有从他们的行省征收而来的大量财政收入。他们发布的盖有他们印章的法令在行省治理中，权威性仅次于苏丹法令。总督及其随员在整个帝国来回移动，在战争与和平期间都伴有指挥官和舰队司令——这些人因特别的军事和行政使命而被委任，有着不同的级别和头衔。

17 世纪和 18 世纪，伊斯坦布尔的财政和外交官僚机构脱离皇室，发展成自治的官僚组织。奥斯曼官僚机构有着自己的等级观念和技术专长。随着政体从基于皇室向基于官僚机构变迁，“devlet”一词在语义学上也发生了相应的转变：早先这个通用术语意指“权力和幸运”，之后表示政府机构，最终从 17 世纪开始，表示一个在特定的领土内对其人民进行统治的“国家”。[28] 几个世纪以来，奥斯曼官僚机构发展出一种话语，以展望奥斯曼国家在世界历史中的特殊角色，奥斯曼国家被设想成这样一项事业：它征服土地，带来正义，建立一个世界范围内的和平秩序。甚至到了 18 世纪下半叶，当奥斯曼帝国越来越变成一个领土国家，有着更清晰的外部边界的概念，“世界帝国”的话语依然未绝。

在伊斯坦布尔和各省，有许多家族专攻伊斯兰教法，为学者阶层或者说乌理玛提供成员，而卡迪（法官）、穆夫提（法律顾问）、法学和神学教授便是从乌理玛中任命的。领导学者阶层的大穆夫提也称“Şeyẖ ül-İslām”，从伊斯坦布尔主要的乌理玛家族中挑选，这些家族数代垄断着关键的司法和教授职位。虽然许多家族主导着乌理玛的职业队伍，出身低下的年轻穆斯林仍可以找到机会，在帝国或外省的学院接受教育，从而加入这个阶层。帝国精英的主体是穆斯林，但也包括基督徒。法纳尔人——伊斯坦布尔古老的希腊家族的成员，其中一些家族的起源可以追溯到拜占庭帝国——便属于行政精英，享有特别的等级和身份。[29]

奥斯曼各省属于帝国精英与外省精英相互争夺的地带，前者与中央直接联系，后者固守本地。15 世纪和 16 世纪，奥斯曼中央的新土地制度有效地将前奥斯曼外省精英在主要省份的权力基础边缘化。[30]到 17 世纪，总督和外省军队中的下级成员收入下降，这导致一些行省总督反叛中央，在无地的农民和失业的城市人群中寻找支持者，构建权力基础。17 世纪上半叶爆发的杰拉里叛乱，粉碎了安纳托利亚和叙利亚的行省秩序。[31]到 18 世纪，作为制度变化（在第二章和第三章讨论）的结果，奥斯曼国家比以往更乐于将外省显要纳入帝国建制。在县、城市和乡村腹地的管理，以及庄园的经营方面，外省显要成为关键的行动者，这一角色逐渐应用到所有的治理领域。整个 18 世纪，越来越多的地方强人通过获得帝国头衔，从辅助性的职位上升到帝国精英阶层的最高梯队，还通过获取更多的职位和合同，来扩大他们在地区的势力范围。一些获得总督职位，一些甚至成为维齐尔。[32]

奥斯曼体制并不承认世袭贵族，除了几个附庸的王朝，以及某些与先知穆罕默德的后裔相关的头衔，如赛义德和谢里夫。[33] 在塞利姆三世统治时期的帝国话语中，按照习惯军事官员和政府官员被视为苏丹的仆人（ḳul）。在 15 世纪和 16 世纪初的祖制中，家和国是一体的，苏丹的仆人也被视为皇室的成员。因此在面对作为恩主的苏丹时，官员们被剥夺了私人权利。这一仆人信条允许苏丹撤职而不用补偿，没收官员的财富（既然财富来自苏丹授予的官职），以及在极端情况下，仅依据主要来自大穆夫提的一般裁决（fetvā）即可下令处决官员，而不经司法程序。[34] 由于苏丹的权力主宰着官员的财富和生命，奥斯曼的精英文化变得很不稳定。精英们无需高贵的血统便能提升地位，但也冒着一夜之间失去所有（包括生命在内）的高风险。

到 17 世纪和 18 世纪，这一祖制逐渐让位于中央新的官僚建制以及精英家族在伊斯坦布尔和外省的激增——这些家族可以通过政治谈判将其财富从一代转移到下一代。不过尽管他们的数量越来越多，直到 19 世纪中期苏丹仍然可以剥夺官员的财产和生命。对于以官员或者合同持有人的身份服务于帝国的个体而言，皇帝的反复无常依然是奥斯曼秩序的特征。事实上，为减轻中央政府持续的财政压力，阿卜杜勒 – 哈米德一世和塞利姆三世充分地运用了没收这一手段，尽管关于废除它的新观念已然出现。

学者、商人和平民，不论穆斯林还是非穆斯林，其生命和财产一般被认为受到伊斯兰教法的保护。因而比起军事和行政部门的精英，许多以学问和贸易为专长的家族能够数代维护他们的财富。然而有时很难划出两类精英之间的界线。正如我们将在第二章看到的，许多精英家族被卷入文化和经济生活的多种领域。在涉及帝国与外省的权力精英、乌理玛、商人、金融家之间的商业和政治合伙关系时所做的决定，往往决定着他们的命运。

外省秩序

> 艾因塔布、马拉蒂亚［和］卡德里耶是马拉斯省下面的几个旗，它们有时被拨为终身包税区，有时遭国家没收被授予总督们。
>
> ——奥斯曼帝国敕令，1720 年 9 月[35]

奥斯曼帝国主要是农业社会，农民和牧民构成人口的主体。农民组织的方式有很多，有的是很小的夫妇家庭，依靠一对牛耕种一小块可开垦的土地，有的是大宗族，集体耕种相互毗邻的土地。歉收或者政治不稳定造成的人口数量的波动、劳动力的缺乏和农民的流离失所是奥斯曼农村经济的常见主题。这也就是为什么在 18 世纪，中央政府试图将游牧社群严格圈定在农业地区，把他们改造成农民。奥斯曼的土地制度在 16 世纪随着奥斯曼法学家对法律的整合而得到巩固，它将大多数耕地界定为国有土地，将私人所有权严格限制在城市房产、城市里面及其周围的果园，与慈善机构有关的地产则被称为瓦合甫（waqf）[1]，约占所有可开垦土地的 15%。根据 16 世纪这次直到 19 世纪下半叶土地改革前都基本有效的法律整合，国有土地上的农户是世袭佃户，可以自由地组织生产，将土地转给继承人或者别人。在这一秩序中，征收盈余的精英是受俸的官员或承包人，而非地主或采邑主。[36]

受俸官员在行省以货币、实物或者劳力的形式，从分配给他们的规模不等的行政单元——蒂马尔（tīmār）和扎米特（ze‘āmet）——中收税，并以军事服务作为回报，与他们的随员一起，在行省总督的指

[1] 伊斯兰法律中不可剥夺的宗教捐献，通常是指为穆斯林宗教或公益目的而捐献建筑物或田地。

挥下参加军事战役。蒂马尔和扎米特的持有者通常对一个（或一组）村子及其耕地和农场拥有行政和征税的权力。他们的行政和安保权力中并不包括司法权，后者掌握在由乌理玛委任的卡迪手中。16 世纪，蒂马尔和扎米特的持有者养着大量的地方骑兵部队，这些部队会被以等级严密的方式动员起来参加季节性的军事战役。然而整个 17 世纪，这些部队在战斗中被边缘化，原因在于军事技术的变革；这种变革有利于配备火枪的步兵，而非用剑的弓骑兵。18 世纪，蒂马尔和扎米特持有者并未消失，而是成为在外土地持有者和 / 或援军的首领，在战时为帝国军队提供后勤服务。他们经常将其单元的税收和管辖权外包给中间人。[37]

总督们级别不同，任期很短，经常带着家人和武装随员从一个省到另一个省。他们的税收通常由其代理人（mütesellim）[1] 从他们的俸田，即所谓的哈斯（ḫāṣṣ）中征收，这些农村或城市单元分散于他们管理的行省。由中央委任的总督们是奥斯曼行政一体化的主要支柱之一，而由中央委任的卡迪则是司法的代表。在战争期间，武装起来的农民和城市居民团体被称为塞克班(sekbān),也叫“sarıca”或“levend”，由当地的军事首领指挥，并争取被纳入总督的随员中。虽然地方上的塞克班与土匪的界限通常不是很清晰，但对于许多希望在军队出人头地的年轻人来说，塞克班成了他们的职业。如我们将在第二章的具体事例中看到的，在 18 世纪，外省强人会纠集他们周围的塞克班以竞逐帝国职位，首先是副总督，然后逐渐到总督。[38]

除了由行省军事精英持有的封地外，皇室成员和帝国精英只凭借其地位或出身，便可以挂名持有收入单元，无需提供任何服务。这些

---

[1] “mütesellim”意为“接收交纳或上缴东西的”、“收税的官员”。作者的英译采取了模糊处理。

要人通过代理人和当地的承包人来管理他们名下的单元和社群。与此相似，帝国瓦合甫所拥有的农业单元遍布帝国。瓦合甫的管理机构通常通过当地的承包人和转包人来经营这些单元和征税。此外，在各个区域，一些单元被界定为独立的城市或乡村税收区（muḳāta'a），包括矿山、作坊和海关。国家或者将这些区的短期征税权外包给承包人，或者通过领薪的监督员直接管理。承包人在这些企业中收税，按照合同约定的总数向国家或原初的持有人汇款，剩下的便是利润。[39]

就像其他早期现代政体，奥斯曼帝国中央政府的岁入很有限。以国家名义征收的盈余，大多数不是花在地方的军事或行政需求上，就是被官员（以作为他们的军事－行政职责的薪酬）和承包人（以作为他们的利润）提取。不同的代理人和承包人向农民定期和不定期征收的税，构成一个长长的名单。在行省的土地法典中，列有什一税、刑事和谋杀罚金、贿赂金和其他区域性的税费。非穆斯林的人头税则由中央派领薪的代理人或承包人直接征收。在人头税征收的过程中，希腊正教会的祭司经常扮演包税人（mültezim）的角色。[40]17世纪，其他的直接税——被称为"'avārıż"和"nüzūl"，与法国的租税（taille）相似——增加了中央政府在总体盈余中占的直接份额。总督们为维系他们的家庭和部队，向行省各社群以现金或实物的方式征收非常规的援助税（imdādiye）。除了常规和非常规的征收，中央政府还直接以低于市场价的价格向农民购买粮食或牲畜。这一做法叫作采购（mubāya'a），在18世纪被常规化。对于农民来说，这些强行采购成为一个越来越大的负担，而对于奥斯曼的总督们而言，它们是帝国首都和部队的主要供应来源。至于农产品剩余，农民会在外省的市中心卖给当地人，有时也在区域性的展销会上卖给更广大的市场。在饥荒不断的威胁下，中央当局倾向于限制农产品的出口，然而人们总会找到合法或非法的手段（如走私）来出口粮食，逃避高关税。[41]

在更早的时期，奥斯曼的土地法典会详细记录税收和应纳税家庭。然而整个 17 世纪，随着人口变化和通货膨胀，这些数字失去了效力。18 世纪，在卡迪的监督下，通过帝国和地方官员、承包人、城乡社群领袖在县法院里的协商，税收越来越多地以汇总的形式征收。除了纳税，社群还要履行在本地为帝国服务的义务，诸如养护道路和邮政，或者资助行经此地的国家代理人。由于税务登记缺乏更新，一些外省显要会以社群和公共事务管理的名义增置一次性的支出和税收。之后他们与社群在法庭开会，结算这些费用分摊到纳税人身上的金额，并收取社群支付的总额和佣金。在这一过程中，法院转变成地方议会，负责审议公共契约和预算。在许多地方，税收、分担总督和帝国官员的费用以及其他公共支出，都是通过这一分摊机制来收取。如我们将在第三章看到的，这些自然形成的做法逐渐被国家正式化，并催生了新的行省政治，其中一些被称为阿扬（a‘yān）的地方显要，竞相向其社群争取支持，以赢得管理职位。

18 世纪另一个重要的结构性变化，是俸田制的压缩和基于合同的包税的扩张。从 1700 年代开始，为了应对与哈布斯堡的长期战争导致的财政压力，数以百计大大小小的税收单元（主要是行省总督和骑兵部队成员管辖下的农业地产）被中央攫取，由财政专家重新评估，依据终身合同（mālikāne-muḳāṭa‘a）租赁给投资者和企业家，有的是通过拍卖，有的不是。在这一安排下，国家将外省的税收单元及与之相系的社区，作为有豁免权的飞地（例如免于总督或其他权力的干预，司法权除外）外包给半私人的企业家，他们也被赋予这些地带的行政管辖权。在安纳托利亚东部和阿拉伯地区的一些省，有着终身包税区（mālikāne）地位的飞地被捆绑授予督军（voyvoda），由其负责在飞地与中央政府之间协调，以及将税收汇款给中央。如这一节的题词所表明的，一些单元的地位在不断变动中，从终身包税区变为俸田，然后又变回去。这一改革的设计者预期，对其单元进行投资的飞地持有者会保护社区，带来收成因而也是税收的增长。终身包税区的持有者一般是帝国精英或外省显要，他们或拥有参与拍卖的财务能力，或能够得到达官显贵的推荐和保证，或有政治实力通过谈判迫使中央授予其一块终身包税区。[42]

作为这一进程的结果，18 世纪的前几十年，中央政府将资产从帝国精英和外省精英转移到中央国家。大多数终身包税区的持有者并不在其中定居，而是将之外包给当地的承包人，这为当地的显要们创造了一个市场，这些人精通专业管理、征税和汇款。这些终身包税区的治理的私有化，与安纳托利亚西部、色萨利和马其顿等地的商业农业地产（被称为“çiftlik”）的扩张是同时发生的。因失地而移徙的农业工人和定居下来的游牧民提供了额外的劳力，推动了这一进程。然而，农业商业化的萌芽并没有催生大规模的农业地带。在许多区域，小自由农依然是构成农村社会的基本单位，而出于推动目的的终身合同并没有转变成土地单元的私人所有权。[43]

城市生活、近卫军和网络

那个城镇的居民都来自近卫军阶层。

——BOA: HAT 1788

我们看到了整个 18 世纪城市人口的持续增长。[44] 传统的制造商与本地批发商以行会的形式组织起来，一直是城市经济和政治活动中重要的集体行动者。然而，越来越多的新来者在城市寻找新机会的时候，面临行会对市场的垄断。新的地方显要的管理也挑战着行会的领导地位。城市治理与经济层面的改变，同国家赞助计划相重叠，这些计划绕开行会，在纺织、钢铁和造纸等不同部门创设新的作坊和工厂。我们也看到私人企业家在外省做出这样的尝试。他们有时会把建立作坊或工厂的计划书和出产样品一并寄出，向中央政府申请许可、免税或财务支持。尽管有这些尝试，奥斯曼帝国依然严重依赖来自欧洲和印度的进口制成品，尤其是奢侈品、五金以及纺织品。[45]

近卫军是伊斯坦布尔和一些外省城市中最显眼的行动者，他们与行会融为一体，经常参与城市腹地的农村经济。由于具备作为一个集体的共同行动能力，以及与奥斯曼社会各界的有机联系，近卫军的成员也是政治行动者，能影响或者塑造舆论。近卫军在帝国精英和派别中的熟人与政治盟友，使其得以成为政治中的关键行动者，而他们与城市行会、商人以及下层城市劳工、门房、桨手、小贩、乞丐、单身汉、黑帮之间的有机联系，使其可以制定计划、动员人民、煽动群众。近卫军在许多方面同奥斯曼城市生活的最高和最低阶层相联。[46]

如其土耳其语名字“yeniçeri”（意思是“新军”）所表明的，近卫军团在 14 世纪中叶是作为一个配备火器的新带薪步兵团而创立的。近卫军是受奥斯曼王朝直接指挥的奴隶军队的核心部分。军团最初主要由年轻的非穆斯林构成，他们是从信仰基督教的农民中征集而来的血贡（devşirme），而后改宗伊斯兰教，作为士兵受训，然后部署在伊斯坦布尔和各省。近卫军训练和组织的营房被称为“ocaḳ”，字面意思是“炉子”，象征着与苏丹分享的正餐，以及近卫军团与奥斯曼皇室的亲密关系。军团有一个守护圣徒，即 13 世纪安纳托利亚的宗教思想家哈吉·拜克塔什，以其名字命名的苏菲派拜克塔什教团的创始人。围绕对哈吉·拜克塔什的膜拜所构建的仪式，为军团成员提供了精神上的依属，使他们更有凝聚力，并将之转化为军事上的英勇。[47]

到 17 世纪，近卫军团已失去其早先作为小规模专业步兵单位的特征。漫长的跨季节战争、火器在战斗中的推广，使得持有蒂马尔的地方骑兵部队逐渐缩减，而近卫军（以及配备火器的雇佣兵）在奥斯曼战争中的角色则得到彰显。结果，近卫军团随着新应征者的涌入而壮大，与此同时，血贡制也消失了。对于许多来自社会底层的年轻穆斯林，包括离开农村来到城市的移民，近卫军成为前途光明的职业通道或社会 – 军事身份。他们主动向首领和其他高级指挥官申请加入军团。近卫军新兵凭借履行军事职责，从国家获得薪饷和 / 或其他社会福利。到 18 世纪，伊斯坦布尔及其腹地的近卫军总人数超过 10 万，成为一个庞大的社会 – 军事集团。[48] 同时在帝国的外省城市中，还存在数以千计的近卫军分支。这些外省的近卫军有其自身的惯例。例如，当一位新总督被任命到波斯尼亚，萨拉热窝的近卫军会与他进行礼仪性的会面。在会面中，萨拉热窝军团的指挥官会交给总督一份名单，上面列出有着近卫军身份的人员，让其随后多加关照。[49]

与近卫军团有关的规章经常抱怨近卫军对城乡经济的参与。一份 17 世纪的近卫军规章规定:“近卫军不应熟悉另一门技艺，这是违法的。如果他从他的其他职业中一天赚得 40 皮阿斯特 [1]，他将不会履行一名近卫军的职责。”[50] 然而，由于其特权身份以及作为苏丹亲兵的声望，近卫军融入帝国经济生活是必然的进程。这份规章还抱怨外省有些人穿着和行为俨然近卫军，实则没有正式的身份。[51] 渐渐地，近卫军不只是从国家或军团获得的正式身份，还成为许多人对这一身份的社会和文化要求，他们并不必然是军团正规的、领饷的成员。

从早期开始，尽管正式的身份是仆人，近卫军却与苏丹发展出了契约关系。苏丹试图通过财务和政治交易来争取近卫军首领们的效忠。中央统治集团中的主要派别——王子、内命妇、维齐尔、高级官僚和乌理玛——则依据政治上的算计（有时包括废黜现任苏丹，拥立他们

[1] 奥斯曼帝国货币，也称“库鲁”。

中意的人选）来与军团建立同盟。废除军团的多次企图（或者只是传闻）都引发了叛乱，其中一些导致苏丹被废黜，甚至被处死。1622 年奥斯曼二世（又称年轻的奥斯曼）便落得如此下场。我们将在第四章讨论 1807 年和 1808 年导致塞利姆三世下台的事件，如我们将在那里看到的，这些叛乱中的一些改变了帝国政治的态势，在叛乱中取胜的人成为新的行动者，而其他的行动者则被消灭。[52]

近卫军团从一个由奴隶士兵组成的步兵团向一个拥有社会地位和特权的庞大社会 - 军事集团或阶层的变形，改变了它与大众的关系。在大多数叛乱中，近卫军往往超越自身的集团利益，发展民众的诉求，因而被视为旧的秩序、法律和习惯的保护者，有时还被视为平民权利的保护者。他们开发了动员城市群众的能力，与军事当权派、城市行会、新移民、临时工和城市帮派建立同盟。一次又一次的叛乱催生了一种脚本，一种集体行为和仪式的模式，如将食堂的大锅从炉灶上移走、在竞技场扎营集会，或者共同要求穆夫提发布教令除掉已成为众矢之的的官僚。这些脚本在把叛乱转变成政治戏剧的同时，也约束了群众，遏制了暴力。近卫军团不再只是一支受军团精神激励的陆军部队，还逐渐成了一个以加强和维护从国家那里获得的社会和经济利益为目标的集团，以及一个能够将其要求转化为关于人民权利的共同语言的政党。[53]

近卫军团以超越其集团利益的目标，作为一种社会政治力量崛起，这反映了新的公共现实在城市生活中的巩固。在 17 世纪和 18 世纪，伊斯坦布尔和其他奥斯曼城市不仅是行政和商业中心，也是新的公共生活形式的场所。清真寺、伊斯兰学院、苏菲派集会处、基督教堂和犹太会堂等宗教场所继续作为集会中心，而新的世俗公共空间，如咖啡馆、小酒馆和理发店，则促进了新的社交形式。普通人在这些公共空间中的政治谈话，常常让统治精英感到沮丧，特别是在政治产生危机和社会处于高压下的时候。据称，1792 年，伊斯坦布尔超过 8% 的咖啡馆归近卫军成员所有。[54] 在危机时期，咖啡馆（或露天咖啡园）成为反对派的聚集地。国家之所以容忍咖啡馆的存在，除了因为它们可以提供收入（咖啡消费很容易征税），还因为国家可以监控和记录这些空间里的活动。[55]

当被称为“meclis”的精英聚会——男人和女人（通常是分开的）在其中读诗、演奏音乐、辩论和用餐——越来越多地出现在私人宅邸，街头生活则产生了不同类型的社交娱乐。除了由皇室和帝国精英赞助的宗教节日和盛大演出外，城市居民还聚集在皮影戏院和其他公共场所，观看由个人表演者表演的带有政治和文化讽刺成分的说书（meddāḥ）。苏丹的登基仪式、庆祝王子割礼的聚会、有着超凡魅力的宣教师的布道、重要人物的葬礼、公开处决以及斋月里不分昼夜的庆祝活动，都是伊斯坦布尔和外省城市的社交、政治和表演场合。由于能够用不同的奥斯曼语言和字母印刷的印刷机数量有限，价格低廉的印刷书籍的流通还不是塑造舆论的关键因素。直到 19 世纪末，手写的书籍和小册子一直主导着纸上的生活。然而，由说书人、歌手、朗诵者和宣教师口头进行的信息流通，在社会空间中起到了信息提供和舆论培养的作用。[56]

新的社交形式不一定能促进安全。18 世纪下半叶，外省城镇（特别是在巴尔干）的稳定度下降。越来越多在战时武装自己的非正规部队，随后成了塞克班或希腊非正规武装团伙（klephts）。由于找不到恩主，他们经常作为土匪四散流窜。18 世纪末，穆斯林非正规部队（ḳırcalıs）和基督徒非正规部队（dağlıs）——即山民们——造成了严重的安全问题和混乱，他们有时会播散恐怖，有时又会武装集结起来，被外省社群雇来提供安全保护，或者成为外省显要的私人民兵。如我们将在第三章看到的，这些团体的一些领导人通过提出各种权利要求，包括要求隶属于近卫军，来确立其对小社区的恩庇。与此同时，许多地方（包括保加利亚西北部的维丁、博卢和埃尔祖鲁姆）的城市居民被集体授予近卫军身份，以回报其提供的公共服务，例如在边境地区或山口提供安全保障。18 世纪末，火器在城乡社区之间的扩散惊动了中央。一位总督在给苏丹阿卜杜勒 – 哈米德一世的报告中解释道：

> 虽然社群有义务服从维齐尔，但它们没有这样做。如果一个维齐尔去了一个地方，居民们会带着步枪去迎接他。如同大维齐尔柯普吕律·穆罕默德帕夏［1578—1661］时代一样，国家应收缴火器，并将其运往帝国兵工厂。只有这样，谁是臣民，谁属于军人阶级，才会了然。[57]

火器的扩散、安全问题，加上各个城市新的集体财政机制，导致一些外省显要及其合伙人确立了对社群的控制。显要们通过社群正式或非正式的任命承担这些角色，或者在武装随从的帮助下（可能还得到了该区域或伊斯坦布尔的其他强人的支持），强迫社群接受自己。司法职务的商业化使当地的有识之士能够获得代理法官的职位，进而参与本地的联盟。18 世纪下半叶，寄往伊斯坦布尔的关于外省城市状况的报告抱怨说，这些显要建立了小型的“共和”（cumhūr），已成为自治实体。[58]

18 世纪，尽管安全问题日益严重，但奥斯曼城市绝非与欧洲的思想和文化潮流隔绝。黎凡特之梯[1]这一由法国臣民构成的独特商业社区，作为 16 世纪以来多个贸易协定的结果，乃欧洲 – 奥斯曼之间联

[1] 指奥斯曼帝国位于近东或北非的一些港口和城市，苏丹放弃他在这些地方的一些特权（尤其是法律方面的），以支持主要来自马赛的法国商人。

系的典范。渐渐地，欧洲－奥斯曼人开始在伊斯坦布尔和其他港口城市的跨文化环境中，同奥斯曼精英中的基督徒及部分穆斯林来往。[59]与此同时，奥斯曼政府雇用的欧洲军事专家的人数也在增加。许多人写了回忆录，其中一些在欧洲成了畅销书。[60]

欧洲与奥斯曼帝国之间活跃的信息交流，引发了伊恩·科勒所谓的“启蒙运动的东渐”，即在奥斯曼世界的欧洲商业圈层、外交圈层以及围绕着它们的其他团体内部活跃的思想互动。[61]它不仅塑造了欧洲关于奥斯曼世界的观念，也有助于欧洲文化在奥斯曼帝国的传播。我们应该把“启蒙运动的东渐”与奥斯曼世界的其他启蒙运动联系起来理解。18世纪，奥斯曼的希腊人和亚美尼亚人网络，通过侨民的连接，结合欧洲和奥斯曼市场，形成了自己跨帝国的文学界。一种被称为“希腊启蒙运动”的活泼的学习文化，在著名的希腊法纳尔人家族和欧洲各学院的赞助下蓬勃发展。希腊启蒙运动将维也纳、巴黎、圣彼得堡、帕多瓦和伊奥尼亚群岛的知识活动，同伊斯坦布尔、伊兹密尔、雅典、雅西、布加勒斯特和耶路撒冷等地的奥斯曼－希腊中心联系起来。不断往来于奥斯曼、俄国、奥地利和威尼斯诸帝国之间的各种希腊知识分子、学者以及工程师，将欧洲就不同领域所作的讨论传达到奥斯曼各地。信奉天主教的亚美尼亚人网络默基塔尔会[1]将欧洲语言翻译成西亚美尼亚语的运动，在奥斯曼世界的亚美尼亚知识群体中流行开来。[62]

但经历了启蒙时代活跃的思想和政治气候的，不仅仅是希腊和亚美尼亚的跨帝国网络。近来穆斯林知识界对18世纪逻辑学、宇宙学、制图学、地理学、数学、工程学，以及图书馆和出版活动的激增的讨论，促使一些历史学家反思西方启蒙运动和伊斯兰传统之间僵化的界限或二元对立。按照这些思路，思想史学家们近来开始重新审视一些

---

[1] 由亚美尼亚天主教修士塞巴斯蒂亚的默基塔尔创立于1717年。

人物，比如：易卜拉欣·穆特菲里卡（1674—1745），帝国印刷厂的创办者，著述甚丰的博学者，从地理学到政治哲学均有涉猎；约阿尼纳的埃萨德先生(卒于1731年)，一位新亚里士多德主义穆斯林哲学家，将希腊启蒙运动圈与穆斯林知识分子联系在一起；埃尔祖鲁姆的易卜拉欣·哈克（1703—1780），大部头宇宙论著作《灵知书》的作者，将后哥白尼时代的天文学与神秘主义相结合，并对新的经济态度集中进行了微妙的道德批判。[63] 如果我们不把启蒙运动仅仅理解为一种世俗的激进变革传统，而是根据大卫·索金的广义解释，认为它联系了宗教和世俗的科学观念，[64] 那么，将18世纪奥斯曼的文化、知识和科学活力及其各种变体定义为奥斯曼启蒙运动，就不会有误导性。

从经济稳定到紧缩

从1740年代起，随着新的商业条约的签订，法国超过奥地利哈布斯堡帝国、英国、荷兰共和国、俄国、威尼斯和伊朗，成为奥斯曼帝国最重要的贸易伙伴。莫卧儿印度仍然是重要的贸易伙伴，它向奥斯曼消费者——有时通过英国东印度公司或以伊朗为基地的亚美尼亚人贸易网络——提供纺织品、香料和其他奢侈品。以里窝那为中心的犹太人贸易网络在有大量犹太人居住的城市非常活跃，如萨洛尼卡、阿勒颇和伊兹密尔。杜布罗夫尼克是以奥斯曼为宗主的自治共和国，该国商人仍在亚得里亚海沿岸积极开展贸易，利用奥斯曼政府授予的特权，出口来自波斯尼亚的牲畜和农作物。欧洲商人在奥斯曼的港口城市建立了侨民社区，就像前面提到的讲法语的“黎凡特之梯”。这些社区与当地的希腊人、亚美尼亚人和犹太人经纪一起，深深融入了不同的行业。各省的穆斯林显要家族为外国商人提供保护，让他们与当地的生产者和市场建立联系。18世纪，由于一些知识分子和官僚主张对本土制造业采取保护主义措施，反对出口的措施得到解除。马其顿和安纳托利亚西部生产的棉花逐渐进入欧洲市场。1720 年至 1800 年间，对棉花出口征收的关税增加了 300%。棉花之后是羊毛、马海毛、蜡、油、大米、小麦、干果和肥皂。18 世纪，奥斯曼帝国仍然是世界主要的咖啡供应者。[65]

经济史学家认为，18 世纪的前四分之三，奥斯曼帝国经济稳步增长，或者说至少相对稳定。漫长而昂贵的战事在 17 世纪末的结束，领土的获得（1670 年代克里特岛、1730 年代从威尼斯手中夺回的伯罗奔尼撒半岛以及 1720 年代萨法维帝国灭亡后夺取的高加索），人口的增长，随着小冰河时代而来的气候条件的好转，交通的改进，采矿和制造业的技术革新——这些可能都在不同程度上促进了经济的改善。土地占有制发生变化，更有保障的终身合同鼓励了对农业领域的投资，同时国内贸易和帝国间贸易也出现了增长。以所谓的“郁金香时代”（1703—1730）为集中体现的新消费模式出现了，当时伊斯坦布尔和其他主要中心的炫耀性消费和相对繁荣变得明显。18 世纪上半叶的新城市，如由大维齐尔易卜拉欣帕夏建立的内夫谢希尔（意为“新城”）、由安纳托利亚中部著名的恰潘家族建立的约兹加特，以及由库尔德著名的巴班家族建立的苏莱曼尼亚，不仅展示了帝国精英和外省精英的资本积累，也说明了需要新市场的区域性贸易的增长。[66]

到 1760 年，经济和政治的稳定已经走到尽头。1760 年代至 1810 年代期间，奥斯曼帝国遭遇了几次危机。1768 年至 1774 年和 1786 年至 1792 年它不仅被俄国和奥地利击败，内部的希腊、巴尔干、埃及和阿拉伯等地还发生了兵变和叛乱。俄国吞并克里米亚（1774—1782）足以说明奥斯曼帝国未来将像波兰一样遭到瓜分。随着军事失利而来的，是经济和财政的急剧下滑。1789 年塞利姆即位时，经济已经开始紧缩。绝望的中央政府不得不在通胀上升和农业歉收的情况下，努力为昂贵的战争以及支付给俄国的赔款筹措资金。巴尔干、叙利亚、埃及和阿拉伯等地爆发叛变，并发展成为外省社群的安全大患。迫于安全问题的压力，中央的外省治理成本增加，外省显要的影响力也得到提升，他们逐渐积累了相当的军事力量。我们将在第二章和第三章中看到这些危机在奥斯曼不同区域的影响。[67]

1768 年至 1774 年俄土战争期间的财政危机促使中央政府采取新的财政措施。[68] 政府向终身包税区持有者征收战争税，并发布帝国敕令以遏制中央高官的奢侈消费。[69] 此外，政府还减少了从奥斯曼国库领薪的近卫军的数量，[70] 并派出检查员以确定被过度开发的税源。[71] 中央政府甚至要求从苏丹的个人金库中贷款。[72] 为结束 1768 年至 1774 年战争而签订的《库楚克－开纳吉条约》给奥斯曼国库增加了额外负担。根据该条约，奥斯曼帝国应分三期向俄国支付赔款 750 万库鲁（相当于 400 万卢布），占帝国预算的一半。同时，瓦拉几亚和摩尔达维亚每年的税收也要减少。[73] 然而，还有其他原因导致了财政压力，例如军事改革。边境的防御工事需要加强，需要向失去津贴的行省总督们发放新的福利，对外国军事专家的付款越来越多。革新奥斯曼帝国海军和建立现代炮兵部队的计划成本尤其高。[74]

1784 年，帝国国务会议（Divan）同意向摩洛哥苏丹请求贷款。塞利姆统治时期，国家还试图向荷兰和西班牙借贷。然而这些举措无果而终。[75] 中央重组外省秩序的尝试时而颇有成效，时而适得其反。在许多区域，国家赋权地方社群和显要，他们能利用地方机制管理税收、公共财政、安全和基础设施维护，中央不进行直接干预。这种下放财政管理权的政策减轻了国家的负担。然而，通过没收财产来消灭一些外省显要并将其财富转移到中央的做法，导致外省秩序更加不稳定且人心动荡，也使一些外省显要有权以牺牲他人为代价巩固自己的权力和财富。取消终身包税区合同的尝试失败了，因为财政管理部门想不出一个可行的办法，在无需承包人的情况下经营数百个农业单元。1775 年，有人提出一个应对日益严重的预算赤字的创新办法，即把每年从各种税源中获得的预计利润分成股份（eshām），然后作为国债出售给投资者，期限为终身。在这种制度下，国家向小投资者借款。与终身包税区制度不同的是，非穆斯林和妇女可以购买股份。股份制度扩大了中央政府可以依赖的融资人来源，但它没有结束财政危机。相反，有些人认为，它只会增加帝国陷入永久债务循环的风险。[76]

1789 年 4 月登基时，与 18 世纪末的其他君主一样，塞利姆面临着加强军事和财政改革的挑战，以确保拥有一支具有竞争力的陆军和海军，并配备新的军事技术。这一军事重构需要在各省进行广泛的征税，并以一个借贷体系作为支持。然而，塞利姆和他的副手们对如何重组并不确定。虽然奥斯曼人熟悉的欧洲诸模式提供了替代性的选择，但伊斯坦布尔的新骨干并不确定他们能否改变既定秩序。奥斯曼帝国的结构庞大而复杂，要求索取其资源的包括军队、官员、承包人、金融家、借款人以及特权享有者。任何改革都会产生赢家和输家，会挑战既定的权利、地位、预期和希望。因此，任何改革都需要有能应付反对派的联盟。任何联盟都需要一个互相迁就、让步和协商的过程。1789 年的主要问题是：改革计划究竟包含哪些内容（它将会有多激进）；在新秩序中，哪些参与者将被纳入，哪些被排除（和消灭）；纳入和排除的方法或途径是什么。

新秩序

在塞利姆三世即位后，他的支持者和其他改革派的领导人占据了关键的官僚和军事职位。然而，新的统治精英并非铁板一块。他们有不同的背景，代表着不同的派别，在改革方案上意见不同。1789 年 5 月，即位不久的塞利姆邀请官僚、指挥官、学者以及一些外国军事专家参加协商会议，以仔细斟酌改革方案。整个 18 世纪和 19 世纪初，除了定期的帝国国务会议外，苏丹或大维齐尔召集的协商会议也成为一种常例，出席这种会议的帝国精英人数众多。除了协商职能外，协商会议还是通过一致意见和集体责任使决策合法化的基础。[77]

就在塞利姆召开协商会议的同时，与俄国人作战的近卫军首领同指挥官们在保加利亚中部的舒门召开了另一个会议。近卫军以补给问题为由拒绝继续战斗，实际上是在罢工。舒门会议的与会者告知塞利姆，一支由近卫军组成的军队是绝对抵挡不住纪律严明、训练有素的俄国人的。[78] 舒门会议和近卫军的违抗态度，使伊斯坦布尔的一些人警觉到军事改革的紧迫性。塞利姆要求协商会议的与会者就帝国面临的困境和可能的补救办法畅所欲言。[79]

我们没有协商会议的会议记录。然而我们知道在商议之后，苏丹发话要求大家写书面报告。“依照苏丹的口谕，我在此写下报告，陛下要求每个［与会的］人写下对宗教和国家的思考，合理的想法将被纳入考虑范围，其余的则搁置一旁。”主要财政官僚之一穆罕默德·谢里夫写道，“这里我仅略表拙见。稍后我将详述。”[80] 与穆罕默德·谢里夫一样，许多要人也在这一年提交了他们的报告。其中一些由塞利姆的副手们收集和整理，它们提供了一系列关于奥斯曼秩序的性质、危机和可能的补救措施的看法。[81] 与此同时，奥斯曼驻维也纳、圣彼得堡和柏林的大使们撰写了长长的便函，介绍他们访问过的国家的军事和行政制度，以及奥斯曼帝国可能取法的地方。他们将这些便函与其他改革小册子一起呈给塞利姆及帝国精英。1790 年代初，伊斯坦布尔成为改革思想激增的沃土。[82]

16 世纪末和 17 世纪的改革报告将帝国的初创期（1450 年至 1550

年左右）奉为典范，将旧的秩序和惯例用作参照标准。这些早期报告被塑造成历史话语，强调一个曾经完美的秩序、一个虚构的黄金时代的持续衰落。据此，只有通过恢复而不是革新，才能防止旧有荣耀的衰败。这种对一个理想化的旧秩序的提及是不是微妙的修辞策略，以便将新的政治议题和不可避免的变化呈现为惯习性规范？还是说，这种对历史的援引仅仅是帝国精英中间固有的传统主义的表现？答案无法确定。[83]

到 18 世纪，新与旧的关系经历了重新定位。从 1700 年代初开始，“新”（cedīd, nev）、“更新”（tecdīd）、“创新”（īcād）、“新鲜”（tāze）和 “发明”（iḫtirā’）等词语变得更加显眼，不仅在政治写作中，在文学、建筑和城市话语中也是如此。作为在商业、外交和思想上深度接触外部世界的结果，新的观念、技术、风格和商品的流通引发了革故鼎新的渴望。一些精英越来越觉得时代需要新的安排，以赋予（诸）新秩序以正当性。正如希里内・哈马德所说，奥斯曼精英逐渐变得更愿意“摆脱陈规的重负，显示出对传统和创新的态度变化”。[84]

界定危机，提出改革

“如果可能，应修正旧的惯例。如果不行，就应改变，使之符合时代法则。”在向塞利姆提交建议的改革派中，有一个如此写道。[85] 另一位小册子作者、前财政大臣哈吉・易卜拉欣先生写道：“腐败和恶化像不治之症侵入了国家秩序，在苏丹国的所有肢体和动脉中蔓延。因此国家和人民的秩序需要医学手术。”[86] 恩韦勒先生则不那么激进。他认为，改革应该循序渐进（tedrīcī），尽量减少对几十年来在旧秩序中积累的既得权利的损害。“这些弊病是逐渐形成的，有的历经

150 年，有的 100 年，有的 50 年，所以也应该逐渐纠正。”[87] 恩韦勒回应了利益可能受到改革威胁的群体。

改革报告的提交者之间争论得最激烈的是所谓的军事危机。他们普遍认为，奥斯曼的军事组织自 1767 年以来一直遭受俄国和奥地利的羞辱，应该进行重整。大家都把矛头对准了近卫军：由于越来越多的平民获得近卫军身份，近卫军已过度扩张。对中央政府来说，这会造成难以承受的财政负担。同样重要的问题还有近卫军的社会形象。据一位改革报告提交者的说法，由于 1767 年以前的长期和平，一些近卫军已经染指贸易及农业领域。这些人不仅没受过训练，还不愿意上战场打仗，而是忙于照顾自己的生意。[88] 改革报告中提出的补救措施多种多样。有的认为应进行全面排查，把缺乏军事技能的人清除出军团；有的建议推行新的训练技术；还有的提出与近卫军首领们签订集体合同，停止接受平民进入军团。没有人公开建议直接解散军团。虽然近卫军团是攻击的对象，但小册子作者都小心翼翼地避免贬低他们。有些人提到了军团成员的既定权利，有些人提到了近卫军的辉煌过去。

关于军事危机，最激进的建议是创立一支与近卫军平行的新军。具有讽刺意味的是，在土耳其语中，“近卫军”一词也有“新军”或者“新军人”的意思，指的是该军团作为一支替代 15 世纪的圣战士和骑兵的常备正规军的创新性。这支新的“新军”将被称为“Niẓām-ı Cedīd”，根据阿拉伯语，其字面意思是“新秩序”。“Niẓām-ı Cedīd”结合了“新”和“秩序”。而“新秩序”之后将成为改革运动的总代称。新军将根据欧洲的新军事科学组织。士兵将从穆斯林农民，特别是那些未被城市经济生活腐蚀的农民中招募。[89] 他们将定期操练，以保持纪律和对苏丹国的完全忠诚。正如其中一位小册子作者所写的，“训练和纪律的本质是忠诚之基”。[90] 士兵和指挥官要按等级划分，并编成团。他们不会像近卫军那样成为民事和经济生活的一部分。一支经过“科学”军事训练的纪律严明的军队，如果再辅以已经现代化的炮兵以及军事工程、制图、数学和世界史等其他领域的拓展，其战斗力将进一步提高。

奥斯曼亚美尼亚天主教徒多桑在瑞典驻伊斯坦布尔大使馆当译员，用法语写过一部大部头的奥斯曼帝国研究著作。他建议帝国邀请欧洲军官来开办新的军事学校，课程涉及工程学、天文学、地理学、造船学。奥斯曼的穆斯林和基督徒学生应一起受训。作为军事科学的通用语言，法语应该是教学语言，而学生们应该穿上军装，以示纪律。[91]然而在一些人看来，军事纪律应该与宗教纪律一起实行。曾在军队和财政部门任职的军事官僚穆罕默德·哈克建议，作为军事训练的一部分，士兵们应该学习 16 世纪正统逊尼派学者比尔吉维的著作，以系统了解他们的宗教。[92]根据曾任奥斯曼驻维也纳大使的埃布·贝基尔·拉提布先生的说法，战争正在成为一门科学；它除了要求英勇和胆量，也要求训练和纪律（且后者最终将取代前者）。[93]

即使可以取代，但钱呢？战争与钱之间是什么关系？军事指挥官贾尼克的阿里是安纳托利亚黑海沿岸地区显赫的贾尼克王朝的缔造者，他写道：“1767 年向俄国人开战时，苏丹穆斯塔法汗［1757 年至 1774 年在位］认为，他可以仅靠金钱来推动战争。他把国库里的钱都用光了，却忽略了荣耀和英勇，结果是什么？我们的国家不能仅靠财产（māl）来管理。”[94]尽管奥斯曼的军事精英们认为不应该把战争和金钱简单地联系在一起，但奥斯曼的财政精英们坚信，对于 18 世纪的政体，也就是我们今天所称的军事 – 财政国家来说，财政改革和军事改革是一枚硬币的两面。小册子作者们直言，必须通过税收改革、预算纪律和紧缩措施来增加国家收入，才能结束财政危机。穆罕默德·谢里夫却告诫政府不要采取严厉的预算措施。他坚称，从生产者那里征收的税款不应存放在国库中，相反，主政者应允许资金在市场上流通。只有这样，生产才会发展，财富才会增加。他还说，这项政策也将改善国家与人民的关系。[95]

这种针对国内经济的亲市场建议并没有引起国际商业实践的反响。奥斯曼经济对欧洲和印度持续的贸易逆差，造成帝国金银外流。事实上，自 18 世纪中叶以来，奥斯曼帝国的几位知识分子就提出通过贸易保护主义政策来推动国内工业的发展，其中包括艾哈迈德·雷斯米先生（1700—1783）——一位来自克里特的奥斯曼外交官，曾就新的外交模式写了大量文章，以及苏莱曼·佩纳先生（卒于 1785 年）。[96]在为新秩序献策的小册子作者中，大维齐尔的秘书敦促财政部门限制进口奢侈品的消费，以减少帝国贸易平衡中的长期赤字。[97]新秩序派中的主要改革家穆罕默德·埃明·贝希奇，之后完成了关于改革方案的篇幅更长的小册子，公开鼓吹保护主义政策。贝希奇并没有止于限制奢侈品的贸易政策，而是建议政府赞助帝国精英投资某些工业，如钢铁、棉花和造纸等，并将制成品出口到国外。贝希奇提出以保护主义促进工业发展的建议，明确指向重新调整奥斯曼鼓励进口、抑制出口的传统贸易政策。[98]

改革派没有处理关于自由市场、紧缩措施或者保护主义政策能否缓解财政危机的难题。关于财政危机，也许更直接的问题是农业单元的税收。终身包税区制度是在 18 世纪初的改革方案中引入的，正如穆罕默德·谢里夫所写，“期待终身包税区的持有者会将其作为自己的私人果园和花园来照料，向贫农提供种子，使伊斯兰土地一天比一天繁荣”。[99]但他提出，终身包税区的持有者更愿意将其外包给当地的分包人，而后者会追求短期利益。分包人既没有对这些单元进行投资，也没有保护生产者。设立终身包税区原本旨在能增强保护、提高生产，实则破坏了农场，过度剥削了农民群体。此外，中央无法追踪持有者死后空置的单元。由于无法监督外省的情况，中央政府将其行政控制权交给了外省显要。许多补救措施也被提出：逐步取消终身包税区合同；施行更密切而有效的管理；限制承包人和分包人的利润率；对终身包税区地带进行重组，以结束因权力重叠和边界模糊而造成的复杂局面。[100] 然而，两难的困境仍未得到解决。一些人建议应将终身包税区合同授予在省里拥有经济和社会资本的当地显要，[101] 而另一些人则对这种通过合同来下放权力的做法持怀疑态度。[102]

外省显要在帝国秩序中的地位，实际上是奥斯曼帝国精英面临的关键问题之一。是通过授予官职并允许他们在帝国等级体系中升迁，将其纳入奥斯曼帝国建制？还是尽可能将他们排除在体制之外，防止他们积累财富和权力？或者让他们继续作为承包人和社群领袖，无需获得帝国职位就成为中央建制的一部分？这三种选项都被其拥护者写入改革小册子中。苏莱曼·佩纳先生是一位有影响力的官僚，也是一位早期的小册子作者，曾考察 1770 年代和 1780 年代摩里亚半岛上的希腊人社区与阿尔巴尼亚穆斯林显要之间的紧张关系，明确反对将当地显要纳入各级国家机构。他的立场很明确：国家应该由国家的仆人、总督和中央任命的监管者（intendant）[1] 来管理，他们无条件忠于苏丹国。应尽可能严格限制外省穆斯林和基督徒精英在外省治理中的活动范围，因为他们既不忠于国家，对待社群也不公平中正。[103] 在塞利姆召开的协商会议上，时任大维齐尔科贾·优素福帕夏也对外省精英持怀疑态度。但他认为，这些显要是唯一有能力处理外省事务的群体，因此应该允许他们进入外省秩序，但中央要进行严密监视，防止他们在代表社群处理财政事务时不公。穆罕默德·谢里夫等人亦提出，奥斯曼各省的治理离不开省里的显要和重要家族，如马尼萨的卡拉奥斯

[1] 依照作者在书中的处理，可能是督军，也可能是征税官（muḥaṣṣıl）。

曼家族和约兹加特的恰潘家族，他们有能力从省里转移资源。无论帝国还是社群，都需要这些了解当地情况的有钱势者来处理公共开支，管理当地事务。[104]

高级书吏穆罕默德·哈克则倾向于由中央任命的行政官而不是当地显要来管理各县事务。但他知道，用中央任命的行政官取代当地的管理者（阿扬），会造成中央和外省社群之间的对立。另一方面，外交事务局的一位副手菲尔代夫西·埃明提出，国家应通过系统性的考察，挑选出有近卫军背景或出身于古老的名门，通情达理、体贴周到，在社群中具有良好声誉的外省显要，将县里的事务交给他们处理。如果说菲尔代夫西·埃明主张巩固某些显要家族在外省秩序中的世袭领导，那么财政大臣哈吉·易卜拉欣先生则更进一步。按照他的提议，不仅是县里的事务，而且要把单独的收入单元（muḳāṭa‘a）委托给公认的当地显要。[105]

很显然，改革也关乎奥斯曼国家止于何处，社会始于哪里。国家是否应该包括外省显要，还是完全由帝国精英、官僚和以伊斯坦布尔为中心的学者阶层中的高级成员（他们有着共同的文化纽带和风格）组成？官员、要人和外省显要手中积累的财富又如何？自从 18 世纪初终身包税区制度化以来，人们普遍认为，财产、官职和生命安全是政治和社会秩序所必不可少的。安全使官员和企业家有动力投资田产，使其繁荣，并保护地方社群。同时，安全有利于总体经济，因为它可以促进财富的积累。苏莱曼·佩纳先生虽然反对外省精英，却公开批评处决和没收。他写道："秩序之可能，绝非通过处决、流放和没收，而只能通过［治理的］艺术。"[106] 穆罕默德·谢里夫提出，必须让官员，特别是总督，有安全感。他们不应被无故罢免，财富也不应被无故没收。他们积累更多的财富对帝国是有好处的，因为如果他们有钱，就可以供养更多精兵。[107]

然而，1790 年代初，面对战时的种种不确定和行政 – 财政危机，改革小册子并没有提出完全废除没收和处决。18 世纪末，没收仍被视为一种虽不可取但有时必要的手段，以榨取官员和承包人在外省积累的税收收入。处决也是如此。结束官员生命的权利不仅象征着苏丹对其仆人的最高权威，还被视为中央威胁官员和外省显要的手段，对于这些显要，中央是没有实际控制权的。

也许更重要的是，自 18 世纪初以来，国家仆人与外省显要之间的界限在治理中变得模糊，从公职或私人事业中获得的财富的界限也是如此。外省的实权派作为承包人或县阿扬，通过从收税到管理公共财政的各种活动积累财富。他们不用中央任命的行政官身份，而通常作为受利益驱动的企业家参与治理业务。尽管如此，如我们将在第二章中看到的，中央继续没收这些承包人的财富，就像没收官员的财富一样，也没有明确区分公共收入和私人财富。国家有时会直接派官员进行没收，有时则将没收权委托（出售）给作为没收企业家的第三方。废除这种旧习的努力只能来自外省显要。1808 年就有过一次这样的尝试，我们将在第四章和第五章中看到。

尽管在涉及外省显要时，国家与社会、公共和私人的界限不清晰，但改革派还是制定了一个计划，让国家对社会的某些方面进行总体上的整顿。一些改革派取得了一定程度的共识，认为国家应密切监视移民和单身者经常出没的城市空间，以及其他不守规矩的团体聚集的场所，如旅馆、咖啡馆、理发店、码头和城市街道。这些措施并不老套。然而正如贝蒂尔·巴沙兰表明的，这一时期出现了一种新的话语，即强调根据国家利益对社会进行规训（terbiye）。它被认为替代了一种通过协商、调和需求与集体参与来尽量缓解紧张局势、维护社会和平的话语（maṣlaḥa）。[108] 阿蒂夫先生是负责外交事务的长官之一，他不仅报告了法国的激进事件及其外交影响，还唤起了规训首都街头的需求。他把雅各宾派描绘成混乱以及最后酿成革命的根源，字里行间将其与伊斯坦布尔的游民相提并论。[109]

贝希奇用一章的篇幅讨论了如何规训伊斯坦布尔流浪者的问题。他认为，应定期清点伊斯坦布尔的人口，仔细区分游民和常住居民，向旅行者发放通行证，并对其进行登记。任命一名城市治安官负责人口管理，在城门口仔细盘查，对来自其他城市的移民进行登记，并在可能的情况下将其遣返。应在伊玛目的帮助下，对财产和财产所有者进行登记。居民只有在得到市长的批准后才能搬到另一个街区。死者的名字要立即提交到市长那里进行登记。对住在单身旅社的单身汉和旅社房间进行登记。应派密探到各个街区收集商店、作坊和空地的信息。此外，街区的居民和行会成员要签订担保合同，对彼此的行为负责，而进入城市的游客则要申报个人信息，包括来自哪里、住宿安排、计划在城市停留多长时间等。这些旨在控制、监督和规训城市空间的措施，意味着改革不会局限于军事和财政措施。对一些人来说，社会是改革计划中不可分割的一部分。[110]

总之，帝国精英虽然大都认为需要进行制度重组来结束军事和财政危机，但对如何着手几乎没有任何共识。它是激进的还是渐进的？是自上而下，还是通过协商进行？是对市场友好，还是采取严苛的预算措施？是包容（近卫军和外省精英）还是不包容？尽管存在这些不确定，1790年代开始出现一种独特的改革语言。表示新和更新的术语，同秩序（nizâm）、安排/管理（tanẓīm）、部署（tertīb/terībli）、整齐（rābıṭa）、规训、反复训练（ta‘līm）和受过良好教育（mu‘allem）等能指混合在一起。新的用于传达命令的军事话语挑战了近卫军的文化和经济符码，他们的军事文化崇尚个人的胆量和英勇。但是，挑战不止于近卫军。因为军团的大多数成员已经完全融入了城市的经济和市民生活，相应地，改革话语也就超出了军事和财政的范围。它试图通过各种形式的登记、注册、划界以及使用集体担保机制来排斥城市空间中不守规矩的游民、失业者和移民，以管制和规训城市生活。

新军，1792—1807

从 1792 年起，受到塞利姆庇护而聚集在其身边的改革派开始行动。改革计划先从旧的军队秩序着手。根据新规，蒂马尔持有者被传唤到省会接受彻查，缺席者被取消身份，其他代理持有者则在团指挥官（alaybeys）——依照新规，由各省的蒂马尔持有者选举产生——的协调下进行重组。总督被赋予新的影响力，可以利用其管辖范围内的地方社群的捐税来扩充军队。塞利姆在诏书中赞颂了近卫军元老及近卫军作为奥斯曼王朝亲兵的光荣史，保证了他们的定期薪俸。作为回报，政府要求他们学习新的军事战术和最先进的步枪的使用方法。为促进对这些受到优待的军团的改革，帝国国务会议还颁布了关于炮兵、掷弹兵、工兵和海军的条例。[111]

这些修复旧军事建制的措施并不妨碍迈出更激进的一步，即组建一支纪律严明的新军，以新秩序命名，按照法国、奥地利和普鲁士的模式组织，由新国库（New Treasury）提供经费。1792 年，同哈布斯堡和俄国缔结和约前不久，一个由大维齐尔指挥的规模很小的团开始在法国步兵军官的监督下进行训练。这个小团很快就变成一支小军队。1797 年，它的人数为 2536，军官 27 名。到 1801 年，人数增加到 9263，军官 27 名。到 1806 年，22685 人，军官 1590 名。[112] 政府还特别让一些总督从安纳托利亚农民中招募士兵。一些外省显要家族把塞利姆登基看作一次机会，以图通过加入新秩序运动来巩固自己的权力，例如恰潘家族和卡拉奥斯曼家族，他们在其势力范围内的征兵中发挥了关键作用。第二章对这些地区进行了仔细考察。向新军贡献士兵的

图 1　骑着马的苏丹塞利姆三世及其随从（图中左侧）在检阅新军步兵。手绘版画，艺术家不详，1806 年。蒙布朗大学图书馆安妮·S. K. 布朗军事收藏许可转载。

外省社群会获得一定的税收减免。[113] 一些社群宣布，他们自愿向新军输送士兵，并隶属于新国库。[114]1800 年，奥斯曼帝国的一个小团在埃及和叙利亚对抗法军时取胜，因此，针对官方建立一支纪律严明、训练有素的军队的努力及相应的征兵工作，民众的反应也变得热烈起来。这个小小的成就让政府得以将用来解决长期军事问题的新军介绍给奥斯曼公众。

改革派不仅把新军描绘成旧的军事建制的替代，后者由外省的蒂马尔持有者、总督的武装随从和近卫军组成，还把它描绘成其对立面。在伊斯坦布尔的军营中，重复性的训练使士兵成为一个更大的、非人的战争机器的一部分，而不是贵有英勇、胆量和美名的个体。士兵们的身体在操练的新节奏中被训化成交响乐的一部分，以蓝色和红色的制服装饰。这些制服作为权力仪式的视觉成分，展示的是在一体化的团队中的无名青年，而不是身着五颜六色的服装、饰有文身和所属军团徽章的健壮战士。在训练和战斗中，新式军乐队用鼓声来协调各团的集体行动。装弹与射击同步训练成为教学内容，对此要进行详细的计时。近卫军运动项目（如狩猎和标枪、射箭、摔跤比赛）被培养士兵集体行动的体育锻炼（从行军到堆人塔）所取代。士兵们用他们的姓氏、军衔，以及团、村庄、父亲的名字来称呼，而不是代表个人名声的外号。[115]

团的规章会用详尽的图表、图解和时间表来说明，以将军事训练系统化、新的军事制度法典化，不再像近卫军的法律那样依据历史惯例，而是按照普遍的理性坐标。新军的领导层由依等级排位的军官组成，他们对自己的队伍负责，听从上级指挥。军官晋升根据资历和教育程度，与团指挥官不同，后者由蒂马尔持有者或近卫军元老推选产生，并根据由苏丹任命的近卫军首领的象征性许可，担任军团的天然领袖。国家通过观察员（nāẓır）对军队的晋升、规章和训练进行仔细监督，这些观察员是单独任命的，以保证军队对国家的绝对忠诚。但新军的设计者们也寻求公众的认可。据一位军事工程师说，训练使新军士兵的身心更为机敏。这些年轻人现在已经做好准备进行必要的演习，并“用他们整齐的动作给观众留下深刻印象”。这鼓励了年轻的穆斯林加入新的部队。这些成绩引起了“公众的钦佩”和“普遍赞许”。[116]

新秩序绝不会支持一项与宗教背道而驰或与宗教无关的计划。实际上，这个项目促进了宗教，同时也被宗教所推动。正如法提赫·耶希尔所言，改革派将新军置于伊斯兰教和欧洲的框架内。宗教纪律是为了激发士兵的心性，协调士兵的精神。[117]除了接受军事训练以加强身体素质和集体纪律，士兵还得接受特定的宗教训练，由伊玛目传授正统文本（如比尔吉维的），以获得心理的纪律。欧洲的军事科学是新制度设计者们的参考点，而清真寺的集会——教徒们在伊玛目身后有条不紊地一起祈祷，就像一堵“夹紧的墙”——则是新军的另一个灵感来源，它的士兵们被教导要像在秒表的约束下一样行动。[118]通过压制自我，以宗教典籍为基础的心理训练有助于使士兵们成为等级秩序中驯服的一部分。近卫军的仪式在拜克塔什教团精神领袖的主持下，在木屋中随意举行，其中逊尼派和什叶派，甚至基督教的成分混融在一块，与之形成对比的是，新军士兵在伊玛目的监督下，在于斯屈达尔的新巴洛克式清真寺中接受正统的宗教教育。与新军有关的职务被称为圣战职务（me‘mūriyet-i cihādiye）。[119]

新军的伊斯兰教教义强调教众的集体行动是一种精神上的规训工具，甚至是一种意识形态。但在许多方面，新军是奥斯曼帝国的实验，既要采纳欧洲的军事实践，又要研究和阐释它。工程师和医生按照新规进行分级，作为技术专家成为新军事秩序不可或缺的一部分。除了海军，炮兵、掷弹兵和工兵，还有新的海军学院和兵工厂，都被视为完善新秩序的军事部门。帝国兵工厂内新建的工程学校和医疗中心邀请欧洲工程师和医生作为教授和专家来传授知识。奥斯曼的军事改革为男性提供了获取和分享军事科学、军事建筑和医学方面的专业知识的机会。许多欧洲专家，包括逃离法国大革命的保王党人，以及来自普鲁士、俄国、奥地利、西班牙、瑞典和英国的技术使节、独立军事工程师和发明家在奥斯曼新秩序中找到职位，或成为新军的顾问，或在学校里担任教授，后面这种情况要少些。技术书籍的购置和翻译，使帝国工程学院图书馆获得了关于欧洲军事科学的最新著作。[120]

18 世纪末的军事工程师们，不论其政治或民族忠诚度如何，都有一个共同的军事改革愿景。法国移民、军事工程师安托万·朱舍罗·德圣但尼（1778—1842）被奥斯曼政府聘为防御工事和火炮专家，他在其《君士坦丁堡的革命》一书中称，他忠于自己作为一名相信军事改革的工程师的使命，“不受他的政治倾向的影响”。[121] 毕业于新军事学校的奥斯曼军事工程师们采用了科学军事秩序的全球话语。改革派官僚马哈茂德·拉伊夫在 1798 年伊斯坦布尔新帝国工程学院出版的《奥斯曼帝国新规一览表》中，自豪地向欧洲军事工程师的“文学界”展示了奥斯曼帝国的成就。[122] 赛义德·穆斯塔法是一名军事工程师，在这所军事学院担任数学教授，他在自传《工程师赛义德·穆斯塔法的日记》中试图与欧洲的军事工程师同行分享奥斯曼帝国的经验：

> 每个哲学家都热衷于看到科学在世界各地得到发展。因此，我写这篇小文章的目的有两个：一是向［军事］艺术大师们表示感谢，为自己有幸能从他们的书中学到一点皮毛，二是简要概述

［奥斯曼］土地上的军事艺术和军事工程学的现状，以及它们在短短时间内经历的恰当的变革。[123]

总而言之，新军是一支纪律严明的军队，但它也承诺了一个新生活的目标。这种新生活在革命年代引起了全球范围内的共鸣。这是一种有序的、协调的、刻板的、守时的、机械的、常常受到监督的生活。然而在1790年代，新秩序仍然主要是一项军事计划。在奥斯曼帝国（和埃及），塑造社会的改革计划至少还需要等50年的时间。奥斯曼国家直到19世纪下半叶才引入全面的城市规划、义务教育、流行病学措施、监视和边境检查。[124]不过其实在1800年代初，已经有了以新生活为目标的试点项目。

新空间，新生活

1790年代在莱文特以及1800年代在于斯屈达尔的塞利米耶为伊斯坦布尔新军建造的军营，都是成熟的军事大院，从医院到宗教中心一应俱全，满足了士兵和军官的日夜需求，使他们不必求助于城市的民事服务和机构。从1800年开始，新的军营建立在安纳托利亚，以塞利米耶为样板，它设计有序，替代了躁动而杂乱的伊斯坦布尔。在塞利米耶的建筑群中，道路被铺成网格状，并建有地下水渠。军营与住宅楼、购物中心、教育单元、宗教场地（包括一座清真寺）、公共浴室、水井、图书馆、印刷厂、纺织厂和火药厂融为一体。在这个试点项目中，军事秩序、贸易和制造业以及社会宗教生活被视为具有共同的特征。为新秩序工作的商人和店主不受城市近卫军的干预。他们获得特权，并按照规定注册。他们的工业项目旨在满足新军的需求，尤其是枪支和服装。通过这些城市项目，新军促进了一种新生活。[125]

新秩序不仅是一个改革项目，还是一种生活方式和精英身份。当政权计划规训伊斯坦布尔不守规矩的单身汉、移民和近卫军时，新秩序的精英们却逐渐离开这个城市，寻求新的发展。18 世纪初，伊斯坦布尔的上层和中上层阶级开始在金角湾和博斯普鲁斯海峡边建造房屋。1798 年至 1803 年期间编纂的一份登记册显示，这些海边宅邸的主人，包括穆斯林和非穆斯林，都与新秩序有某种程度的联系。[126] 尽管如此，政权还是将规训自己的精英提上议程。在这些性别和宗教混杂的富人区形成了新的社交生活，促使新秩序颁布规定，制定了社交活动的性别和宗教准则。[127]

伊斯坦布尔的新上流社会开始倾向于居住在这些沿海郊区，而不是喧闹拥挤的伊斯坦布尔，一些皇室成员甚至沿着博斯普鲁斯海峡建造巴洛克式海上宫殿。伊斯坦布尔对欧洲的建筑师和设计师产生了吸引力，他们和欧洲的军事工程师一样，都在寻找新的工作机会。建筑师和画家安托万 – 伊尼亚斯・梅林（1763—1831）在伊斯坦布尔生活了 18 年，为塞利姆、他的妹妹哈蒂杰苏丹及其他人设计和布置宫殿、花园和凉亭。1803 年，梅林在巴黎担任约瑟菲娜皇后的风景画师，开始了他的新职业生涯。之后，他出版了一本关于伊斯坦布尔和博斯普鲁斯海峡风貌的书，向欧洲读者描绘奥斯曼帝国新政权下精英和贵族的生活。[128] 如我们将在下一章看到的，一些外省显要紧跟首都的这些风尚。如果说新秩序关乎训练和纪律，那么它也关乎新的礼节和消费习惯。

新国库与新秩序联盟

新的财政秩序如何？ 1793 年 3 月，一个新的国库被设立，负责为军事和行政改革提供资金。[129] 从酒精饮料、棉花、羊毛、五倍子（用于制造油墨和染料的树瘿）和马海毛等被政府认为有利可图的商品中征收的销售税和关税，被转入新国库。但更关键的措施是转移封地和终身包税区持有人管辖的乡村田产的收入。政府打算废止一些终身包税区和股份的租约，并将这些外省收入单元移交给新国库的管理者。迈向这个方向的第一步是没收年收入超过一定数额且持有者已经死亡的财政单元。然而，这一尝试引起了终身包税区持有人及其分包人的抵制，他们反对取消终身包税区合同。[130]

虽然尝试并没有完全成功，但财政管理部门在重新评估了这些单元的价值后，还是能够没收数百个空置的蒂马尔，将其归于新国库管理。[131] 新国库没有直接任命监督者来管理这些单元，而是将其外包给支持改革的帝国和外省的实权精英。结果，大部分的蒂马尔被一小撮人控制。根据亚武兹·切扎尔的说法，1795 年，三分之一的蒂马尔和扎米特被帝国和外省精英中的 7 个要人控制。[132]1804 年，官员们进行了一次大规模检查。[133]结果发现帝国各地登记在册的蒂马尔共3575个，其中 2047 个空置，也就是说，它们的持有者在检查时没有出现。它们由少数帝国要人和区域实权派托管或者外租：

阿卜迪贝伊，作为受托人监管位于卡拉费尔亚、锡韦雷克、恰尔、埃尔加尼、马拉蒂亚和马拉什的几个采矿中心的 243 个单元；

卡迪·阿卜杜勒 – 拉赫曼帕夏，科尼亚总督，在科尼亚旗获得 356 个单元；

阿拉丁帕夏，埃尔祖鲁姆总督，在埃尔祖鲁姆省获得 498 个单元；

哈吉·艾哈迈德阿迦（来自卡拉奥斯曼家族），艾登的督军，在艾登获得 66 个单元；

柯塞帕沙奥卢·哈菲兹·艾哈迈德阿迦，在迪夫里伊、锡瓦斯、阿拉伯吉尔和乔鲁姆获得63个单元；

泰佩代伦利·韦利帕夏，阿里帕夏的儿子，获得20个单元；

易卜拉欣帕夏，鲁米利亚总督，在发罗拉、爱尔巴桑和斯库台获得20个单元；

鲁塞的伊斯梅尔，在锡利斯特和尼科波尔获得75个单元；

哈吉·穆罕默德·埃明阿迦，迪耶巴基尔的督军，获得273个单元；

贾布巴尔奥卢·苏莱曼贝伊在博佐克、孟特谢、锡瓦斯、卡尔斯–马拉什获得284个单元；

塔亚尔帕夏，在特拉布宗、卡拉希萨尔东部和贾尼克获得320个单元；

卡拉奥斯曼奥卢·哈吉·侯赛因，在萨鲁汉获得65个单元；

卡拉奥斯曼奥卢·奥马尔，在卡拉西获得21个单元。[134]

政府的制度限制和新军迫切的财务需求，促使财政管理部门与帝国的豪强们合作，不仅要承担起征兵的任务，还要为改革提供资金。这与一些改革派的最初设想截然不同，后者本想通过中央任命官员来进行直接征税和收入单元管理，以建立一个中央集权的财政管理部门。与之相反，新国库与一群显要签订合同，将数百个前蒂马尔和扎米特外包给他们，让他们成为新国库和新秩序的合伙人。

正如下一章将解释的，这份名单也可以理解为新秩序的联盟，该联盟由帝国显贵和外省显要组成，以财政纽带为连接。那些没有被纳入联盟的人受到政治边缘化和/或没收所致的经济破产的威胁，因为没收获得的收入也为新秩序提供了资源。悖谬的是，新军的强化和扩张从长远来看将对这个联盟构成挑战。换句话说，新秩序联盟有其内在的矛盾。它让各个显要成为新秩序的财政和行政承包人，给他们提供了新的财务和政治机会，但也对他们提出了挑战，因为新军的强化将使得中央军事、财政和行政官僚机构有能力对抗外省显要。

正如斯坦福·肖阐明的，1792 年至 1807 年间，新秩序派绝不是一个稳定的同盟。其中心是皇室和军事 / 官僚圈子。库楚克·侯赛因帕夏和他的妻子埃斯马苏丹（塞利姆的堂亲）得到了海军的支持。前矿长优素福阿迦是米赫丽莎赫苏丹（塞利姆的母亲）的管家，得到了米赫丽莎赫本人和安纳托利亚显要（包括恰潘家族）的支持。财政官僚们聚集在伊泽特·穆罕默德周围。新军的一些军官则簇拥在卡迪·阿卜杜勒 – 拉赫曼帕夏周围。这些作为派系领袖崛起的人相互竞争和合作，控制着中央的关键职位和分布在各省的重要收入来源。许多教团（如被整合进奥斯曼官僚机构中的纳克什班迪教团［Nakşibendi order］和莫拉维教团）成员公开支持新秩序（除了科尼亚的莫拉维教团保持着距离，这里是该教团的精神中心，以及其创始人鲁米的故乡）。反对的声音来自拜克塔什教团，该教团与近卫军的历史渊源甚深。许多个人和团体，包括帝国当权派的成员，立场不断地从支持改革转向反对改革。[135]

外省显要如塔亚尔帕夏和鲁塞的伊斯梅尔，在不同的时间节点离开了新秩序联盟。如我们将在第二章看到的，1804 年左右，塔亚尔帕夏因与恰潘家族争夺阿马西亚省而离开。他号召其他省的家族联合起来阻止新秩序。而 1806 年伊斯梅尔之所以离开，则是因为塞利姆派卡迪·阿卜杜勒 – 拉赫曼帕夏在巴尔干建立新军，威胁到其在多瑙河流域的保加利亚的自治区。约阿尼纳的阿里帕夏和他的儿子韦利帕夏则积极与中央谈判，以争取新的交易和合同，加强其对希腊西部的控制。不了解情况且与帝国的财政和行政没有关联的显要，采取了反新秩序的立场。奥斯曼·帕兹万特奥卢是维丁的一位豪强，出身卑微的他在 1792 年至 1804 年期间迅速崛起，成为一个区域性和帝国间的行动者。他指责新秩序派腐败且不忠于旧有的帝国惯例，动员群众和近卫军起来反抗。在塞尔维亚显要与贝尔格莱德近卫军的冲突中，塞利姆支持前者镇压后者，导致局势更加紧张。帕兹万特奥卢为贝尔格莱德近卫军及其他异见者提供了安全庇护所，这预示着一场新秩序与反新秩序联盟之间的斗争即将上演，正如第四章将解释的。

无论新秩序派，还是反新秩序派，都是由打着不同政治算盘的帝国精英和外省精英组成的散漫联盟。伊斯坦布尔的不同团体、外省社群（有的愿意为新军输送士兵，有的出于不同的原因反对这么做），以及宗教网络，被整合到官僚机构或近卫军中。但内部行动者并非唯一在帝国政治的分裂中发挥重要作用的群体。欧洲列强也深深卷入奥斯曼的新秩序之争，其外交界与中央改革党内部的不同派别结盟。库楚克·侯赛因帕夏得到了法国的支持，优素福阿迦与俄国人和英国人联手。以伊泽特·穆罕默德为首的派系则保持中立。外国外交官、军事使团和奥斯曼国家雇用的外国工程师，与外国列强合作的商人网络，以及一些非穆斯林的奥斯曼人，按照其外交和商业服务的要求，也参加了这些联盟。法国大革命后的战争和外交将法国置于俄国、英国、奥地利和普鲁士组成的联盟的对立面。两边都积极参与奥斯曼的政治活动，以获得比对手更多的优势。代表新法兰西共和国的雅各宾派外交官们与近卫军建立了友谊，而大革命后的法国流亡者和英国军事专家们则积极参与新军的建设。[136]

然而，塞利姆的亲法情绪直到 1798 年法国远征埃及后才消散。在与反法的俄英联盟和解后，1801 年奥斯曼与俄国联手，从法国手中夺取了科孚岛和其他伊奥尼亚岛屿。1797 年 11 月签订《坎波福尔米奥条约》后，法国终结了威尼斯人对这些岛屿的控制，消灭了亲威尼斯的寡头政府，建立了亲法的共和政体。奥斯曼 – 俄国同盟成功占领伊奥尼亚群岛后，岛上的亲俄显要在 1801 年获得其保护，并支持它建立了一个保守的共和。在奥斯曼外交政策的这段动荡期，伊斯坦布尔的亲法派失去了信誉。然而在拿破仑当上法国皇帝后，亲法派又恢复了实力。拿破仑大力主张与奥斯曼帝国（和卡扎尔统治下的伊朗）结盟对抗英俄，并支持改革计划，这改变了伊斯坦布尔的态势。[137]

1802年至1806年期间，奥斯曼帝国——不止伊斯坦布尔，还有外省城市——成为拿破仑与英俄外交团的战场，这使得奥斯曼帝国中央和区域豪强（如约阿尼纳的阿里帕夏、维丁的帕兹万特奥卢、开罗的穆罕默德·阿里）也加入其中，相互对抗。奥斯曼承认波拿巴的皇帝头衔；达达尼尔海峡的地位；在塞尔维亚显要反叛贝尔格莱德近卫军之后塞尔维亚的地位；奥斯曼帝国的瓦拉几亚和摩尔达维亚是由亲法还是亲俄的督军治理——以上种种都带来了外交危机。1806年塞利姆胆怯地决定退出俄英联盟转向法国，这是受奥拉斯·塞巴斯蒂亚尼将军的影响，拿破仑专门派他来确保奥斯曼帝国与法国结盟。俄国占领了罗马尼亚各公国，而一支英国舰队则穿过达达尼尔海峡，在伊斯坦布尔前停泊，将大炮对准城市。这些事件构成了一场围攻，将引发一场由一支近卫军辅助部队领导的反新秩序革命（详见第四章）。

捍卫新秩序，反驳大众

到1806年，无论在伊斯坦布尔还是外省，新秩序派跟发声反对新秩序的个人和团体之间的紧张关系变得越来越明显。这里，让我们来看看1805年和1806年前后写的两个旨在捍卫新秩序、抵御日益增长的反对的文本。科贾·塞克班巴什的小册子《驳斥大众的简要声明》帮助引导舆论支持新秩序。[138]我们不知道作者的确切身份。然而，他的名字似乎是一个近卫军高级军官或首领的名字。一位历史学家认为，它出自新秩序派的领导人（可能是塞利姆三世本人）委托的一个委员会，以对抗平民对新秩序的负面态度。也许有人认为，就此来说，由近卫军发出亲改革的声音会更有效，因为这本小册子正是为了表明并非所有近卫军都反对改革。无论如何，作者宣称他写这本小册子是为了帮助普通人了解新秩序的优点，并如标题所表明的，反驳公众对改革的诋毁。

这本小册子是用日常用语写的，就像普通人之间的对话。作者引用了咖啡馆、理发店和酒馆里反对改革的问题和言论，然后以论战的方式反驳。不仅近卫军反对新秩序——因为担心新军会导致他们军饷削减，编制废除——而且据作者说，普通人尽管对奥斯曼帝国内外的现状不甚了解，也在夸夸其谈，反对新秩序。他们把帝国的所有问题，从巴尔干和阿拉伯到更大范围的动荡，都归因于新秩序。“这种动乱并不只发生在法国，”科贾·塞克班巴什宣称，“印度、中国、阿拉伯、伊朗和新大陆，混乱和恐怖无处不在。所以你们认为我们的新秩序是所有这些［动荡］的原因？”[139]

在概述了伊斯坦布尔街头的舆论后，作者将新旧军队进行了比较：旧的军队速度很慢，而新的军队在装弹和射击、进攻和防守方面都很迅速；旧的军队缺乏训练、笨拙，而新的军队很健壮；旧的军队因没有统一制服而无序，而新的军队身穿制服，有序得像钟表；旧的军队容易被外国间谍操纵，而新的军队受到有效监管，独立自足，间谍无法渗透；旧的军队以个人的英勇为基础，而新的军队以团队的协调为基础。这就解释了为何自 1767 年以来旧的军队一直被俄国人打败，而新的军队在埃及和巴尔干分别战胜了法国人和土匪。因此，新式（ṭavr-ı cedīd）已经取代了旧式（ṭarz-ı ḳadīm）。[140]

科贾·塞克班巴什接着驳斥了普通人对改革带来新的经济负担的抱怨。他认为，由于新的税收大部分来自葡萄酒消费，穆斯林公众基本上不会受到影响。为了向改革提供资金而被外包给外省显要的收入单元将被退回。这些转让并不是永久的，它们将归还给穆斯林的公共国库（beyt ül-māl-ı müslimīn）。[141] 显然，反对新秩序的舆论已经超出了近卫军对自身集团利益的关切。有传言说，外省收入单元将以向改革提供资金的名义被分配给一小群精英，这引发了对新秩序派的更负面的情绪。科贾·塞克班巴什不仅解释了军事改革的合理理由，还试图修复新秩序的公众形象。

科贾·塞克班巴什的小册子是为了激发舆论对新秩序的好感，可能也是为了平息街头可能出现的反对改革和执政党的暴动。然而除了平民，还有其他群体需要说服，尤其是有学问的人，包括乌理玛。对新秩序更具学术性、更加以道德为取向的辩护来自乌贝杜拉赫·库什马尼，他不是政治上的核心人物，而是一个传教士。库什马尼来自俄国中部乌德穆尔特一个拥有相当多鞑靼人的小镇，可能与纳克什班迪教团有联系。他曾到过奥斯曼各地，还去过俄国控制下的地区，可能是在高加索和中亚，纳克什班迪教团在那里得到了复兴。1806 年前后，他在伊斯坦布尔公开布道，并在 1806 年左右写了一些小册子，拥护新秩序和塞利姆及其支持者。新秩序的成员可能赞助了库什马尼的布道。不过 1805 年在从阿布哈兹出发的途中，库什马尼被抓，并被指控为贾尼克的塔亚尔的间谍，塔亚尔当时是安纳托利亚反新秩序联盟的领导人。因此，库什马尼成了政治难民，待在俄国控制下的克里米亚。在成为伊斯坦布尔一名受欢迎的传教士之前，库什马尼似乎一直受到中央政府的监视。他在塞利姆三世的命令下被释放。[142]

1806 年至 1808 年之间，库什马尼证明了自己是改革和塞利姆直言不讳的拥护者。作为新秩序的积极分子，他摆出一副好辩的姿态。[143] 在《库什马尼解释皇帝秩序的信》这一用土耳其语撰写的论战性文本中，博学的库什马尼引用了阿拉伯语和波斯语的《古兰经》和《圣训》、波斯语的箴言和诗歌，为塞利姆的新秩序辩护。不同于塞克班巴什的辩护，库什马尼的声明从道德和宗教的角度出发。他辩称，基于纪律和训练的新军事秩序是圣战的科学必要条件，因而也是宗教义务。新秩序是为了扩充圣战的科学。按照库什马尼的阐述，圣战科学作为有纪律的、有学识的和协调的军事行动，与奥斯曼军事文化的传统风尚圣战不同，后者是以宗教为动机的战争，培养英雄主义和志愿主义。新秩序的反对者不仅是无知的、游手好闲的流民，而且是宗教混乱的人。新的军事技术包括了异教徒的创新，但这并不是拒绝它们的理由。相反，穆斯林必须学习和接受这些创新，并在圣战中加以运用。库什马尼称赞塞利姆是新秩序的保护者，因为他教导他的人民，让他们认识到军事科学是一种宗教和道德责任。为了完成这一责任，他建立了新的制度和一支纪律严明、训练有素的新军队。[144]

库什马尼与近卫军进行了论战。平民和学者聚集在后者周围，诋毁塞利姆的道德和宗教要求，库什马尼则指责近卫军的混乱、糊涂、无知，并指控学者对平民隐瞒了真相。近卫军当中，有的在杂货店工作，有的在看门。大多数人都游手好闲，这损耗了公共财富，因为这些近卫军不提供服务，却领取薪饷。库什马尼把新兵的纪律和训练与近卫军的闲散和无知进行对比。他认为训练身体不仅是一项军事责任，也是使个体获得尊敬的任务。“一个人没有经过规训，就像一件未完成的东西。”近卫军的懒惰（以及拒绝训练）使他们不仅无法成为好士兵，也无法成为穆斯林，甚至无法成为人。在这方面，库什马尼的批评往往过于尖锐。他把近卫军说成“耻辱的一方”和“一众恶人”，还说他在旅行中看到，世界每一个角落都在嘲笑他们。[145]

这种批评背后是微妙的反传统主义。库什马尼抨击了近卫军的传统符号，认为没有任何理由相信近卫军的守护圣人哈吉·拜克塔什实际上参与了军团的建立。“他［指哈吉·拜克塔什］是否给了你们一份誓约？”库什马尼这样嘲笑近卫军。他宣称，将哈吉·拜克塔什作为军团的先知予以圣化的做法，与犹太教和基督教关于先知摩西和先知耶稣的错误主张相似。146

但他在反传统的路上更进一步，向传统主义者提出挑战，认为没有理由在任何情况下都效仿前人。他解释道，“我们的前人是这样做的，［所以］我们也应该这样做”这种说法不对，因为前人在先前的时代所做的好事或坏事是他们的责任，不是我们的。旧的不一定因其时代而必然合法。147 他用来支持这些反传统论点的是这一主张，即革新不仅不可避免，而且是必要的。苏丹有义务不任由人民一意孤行，而是根据时代的需要，干预和改变社会秩序。库什马尼引用了《古兰经》[1]中的一节经文：“也许你们厌恶某件事，而那件事对于你们是有益的；或许你们喜爱某件事，而那件事对于你们是有害的。”148

库什马尼的论证在辩护解释（ictihād）——即通过法律推理，从伊斯兰教法学的原始来源中提取规则——时达到高潮。他认为，对于是否不再有穆奇太希特（müctehid）[2]——即能够提取新的规则的法律权威——存在争议。也许没有穆奇太希特来开创新的法学流派（mazhab），因为法学流派在几个世纪前已经建立了，但在每个时代，都应该有穆奇太希特来为当代问题寻找必要的答案。149 因此，库什马尼认为，新秩序首要作为一种通过解释来授权的宗教需要。

凯末尔·卡尔帕特断言，在 19 世纪，伊斯兰教成为一种现代政治话语，并塑造了奥斯曼及后来土耳其的政治文化。在这一过程中，从中亚和印度扩展到巴尔干的纳克什班迪教团网络发挥了核心作用。这种观点对一些现代主义历史学家提出了挑战，他们认为政治现代性是反宗教或非宗教的。事实上，宗教成了改革话语不可或缺的组成部

[1] 本书《古兰经》译文皆引自中国社会科学出版社 2003 年马坚译本。

[2] 一种高级伊玛目的称号。

分。这种转型——即卡尔帕特所谓的伊斯兰教的政治化——的根源，在于对新秩序的争论。[150] 正如我们将在第五章看到的，源自伊斯兰传统的法律和道德概念不仅为改革提供了一个规训个人和社会的框架，还提供了一个基于契约和伙伴关系重新整合奥斯曼帝国的立宪方案。

结语：国家的（新）秩序

奥斯曼新秩序的目标是建立一支训练有素、纪律严明的新军，以及一个新的财政、政治和社会秩序。如米歇尔·福柯所言：

> 可以说，战争在战略上是政治的延续。但是，不应忘记，“政治”作为防止国内动乱的基本手段，即使不是被严格地视为战争的直接延续，也至少是被视为军事模式的延续。政治作为一种维持内部和平与秩序的技术，曾竭力在调动和操练方面运用理想的军队机制，即被受规训的大众、既驯顺又得力的部队，以及在兵营驻扎和在野外作战的团队的机制。在18世纪的大国中，军队维护着国内和平。无疑这是由于它是一支现实的力量，是一把咄咄逼人的利剑，但这也是由于它是一种技术和一种知识载体，能够把它们的图式投射到社会共同体上。[151][1]

在这方面，奥斯曼的经验与18世纪其他政体在革命年代的经验并无太大区别。1790年代和1800年代初，新秩序的经验从奥斯曼中央扩展到了各省，而在1820年代到1840年代穆罕默德·阿里统治下

[1] 本段译文引自《规训与惩罚》生活·读书·新知三联书店1999年刘北成、杨远婴译本。

的埃及，正如蒂莫西·米切尔和哈立德·法赫米表明的，新秩序得到真正的确立，并深刻地改变了社会、军事和经济秩序。[152] 然而，在伊斯坦布尔和奥斯曼帝国的中心地带，在 1800 年前后的巴尔干和安纳托利亚，新秩序带来改变的能力有限，首先因为精英们仍未在改革方案的各个方面达成一致，其次，1805 年前后更加引人注目的反对派正在扩张，并提出了强烈的道德要求。

科贾·塞克班巴什和库什马尼将反对新秩序的人描述为无知、自利的近卫军以及乌合在他们周围的城市民众，这可能会引起误解。在中央和外省，都有群体和个人，出于各种原因，在不同场合，对新秩序持反对、批评或疏远态度。有成千上万隶属于近卫军的人对这一身份进行了投资，而新军威胁到了他们既得的薪饷和特权。有数千名移民试图来伊斯坦布尔开始新生活，而他们也面临被赶出城市的威胁。新秩序的征兵工作也受到外省社群的抵制（尽管一些社群宣布愿意集体加入新计划）。许多外省显要从改革带来的财政机会中受益，因为新国库管辖的许多蒂马尔和免税单元被外包给了他们。但其他一些人，如维丁的帕兹万特奥卢（1805 年前）和贾尼克的塔亚尔帕夏（1804 年后），则被排除在这个更大的联盟之外，并受到没收和铲除的威胁。建立直属于中央小集团的新军也吓到了外省显要，甚至让新国库的财政伙伴忌惮，尤其在中央决定于各省为新军建立营地之后。这引发了 1806 年夏天埃迪尔内的大规模抵抗，对此我们将在第四章中谈及。从 1805 年开始，因为安全形势受到挑战，巴尔干的小麦难以获得，伊斯坦布尔的经济条件随之恶化。面包的质量下降，肉的价格上涨。

因此到 1806 年，反对新秩序的人不一定非得是顽固的传统主义者或反改革者。指挥新军的极少数人将获得对社会的巨大权力，但被孤立在社会生活、习俗和惯例之外。另一方面，近卫军融入社会经济活动，并在现有的社会经济体系中发展。他们既被视为奥斯曼社会的自然组成部分，也是既有道德、市场和权利的捍卫者。因此，正如我们将在第四章看到的，对一些人来说，捍卫近卫军就是捍卫集体的价值观、习俗和权利，对抗那些想消灭它们的人。因此，反对军纪、操练和制服并不仅仅意味着反对新的军事秩序，更意味着捍卫奥斯曼社会的自主权，反对一个小党派（新秩序）广泛而激进的变革，一些人认为，后者破坏了现有的权利和要求。

新秩序被看作一个改革派小团体，不仅轻视旧秩序下成千上万人的习俗以及近卫军的要求，还垄断资源，其领导人更牺牲他人以自肥。历史学家杰夫代特帕夏在评论伊斯坦布尔街头对统治精英的普遍情绪时写道："［新秩序派的］财富和奢华如公众的眼中刺。"[153] 反新秩序派作家埃布·贝基尔先生在他的史著中写道："在塞利姆汗的登基和废黜期间，［新秩序派］……征服了整个国家……也毁灭了整个国家。"[154] 他严厉抨击执政党是一个腐败的小集团，并谴责精英阶层挑衅性地企图在近卫军和新军之间制造对抗，而不是寻求另一种改革方案。

由此看来，与同时代的其他改革计划一样，新秩序的成功与否，取决于它是否有能力和意愿动员一个庞大的联盟。彼得大帝的成功和路易十六的失败是奥斯曼人最熟悉的两个例子。19 世纪初，是新秩序派能通过与现有的行动者（如近卫军和外省显要）协商或将之消灭从而动员一个可行的改革联盟，还是不断壮大的反新秩序集团能动员公众发起叛乱，情况仍不明朗。事实证明是后者。新秩序如何崩解，以及其他选项如何出现，将在第四章和第五章中讨论。现在，我将和读者一起离开伊斯坦布尔，近距离地考察帝国故事中的两个主要行动者：外省显要（第二章）和外省社群（第三章）。

第二章
显要：治理、权力与财富

外省人通常不理解苏丹国的荣耀。

——苏莱曼·佩纳先生（1769）[1]

1809年，在俄土战争的关键阶段，奥斯曼帝国急需资金向巴尔干前线的军队支饷和提供补给。帝国国务会议建议由苏丹亲自向四个著名的外省强人恳求财务支持。副大维齐尔将这个提议呈给年轻的苏丹马哈茂德二世，后者在1807年5月塞利姆三世下台后才即位1年：

> 台佩莱纳的阿里帕夏、埃及总督穆罕默德·阿里帕夏、恰潘家族和卡拉奥斯曼家族，[2]每个都有能力拿出数千银币。实际上，他们的财富都归功于至高国家。基于这个原因，在这个［危机］时刻，他们显然应义不容辞地提供帮助。然而考虑到他们的脾性，如果通过一般的敕令作此要求，他们可能会拿很多借口来逃避。所以，如果陛下能亲自给每人专门写一封信，不让国家的仆人知晓，会［更为审慎］。在这些亲笔信里，如果陛下审慎而明智地表达圣见，问他们能否“拿出一定数量的银币给皇室，以供作战

开销，驱逐我们信仰的敌人，他们正从各个方向进攻帝国”，如果这些信和敕令密封在一起并由宫廷管家直接送达至他们每个人手中，如果以相似的方式索要这笔钱，很有可能他们每个人都会立即服从敕令，交付所需的数额。给苏丹国的仆人们发出这样的信，不会有损荣耀。此前也遇到过这种请求援助的情况。我们想不到任何别的可以从外部获得资金的办法。[3]

这番叙述显示了19世纪初奥斯曼帝国圈子成员看待奥斯曼外省豪强的方式。阿里帕夏，也即约阿尼纳的阿里，生于台佩莱纳，是希腊西北部的约阿尼纳的总督。他的权力辐及阿尔巴尼亚南部、伯罗奔尼撒以及希腊中部的许多地区。穆罕默德·阿里，阿尔巴尼亚人，生于萨洛尼卡附近的卡瓦拉，1798年至1799年拿破仑入侵期间，作为战士随一个奥斯曼阿尔巴尼亚军团来到埃及，抵抗法国。之后，他在开罗取得许多意想不到的进展，于1805年成为埃及总督，确立了对那里的控制。这两个人自主控制着奥斯曼在地中海东部两端两块具有战略意义的领土。但他们也处于——至少形式上是如此——帝国总督金字塔的最高层，属于等级制的一部分。约阿尼纳的阿里和埃及的穆罕默德·阿里都拥有“帕夏”头衔，有资格展示带三撮马尾[1]的军旗，这是他们的维齐尔和总督身份的标志。但卡拉奥斯曼家族和恰潘家族——他们分别是安纳托利亚西部与中部的统治家族——与总督不同。他们不属于帝国的等级制，而是通过获得各种职位、交易和契约来构建势力范围。阿里和穆罕默德·阿里作为帝国总督采取个体行动，这两大家族则是在一个大的区域性范围内采取集体行动，以巩固权力和财富。尽管他们的正式地位有别，奥斯曼国家还是将这些个体与家族

[1] 帕夏分为三个等级，以持有的牛尾或马尾区分，三撮为最高。四撮只有苏丹可持有。

都视作豪强，他们在帝国的四个主要区域构建权力和积累财富：巴尔干、安纳托利亚西部和中部，以及埃及。

对待这些豪强及其家族不得不小心翼翼。只有苏丹亲自向他们开口求援，他们才可能提供所需的资金。在提醒苏丹务必不要让国家的仆人——如总督、将军、官僚、宫廷显贵、近卫军首领，以及其他并非植根于外省而是直接与帝国中央联系的人——知晓将要发送给这些豪强的信件时，副大维齐尔等于承认了帝国精英与外省精英之间有分歧。正如他写给他们的信中所表现的那样，苏丹与这些外省实权派进行非正式的个人接触，有可能使中央国家的达官显贵们感到不安，对他们来说，这种接触是不合适的。

才成为苏丹几个月的马哈茂德二世，很可能认为这么做很丢颜面。在亲自写信寻求财务支持时，他得基于平等或合作关系同这些外省豪强进行协商。副大维齐尔向马哈茂德保证，这种谈判在晚近的历史中已有先例，不会有损他作为苏丹的荣耀。

整个 18 世纪，从巴尔干到埃及，奥斯曼帝国各个地方的个体与家族都在巩固权力，积累财富，设立总部，形成区域性的势力范围。随着与中央建制或军事和官僚等级制相关的帝国精英在外省治理中被边缘化，这些外省豪强从帝国获得了职位和合同，变成总督、副总督、辅助性的承包人、被集体提名或选举的县管理者。通过持有这些职位与合同，外省显要不仅融入帝国的制度机器中，而且垄断了税收、公共财政、治安、粮食供应、征兵，以及其他在奥斯曼外省治理中的帝国与公共事业。

在这一章，我将聚焦 18 世纪末 19 世纪初强大的显要与奥斯曼国家之间的关系与互动。我的目标是阐明外省豪强被纳入奥斯曼帝国、成为奥斯曼建制的一部分的方式。我认为，这一过程催生了一个新的显要秩序，在其中，外省豪强不是苏丹的仆人或国家的官僚，被按照自上而下的等级制组织起来。我认为，他们反而开始充当行政、财政和军事领域的企业家，与奥斯曼建制的关系基于不断的交易、谈判，以及互让的过程。对于命令，豪强有时会接受，有时则违抗。他们有时提供服务，并要求得到优待；有时则在受到偏袒之后，回报以服务。换言之，他们与帝国打交道时，不是作为仆人（servants），而是作为服务者（servicers）。

这些新的外省精英与我们所知的欧洲或者其他地方的贵族也不同，后者被归为拥有世袭权利和特权的法人。而在奥斯曼帝国，除了偏远省份的王朝——这些省份依据一种特别的附庸协议并入帝国，如克里米亚（直到1744年）、波斯尼亚、库尔德斯坦、高加索、汉志——豪强们并不能享有对其职位和合同的世袭权利。他们的地位、财富，甚至生命都处于潜在的危险中，因为根据旧习，奥斯曼苏丹有权利不经司法程序就解雇官员、取消合同，甚至没收财产和下令处决。奥斯曼的外省豪强不仅是企业家，也是在反复无常的帝国部门中积极的风险承担者和风险管理者。

在接下来的篇幅里，我会讨论这些外省显要如何在奥斯曼各省巩固自身，如何被纳入奥斯曼的帝国建制，如何通过谈判和交易来运作，如何建立区域性的势力范围，积累财富，以及制度与政治上的不安全与无常如何形塑了他们的行为。我们还将看到，他们中的一些人如何积极地参与关于新秩序的军事和财政改革的政治争论，以及在革命年代和拿破仑战争时期混乱的政治与外交环境中，一些豪强如何发现新的可能性，并考虑与帝国解绑。我试图绘制出他们在这个动荡的全球时代独立行动的能力的限度。

接下来的讨论，并非那种试图用一种系统的方式将所有强大的个体与家族囊括其中的集体传记式分析。相反，我将聚焦能够帮助我们理解显要秩序的各种主题与问题，并提供可比较的例子。这种折中主义并非没有逻辑。我尤其感兴趣的是 18 世纪末 19 世纪初，那些在区域背景之外发挥作用、参与帝国政治戏剧的家族与个体。

门户、城市与王朝

一章的篇幅几乎不可能为奥斯曼帝国所有的外省精英提供一幅完整的写照。从波斯尼亚到埃及，从阿尔巴尼亚到安纳托利亚东部，每个区域都诞生了不同形式的精英，导致了巨大的差异。一些植根于奥斯曼以前，其他的则起源于奥斯曼时期，或来自当地，或来自定居在各省并在地化的奥斯曼精英。一些人通过商业和手工业建立了权力和财富；另一些有学问的人利用文化资本；还有一些则通过治理业务脱颖而出。并非所有精英都是穆斯林。希腊和塞尔维亚显要也在各自的地盘上建立了权力和财富。但奥斯曼帝国的制度框架只允许穆斯林在治理业务中上升到某些层级的职位与地位。这些豪强通过不同的机制、交易和条件，融入帝国的行政和军事机构中。他们提供秩序与安全保障，征收税款，管理公共事务与财政，征募士兵和民兵，参与战争。奥斯曼的制度框架给他们提供了行省总督、合同持有人或县管理者的身份。然而，除了总督，奥斯曼体制没有像欧洲和俄国对贵族分级一样，依据地位和职位对这些人进行等级划分。

如果考察一下外省豪强如何组织他们的企业，我们经常发现居于核心的是一个父系家庭，一个靠血缘、婚姻或收养而联系在一起的亲属单元，它被一种共同的政治企业意识约束。有时，这个家庭是一个夫妇团体，包括充当领袖的父亲以及他的妻（穆斯林的显要家庭中，男子一般有不止一个妻子）、妾、儿子和女儿。但更多时候，这个处于核心的亲属团体是父系血亲宗族，包括好几个通过亲属关系连接在一起的夫妇家庭和一个卡里斯马型的领袖，即一家之长。第一代或第二代的显要倾向于作为一个夫妇家庭来行事。像约阿尼纳的阿里帕夏和埃及的穆罕默德·阿里这样的人物，我们并没有在他们那里看到大宗族。相反，一个卡里斯马型领袖是整个企业的缔造者，而他的儿辈和孙辈们则作为追随者。恰潘家族、卡拉奥斯曼家族、阿泽姆家族以及里什万家族只用了几代人的时间就确立了自身的地位，它们便是由多个夫妇家庭紧密连接在一起的大家族结构。父系家庭在外省权力构建中的中心地位，反映在宗族名字上，其以“-oğlu”或“-zāde”为后缀，二者意思都是“……之子”，以标示家族的缔造者，例如“Karaosmanoğlu”就是“黑奥斯曼之子”。[4] 尽管男人扮演着主导角色，但女性的作用经常也很重要，无论是作为母亲、妻子、遗孀，还是妾。婚姻经常是将诸多家室联合起来，或者将下属吸纳进家庭的手段。卡里斯马型家族领袖的遗孀可能会在家族的战略决策中发挥关键作用。[5]

显要家族通常会被所谓的门人（ḳapı ḫalḳı）簇拥，其中包括数十个，有时甚至数百个侍从，如负责内务的家仆、妾、阉人和负责外务的秘书、司库和管家。“ḳapi”一词意味着显要门户的行政性质，模仿“高门”（Bāb-ı‘Ālī）的名字，这一象征性的门立于奥斯曼皇室的外部（政府与军队）与内部（皇室住宅，包括后宫）之间。队长指挥下的武装卫士或民兵构成了门人的第三层。处于层级中的人总有机会往上升，甚至通过婚姻和收养，成为家庭核心的一分子。正如简·哈撒韦所表明的，18 世纪埃及显要的门户结构被认为以家庭为中心，其中个体（包括奴隶）可以依附——尽管是通过恩庇关系——并且逐渐地以不同的程度被吸纳进去。[6]

外省强人建造的各种住宅，都带有用于行政和军事目的的附属建筑。最显著的例子是宫殿。在奥斯曼建筑史中，研究宫殿的学者通常会聚焦于皇家住宅，特别是位于伊斯坦布尔的托普卡珀宫。[7] 外省显要委托建造的宫殿建筑，在奥斯曼帝国更广泛的赞助体系中遭到忽略，被降格为本地的乡土建筑。伊斯坦布尔之外最早的例子，可能是位于克里米亚半岛的巴赫奇萨赖汗宫，由 15 世纪的盖拉伊王朝建造，盖拉伊家族之所以有特别的地位，要感谢它的成吉思汗血统。在遭到彻底破坏之后，可汗宫于 1740 年代被盖拉伊家族重建。[8] 整个 18 世纪，其他没有这种血统但有能力巩固权力与财富的显要家族，也建立起像宫殿一样的住宅群，让一大家子住在其权力集中地。阿里帕夏位于约阿尼纳的卡斯特罗的宫殿，伊沙克帕夏位于多乌巴亚泽特的宫殿，恰潘家族位于约兹加特的宫殿，哈兹内达尔家族位于云耶的宫殿，阿泽姆家族位于大马士革和哈马的宫殿，都是这种住宅群的重要例子。[9]

这些外省宫殿的主要特点，是将居住功能和行政功能作为私人生活与公共生活两部分并置，它们围绕着不同的庭院组织，用围墙隔开。这些建筑群被一些用于行政和军事目的的附属建筑以及养马场扩展开来，有时还有小型监狱。一个由家族委托建造的清真寺通常与宫殿相连或（并）建在附近，有时则与门户的墓地在一起。宫殿和清真寺都刻有赞颂家族、提及奥斯曼国家与王朝的铭文。此类建筑群有的位于城市，如阿泽姆家族位于大马士革的宫殿，有的则位于城郊，比如伊沙克帕夏位于多乌巴亚泽特的宫殿。在这两个宫殿中，围墙或者天然的崖壁保护了居住其中的显要家族，使其可以抵御敌人、强盗，甚至中央国家。1813 年，英国外交官和地理学家约翰·麦克唐纳·金内尔在去往波斯的途中，曾在约兹加特停留，恰潘家族的领袖苏莱曼贝伊在家族宫殿里招待了他。金内尔在日记里写道：

这座宫殿非常阔气，由被高墙环绕的套房、长长的走廊、各种庭院与花园组成。它是砖木结构，只有两层高，占据了城中心一大片区域。王公和他的儿子们的套房又是彩绘又是镀金，装饰得很富丽。有四个公共会议室——一个红房间，一个黄房间，一个棕房间，一个色彩斑斓的房间，它们各占据一个角落，由又长又漂亮的走廊通达，从巨大的玻璃窗采光。在殿下通常用来接待来访者的套房，我留意到边上有一台小风琴，以及一些钟表，它们制造出很大的噪音，以至于在房间里隔得远一些，就很难听清楚别人在说什么。另一头有一扇小门通向一个小陈列室，里面满是琥珀长烟斗，我被告知，其中许多值五六千皮阿斯特。我当然没有获准进入女眷居住的内室。但据［该家族的法国］医生讲，其华美堂皇，要远超我已看到的。……宫殿占据了城中心一片巨大的空间；一座用凿石筑成的漂亮的清真寺建得要晚一些，肖似圣索菲亚大教堂。[10]

金内尔被这种奢侈的风格，以及用于炫耀性消费而收藏的来自不同地区的物品和商品迷住了。宫殿周围的车水马龙或许能够解释这座宫殿的物品与风格的多样性。每天有许多旅行者、官员、信使和商人从帝国的各个地方来到这里，大部分从伊斯坦布尔来，但也有来自国外的。对伊斯坦布尔的模仿带有强烈的地方印记。恰潘家族宫殿的墙壁上绘着展现约兹加特市中心全景的画作。这种地方主义的偏好，既是在重申建筑与约兹加特地区视觉记忆的联系，也是为了家族的自我强化——这个城市是他们建的，这个地区在他们的控制之下。[11]

这种围绕着外省实权派的门户迅速兴起的建筑与物质文化，使前去访问他们总部的欧洲学者为之赞叹。法国画家路易·杜佩雷就是其中一位，他以描绘希腊革命场景著称。1819 年，在游览伊庇鲁斯时，

图 2　伊沙克帕夏的宫殿，多乌巴亚泽特，土耳其，1685—1784。约瑟芬·鲍威尔收藏，蒙哈佛大学美术图书馆特别收藏允准。

杜佩雷除了画约阿尼纳的城市居民和古代遗址，还画了阿里帕夏以及他的家人和卫士。比如一幅描绘了阿里帕夏的孙子伊斯梅尔和穆罕默德的画。这两个年轻人舒服地坐在朴素的木制露台上，穿着精美的奥斯曼丝绸服装，毛皮领子、袖子和头巾都带有地方风格。镶宝石的手枪别在镀金的腰带间，提醒观者在奥斯曼外省世界里暴力随时可能发生，人们过着尚武的生活。他们执着长长的烟斗，和他们的祖父一样，后者以用长烟斗抽烟而闻名。这暗示了一个跨越代际的家庭习惯。尽管两人穿着精心制作的衣服，他们所处的户外空间，却被随意装饰以伸展到地板上的素色窗帘和垫子。这幅图像虽然包含一些在东方绘画中常见的华丽因素，但总体来说，凸显了一种地方主义的朴素。[12]1811年，布劳顿男爵与他的密友拜伦勋爵曾在阿里帕夏的总部停留，并见过阿里的两个孙子，那时他俩还是孩子。在一个挂有伊斯坦布尔全景画的房间里，穆罕默德和伊斯梅尔给布劳顿和拜伦展示了精巧的手表和其他装饰品。布劳顿提到这两个孩子能说阿尔巴尼亚语和希腊语，并在从伊斯坦布尔来的家庭教师的指导下，学习奥斯曼土耳其语。他们在为以奥斯曼的方式统治这个地区而做准备。通过描绘阿里的孙子，杜佩雷和布劳顿让人得以管窥一个正在建立中的王朝。[13]

尽管绝大多数外省豪强在一定程度上了解奥斯曼帝国的习俗和奥斯曼土耳其语（帝国的官方语言），但其中只有一些人以土耳其语为母语。[14] 传记词典、当地的建筑和记忆、歌曲、史书记录着他们与城市空间的纽带。[15] 显要家族的成员们建造了一个居住－行政两用的建筑群的同时，也用新的围墙、清真寺、苏菲派集会处、公共图书馆、军队大院和基础设施重组了城市空间。[16] 一个外来者在成为一个区域的强人后，首先需要为他的家人建造一座安全的宅邸，然后再建一些公共建筑，以显示他的慷慨和公共精神。19 世纪初的一部关于佩赫利万·易卜拉欣的传记就曾讲到他是怎样通过赞助建筑来确立其在当地的权力的，这可以说是该过程的一个典范：

> 他定居在一个叫库兹贡［今保加利亚锡利斯特拉附近的安提莫沃］的村庄。他开始为自己和他的部下建造宅邸。在很短的时间里，他就建成了这座有着 62 个房间的宅邸，其院子可供 3000 骑兵扎营。之后他建了一所好学校，并聘请了老师。之后他建了一座清真寺，并任命了能够读写的伊玛目。会众在寺内每天做 5 次祈祷……之后他在宅邸周围建起了带有 17 座塔楼的墙，用以保护自己。之后他获得了村庄周围的 8 个农庄……之后他有了多个妾……之后真主给了他两个儿子。[17]

赞助建筑和基础设施的建设帮助豪强巩固其在当地人中的领导

权，当地人成为他的主要选民，保证（且提高）了他在中央的声望。这就是为什么，比如说，在一份有关贾扎尔·艾哈迈德帕夏的事功的报告中——这份呈递给中央的报告是为了帮他游说，以获得在伊斯坦布尔的晋升——除了描述他的军事实力，还提到他委托建造的堡垒与清真寺。[18] 为了这样的工程，外省豪强们通常会雇用建筑师。但他们也会在自己的城镇中，为抄写员、军事专家以及来自各地的文人提供广泛的就业机会。18 世纪末，著名诗人埃布·贝基尔·卡尼抱怨说，在伊斯坦布尔他再也找不到一个慷慨的赞助人。在一首自传体诗中他说，他的朋友们建议他去鲁塞，在那里“城中的显要会照拂他”。[19]

我们发现，显要同他们的城镇及城镇社群的关系存在不同的模式。恰潘家族是约兹加特的缔造者，在这里他们没有竞争者。[20] 在其他地方，占主导地位的门户，相比其他在当地有历史根基的显要家族，在同等地位者中居首（primus inter pares）。这些家族同其他从事治理，或专门从事某种学问或贸易的显要之间有长期的姻亲和生意关系。比如在大马士革，阿泽姆和穆拉迪这两个家族的关系就提供了一个数代合作的范例。阿泽姆家族垄断着治理业务，穆拉迪家族则赞助伊斯兰教学问。作为该城独特的两家人，他们在不同的场合将他们的政治、经济和文化资本结合在一起。[21] 在其他情形中，豪强们构成一个独特的外来群体，他们作为一个帝国范围内的网络（如近卫军团）或者一个民族和种族－宗教网络的一部分定居当地，成为军事－行政领域的企业家。他们扮演着寡头的角色，脱离当地的市民社会与其他显要家族。与此相似的是埃及的阿尔巴尼亚人穆罕默德·阿里帕夏、阿科的波斯尼亚人贾扎尔帕夏、埃及和巴格达的杰奥尔吉吉安家族、奥斯曼保加利亚的克里米亚盖拉伊家族，以及瓦拉几亚和摩尔达维亚的希腊法纳尔人，他们在不同的省份建立权力基础，并未被其他当地精英完全同化。[22]

总的来说，奥斯曼的互联性（interconnectedness）给来自帝国不同部分的行政领域的企业家提供了可能性，使身在远离家乡的地区、作为外来者的他们能够找到机会。这是一个好机会，因为在经过一两代人之后，作为“外来者”的豪强将通过婚姻或合作关系实现在地化，融入当地的习俗、记忆与语言。

在许多历史学家看来，伊斯兰教法和奥斯曼帝国的习俗都阻碍了帝国中豪强家族的世代绵延。伊斯兰继承法对于家长死后男性继承人和女性继承人的遗产分割有明确的指令，[23]而奥斯曼帝国秩序只保证职位、契约和地位方面的世袭特权，同时存在一些例外。尽管有这些制度上的约束，许多奥斯曼的外省家族还是能够发展出保持权力、财富与地位的策略，以将其传递给下一代。在穆斯林社会中，为后代保全财富的最早策略之一是，将资产转换成为家族瓦合甫，或进行公益捐赠，以获得伊斯兰教法的保护，同时资产中的一部分可作为年金转移到家族成员名下。新近的研究表明，在 18 世纪的奥斯曼帝国，家族瓦合甫的数量激增。[24]同样，一些家族为了绕开伊斯兰教的继承法，会集体决定出一个新的家族首领，由他通过限定继承的安排，正式或非正式地控制作为共同遗产的家族财富。[25]但对于持有职位的家族来说，最重要的战略或许是跟中央政府协商，达成一个政治的和 / 或金融的交易，让中央政府同意将职位、契约和交易延续给继承人。18 世纪和 19 世纪初，幸亏有这种协商，许多家族才能够数代维系与帝国的交易，在奥斯曼各省积累力量与财富，尽管这种做法缺乏制度性的保障。

多代显要家族的巩固，在这一时期的政治术语学中激起了回响。

波斯语“ẖānedān”，原指一般意义上的家人，也开始用来表示一个城市、地区或行省中具有王朝延续性的显要家族。在有关鲁米利亚和安纳托利亚的帝国文件中，术语“ẖānedāns”用来指称显要家族，这证明了一个全帝国普遍存在的新现实：环绕着各省显要家族的新中心的巩固。[26] 正如克里斯蒂娜·菲利奥所显示的，在官方和半官方的文档中，伊斯坦布尔的希腊法纳尔人家族也被叫作“ẖānedān”。[27] 同时，一些家族制作族谱，强调其显要的血统，并设计族旗。[28] “ẖānedān” 这一术语的意义扩展是否表示默认奥斯曼王朝不再是帝国中唯一的王朝？除了克里米亚汗国可能是例外，奥斯曼正式和非正式的文件都没有明确承认，外省的“王朝”与奥斯曼是平等或同等的关系。[29] “ẖānedān”这个术语确认了有一些外省单元是深深扎根于本土的显要家族。尽管缺乏制度的保障威胁到了这些家族权力和财富的延续性，但术语“ẖānedān”承认了外省精英的王朝化，这些精英不依赖苏丹赋予的特殊地位。

这一承认与一些旧尊号的挪用是并行的，如“高宫（Sublime Abode）门卫长”、“皇家马厩长”。起初，这些名号意指皇宫的外围圈子。[30] 现在，苏丹将它们授予外省王朝（ẖānedān）的成员，他们不是奥斯曼帝国等级制中正式的维齐尔或总督，而是凭借其地方实力，以辅助性的职位和合同为帝国提供服务。[31] 这些名号标志着苏丹的威势在外省的扩张。但它们还有一个功能，就是作为一个新的名号机制，将地方显要与帝国、苏丹及其宫殿象征性地连接起来，这样的网络与由总督、司法官员、近卫军及宗教尊号持有者（比如，用来表示祖先与先知穆罕默德有渊源的赛义德或谢里夫）组成的正式的帝国等级制不同。[32] 不像“ẖānedān”同时适用于穆斯林和基督徒显要家族，这些名号只授予穆斯林显要。整个 18 世纪，这些尊号被越来越频繁地授予被认为属于帝国外省显要网络中的豪强，以帮助他们取得其他职位。

职位、合同与交易

“无论何时出现重要问题，［帝国显要］都不得不将之交到一个来自当地社群的实权者手中。渐渐地，地方显要从总督的手中夺走行省的所有事务，对它们负责。”18 世纪末的一名奥斯曼官僚报告道。[33] 这样的抱怨在伊斯坦布尔的一些帝国精英中很典型，他们观察到，随着外省精英积累权力，扩大他们的控制范围，帝国精英在奥斯曼外省治理中被边缘化。整个 18 世纪，一些有当地背景的个体与家族获得了外省的职位和合同，其领域涵盖行政、税收、管理、治安、补给、公共财政和征兵。这是一种结构化的过程，其中与宫廷、军队、行政等级制或帝国的豪门无关，而与当地态势紧密联系的个体和家族，被整合到了奥斯曼国家在巴尔干、安纳托利亚和阿拉伯各省的机构中。奥斯曼统治机器的社会基础改变了。外省人被整合进奥斯曼建制中；帝国与外省、军事 - 行政与民事、统治与被统治的二分法曾是帝国秩序的关键参数，现在需要重新协商。

18 世纪和 19 世纪初，奥斯曼的制度结构给外省显要提供了各种参与治理的可能性和机会。[34] 在县一级，一些显要代表县社群监督县——即一个城镇及其农村腹地——的公共事务。正如下一章将讨论的，奥斯曼政府称这些在县一级活动的显要为阿扬（如果他们是穆斯林）和“ḳocabaşı”[1]（如果他们是基督徒）。阿扬和“ḳocabaşı”是关于显要的通用术语。但在 18 世纪末，它们开始意味着县社群集体任命的职位。不过，帝国并非被整齐地划分成阿扬和“ḳocabaşı”管辖的县。[35]

在不同的省份，中央政府将大大小小的税收飞地（村、镇，有时

---

[1] “ḳocabaşı”为俗语，指村长或村长老会的头领，不过就像阿扬一词一样发生了衍变，指县一级的行动者。

是整个县）通过短期合同或者终身合同——后面这种情况越来越多，被称为终身包税区——租给财政领域的企业家，以避免来自其他官员的财政和行政干预。[36]这些地产持有者中的一些是当地的显要，他们或通过拍卖，或用行政服务交换，获得他们的单元。他们会亲自在自己的单元进行行政、管理和征税工作。然而，大多数都是在外持有人，尤其是帝国的显要、现役和退休的宫廷雇员、官僚、总督和学者阶层中的领袖，他们经常买下外省的终身包税区合同，并将其交给当地的分包人和管理者，而从不踏足他们的单元。因此，从中央到小的地方单元的承包链就起到财政网络的作用，通过金融合同和交易，将企业家们彼此联系起来。奥斯曼王朝的男性和女性成员的地产，以及帝国慈善基金（瓦合甫）管辖下的单元，也是以类似的方式承包给通常称之为督军的当地管理者。在不同的区域，不计其数的小块地产和终身包税区飞地被捆绑在一起交给被称为督军或征税官的主管人来监管，由其负责协同行政、收税和汇款。[37]

在更高的层级上，行省总督们经常将他们的管辖权交给当地的代理人，后者经常通过与总督的金融交易来获得他们的职位。中央政府与总督有时更愿意选择出价最高者或那些他们认为有能力维持安全和秩序的人。在当地显要和总督就某项交易达成一致后，总督会给省里各社群发送类似的一封信：“我已委任卡拉伊吉扎德·穆斯塔法阿迦为副总督，他乃同侪中的佼佼者。请将他认作你们的副总督，不要让任何人妨碍他的工作，把所有应付的款项交给他……而你，副总督，应向各社群征收我们的税款……然后交给我。”[38]这些任命书会在行省中心城镇的卡迪法院，当着社群领袖们的面大声宣读，而副总督会在那里告知社群他与总督达成的交易。“我根据合同支付了很高的定金，才获得这个副总督的职位。现在你们应该帮助我收齐应缴的款项。”[39]一名副总督对社群领袖们如此声明，将总督与他这个副总督之间的财务安排变成了公共事务。

在各个省份，主要是帝国的外围，比如伊庇鲁斯、阿尔巴尼亚、大马士革、西顿、彻尔德尔、巴格达、埃及，一些当地豪强能获取总督这一最高的地位。[40] 每一个显要个体或名门家族都有从外省出身上升到奥斯曼帝国等级最高梯队的史诗级故事。一些是在帝国遇到危机时为其提供军事与行政服务或财政收入，而后通过游说获得总督职位作为回报。[41] 一些是通过婚姻成为总督的家人，获得其恩庇，之后消灭他们的恩主，确立自己的统治。[42] 一些本是微不足道的军官，在执行了一项重要的军事任务后，从帝国精英中的关键人物那里获得推荐信，从此发迹。[43] 还有一些制止了政治动乱，镇压了叛乱，或者动员了当地社群宣布集体赞成或支持中央政府。[44] 在每个崛起的故事中，外省豪强或直接通过在伊斯坦布尔的代表，或间接通过在不同的中央建制派系中的支持者，与中央政府进行谈判。在极端的情形中，叛乱也是一种谋求晋升的谈判方式。[45]

在这个清单上，还要加上各种短期的、临时的合同与任务。中央经常要求地位不一的外省显要为军队征兵、参加战役并提供补给和后勤服务、抓捕罪犯、驱除被解职的官员并代表国家没收死者的财产、用固定价格从乡村社区购买谷物以替代税收、调解当地社群与帝国政府机关的关系。这些短期、临时的合同与任务使他们能够获利，或者从中央那里获得其他的政治或社会利益。一些外省显要取得了各种长期或短期的职位、合同与交易，有能力在多个治理部门活动。[46]

总之，到 18 世纪末，在不同层级活动、担任了各种职务、参与了各种交易的当地显要主导了奥斯曼外省的治理。结果，凭借社会文化背景、训练及个人忠诚同帝国中央联系在一起的官员被边缘化了，而其他有地方背景的人，有条件地进行效忠，巩固了他们的权力。但这种治理的在地化只是改变奥斯曼外省态势的结构性趋势之一。另一个趋势是治理的货币化。正如我们所看到的，从 17 世纪中叶起，奥斯曼外省的职位越来越多地被承包了出去。外省单元原来作为封地被授予提供行政和军事服务的人，现在根据长期或短期合同被转让了出去。就像阿里尔·萨尔兹曼阐明的，从在外持有人到包括当地管理者和分包人在内的企业家们，构成了将外省单元与中央建制连接起来的复杂而多样的财政网络。[47] 帝国通过这些财政纽带得到重新整合，而外省的行政管理变成了一桩生意。

第三个发展是，外省社群角色的增强，我称之为集体行动的扩张。正如我们将在下一章里看到的，在许多省，县社群越来越积极地参与管理，赞成或反对预算，选举或解雇管理者。许多显要为了履行职能需要争取县社群的正式同意。结果，显要们为了争取集体认可而展开竞争。县社群被分裂成各种派系，治理也就带上了政治色彩。

外省治理的在地化、货币化和政治化使得外省显要重新调整了自己的战略和优先考虑事项。他们发展专业知识，不仅用以管理外省税收单元、动员当地资源，还运用在本质上属于财务领域的事务中。出于管理和财务的目的，他们雇用财政官员和专业抄写员。他们中的很多人与金融家和放债人合作，而且许多需要对当地社群做出回应。至少在理论上，阿扬和“ḳocabaşı”是通过集体提名获得他们的职位的。但督军、副总督和地产持有者等其他人，也需要考虑他们的地盘里社群的集体行动。就连总督也得将支持或反对某个候选人的集体请愿视为一项有利条件或一种威慑。

约阿尼纳的阿里帕夏和埃及的穆罕默德·阿里帕夏是总督；塞雷的伊斯梅尔和鲁塞的伊斯梅尔是阿扬；卡拉奥斯曼家族垄断了安纳托利亚西部一些旗的副总督的职位；恰潘家族则拥有约兹加特作为终身包税区。除了主要的职位，他们全都与国家或其他原初持有人有一些短期或长期的交易。[48] 一些个体与群体可能会卷入豪强同中央政府的谈判与交易中。但豪强在中央的正式代表宫廷管家（ḳapı-ketḫüdāsı）[49]以及他们的金融家（ṣarrāfs），可说是两个关键因素。宫廷管家，或经豪强首肯由中央任命，或经中央批准由豪强任命，在中央官僚机构中充当外省豪强和帝国总督的事务看管人。[50]对于伊斯坦布尔许多受过教育而没能在帝国官僚机构中获得职位的人来说，成为外省强人的管家是个不错的选择。[51]他们负责处理中央和他们的恩主之间的正式信函与汇款，同时做各种文书工作。[52]他们替恩主向国家出价，参与合同的竞拍。他们或作为政治顾问向恩主报告在伊斯坦布尔的进展，或作为经纪人从交易中寻求最大化的佣金，或者二者兼有，这取决于与恩主之间的信任程度。[53]

金融家通常是犹太人、亚美尼亚人或者希腊人，他们向豪强们的治理生意提供信贷。在奥斯曼的金融体系中，合同与职位的持有者通常与金融家共事，后者不仅提供贷款，而且在合同或职位持有者不能向国库支付应缴款时为之提供担保。一个人通常只有在获得一个金融家的担保后，才会被国家授予职位或合同。17 世纪和 18 世纪，这些金融家被组织进一个伊斯坦布尔的行会，该行会设有规章，对新成员有限开放。[54]外省也有金融家，他们中的一些与伊斯坦布尔的金融家有业务上的合作。外省豪强同时与中央和外省的金融家共事，这些金融家有时会通过扩展不同的信贷市场，作为一个网络在帝国内活动，有时甚至超出帝国的范围。通常，金融家与豪强的合伙关系超越了金融层面。像宫廷管家一样，金融家会代表他们的合伙人在伊斯坦布尔游说，以优惠的条件获得有利可图的职位与合同，阻止职位或合同的撤销。有的超出金融家和说客的角色，上升为区域性，甚至帝国层面的重要政治行动者。[55]

职位与合同的获得与传递，通常视新的谈判、出价和交易而定。大多数显要家族，特别是那些直接从国家拿到战略性职位和获利丰厚的合同的家族，在家族中的原初持有人去世后，需要和国家重新谈判。在变动不居的职位市场上，外省行动者之间的竞争持续上演，他们有的希望获得和保留职位，有的为了增加新的职位，并传递给下一代。为了获取和/或保留职位，外省显要只需向中央提供最好的金融交易，或试图说服决策者相信他们能提供最好的军事、财政和行政服务。同时，他们会与伊斯坦布尔的帝国精英以及自己所在区域的当地行动者建立同盟，铲除竞争对手。当地社群集体请愿支持一个豪强被视为重要的有利条件。人脉最强大的豪强会与外国势力合作，向奥斯曼政府施压，以获取或保留某些位置。在最具戏剧性的情况中，正如前面描述过的，豪强藐视中央权威，将叛乱作为一种与中央谈判的方式，以谋求更好的职位、更高的荣誉和更多的收入来源。

当外省豪强竞相获取、保留和增加他们的职位，中央当局也会就服务和交易跟他们进行谈判。在战争和/或财务危机期间，国家会在职位市场上提供新的机会，此时它的议价能力下降。1770 年至 1820 年间，奥斯曼中央多次急于从外省豪强那里获得财务、行政与军事支持，中央政府则经常通过授予更高的职位、额外的收入单元、有利可图的短期或终身合同，劝服外省豪强参与治理和战役。1807 年，当帝国国务会议迫切要求鲁塞阿扬穆斯塔法·巴伊拉克塔尔接受锡利斯特拉的总督职位，并在该区域组织民兵抵抗俄国人时，后者提出条件，只有把特尔诺沃县也授予他作为额外的收入来源，他才同意这么做。[56] 形势危急的时期提供了以有利条件融入帝国的机会。然而，对一些人来说，额外的职位却不一定有利。“我们听说你有些担心到了帝国军队后是否会被授予维齐尔的职位，或者是否会被要求提供不相宜的服务”，帝国国务会议告诉卡拉奥斯曼家族的哈桑贝伊，后者被要求去保卫达达尼尔海峡，抵抗英国可能的攻击。中央已授予他能带来高收入的艾登县，但在注意到哈桑不情愿的态度后，政府保证不会把他不愿接受的服务要求强加给他的家族。“你不会被委派到不适合你的岗位上。”[57]

从帝国当局的角度来看，苏丹的正式命令（formal orders）在实践中可能变成了非正式的要约（informal offers）。在本章开头，我们看到，除了以正式的敕令命令外省豪强送来收入外，马哈茂德二世被建议写一封私人信件请求他们提供财务援助。国家同外省豪强之间的非正式关系与正式关系的差异，使后者能够依靠自身的议价能力，在不正式拒绝苏丹命令的情况下，与其进行谈判。中央试图将西顿总督贾扎尔·艾哈迈德帕夏调往埃尔祖鲁姆，以阻止他在巴勒斯坦地区势力坐大。“然而，”帝国国务会议指出，“他是会去埃尔祖鲁姆，还是会拒绝这项任命，尚未可知。”[58]在给帝国国务会议的长信中，贾扎尔没有明确拒绝，而是解释自己为什么不能从西顿调离。他称自己刚刚平定阿科豪强查希尔·奥马尔，还将在这个地区重建奥斯曼的统治。

这种谈判——一个互让、提议、接受、拒绝的过程——通常会依循帝国等级制的礼仪进行。来往的书信会使用帝国与官僚话语的模板。表达感谢，或坦率谴责，甚至提出抗议的私人信件也是如此。在希腊，色萨利地区的特里卡拉被授予约阿尼纳的阿里帕夏，它为阿里的区域扩张打开了新的途径。1809年，当中央政府撤除阿里对特里卡拉的管辖权，阿里给大维齐尔写了一封私信表示抗议：“我已动员我的儿子们和我的众多士兵参加帝国战役，而且我没有任何过失，这个决定深深地伤害了我。因为我本期待来自大维齐尔的感激，取消我们对这个旗的管辖权使我感到极度悲伤。”[59]写了这封强调自己有多失望的信后，阿里在1812年被任命为多瑙河军队的指挥官。他谢绝了。[60]

提供有利的金融交易或服务，从而将职位与它们的持有者分离开来的第三方，经常被卷入这些正式或非正式的谈判中。在有时通过正式投标或政治交易获得的终身包税区合同中，第三方的干涉是非常普遍的。自18世纪初以来，里什万家族的阿卜杜勒-拉赫曼像先前他的父亲和祖父一样，持有终身包税区马拉蒂亚的督军职位。1813年，锡瓦斯的新总督、被称为巴巴帕夏的佩赫利万·易卜拉欣对里什万家族发起挑战。在给中央政府的报告中，巴巴帕夏声称，在被任命为锡瓦斯总督后，他走访过马拉蒂亚的终身包税区单元，证实了那里的社群对里什万家族的治理多有抱怨。巴巴帕夏建议中央政府解除阿卜杜勒-拉赫曼的合同，并在伊斯坦布尔游说，为自己争取马拉蒂亚的督军职位。大维齐尔支持巴巴帕夏，理由是里什万家族难以向国库支付年金。而巴巴帕夏既有财源，也与帝国精英关系良好。不过当他的情况被呈给马哈茂德二世时，苏丹拒绝了提议，理由是里什万家族已经为合同支付了一笔可观的定金。如果废除这个交易，国库会不堪重负，因为这笔定金将不得不退还给对方。为了保护奥斯曼国家的金融信誉，马哈茂德表示，马拉蒂亚不能由锡瓦斯管理，两地之间的距离太远了。最终，马拉蒂亚的督军职位还是归于里什万家族的控制之下。但是该家族并未支付年金，一直欠着国库的账。[61]

这种不时发生的插曲展示了正式与非正式的谈判，以及不同的行动者如何出价和还价。当特定地区的某一有利可图的战略性职位与合同出现问题时，中央和外省的各种行动者都会卷入其中。这些博弈涉及各种算计，政治与经济的优先事项，以及对信任、名望和信誉的关切，在不同的环境中为不同的行动者提供不同的角色。总之，在奥斯曼外省获得一个职位或一份合同，与其说是一个官僚制的、自上而下的过程，不如说是一个正式或非正式的议价问题（不管是公开的还是心照不宣的），一个谈判、互让、出价、还价和拒绝的问题。在治理业务中，无论是植根于自己所在区域的当地显要，还是在帝国的版图内从一个地区迁移到另一个地区的帝国总督，都需要熟悉所在区域以及伊斯坦布尔的竞争者和合伙人的策略。

显要的地理

治理业务中的许多重要的外省家族与个体，其权力集中在一座城镇和它的乡村腹地。但也有一些超出本地，构建区域性的势力范围，在其中他们既实行行政控制，也行使政治或经济权力。1770 年至 1820 年间，一些豪强建立了区域性地盘，其规模前所未有。通常，这些豪强通过获得额外的职位与合同来扩张地盘。有时，一个人会获得不止一个职位。或者同一个家族中的许多成员会获得不同的职位，从而在某个特定区域扩展家族的影响力。最有势力、人脉最广的豪强会干掉竞争者，常常通过占用他们的财富和身份（可能得到了国家的授权，也可能没有），或者通过建立伙伴关系和 / 或恩庇关系，将他们纳入自己的势力范围。豪强们可能会失去职位，原因包括被免职、被中央国家没收，或者被有竞争关系的个体或家族干涉。奥斯曼外省秩序经历了职位持有者走马灯式的更替和势力范围边界的不断变换。

恰潘家族的区域：一个区域性的承包者

苏莱曼贝伊带领的恰潘家族提供了一个有关扩张的极其引人注目的例子。在苏莱曼之前，该家族成员已在土耳其中部的博佐克（今约兹加特）立足，白手起家建造了约兹加特城，并作为副总督，从 18 世纪初开始统治那里多年。1782 年，该家族最年长的成员穆斯塔法去世，这引发了新的谈判，因为伊斯坦布尔的中央政府将没收产业的威胁作为增加收入的谈判工具。尽管遭到大维齐尔的反对，穆斯塔法的弟弟苏莱曼还是得以通过政府中的核心成员达成协议：如果国家不没收他兄长的财富，他愿意向国库支付 190 万库鲁作为补偿。作为回报，他要求继承兄长的财富以及博佐克的终身包税区合同。面对俄土战争后的财务压力，中央政府接受了这个出价，在1782年将博佐克授予苏莱曼，让他成为该旗的终身持有者，并拥有全部的行政权力。[62]

然而，苏莱曼未能履行承诺。到1785年，他只支付了总金额的三分之二，导致他的家族与政府之间的关系出现危机。1786年，中央政府决定组织一次对埃及的干预，以结束那里的豪强内斗。这为苏莱曼偿还债务提供了一个机会。他承诺为这次军事行动提供资金以及一支武装分队。由此，他不仅延缓了自己偿还债务的期限，还获得了邻省昌克勒，用以为征募新兵筹措资金。1787年至1792年的俄土战争，是一个通过为国家提供各种服务而达成更多交易的机会。中央要求恰潘家族在安纳托利亚为帝国的战争组织补给和征兵。1788年，在家族贡献了3000名士兵后，苏莱曼又获得了安卡拉省副总督的职位。此外，他还获得向游牧部落收税以及管理该地区各个矿山的合同。在苏莱曼的带领下，恰潘家族拓展了其在管理和行政上的专业能力。[63]

1789年塞利姆三世的登基，进一步加强了这个家族与中央的关系。1790年，苏莱曼亲身参加了巴尔干的战役。塞利姆三世授予他皇家马厩长的帝国荣誉，而他待在博佐克的儿子阿卜杜法塔赫贝伊则成了高门的一名长官。恰潘家族热情地支持塞利姆的新秩序。苏莱曼获得了不少征税、征兵、地产管理、财政改组的短期合同。然而，恰潘家族的主要挑战来自北方。贾尼克利家族无论在中央政府，还是在安纳托利亚的黑海地区，都颇具影响力。冲突的一个起因是阿马西亚省，作为连接安纳托利亚中部和黑海的战略要地，其省会阿马西亚城颇负盛名，早在16世纪就是王储之座。而贾尼克利家族以不同的头衔长期拥有阿马西亚。由于苏莱曼在抵抗俄国的巴尔干战役中的贡献，以及贾尼克利家族在高加索前线的失利，1791年，塞利姆三世决定将阿马西亚从贾尼克利家族手中收回，授予恰潘家族。贾尼克利家族的首领塔亚尔已成为政治难民流亡俄国，在他缺席的情况下发生的这次变动，为恰潘家族打开了黑海地区。然而几年后，当塔亚尔获赦回到奥斯曼，阿马西亚又被从恰潘家族手中收回，再次授予贾尼克利家族。中央当局通过这种先予后取的方法，平衡了其在两大家族中间的政策，与此同时，恰潘家族获允在南部扩张。1794 年，苏莱曼获得塔尔苏斯旗，成为其副总督，恰潘家族的势力范围到达地中海沿岸。

对恰潘家族的扩张来说，政治联盟、正式或非正式的恩庇关系、业务上的伙伴关系，跟获得额外的职位和合同同样重要。1803 年 4 月，发生在安纳托利亚中部省科尼亚的一起事件，展示了凭借恩庇关系而实现的区域扩张。卡迪·阿卜杜勒 – 拉赫曼帕夏是军事改革的主要设计师之一，他被任命为科尼亚的总督。[64] 安纳托利亚中部的一些地产被授予他，以资助其军队建设工作。[65] 但科尼亚的人民反对这项任命，并将总督赶出了城。阿卜杜勒 – 拉赫曼的受辱使伊斯坦布尔感到惊慌。帝国国务会议让苏莱曼——他的政治影响力扩大到了安纳托利亚中部，并且管理着该地区的一些地产——充当社群和总督之间的仲裁者。[66] 苏莱曼派了一个代表去科尼亚，与该城的显要们进行谈判，特别是同莫拉维教团的首领们。作为莫拉维教团创始人鲁米（1207—1273）的座地，科尼亚内占主导地位的宗教与社会团体便是该教团。最终，科尼亚人民同意接纳阿卜杜勒 – 拉赫曼总督，后者立约保证不伤害他们，并且一旦任务完成，就离开科尼亚。[67] 国家因为苏丹的名誉得到保全而感谢苏莱曼。但他也保护了科尼亚社群抵制新秩序的权利。这起事件将同时提高他在中央政府以及其势力范围内的地方社群中间的声望。

大的变动在 1805 年到来。恰潘家族热切支持新秩序，并为新军征兵，其影响力在安纳托利亚中部与日俱增，而塔亚尔却反对新的政权，这让中央政府有充分理由在1805年再次将阿马西亚旗授予苏莱曼，由此，苏莱曼在获得托卡特和济莱的副总督职位后，又成为阿马西亚的副总督。同时，他的次子杰拉勒丁被任命为锡瓦斯总督，地位很高。[68]于是几乎整个安纳托利亚中部地区都被置于恰潘家族的控制下，这导致了与贾尼克利家族的武力冲突。1805年，两个家族发生争斗，中央政府支持恰潘家族。塔亚尔被列为逃犯后，恰潘家族期望获得贾尼克利家族控制下的黑海沿岸土地。他们说服伊斯坦布尔的一个策略是让中央政府相信当地社群不愿接受一个外来的总督。据说当贾尼克旗的副总督职位被授予一个帝国显贵优素福·齐亚帕夏时，当地社群向恰潘家族抱怨，称他们不赞成这个任命。苏莱曼以当地人民的保护者与发言人的身份向伊斯坦布尔报告，述说了他们对优素福·齐亚的不满，鼓励中央政府委任一名体恤穷人的督军——他暗示的是他自己。[69]苏莱曼在南方也采用了相似的策略。尽管遇到了来自科赞家族——这个大户控制着安纳托利亚南部地中海沿岸的塔尔苏斯和奇里乞亚地区——的阻力，恰潘家族还是获得了塔尔苏斯省。与此同时，苏莱曼还与当地领袖以及塔尔苏斯山脉的游牧社群——他们同科赞家族不和——建立了同盟。苏莱曼将当地显要家族的首领们邀请至他的宫廷，赠予他们礼服，授予他们副职，让其作为恰潘家族在该地区的代表。在19世纪中叶的《梅内曼吉家族史》中，塔尔苏斯并入恰潘家族的势力范围这一事件，被颂为一个史诗般的时刻。梅内曼吉家族是进入苏莱曼的网络、成为恰潘家族势力范围南翼的家族之一。[70]

近卫军在伊斯坦布尔领导的民众政变终结了新秩序，也阻挡了恰潘家族扩张的步伐。1807年，塞利姆被废，他的侄子穆斯塔法四世成为苏丹后，塔亚尔获赦。新苏丹将阿马西亚从恰潘家族那里夺走，授予贾尼克利家族。几个月后，塔亚尔受邀至伊斯坦布尔任副大维齐尔。

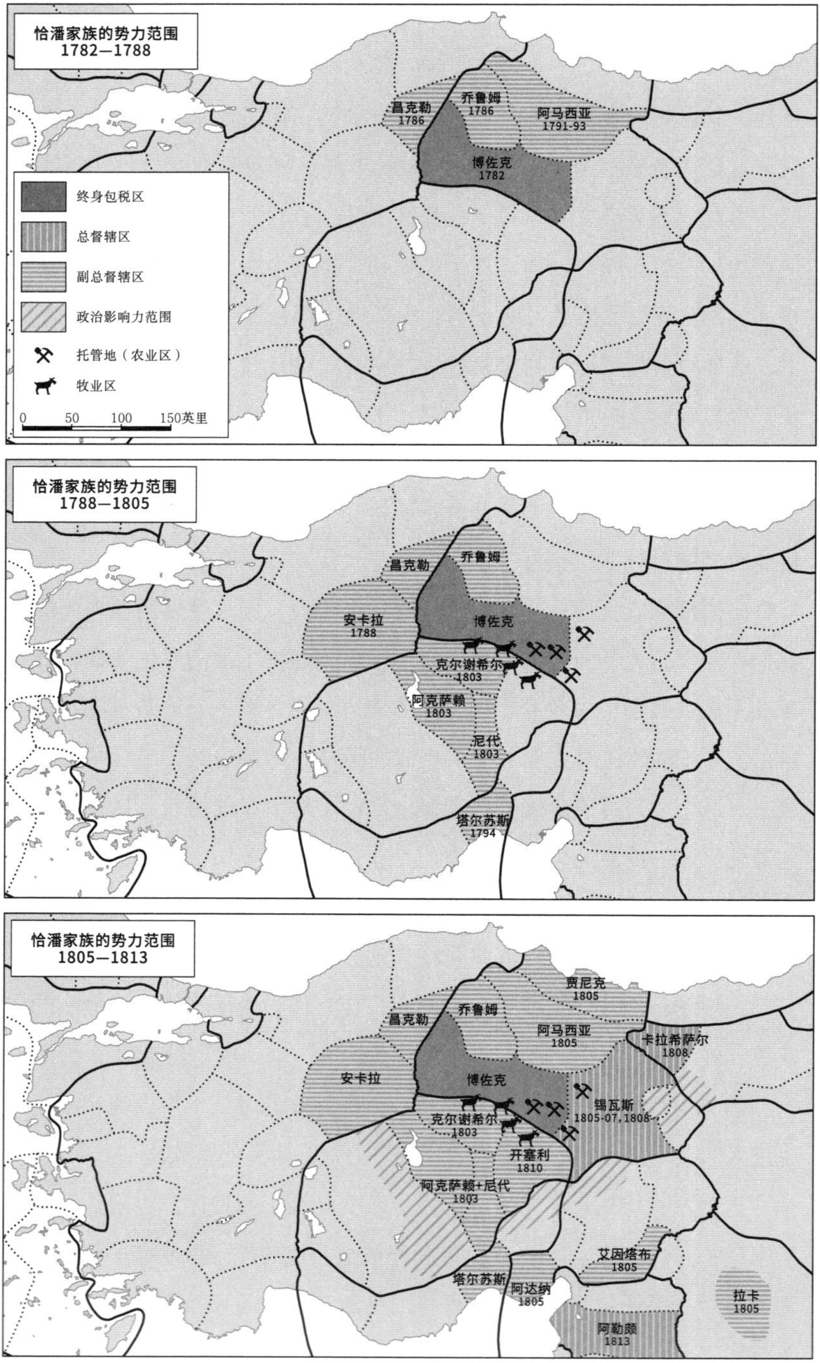

原书所附地图 2　恰潘家族的地盘（1782—1813）。作者与菲利普·施瓦茨贝里 / 子午线测绘制作。

同时，杰拉勒丁·恰潘奥卢被免去锡瓦斯总督之职，转而被任命为迪亚巴克尔总督，该地位于安纳托利亚东南部，远离其家族的势力中心。

然而，正如我们将在第四章看到的，由穆斯塔法·巴伊拉克塔尔及其新秩序派盟友领导的一次反政变，导致了塔亚尔的死亡，这再次给了恰潘家族新的可能性。卡拉希萨尔（1808）、开塞利（1810）、克尔谢希尔（1811）、阿勒颇（1813）都被分配给苏莱曼或他的儿子杰拉勒丁。

苏莱曼可谓他那个时代最成功的区域豪强之一。他巧妙地与中央和当地的行动者谈判，利用所有可用的机制：金融交易、服务、合同以及当地政治。就中央政府这方面来说，它从苏莱曼的扩张中受益，因为他提供了大量的钱款、军事服务以及地区上的声望和影响力——在其势力范围内，他与当地行动者建立了信任的纽带。[71] 然而，1813年苏莱曼去世后，新苏丹马哈茂德二世拒绝将他的职位与合同再次指派给恰潘家族的成员，恰潘家族的势力范围一下子萎缩回约兹加特。

约阿尼纳的阿里帕夏：治理的本土化

为了对区域性地盘的内部运作做一个全面分析，我们应当考察更广泛的资料，如地方志、文学作品、民间叙述、物质与建筑文化。在这些资料中，最重要也最不为人所知的，或许是外省实权派的文牍科制作的文件。有些豪强，比如约阿尼纳的阿里帕夏，建立了自己的官僚制式抄写机构，与帝国的行政机构相平行，不受中央政府的监督。[72] 与帝国的记录不同，这些文牍科制作的文件在语言（在巴尔干使用的是希腊语，在阿拉伯各省使用的是阿拉伯语）和形式方面，都促进了本土语言习惯的形成。这些文件构成了区域强人统治下的奥斯曼各省的另类档案，阐明了它们的内部运作。

约阿尼纳的阿里帕夏从前在品都斯山脉的一个山口当关令，他的档案便属于这种珍贵的记录。[73] 从1790年代起，阿里帕夏与他的儿子韦利、穆赫塔尔沿着亚得里亚海岸创建了一个区域性的势力范围，他们的地盘从希腊的伊庇鲁斯一直延伸到阿尔巴尼亚南部。1790年代后期，随着阿里成为濒临亚得里亚海、具有战略地位的阿布罗尼亚省（今阿尔巴尼亚的发罗拉）的总督，这个家族向北扩张。1799年，既是为了保障色萨利的通行安全，也是为了铲除该地区的土匪，中央将色萨利也授予阿里。此后，阿里成了鲁米利亚全境的总督，这使他能获得额外的收入和巴尔干的领地，但他的任期是短暂的。这个家族后来失去了色萨利，但控制希腊和阿尔巴尼亚的亚得里亚海岸长达20年，在亚得里亚海沿岸的地位日益提升，从农业地产和贸易中积累了大量财富。该家族的影响力一直持续到1822年，这年马哈茂德二世对约阿尼纳进行了长时间的血腥围攻，而后杀死了阿里和他的孩子们。

阿里档案中的文件显示，他的区域扩张基于棘手的交易、战略以及谈判，对象不仅有中央政府，还有他所在区域的各种当地领袖、网络以及社群——他们不断抱怨，宣示他们的忠诚，或者试图就协议的条款进行谈判或重新协商。阿里在约阿尼纳城的官员会回应他们的请愿，派出检查员（有时是军队）去保护或胁迫当地居民。他的儿子韦利和穆赫塔尔（他们生活在家族管辖下的不同的旗）、他的分散在领土各处的代理，以及他在伊斯坦布尔的代办，源源不断地给他发来快信。

这个档案所包含的文件主要用阿里势力范围的本土语言——希腊语写成，同时插入大量的土耳其语和阿尔巴尼亚语。阿里的文牍科在他与帝国当局的正式通信里使用奥斯曼土耳其语，在他与当地社群和关系网成员的通信中使用希腊语（我们可以称之为奥斯曼希腊语）。社区请愿书的形式不同于出自卡迪法院或奥斯曼官场其他领域的请愿

图 3　希腊约阿尼纳的东南城堡，以及费特希耶清真寺，由阿里帕夏委托建造，约建成于 1795 年。作者拍摄。

书。当阿里从中央那里获得一个外省单元，他会任命代表或代理人以他的名义行动。通常，这些代表会雇用那些接受阿里恩庇的当地民兵。[74]阿里的财务代表，既扮演财政官员，也充当债权人，在他的势力范围内巡回，以便和阿扬、“ḳocabaşı”以及其他社群领袖进行复杂的财政交易和收入征收。[75]他的官员经常与地盘内的各区进行交流，并从居民那里接收集体请愿书，比如 1794 年 9 月 4 日由科科西村（今属希腊色萨利的阿尔米罗斯）提交的这份：

> 最荣耀、崇高、富足的帕夏，我们的主人，我们，您的仆人，科科西村的老人和青年卑微地跪在殿下面前，亲吻您尊贵的手和您的足迹，不分昼夜地恳求神增进您的福祉，让您长寿，如您所愿地给予您内心高贵的渴望，甚至更多；阿门，这样我们，您的仆人，在有需要时便可以依靠您这座大山。带着谦恭的信，我们

首先如期跪在您的面前，然后向您禀告您派给我们的马哈茂德·伯吕克巴希的情况，如果您询问的话；我们过得很好，我们孤儿般的生活平静地过去了。我们再次恳求殿下用您美好的命令，让他再和我们一起待六个月。因为我们，我们和所有的孤儿，都了解他，他为了造福于穷人而管治，而穷人们夜以继日地为您祈祷……［我们请求］您写信给他，以保护我们的家人。让我们的先生也知道［这个情况］，从您那去过一切强盗藏匿、苦难发生的行省的使者那里。仅此而已，愿神赐予您的年岁悠长而美好，阿门——

您的来自普拉塔尼、苏尔皮、科菲及其余村庄的仆人和有福的老人们：

仆等顿首。[76]

字里行间，都是社群与阿里之间的谈判。作为保护的回报，该社群同意成为阿里网络中的一部分，在一个土匪、帝国其他官员跟阿里的权威相竞争的地带向他进贡。阿里为许多城镇与乡村提供保护，以便获得公开的交易，让社群成员对他宣誓效忠。他还与邻近的显要们达成协议，这样受他保护的社群就不会被其他人监禁或惩罚。[77] 为了继续得到他的保护，社群会提供金钱或服务。“为了回报他对蒂马尔持有者的抵御，我们将我们的村庄出让给阿里帕夏，作为其领地（ağalık）［的一部分］，并［支付］200 库鲁以及［额外的］款项［以维护公路安全］。”一个社区如此宣称。[78] 这个社区提出了一项交易，以换取其他官员的保护或免掉某些费用，而在其他情况下，社区的显要们会向阿里帕夏要求收入，以将他们的地区整合到阿里的领地中。[79] 在这些交易中，我们听到了来自社群领袖的一些说法，他们宣称自己是阿里的仆人或朋友。[80] 并入阿里的势力范围，接受他的保护、恩庇与 / 或友谊，并不意味着谈判的结束。通往新交易的门总是敞开着，特别是在涉及付款安排与征税时。1803 年，弗洛里纳（位于马其顿西北部）的一些村庄与阿里缔结了有关税收和应收款项的协议。其中一条这样写道："我们，戈尔尼佐沃的居民，已和我们最崇高的维齐尔先生达成一致，将我们土地出产的上述部分赠给大人。"这个村子还给阿里提供麦子，以及少量他们种植的黑麦、燕麦和葡萄。[81] 阿里的代理人和当地领袖之间的这种协议，展示了在他的地盘内不断发生的交易与谈判。

这些契约与交易并不意味着不存在强制与暴力。相反，当阿里胁迫那些拒绝受他恩庇的人时，社群或许会对他进行恐吓，让他离开他们的土地，甚至起来反抗他，或者向中央政府投诉。譬如 1802 年，切贝洛沃的显要们抱怨阿里的政策偏向邻村，威胁要与他决裂。[82] 社群在不满阿里的统治时，不仅可以求助奥斯曼卡迪法院和邻省的帝国当局，还可以直接向伊斯坦布尔请愿。[83]

阿里在伊斯坦布尔的盟友，不仅会提供有关首都官职市场的信息，还会告知他中央政府收到的申诉，对他施以援手。比如 1797 年，作为法纳尔人精英、阿里的亲密合伙人以及伊斯坦布尔的说客首领，斯特凡诺斯·米西奥斯在一封信里为阿里如何保住他的品都斯山关令一职提出建议。[84] 有一个竞争对手出价更高，因此斯特凡诺斯建议阿里提高给国库的报价，并与向关令交税的当地社群搞好关系，因为持续的投诉会让中央有口实将这个职位夺走，授予他的挑战者。[85] 这种在阿里、当地行动者和中央政府之间的微妙关系，促使阿里扩展其与不同集团和网络的联系，以加强对自己的势力范围的控制。为此，阿里逐步卷入希腊东正教牧首在伊斯坦布尔的政治活动，为他所在地区的各种任命进行游说。[86]

鲁塞的伊斯梅尔：恩庇与同盟

除了获得职位、与社群和当地实权派建立联盟，培养信任、缔结基于恩庇关系的同盟也是区域扩张中的重要手段。在保加利亚的多瑙河流域，鲁塞的伊斯梅尔便是通过集体同盟和恩庇关系来建立他的地盘的。伊斯梅尔——其绰号蒂尔西尼克利来自他的家乡蒂尔西尼克村——是鲁塞的阿扬。[87]既然是阿扬，那么他并非由中央以自上而下的方式任命，也不是以合同交易购得他的职位和领土单元。相反，他是被当地社群选举来管理鲁塞县的。从1800年开始，伊斯梅尔通过安排一些受他恩庇的人当邻县的阿扬，在该区域巩固了他的势力范围。许多当地显要都成了伊斯梅尔的“朋友”，其中包括他的亲信穆斯塔法·巴伊拉克塔尔和易卜拉欣·佩赫利万。

比如，佩赫利万1798年来到该地区参加维丁围攻战，该城当时受一个反叛的地主奥斯曼·帕兹万特奥卢控制。之后佩赫利万和他的部下留下来寻找恩主。根据一份描述，伊斯梅尔一开始和佩赫利万关系有一些紧张，之后才了解到他的军事和组织才能。注意到他的勇气和聚拢人心的方式后，伊斯梅尔“喜欢上”了佩赫利万的大胆无畏，并邀请他去鲁塞。两人在那里会面、交谈、拥抱，结为密友，情同“父子”。佩赫利万成了蒂尔西克利派系或团队中的一员。[88]伊斯梅尔开始在自己身边聚集像佩赫利万这样的当地人，并让他的人当选为不同县的阿扬，以扩张他的势力范围。一份由帝国巡视员寄送的报告在谈到伊斯梅尔1804年的活动时指出：

> 伊斯梅尔阿迦控制了德里奥尔门和多布罗加地区的县，之前它们在耶勒克奥卢·苏莱曼的手中。他将［他的手下］佩赫利万派往多布罗加，加武尔·伊马姆派往哈吉奥卢集市，侯赛因阿迦

派往乌穆尔·法基县，乌尊阿迦派往托普丘县当阿扬。之后，他邀请他们去鲁塞，授予他们荣誉长袍。[89]

通过保加利亚东北部这个由他推举的阿扬所组成的网络，伊斯梅尔战胜了其主要的区域竞争者耶勒克奥卢。然而，伊斯梅尔的区域合并引起了伊斯坦布尔的不安，他被警告不要插手邻县事务。这促使伊斯梅尔给塞利姆三世写信自辩，说他主动清剿了土匪，建立了该地区的秩序；此外，他说，他没有强迫当地社群接受他的手下，只是为他提名的人寻求民众的认可："陛下，我与这些显要对手作斗争，仅仅是因为我［试图让合适的人］去那些他们将为之服务的地方……穆罕默德阿迦来自舒姆努的名门，在被社群选中后，才任命为阿扬。朱马县的前阿扬阿里阿迦，之所以被［我］派去像以前一样监督那里的事务，也是因为得到了朱马人民的一致同意。"[90] 伊斯梅尔建立了他的势力范围，不是通过从国家或其他原初持有人那里获得职位和合同，而是通过复杂的政治运作，动员当地社群，选举受他恩庇的人当县行政官。甚至在他 1806 年去世之后，据一份奥斯曼报告称，蒂尔西尼克利派仍然在保加利亚东部占据主导地位，该派的领导人换成了伊斯梅尔的追随者穆斯塔法·巴伊拉克塔尔。[91]

我已经讨论了三种不同的区域扩张模式。在恰潘家族的例子中，扩张是通过获取额外的合同与职位来达成的。在阿里帕夏的例子中，扩张是通过获得职位来进行的，但其隐含的机制是在本地的行政文化中构建一套与体制平行的官场制度。在伊斯梅尔的例子中，我们看到外省豪强通过当地社群的集体声明、跟充当侍从的当地领袖和忠实追随者建立非正式的同盟和信任纽带，来扩张他的势力范围。然而，在上述三个案例中，获得额外的职位、建立信任纽带和恩庇关系、赢得社群的集体支持都是战略性的。在这些区域，当地的结构——如文化制度和网络、不同集团的权力关系——有时会和帝国制度形成互补，有时会形成竞争。这种由实权者来完成的当地与帝国之间的互动，构成了阿里尔·萨尔兹曼所说的“本土治理”（government in the vernacular）。[92] 从空间的角度看，这些区域性的势力范围并非有着封闭的、排他的、内聚的权力或主权要求的领土分区，而是不规则的、驳杂的、马赛克式的空间，由被多个行动者占据的、交叠的监管格局构成。其他行动者总是与外省豪强分享或竞争他们地盘内的权力。区域豪强和当地领袖之间的竞争和/或恩庇关系很普遍。各种官员也在其中发挥作用，包括代表司法权力的卡迪、税吏和军队招募官，他们由中央政府独立授权。

这三个案例绝不代表 18 世纪末 19 世纪初奥斯曼外省显要发展出的所有可能的区域形态。为了对当地实权者的空间格局进行更全面的分析，还应当研究大的部族网络——像安纳托利亚中部的里什万家族[93]和库尔德斯坦的贝迪尔汗宗族[94]——所组建的区域性势力范围；希腊望族——如伯罗奔尼撒的贝纳基和德利吉安尼家族[95]——恩庇下的相互交错的商业和农业地带；高加索地区各个切尔克斯人部落和半游牧的诺盖人网络的交叠地带；以及黎巴嫩卡里斯马型的什叶派显要。[96] 在这些例子中，我们会看到不同的政治机制、空间特征、种族-宗教忠诚、经济依附和同盟，它们将各地区连接起来，形成区域性的影响力。在所有这些不同的空间构成中，我们同样需要考虑当地的、跨区域的、帝国的，以及（有时）帝国间的行动者重叠的要求和飞地。[97]

资本、财富与投资组合

对主要外省豪强所作的比较表明，他们通过在我所谓的治理业务中的各种活动来积累财富：从税收和收益的征收到地产的经营，从向社区提供信贷到为伊斯坦布尔和帝国军队提供给养。大多数豪强，特别是那些与国库关系深厚的，会与国家订立短期协议，有时是通过正式拍卖，但大多时候是基于金融、行政和军事服务的结合。个人的人脉，以及对伊斯坦布尔官僚的游说，可以帮助他们获得这些短期合同。但我们也能看到相反的情形。有时中央政府会不顾外省豪强的意愿，将一些服务强加于他们。这些短期活动集中在三个主要领域：给军队或首都提供给养；以低于市场的固定价格从生产者（主要是农民）那里为国家采购谷物；没收被免职者的财产，或者财产被充公的死者的遗产。这些活动需要繁难的财务管理，以及抄写员的专业财政知识。因此外省豪强会雇用财政专家，其中的一些在中央官僚机构受过训练。[98]

正如前面简略提过的，我们观察到在 18 世纪的马其顿、波斯尼亚、伊庇鲁斯以及安纳托利亚西部和北部，受外省豪强直接或间接管理的农场（通常叫作“çiftlik”）的激增。农场是由耕地和生活在村庄的农民组成的农业单元。在大多数情况下，农场还附有一个由宅邸和库房组成的建筑群、或大或小的用于畜牧的地带，以及一口井。从 18 世纪下半叶开始，地方豪强持有大量这样的农场，由中央政府或其他原初持有者授予。在一些地方豪强的地盘内外，有上百个这样的农业单元。到 19 世纪初，正如我们在第一章看到的，数百个蒂马尔（作为外省骑兵封地的农业单元）被新国库分配给外省显要，如马尼萨的卡拉奥斯曼家族、约阿尼纳的阿里帕夏和他的儿子们、迪夫里伊的柯塞帕沙家族、鲁塞的伊斯梅尔、恰潘家族和贾尼克的塔亚尔，之后被转变成了农场。[99] 一些豪强在获得蒂马尔后，与农民建立了亲密的恩庇关系，他们提供种子、信贷、必需的工具和畜力，与农民一起进行收益分成式的耕种。一些则向农民收取收益或作为税金的谷物，而不参与耕作。还有一些豪强会组织将农民生产的谷物出售给国内外的商人或国家专员。[100]

在这些五花八门的税收和收益的收取过程中，最大的挑战也许是自下而上的收益提取。在大多数情况下，承包人和社群并不准备按期缴税。债权人不仅包括公共管理者，而且包括总督和承包人以及像督军与副总督之类的分包人。县卡迪将这些债务和信贷作为契约在法庭登记造册。由于这些关联中的行动者可能没有现金汇给更高层级的代表，当更高的官员将他们的管辖权外包给承包人时，他们便经常欠下债务。因此我们看到，在从中央到乡村的征税过程中，存在一个持续的债务循环以及活跃的信贷活动。卷入这种金融关系的豪强既向个人和社区放贷，同时也不断地从另一些人那里借贷。外省豪强因此经常与放债人有合伙关系，后者不仅连接信贷市场，而且还充当金融和财政顾问。[101]

一些豪强还涉足区域性和国际性的贸易。然而在大多数情况下，他们扮演的不是商人，而是商业活动的促进者或监管者。在这种情况下，他们有时与农民建立伙伴关系，垄断一些农民群体的产品。他们会以低于市场的价格买入，然后将之卖给外国商人。他们通过资助和保护其地盘内的商队和市场来提供运输。他们中的许多人也为商人群体提供不动产。恰潘家族的势力范围包括安纳托利亚中部和几个枢纽城市如托卡特和开塞利的贸易路线，他们同沿着纵横安纳托利亚的贸易路线活动的商人来往频繁。[102] 塞雷的伊斯梅尔控制着马其顿大量有利可图的地产，地中海东部重要港口城市萨洛尼卡的商人也受其恩庇。伊斯梅尔和他的儿子马哈茂德凭借对整个地区的地产的恩庇，以及与定居在萨洛尼卡的外国商人和奥斯曼商人的伙伴关系，成为 18 世纪末马其顿棉花生产的主要参与者。[103] 与之相似的是，卡拉奥斯曼家族控制着爱琴海港口城市伊兹密尔的农业腹地，他们与该城联系密切。在为马尼萨和伊兹密尔的商人建造若干枢纽以重振爱琴海地区的贸易时，这个家族与在该地区活动的法国和荷兰商人建立了联系。18 世纪，这个家族让希腊与阿尔巴尼亚的农业群体移居到马尼萨一些人口减少的农庄，并恢复了那里的棉花生产。[104] 鲁塞的伊斯梅尔不仅和合伙家族一起监督着多瑙河地区向伊斯坦布尔提供的肉和小麦等物资，还帮助当地的生产者和商人进入区域性的出口市场。[105] 查希尔·奥马尔与贾扎尔·艾哈迈德将阿科转变为黎凡特贸易的主要枢纽，积极参与法国和英国在该地区的贸易网络。两人都与当地挑战他们垄断政策的商人发生过冲突。[106]

穆斯塔法·巴伊拉克塔尔和马努克·米尔扎扬：债务与信贷

穆斯塔法·巴伊拉克塔尔的财富——他在不到 3 年的时间里积累了巨额资本——提供了一个范例，让我们理解财富构成的性质以及债务 / 信贷关联。穆斯塔法·巴伊拉克塔尔是保加利亚多瑙河沿岸拉兹格勒的小阿扬，直到 1806 年都只是鲁塞的伊斯梅尔的一个追随者。1806 年伊斯梅尔死后，鲁塞居民选举他为鲁塞的阿扬，该地是多瑙河沿岸一个非常重要的县。他在帝国的等级制中上升得非常快，先是做了保加利亚东北部的锡利斯特拉省的总督，之后又当上保加利亚中部一个富裕的县特尔诺沃的督军，最后则在俄土战争期间成为多瑙河前线的外省军队指挥官。[107]

穆斯塔法·巴伊拉克塔尔崛起过程中的主要搭档是一个叫马努克·米尔扎扬的亚美尼亚放债人。马努克出身于鲁塞，18 世纪末开始在保加利亚的多瑙河流域和瓦拉几亚从商，且在布加勒斯特做地产投机。1795 年，他接近鲁塞的伊斯梅尔，后者当时是鲁塞阿扬，正急需信贷来支付开支。两人在很短的时间里就成了亲密的合作伙伴。在伊斯梅尔的保护下，马努克在多瑙河流域从事丝绸、羊毛、棉花、烟草、蜂蜜以及香料的国际贸易。他的合伙人会远赴莱比锡参加展览会，而他建了很大的旅店接待来到布加勒斯特的商人。通过瓦拉几亚总督、法纳尔人出身的康斯坦丁·伊普希兰蒂，他与俄国市场建立了密切的联系。他也从伊斯梅尔这里获得了为伊斯坦布尔供应小麦的合同，这使他成为 19 世纪初亚美尼亚金融网络中的重要一员。1806 年，当鲁塞的伊斯梅尔在自己的农场被杀，马努克和穆斯塔法·巴伊拉克塔尔同意合作。马努克通过他在伊斯坦布尔的熟人，为巴伊拉克塔尔争取鲁塞阿扬的职位游说。凭借马努克提供的贷款，巴伊拉克塔尔能够向国家提出可观的报价，以获得已故恩主伊斯梅尔的遗产。[108] 在遗产被授予巴伊拉克塔尔之后，两人来到该地区，收回属于伊斯梅尔的 40 万库鲁。[109] 从伊斯梅尔那里没收来的财富，成了穆斯塔法·巴伊拉克塔尔的起始资本。

在第四章我们将会看到，随着新秩序的垮台，巴伊拉克塔尔成了一个名叫“鲁塞之友”（Rusçuḳ yārānı）的党派和一些外省豪强的领袖。这个党派在伊斯坦布尔发起了一次阴谋和政变，将巴伊拉克塔尔推到大维齐尔的位置上，这是一个外省实权派达到的最高级别。在这个过程中，马努克贝伊一直是穆斯塔法在商业和政治上的主要搭档。在政变后，马努克先是被任命为摩尔多瓦的督军，随后又被任命为首席译员，这是奥斯曼外交事务中的要职。巴伊拉克塔尔只做了短短几个月的大维齐尔，1808 年 11 月中旬，他死于一场由近卫军领导的民众暴乱。马努克则带着大量现金逃到由俄国控制的土地上。后来，他在俄国继续其商人和外交人员的职业生涯。巴伊拉克塔尔死后，帝国国库将他的财产充公：部分不动产在市场上出售，其余财产则被转到了国库或者各种官员手中。1809 年，财政官僚对他的遗产做了一份详细的记录。[110] 根据这份记录可以看出，巴伊拉克塔尔拥有可观的实物财富、现金和应收账款，但也欠了很多债。下面是他的资产概要：

· 转给新的大维齐尔的粮食：18152.5 库鲁
· 他家里的奴隶和小妾：38775 库鲁
· 个人衣物：3584 库鲁
· 私人随从使用的盔甲和军事装备：12249 库鲁
· 马匹与牲畜：32827 库鲁
· 马鞍和其他马的用品：67815 库鲁
· 来自宅邸的家庭生活用品：2470.5 库鲁
· 珠宝：25049 库鲁
· 杂项：5152.5 库鲁
· 应收账款：1391741.1 库鲁
· 债务：908048 库鲁

除去他的债务，巴伊拉克塔尔应从社群和个人那里收取的账款，构成其总财富的 87% 以上。然而，他的财富的 56.8% 都被债务套牢。分析他的应收账款和债务，能够揭示出一种债务 – 信贷关联。他曾向商人、军人、行政官员等各种各样的人放贷。根据遗产记录，他的应收账款来自不同的个人和社群。其中一些是当局或承包商，另一些是代表社群的阿扬。有些人为了他们的业务向巴伊拉克塔尔借贷。巴尔奇克、托普丘和舒门的阿扬们，锡利斯特拉的副总督，鲁塞的海关关长，都负债于巴伊拉克塔尔。所有这些人都于巴伊拉克塔尔的势力范围内活动，应该从他们的单元或选民社区收取收入，并交给巴伊拉克塔尔属于他的那份。与此同时，拉兹格勒、卡赞勒克、特尔诺沃、斯维什托夫的社区则作为集体实体，而非个人代表负债于巴伊拉克塔尔。巴伊拉克塔尔也欠了许多债（但仍少于他的应收账款），债主包括亚美尼亚的放债人，以及希腊、亚美尼亚和穆斯林商人。其中一些是区域性的金融家，另外一些则跨区域活动于奥斯曼帝国市场，从保加利亚到埃及。巴伊拉克塔尔从这些放债人那里得到贷款，从商人那里得到家庭和民兵的补给。

投资组合企业家

我们该如何将外省豪强的多样化“业务”企业予以概念化呢？像 17 世纪印度莫卧儿的柴明达尔（żamīndār）——作为半公半私的企业家，他们在行政、财政和商业领域发展出了专门的业务知识[111]，奥斯曼外省豪强的投资和经营业务也涉及许多领域，从税收到贷款展期，从没收到补给，从地产经营到促进贸易。在各种投资组合中，治理和公共财政（向其他承包人、官员和社区提供信贷）业务是他们积累财富的主要部分。就此而言，将外省豪强定义为在治理业务中拥有大量投资组合，通过投标、谈判、议价和出价，在帝国一个不稳定的板块进行交易的具有企业家精神的承包人，是没错的。然而在治理业务中，豪强们也承担了风险。譬如他们可能会损失投资资本，因为从管辖单元中获取的收入低于为获得它而向国家支付的资金。在向一个社区发放贷款或者获得一份帝国军队的补给合同时，特别是在战争和动荡时期，他们有相当大的概率亏损。

暴力、异议和分裂主义

在奥斯曼的外省秩序中，行政与暴力是同一枚硬币的两面。18 世纪末 19 世纪初，在奥斯曼帝国的不同地区，暴力、不安和恐惧构成了每天的生活。与俄国、奥地利、英国、普鲁士和法国的战争，深刻地影响了社会与政治景观。但不只是战争助长了军事活动和暴力。那些在巴尔干找不到恩主的非正规部队猖獗的暴行将帝国变成了一个重叠的战场；近卫军与贝尔格莱德的塞尔维亚显要之间的冲突悬而未决；被称作卡普丹（ḳapudan）的波斯尼亚显要越来越多地雇用农民团伙；安纳托利亚南部不守规矩的游牧群体拒绝定居；阿拉伯的瓦哈比教派发展成了一场革命运动；各种难以驾驭的外省豪强，宁愿通过叛乱而不是出价和还价，与帝国谈判。[112] 不断增长的暴力使合法与非法、谈判与起义、忠诚与反叛之间的界线变得更加模糊。在这种情况下，一个行政领域的企业家或官员可能需要指挥武装团队，如民兵，甚至军队，而这就要求他们熟悉征兵策略和军事实践。有时，豪强的军事组织会产生自己的荣誉准则、家族旗帜、地区风格和制服。在法国大革命和拿破仑战争期间，豪强们的军事支队通常由从人员不断增长的国际军事专家库中聘来的奥斯曼或外国队长训练。

一般来说，豪强们从四个不同的来源汲取军事力量。第一个是各省既有的、与中央政府有联系的奥斯曼军队，如城镇的近卫军分队和散布在农村的骑兵分队。第二个是豪强势力范围内的社群。当塞利姆三世开始在 1790 年代推行新秩序计划，征兵活动随之扩大。[113] 在一些豪强的领导下，恰潘家族和卡拉奥斯曼家族作为中介组织了区域征兵，而这些活动有可能引发民众的骚乱。[114] 第三个来源是雇佣兵和匪帮。战争期间，外省社群经常被要求组建支队或雇佣军队，为其配备枪支，将其送上战场。在奥斯曼的文件中，那些从战场上逃脱后分散在各省、作为土匪组织起来的团体被称为“levend”，而带领它们的卡里斯马型领袖被叫作“ṣāḥib-i cumhūr”和“ser-cemīyet”。由于独立雇佣兵市场的不断壮长，一些土匪头目成了实权企业家，指望有恩主或社群来雇用他们。[115] 在区域性势力范围内建立武装力量的第四种方式，是通过处于侍从地位的显要来实现的，他们与作为其恩主的豪强合作，或者受后者监督，或者与其结盟。区域网络帮助豪强动员数千个由侍从型显要指挥的武装组织，而不需要维系军队。[116]

贾尼克的塔亚尔，1785—1807

在奥斯曼帝国构建武装力量的众多例子中，安纳托利亚北部著名的贾尼克利家族最值得关注，前面我们在分析恰潘家族时提到过它。[117] 贾尼克利家族的缔造者是著名的贾尼克利·阿里帕夏（1720—1785），他是 1768 年至 1774 年俄土战争期间奥斯曼帝国军队的主要将领之一。自 1774 年以来，贾尼克利家族一直掌握着特拉布宗的总督之职，并控制着其周边地区。该家族与恰潘家族为获得区域领导权而展开的竞争，在 1802 年引发了一场重大危机，当时塔亚尔开始从几个定居点征募军事力量，在安纳托利亚东北部建立了一个网络，以反对恰潘家族和塞利姆三世的新秩序。[118] 在他被再次列为逃犯以前，中央政府让邻城居米什哈内的督军、吉汉家族的侯赛因提交了一份关于塔亚尔的详细报告，包括其军事力量的来源，以及他是否得到了该地区显要和社群的支持。在报告中，侯赛因评述了塔亚尔在整个地区的势力基础：

> 塔亚尔的士兵基本上是从该地区的各个县征募而来的。换句话说，他几乎没有奥斯曼士兵。他有一些属下，如代内巴什、亚

克玛兹奥卢、吉赫特奥卢和卡迪·奇拉伊，他们已经像阿扬一样在一些县定居下来。总的来说，他肯定有1000到2000名骑兵［直接听命于他］。此外，他的部队便是从各县征募来的步兵。必要时，他会召集他们，让他们听从［与他一起行动的］其他实权者的指挥。当他说“到我这里来”，来自社区的部队、农民和劳工便聚集在他周围。然而，他们之所以服从他，是出于对他的畏惧。我想，如果他们听说至高国家下令反对塔亚尔，他们可能会倒戈相向。他们不希望自己的地区被国家摧毁，事实上他们是在寻求和平。每个人都知道没有人能反对国家。然而，塔亚尔帕夏用诡计和哄骗操控着他们……实际上，塔亚尔是一个反复无常之人，并不想打仗。指挥士兵的是他的管家吕特富拉阿迦。而他的堂兄哈桑贝伊是一个非常有勇有谋之人，在塔亚尔打仗时陪伴他左右。事实上，正是哈桑贝伊唆使塔亚尔帕夏［这么做］。[119]

塔亚尔提供了一个例子，让我们看到一个外省实权派如何利用当地资源建立一支军队，以反对奥斯曼中央政府的军事改革，用更大的意识形态主张来塑造他的反叛。军事改革要求外省豪强从社群招募士兵。塔亚尔借助当地民兵以及反对新秩序的前近卫军，将其势力范围军事化。许多有影响力的人物，如托卡特的穆夫提，据说都是塔亚尔的追随者。[120] 当塞利姆将塔亚尔列为逃犯时，中央政府警告该地区的当地显要不要与他为伍，并宣布塔亚尔永不可能获得大赦。[121] 作为回应，塔亚尔禁止新军在其势力范围内的农民中间征兵。他的手下挑衅从伊斯坦布尔派来的代理人。[122] 塔亚尔向当地社群发送文件，要求他们抵制新军的招募，不要向新国库缴税。[123] 他向安纳托利亚东部的彻尔德尔家族和其他豪强派出使节，提议联合起来反对新秩序和恰潘家族。[124] 与此同时，有几个社群揭竿而起，驱逐了中央派往城镇的总督，宣布对塔亚尔效忠。[125]

1806 年秋，当塔亚尔第二次逃往俄国[126]，塞利姆三世因伊斯坦布尔的近卫军政变下台。1807 年初，在停火期间，俄国皇帝亚历山大一世要求奥斯曼国家赦免塔亚尔。[127]在塞利姆三世和新秩序倒台后，他被赦免。新苏丹穆斯塔法四世邀请他到伊斯坦布尔，并向其提供复辟政府的副大维齐尔一职。塔亚尔的东山再起使恰潘家族感到忧虑，因为塔亚尔在伊斯坦布尔的权力的巩固，将威胁到他们在安纳托利亚的影响力。恰潘家族的领袖苏莱曼宣称，只要塔亚尔还活着，这个安纳托利亚的显要家族就不会越过海峡去巴尔干加入帝国军队。[128]1808 年夏天，塔亚尔在同伊斯坦布尔的近卫军政变领导人发生争执后遭免职，被剥夺了官衔。他去了鲁米利亚，加入穆斯塔法・巴伊拉克塔尔，但后来在一场阴谋中丧生。[129]

塔亚尔的生涯非同寻常：从安纳托利亚黑海地区的显要家族的一员，到塞利姆三世和新秩序的政治异见分子，从流亡俄国的政治难民，到被拔擢为伊斯坦布尔复辟政府的副大维齐尔。他的经历展示了在这个动荡时期，有能力调动所在区域的军事资源，并在帝国乃至帝国间的层级上发挥作用的外省行动者的各种可能性。正如卡伦・巴基所阐明的，在早期现代的奥斯曼帝国，合法与非法之间的界线，无论实质上还是形式上，都是可以渗透的。[130]事实上，反叛可以作为一种谈判形式，用以争取更高的职位、更大的荣耀以及更多的财富。在 1770 年至 1820 年这段狂风暴雨的时期，一些外省豪强，如塔亚尔，在合法与非法、满意与反叛、荣耀与耻辱之间的边界徘徊。也许从反叛者转变为维齐尔的最佳例子是维丁的帕兹万特奥卢。

奥斯曼·帕兹万特奥卢：反叛、分裂主义与特赦

奥斯曼·帕兹万特奥卢的职业生涯始于维丁，他在那里担任近卫军首领，这座多瑙河边的战略性城市位于奥斯曼保加利亚的西部边境。[131] 从 1790 年代初开始，帕兹万特奥卢就巩固了他在该地区的领导权。在塞尔维亚显要与贝尔格莱德近卫军的冲突中，他站在他的近卫军同伴一边，这使他与新秩序的关系变得紧张。"中央要废除维丁的近卫军。我所做的是为了你们［为了得到你们的保护］。"帕兹万特奥卢对该地区的近卫军如此宣称。中央视之为抗命，于是帝国指挥官居尔居·奥斯曼帕夏对维丁发起进攻，但帕兹万特奥卢成功抵御。伊斯坦布尔的近卫军元老们提出做其同伴帕兹万特奥卢的担保人，在他们的调解下，中央赦免了他。作为对其依从的回报，塞利姆三世任命帕兹万特奥卢为维丁的征税官。[132]

但帕兹万特奥卢暗示他对这一任命不满意，想要总督职位，并将继续支持贝尔格莱德反叛的近卫军，因此很快又被列为逃犯。当他将当地的雇佣军头目纠集于自己的左右，中央试图动员巴尔干那些公开效忠新秩序的主要豪强。1798 年，库楚克·侯赛因帕夏元帅指挥了一次对维丁的大规模围攻，其中参与者有约阿尼纳的阿里帕夏，以及卡拉奥斯曼家族和恰潘家族派出的部队，但围攻失败。由此，作为塞利姆三世新秩序主要挑战者之一的帕兹万特奥卢，在整个帝国乃至国际上收获了名声。1798 年 6 月，政府关闭了伊斯坦布尔和其他地方的几家咖啡馆，当中流传着有关帕兹万特奥卢的故事。[133] 据奥地利的一位外交官说，巴尔干的农民群体把他看作将他们从新军事和财政措施中解放出来的救星。[134] 该地区的说书人则在用保加利亚语写的通俗史诗中，称赞他是一个不会被帝国打败的英雄。[135] 然而，当帕兹万特奥卢正在扩大自己的势力范围，成为一个区域性的领袖时，伊斯坦布尔的

近卫军首领们在新秩序派的压力下，收回了他们对其的支持，并宣称，“这个邪恶的人使近卫军蒙羞……我们既不接受他，也不接受与他同流者”。[136]

在去伊斯坦布尔的路上，法国驻约阿尼纳总领事普凯维尔记录了一首由“年轻的土耳其水手”唱的歌。在歌中，帕兹万特奥卢宣称自己是“大先生（即苏丹）的狗”，“只对他的大臣们”狂吠。[137]帕兹万特奥卢想用这首歌传达的信息是，他不是反叛者，而是苏丹和苏丹母亲（她在该地区拥有重要地产）的忠实仆人。他争辩说，他是居心不良的新秩序派的受害者，他们阻止他得到应得的东西。1799年，一位叫侯赛因阿迦的特使被派往维丁，去解决与帕兹万特奥卢的过节。在特使的报告中，我们听到了帕兹万特奥卢的声音：

> 我向我［在伊斯坦布尔］的主人们所祈求和希冀的，只是授予我维齐尔的头衔［最高级别的管理者］。……［如果我被任命为维齐尔，］我将竭尽全部的忠诚和热情效劳，并表现出我的服从。我的主人们如果用维齐尔的头衔光耀我，就可以命令我去清剿山区的强盗，或者去希腊参加帝国战役。我将把维丁城交给一个精明之人，然后骄傲地奔赴命令要求的地方。在真主的帮助下，我将公正而忠诚地履行职责。如果我的愿望无法在几个月内达成，那么为了满足我可怜的心，现在，我请求［至少］能被拔擢为皇宫门卫长和维丁副总督。[138]

帕兹万特奥卢认为自己应该成为维丁唯一的权威，因为他已经确立了对这里的政治和军事控制。他向国家提出了一项交易。侯赛因阿迦在与帕兹万特奥卢的谈判中，表明了国家的立场：

> 至高国家不会授予你这样的马尾［即总督或维齐尔］。除非你追求这条［职业］道路并且配得上它，否则你将不会获得。为什么不先成为门卫长，之后，如果国家授予你总督职位，再接受它？效命一段时间后，你才有权利获得这一崇高的地位。否则，一个地方民兵首领不会被授予维齐尔，这种事情从未发生过，甚至不曾有人如此提议。[139]

然而 1799 年 4 月，当帝国国务会议讨论帕兹万特奥卢的请求时，一些成员认为他可以被授予维齐尔。[140] 波拿巴刚刚占领了埃及，奥斯曼政府迫切希望结束维丁的骚乱。塞利姆三世决定将帕兹万特奥卢想要的给他，授予他维齐尔，任命他为维丁的军事总督，并给他尼科波利斯旗作为收入来源。[141]

但故事并没有结束。从这一刻起，帕兹万特奥卢开始玩另一个游戏，这次是一个帝国间的游戏。他很快与盖拉伊王朝成员穆罕默德·坚吉兹·盖拉伊结盟，成为拿破仑时期欧洲的重要行动者。坚吉兹·盖拉伊是另一种实权派。他不是帕兹万特奥卢那样的暴发户，而是来自帝国中声望仅次于奥斯曼的家族，这要归功于他身上的成吉思汗血统。[142] 中央在一起有关其地产状况的争端后，将穆罕默德·坚吉兹·盖拉伊列为逃犯，他和其他许多人一样逃到了俄国，在莫斯科当了多年的政治难民。回来后，帕兹万特奥卢邀请他去维丁。他们制定了一个雄心勃勃的计划，将其寄送给法兰西共和国和刚刚成为第一执政的拿破仑。帕兹万特奥卢提议帮助法国分割奥斯曼帝国。如果法国进攻奥斯曼帝国，帕兹万特奥卢会与之合作，条件是法国政府承诺给他和坚吉兹·盖拉伊一个省，在那里他们可以在法国法律的保护下和平统治。如果法国政府选择让奥斯曼帝国维持原样，帕兹万特奥卢则承诺停止对奥斯曼国家的一切敌对行动，前提是法国政府让奥斯曼国家赦免他。

帕兹万特奥卢承诺忠于法兰西共和国，并为其目标效劳，只要它们不与伊斯兰教冲突。[143]

这个插曲表明了奥斯曼区域豪强在革命年代的野心。通过与盖拉伊建立伙伴关系，凭借其超出奥斯曼帝国的强大人脉，帕兹万特奥卢希望能参与欧亚大陆的重塑。他将自己的组织、经济和军事实力跟盖拉伊在国内外的声望（或者德温·德威斯所说的"成吉思汗的超凡魅力"）结合起来。[144] 在这个拿破仑和成吉思汗出现在同一符号语境的插曲中，可以明显看到奥斯曼显要的政治活动如何与革命年代的激进主义交叠。当帕兹万特奥卢的提议抵至巴黎时，法兰西共和国同奥斯曼帝国即将缔结和约。但帕兹万特奥卢还是寻求法国帮助，以期获得苏丹的特赦——如果法国选择与奥斯曼帝国和平共处的话。他的努力没有落空，他不仅被赦免，还被任命为维丁总督，再次身居高位。

1805 年帕兹万特奥卢去世，由于职位无法世袭，在谁将统治维丁的问题上出现了新的危机。中央政府考虑从帝国精英中任命另一位总督，或者让帕兹万特奥卢的儿子阿里接替父亲的位置，尽管他只有 13 岁。维丁的显要们聚集起来，封住了保存帕兹万特奥卢的硬币和纸币的箱子，并向帝国国务会议写了一份集体请愿书，要求国家将维丁的事务委托给阿里，由帕兹万特奥卢的老友和司库毛拉·伊德里斯监护。[145] 然而，一些追随帕兹万特奥卢但反对伊德里斯的人不接受这一请愿。尽管存在分歧，伊德里斯这边的人还是成功游说帝国国务会议任命伊德里斯为维丁的总督。伊德里斯成了伊德里斯帕夏，帕兹万特奥卢的遗产（包括债务和应收账款）一起被转给了伊德里斯，后者还娶了帕兹万特奥卢的遗孀。帕兹万特奥卢的儿子阿里则逃离维丁，来到伊斯坦布尔，在帕兹万特奥卢的一些朋友的保护下开始了新的生活。帕兹万特奥卢对维丁的统治遂告结束，维丁的伊德里斯时代开始。[146]

正如我们已看到的，奥斯曼中央政府并没有垄断治理或有组织的暴力，也没有垄断外交。奥斯曼帝国经常有一些区域行动者绕过中央政府，与外部世界建立外交关系，推行自己的外交政策。势力范围靠近边境或沿海的豪强们，与奥斯曼领土以外的更广泛区域形成了密切的联系。他们既接待外国的外交使团、商人、放债人和军事专家，也派使者、经纪人和间谍到各个中心城市，包括一些外国首都。有些人通过奥斯曼以外的关系找到了避风港，成为政治难民。有时这些豪强还可以在外国统治者的要求和斡旋下获得赦免。[147]

最有趣的是，在法国大革命和拿破仑时代的外交风云中，一些区域实权派参与了同大国的重要谈判，并与其结盟。1801 年至 1807 年，约阿尼纳的阿里帕夏在伊奥尼亚群岛上同英法建立了外交关系。[148] 阿里对亚得里亚海外交的积极参与，以及在奥斯曼希腊和阿尔巴尼亚的成就，提升了他在欧洲人的圈子甚至流行文化中的声誉，在这种文化中生根的是对一个奇异的穆斯林“专制者”统治古希腊文明土地的东方主义想象。阿里明知这种描述是捏造的，却故意在他的外交任务中使用这种形象。[149] 而在 1806 年至 1808 年的俄土战争中，穆斯塔法·巴伊拉克塔尔成为多瑙河前线的指挥官，他于是向沙皇亚历山大提出结盟，以共同对抗拿破仑，并承诺提供一支奥斯曼军队。[150] 他与俄国于俄土战争期间的秘密外交帮助他在伊斯坦布尔发动政变，恢复新秩序，停火后，这一外交关系告终。这些事件表明，一些区域豪强在欧洲政治中充当着自主的政治行动者。他们在帝国、区域和世界的新现实背景下进行谈判。当旧制度垮台，新的宏伟蓝图出现，他们便带着自己的计划、算计和战略登上国际舞台。

死亡、没收与财富转移

奥斯曼的区域豪强死后会发生什么？正如我们在第一章看到的，奥斯曼体制并不授予终身或世袭的职位与合同。然而，制度性保障的缺失不仅体现在这一方面。职位或合同持有者的财产或生命安全都没有保证。根据自穆罕默德二世（1451 年至 1481 年在位）改革以来形成的传统，行政和军事精英成员被视为苏丹的仆人，在苏丹面前没有私人权利。这些人手中积累的财富来自苏丹授予的带薪官职，以奖励其为国家提供的服务。因此，这些财富属于国家或国库（mīrī）。一个仆人去世后，他的遗产会被国家没收，或者被授予另一个仆人（包括死者的继承人），以换取另外的服务或交易。官员的财富也可能在生前就被夺走，如果他由于某种原因被撤职。中央政府经常组织公开拍卖，以变卖没收而来的官员动产。此外，债务和应收账款也要处理。国库收取应收账款，并负责偿还被没收财富者的债务。国家会向被没收财富的官员的男性或女性继承人发放低微的年金。奥斯曼人将这种没收程序叫作"müṣādere"或"mīrīce/mīrī içün żabṭ"，即"为 / 被国库依法占有"。此外，更具争议的是，苏丹可以声称官员行为不端、不足、不公，然后经过或不经过司法程序，以此为由将其处决。大多数情况下，来自大穆夫提的一般裁决会提供充分的法律和宗教正当性。在奥斯曼的术语中，这种处决被称为"siyāseten ḳatl"，可译为"政治处决或苏丹处决"。有数百名高级官员，从大维齐尔到行省总督，以及更多的下级官员、税吏、近卫军和骑兵部队成员，曾被奥斯曼国家处决且没收财富。[151]

帝国的处决和没收作为一种惯例，只适用于苏丹和国家的仆人，也即是说，任职的行政和军事精英。传统上，学者阶层（乌理玛）和平民能被豁免。这两个惯例代表了苏丹拥有对奥斯曼国家成员的象征性的绝对权力，而非任何场合都适用的规则。中央政府经常利用这一特权，作为与富裕的官员谈判的工具。处决和没收的威胁，增强了中央对国家代理人的影响力。在政治危机、内乱和军事失利的时期，处决更是常见。我们看到，在财政危机期间，没收会激增；随着国家收入的增长，没收会减少。1770 年至 1820 年间，由于财政和政治危机，这些做法愈演愈烈。到 18 世纪末，根据一项新的规定，对任何因公共事务而积累了财富的人，无论其职位或合同的性质如何，帝国都有资格没收。政府要求官员和显要们报告去世的富人，以考虑将其财产充公。[152] 这种新的规定增加了在行政和财政领域活动的外省行动者的风险，同时也提供了新的机会。[153]

尽管外省财富的充公是国库的一大收入来源，但即使在地方实权者去世之后，要想没收其财产也很困难，而且代价高昂，甚至有风险。因为这些人深深地扎根于当地，那里的团体与死者的家人经常会抵制。[154] 有时，外省势力与帝国代理人之间会发生小规模冲突。在不同的情况下，死者家属会将现金和贵重物品埋在不同的地方，以防当局发现。[155] 中央政府往往对死者的债务和应收账款缺乏了解。[156] 债务和应收账款的结算过程可能需要数月或数年，不仅漫长复杂，而且花费不菲。有些欠着死者债务的人就这样消失了。有的则带着伪造的文件出庭，声称他们有权获得遗产。在这种情况下，如果死者的家族愿意以提供新服务为交换条件，从国家手中“购买”遗产，中央为了避免矛盾和繁琐，会更倾向于向死者的继承人转让。[157] 这种向国家提供的补偿类似于一种遗产税。这样的交易使得许多家族能够数代维持其财富和地位，同时奥斯曼政府也避免了没收程序的麻烦。

然而，总有这样一种可能，即第三方会提供更好的选项，从而以国家的名义攫取财产。作为没收企业家的豪强们发展出了有关没收和信息技术的专门技能。他们聘请财务专家为繁琐的会计结算准备复杂的文书。一些人和中央政府一样，会派出间谍和代理人去了解可能不久于人世的老年人或富人，以便建议国家没收他们的财产。其他人则将没收权作为一种政治策略，以压制或铲除竞争对手的家族。中央政府更愿意将没收权委托给个人，以避免卷入当地冲突，将成本降到最低，并提前获得补偿。通过这些授权，国家还避免了处理遗产的风险，特别是在死者的债务多于应收账款的情况下。事实上，对没收企业家而言，获取没收权也是在进行风险评估。在没收之前，很难预估获取的具体数目，以及应收账款和债务的价值。只有债务人、债权人和其他当事人在法庭结算之后，账目细节才变得清晰。不管怎样，对中央政府来说，把没收权授予第三方，从而把财富转移给他以换取付款，都是一种以最低的风险和交易成本来维持外省秩序的策略。这项政策的结果是，国家和对死者财富出价的个人之间会进行复杂的谈判。[158]

没收贾扎尔·艾哈迈德帕夏的遗产

这一时期最具争议的没收程序之一始于 1804 年，在担任西顿总督 20 多年的贾扎尔·艾哈迈德帕夏去世后。[159] 贾扎尔的巨额遗产分布广泛，从大马士革到贝鲁特，从耶路撒冷到加沙。许多个人和社群都参与了其遗产的处理，因为贾扎尔拥有数百个收入单元。同时，在漫长的任期内，他还跟许多社群和个人存在债务及信贷关系。在他死之前，中央当局就已经盯上了他的巨额财富。实际上，1796 年关于他的健康状况的传言，就在伊斯坦布尔和该地区其他有兴趣代表苏丹攫取他的财富的豪强中间引发了焦虑。当贾扎尔现身表明自己没有死，中央政府才停止调查他的财富。贾扎尔非常熟悉没收程序。他曾积极参与攫取三大显要的遗产：加利利的查希尔·奥马尔、埃及的阿里·卡比尔以及大马士革的穆罕默德·阿泽姆。正是没收合同帮他发了家。

1804年贾扎尔去世时，他的一个亲信苏莱曼被任命为西顿总督。然而，尽管中央政府早先曾把帕兹万特奥卢的遗产及其职位交给毛拉·伊德里斯，但当苏莱曼取代贾扎尔时，它却不愿将贾扎尔的遗产移交给苏莱曼，不管是全部还是部分。财政管理部门想把全部遗产移交给帝国国库。大马士革的拉吉布作为财政官僚，被选为解决这一继承问题的专家。他花了几个月检视文件，咨询贾扎尔的放债人，会见作为债务人或债权人的个人和社群。最后，拉吉布向伊斯坦布尔发送了一份详细的报告。不过在结算程序开始时，国家却未能获得应收账款。债务人不合作。一些人来到法庭声称在贾扎尔生前就已经向他偿还了债务。中央政府派出的官员既对当地的交易信息不够了解，也没有能力解决复杂的债务和应收账款要求。[160]

拉吉布没收贾扎尔巨额财富成了一个传奇。据当时在伊斯坦布尔广为流传的一种说法，在被任命为没收者后，拉吉布试图用魔法和法器找到贾扎尔埋在地下的宝藏。他还将数十名经验丰富的坑道工兵和挖泥工从伊斯坦布尔调往巴勒斯坦。然而，结果令人失望。拉吉布未能发现据称埋在阿科和西顿不同地点的银币和金币。当时有一种北非人寻宝往往会失败的成见，因此人们便取笑拉吉布为“马格里布[1]的拉吉布”，而不是大马士革的拉吉布·沙米。[161]

一个问题是，苏莱曼和拉吉布对遗产条目存在分歧。作为西顿新

[1] 马格里布地区包括阿尔及利亚、摩洛哥、突尼斯和利比亚等。

总督和贾扎尔的前心腹，苏莱曼仍然控制着他主人的大部分财富。而拉吉布则打算尽可能将他能证实的条目都囊括进来，不仅因为这会增加他的佣金，还因为他被命令这样做。最终，中央只没收了拉吉布所列清单中的一小部分。与此同时，一些人出现在阿科和伊斯坦布尔，要求从遗产中获得他们的应收账款。不仅当地人，英国商人理查德·乔治也声称自己在法国进攻期间曾借给贾扎尔一大笔钱用于建造阿科要塞，并提交了契约作为证据。奥斯曼臣民、外国商人和放债人也在奥斯曼财政管理部门前排起长队，对遗产提出不同的主张。[162] 同时，不断有谣言传到伊斯坦布尔，说发现了贾扎尔的财富，于是国库又派出新的专家准备新的报告。调查没完没了，并且收效甚微。[163]

中央对贾扎尔帕夏遗产的没收是不成功的，因为它只获得了报告中的财富的一小部分。而且，由于国家没收了遗产，国库便有义务向能证明贾扎尔欠他们债的索偿者偿还债务。财政官僚在证实个人的债务方面非常严格。国库用了几十年来分期偿还这些债务。我们不知道贾扎尔宝藏的下落。相关传闻很可能是有误导性的。或者可能现金、珠宝、军备，甚至是一些船只，仍掌握在贾扎尔的继任者苏莱曼手中。

奥斯曼政府没收已故的职位和合同持有人遗产的决定，以及显要之间为攫取同行财富展开的竞争，导致了奥斯曼帝国的动荡。这一假设——即职位和合同持有人的财富源于他们的公共服务，因此国库有权在他们死后没收其财产——一直持续到 1839 年。这促使许多家族制定策略，与中央政府谈判，以保护他们的财富和地位。不过，在一个富人去世后，死者继承人与当局的谈判，通常是在第三方的参与下进行的。另一方面，这种风险为其他人提供了新的可能性。正如职位与合同的转移一样，财富的转移也是奥斯曼治理业务的重要组成部分。一个富人的死是另一个人新生活的开始。

结语：显要秩序

我已分析了不同的方面，并举例说明了奥斯曼帝国外省的一些显要人物和家族是如何运作的。我认为，由于整个18世纪的军事、行政和财政变革，不属于帝国建制的外省强人及其家族参与了治理，成为帝国机构不可或缺的组成部分。到18世纪末，奥斯曼国家和帝国精英开始依赖这些外省人在税收、治安、公共服务管理和征兵等方面的合作。通过获得职位来征收税款、管理公共事务、提供秩序和安全，以及集合由当地人组成的地方民兵，他们融入了奥斯曼国家。其中一些职位是短期的，一些是终身的；一些包括有限的征税权，一些则具有完全管辖权以及广泛的收益，并免于其他官员的介入。总督（有时是副总督）职位和终身合同直接由中央政府授予。一些附属职位由在外的原初持有人委派。有些县一级的行政职位，经国家认可由当地社群提名和选举。

通过这些不同的职位、合同和交易，显要们不仅巩固了在当地的权力基础，还从其管辖的城乡单元中抽取收益、积累财富。他们中有许多是当地社群和个人的债权人，积极参与地产管理和商业性农业。他们积累的财富使他们能够扩大治理业务方面的投资组合，并在当地委托建造宫殿式的住宅群、要塞和公共工程。更为强大的显要会将他们的权力扩张到本地之外，建立区域性的势力范围。在其地盘里，他们会培养恩庇－侍从关系、伙伴关系，与下属显要、社群和网络结盟。最强大的显要会建立平行的官僚机制，有擅长方言的文牍科，有通过征募以及与当地雇佣军结盟而形成的庞大的地方军。

事实上，我们在本章讨论的一些模式在18世纪之前就已经出现过。在15世纪阿尔巴尼亚的斯坎德培发起的地区叛乱（1443—1468）中，我们看到了早期例子，他是一个地区贵族，有贵族的血统（在这方面与后来的显要非常不同），先是被奥斯曼政权笼络，继而反叛，随后与奥斯曼帝国以及包括教皇在内的其他势力谈判。[164]阿尔巴尼亚民族主义者后来将斯坎德培看作一个反抗奥斯曼统治的民族英雄，就像约阿尼纳的阿里。[165]15世纪末到17世纪，我们看到许多桀骜不驯的、叛逆的实权派和总督，他们往往会建立区域性的据点，时而被奥斯曼帝国中央政府收拢，时而与之谈判，时而与之战斗，比如基利斯（今属土耳其东南部）的詹博拉特家族，或者舒夫（今属黎巴嫩）的马恩家族。[166]显要秩序与其他许多帝国体系一样，从一开始就有许多方面深深地植根于奥斯曼帝国体制中。然而，18世纪发生的事情，不仅是地区显要在帝国几乎每个角落的激增（只有一些是旧的，绝大多数都是新面孔），而且是上述各种正式与非正式的新制度的增殖，使得他们成为奥斯曼治理系统的一部分或合作伙伴。如果没有他们，帝国是无法治理的。

尽管如此，奥斯曼帝国的那一部分却并没有向他们提供任何制度性的保障。原则上，奥斯曼秩序不承认任何对职位的世袭权利。苏丹可以解雇任何官员，撤销任何合同。如果有第三方向国家提出更合意的报价，甚至连终身合同也可以解除。此外，根据古老的帝国惯例，在实权者死后，国家可以没收他积累的财富。极端情况下，苏丹甚至可能不经司法程序将其处决。在这种不稳定的制度秩序下，由于职位、财富和生命缺乏正式的保障，豪强们就得和国家不断地进行谈判。中央政府试图奖励作为仆人效劳尽忠的地区实权派，但也制定战略，通过明里暗里地发出铲除他们的威胁，防止他们在当地据点获得过多权力——这可能会挑战中央政府。反过来，豪强们也发展出获取、保留和扩增职位的策略，将自己在治理业务中巩固的权力和财富转移给下一代。国家正式或非正式地提出交易，豪强们则不断地就这些提议进行谈判，或接受，或拒绝，或还价。豪强死后，谈判则重新开始。这些谈判对第三方开放，后者会出价进行干预。事态严重时，谈判还包括国家的威胁和豪强的叛乱。在这个动荡不安的帝国，外省实权派既不是世袭贵族，也不是官僚，而是财政、军事、政治领域的企业家和积极的风险承担者。

不过，中央政府和外省实权派并非铁板一块。中央和各省内部总是存在着相互竞争的联盟。这些分歧也促使中央和外省的某些派系结盟。社群经常集体请愿，以支持或反对豪强或中央政府。在更高的层面上，外国行动者也会干涉奥斯曼的政治剧场，明里暗里地同豪强和中央的派系合作。这些活动在 18 世纪末和 19 世纪初更为密集，那时奥斯曼中央和外省分化为两极，一极是新秩序（及其财政和军事改革计划），一极是由近卫军领导的公众抗议。这也是一个战火纷飞的时期，奥斯曼帝国跟俄国、奥地利、法国和英国的联盟关系不断变换。

竞争、斗争和不稳定是奥斯曼秩序的主要特征，但合作、缔结同盟和信任的过程也是其特征。建立起一个更广泛的跨区域精英联盟——将从中央到地方的不同行动者联合起来，以促成一个更稳定的秩序——的可能性和界限是什么？道格拉斯·诺思等人认为，当相互竞争的精英们一致认为符合集体利益的是合作而非竞争时，他们就会鼓励建立联盟，承认彼此的特权，包括身份和财产权利。[167] 这样的联盟将会为精英创造获取资源的途径，以及政治和制度的稳定。然而，由于各种原因，在 18 世纪末 19 世纪初的奥斯曼帝国中，这样一个改变帝国秩序的联盟很难实现。

第一，奥斯曼体制没有为豪强们提供让他们互相沟通和商议的机构，比如议会；在帝国广阔的版图上，区域豪强和中央政府之间的谈判主要在区域的尺度上进行。帝国范围内，并不存在为显要提供的商议或谈判平台。简而言之，帝国广阔的幅员不允许这样一个覆盖全帝国的机制。

第二，不稳定的体系既挑战那些试图抓住自己的地位和财富的既有豪强，又为新贵提供了新的机会。特别是在 18 世纪末 19 世纪初，当政治和经济的不稳定随着战争、动荡和财政危机而加剧时，涉足治理业务的新行动者为了巩固权力和财富，不惜破坏旧有的规矩。特别是财产没收制度，为新贵们提供了一个有利的环境，他们经常伺机从死者那里攫取地位和财富。不稳定促进了社会的流动。

第三，奥斯曼帝国在制度上的限制，使得它无法承认外省豪强是平等的政治伙伴。尽管奥斯曼国家不断地与区域实权派进行谈判并建立横向的纽带，但中央建制并没有正式承认他们是有资格在制度基础上进行商议的行动者。不管实际情况如何，这些从事治理业务的人在形式上仍是苏丹和国家的仆人。在本章开头所引用的文件中，马哈茂德二世被建议向外省豪强提出除正式命令外的非正式请求以获得财务支持。正式的和非正式的帝国是不同的。正式的帝国以按照等级纵向排列、完全绝对忠于苏丹的仆人为基础。即使奥斯曼国家无力强制推行这一正式秩序，当时也没有政治或意识形态条件用以改变它，并将一个新的秩序制度化。这就是为什么苏丹下令没收和处决的权利直到 1830 年代才被撤销，尽管这种权利到那时已经几乎不再被使用。

对于奥斯曼建制的许多成员来说，豪强长期盘踞于其所在区域只是危机时期的一个短暂现实。萨尼扎德·阿塔乌拉是一位奥斯曼历史学家和知识分子，他在马哈茂德二世统治初期的官方编年史中总结了这一观点。在他看来，外省豪强“通过夺取公共土地、杀人、没收财产、征募私人军队以及非法夺取和占领至高国家的土地”来巩固其势力。[168] 他断然否定了国家同区域豪强建立伙伴关系，并授予他们对职位、财富和地位的世袭权这一做法在制度上实现的可能性。尽管存在这些障碍和阻力，正如我们将在第四章和第五章看到的，这种同盟在 1808 年 9 月和 10 月几乎实现了——当时整个帝国处于一场政治漩涡中，穆斯塔法·巴伊拉克塔尔和他的盟友新秩序派在伊斯坦布尔成功领导了一场政变，并召集显要家族的首领到首都参加帝国会议，为新的帝国秩序提出了一项解决方案。我们将会看到这一努力是如何溃败的。但首先让我们继续我们的旅程，穿越奥斯曼诸省，去下一章看看社群在这种不稳定的秩序下经历了什么。

第三章
社群：集体行动、领导与政治

县里的重要问题和事务由社群选举出来的人处理。

——奥斯曼帝国敕令，1768 年

第二章讨论了奥斯曼帝国不稳定的制度和政治环境中的外省显要。这一章，我的重点将转移到帝国的外省社群。我认为，在 18 世纪和 19 世纪初，我们可以看到，在帝国的中部省份，数次公共行政和财政方面自下而上的集体实践在制度层面得到了巩固。外省社群开始结算自己的财务账目，选举和罢免管理公共事务的行政官，承担起与中央有关的责任。他们成为外省治理与政治的积极参与者。起初，这些做法的盛行，乃是因为他们想要摆脱国家的直接干预，实行本地自治。但奥斯曼中央当局在一项外省改革计划中，逐渐将这些本地参与模式规范化、正式化、标准化和制度化。集体参与日益成为奥斯曼外省秩序的必要组成部分。

中央政府推动了这些参与机制，以方便县一级的征税、治理和公共财政。一些奥斯曼改革家越来越确信，在外省治理方面，比起帝国代理人自上而下的管理和征税，以及财政 – 行政领域的企业家和外省豪强基于合同的交易，这些自下而上的机制更有效，更公平。这一信念呼应了 18 世纪法国和西班牙的重农主义，并基于这样一种假设：如果社群参与治理并对帝国秩序做出贡献，帝国和外省社群的利益就可以得到协调。

历史学家习惯把奥斯曼帝国描述成一个全能的大国，它将制度强加给被动的或难以驯服的地方社群。对作为集体行动者的外省社群的描述则是：他们要么顺从地享有国家赋予的正义，要么抵抗国家强加的不义。根据这种叙事，直到 19 世纪晚期，除非放弃自己的土地并移民，或干脆造反，外省社群在政治进程、决策和治理中都并非有效的行动者。[1] 按照这一说法，随着奥斯曼中央当局逐渐失去在各省的影响力，以及外省显要权力的增长，地方社群陷入了奥斯曼国家和外省豪强的压迫之中。而只有到 1839 年的坦齐马特敕令颁布及 1876 年第一届帝国议会召开，一些受西方启发的自上而下的市政改革被推行之后，某些社群（而且只有城市的社群）才开始通过选举和其他集体参与机制，参与政治和治理。[2]

我并不认同这一传统看法，我认为早在现代市政和议会改革之前的 18 世纪和 19 世纪初，外省人民就以不同方式参与了政治与治理，而不是卡在默从与抵抗之间。我不是说奥斯曼帝国的个体是拥有人民主权权利的公民。在这个时期的奥斯曼土地上，还看不到一个可行的共和方案，能哺育出人民主权的观念。然而在 18 世纪末 19 世纪初这个民众革命席卷全球的年代，奥斯曼帝国的政治和行政文化也催生了集体参与地方行政、征税、公共财政及其他公共事务的替代方案。中央政府逐渐开始提倡集体参与、以社群协商来结算公共账目，以及选举实践。事实上我认为，18 世纪奥斯曼的集体参与模式和城市政治中的民主经验，同随后 19 世纪和 20 世纪初的议会进程之间有着深刻的连续性。

本章将讨论：18 世纪末县级行政的产生，社群同作为县行政官 / 管理者的社群领袖相互作用的方式，奥斯曼中央对改革县级行政的尝试，以及正式管理县务的显要“应由当地社群选举产生”这一原则的巩固。我提供了来自不同地方的例子，检视了这些选举实践及其他集体行动、企业家行为是如何发生的。在本章的结尾处，我简短地分析了奥斯曼官僚为社群参与奥斯曼外省秩序所制订的方法和计划。

县级行政

鲁塞，1806 年

让我们以一桩与财政结算或者说分摊有关的事件开始，它发生在多瑙河畔的保加利亚城市鲁塞。1806 年，鲁塞的社群代表们与鲁塞县阿扬伊斯梅尔阿迦在城里的法院会面，以结算伊斯梅尔在代表该县社群时承担的开支。

> 以下为鲁塞城及鲁塞县从伊历 1219 年将年份一分为二的日子［1805 年 10 月 26 日］到伊历 1220 年合孜尔日［1806 年 4 月 23 日］这半年的开支记录。这些费用由该县阿扬蒂尔西尼克的伊斯梅尔阿迦所承担……用于管理县务、接济穷人和统治臣民。作为他们的代表，他的花费应得到报销。为结算账目，社群显要、街区的伊玛目、社群的一些成员、各村的伊玛目和一些村民，作为各自人民的代表，亲自出席，聚集法院，逐一商定账目上的条目。［结算完毕后］每个人都认可并接受了这些账目。在法院达成公开协议后，所有人都承诺［分摊并向伊斯梅尔阿迦支付其应得的

款项]。[3]

鲁塞是多瑙河畔的战略城市，也是多瑙河和黑海贸易的重要枢纽，还是向伊斯坦布尔供应来自瓦拉几亚和摩尔达维亚的谷物的中心。当权者伊斯梅尔来自鲁塞南部一个名为蒂尔西尼克的村庄。1790年代，他确立了自己在县里的权力。当鲁塞社群选他做阿扬之后，他在一个更为广阔的区域的政治发展中发挥了重要作用。[4]1805年10月到1806年4月期间，伊斯梅尔代表该社群支付了费用，并将账目登记在册。为了结算账目，城市和乡村的显要代表各自的居住区和村庄亲自出席会议，每一项支出都依据法院程序进行检视。结算完毕后，社群领袖们一致认可了账目，并承诺由街区和村庄各选区纳税人分摊，将款项收齐后交给伊斯梅尔。费用登记簿列出了伊斯梅尔支出的数额：

5500库鲁：付给鲁米利亚省总督易卜拉欣帕夏的人，事关托卡特事件。

150库鲁：付给埃布·贝基尔阿迦的差旅费，他会见了鲁米利亚总督的信使

2500库鲁：付给至高国家的信使，他带来陛下为嘉奖伊斯梅尔阿迦在鞑靼人事件中的表现而赏赐的荣誉长袍

50库鲁：付给锡利斯特拉总督帕拉斯勒·穆罕默德帕夏的信使

3750库鲁：法国领事驻留鲁塞期间开支，包括送给他的马匹所花的钱

2800库鲁：区域内各管理者派人报告重要事务的费用

1380库鲁：鲁塞军队指挥官半年的军饷

120库鲁：指挥官助理的生活费用

5000库鲁：锡利斯特拉总督穆罕默德帕夏驻留鲁塞期间的开支

5000 库鲁：给伊斯坦布尔［的各种要人］送礼

10600 库鲁：军团诸首领和掌旗官半年的军饷

合计：60642 库鲁

6064 库鲁：半年的利息［付给鲁塞的伊斯梅尔］

（法院结算费用）

2000 库鲁：付给卡迪

150 库鲁：付给卡迪的管事

220 库鲁：付给法院的书吏、杂役和卫兵

合计： 69056 库鲁

120 库鲁：法院大楼的半年租金

220 库鲁： 维丁总督伊历 1218 年或 1219 年津贴

合计：69396 库鲁

−8634 库鲁：减去皇家庄园切尔诺瓦村的分摊费用

总计：60722 库鲁

账簿所列条目大多涉及信使和帝国代理人访问鲁塞期间的开销。另一部分则包括安全部队、当地近卫军、城市要塞指挥官的薪金。还有一部分支出是法院大楼的租金。其他开支与为该区域的各种帝国要人征收的税款有关。鲁塞县还要为邻城维丁的指挥官提供津贴。最后伊斯梅尔阿迦要为他这半年的总支出收取 10% 的利息。卡迪和法院的费用也被加进总数里。其他款项由财务状况不同的各村庄分别支付，故从净总额中扣除。在账簿的第三部分，我们可以看到该县的费用是如何分摊的：

总数为60722库鲁，现在分摊给鲁塞县的各个街区和村庄……分成326份……每份相当于186库鲁30帕拉[1]。在鲁塞城，按照惯例，城内皇家庄园的份钱从社群的分摊中扣除，所以其份钱为140库鲁30帕拉。以下就是在法院经过批准、呈交给伊斯梅尔阿迦的［分摊］记录。

贾米·杰迪德街区，21份；哈吉·穆萨·米塞莱姆街区，10份；哈吉·穆萨–埃尔梅尼扬街区，11份；卡拉·穆斯塔法街区，9份，阿里克·拉马赞街区，7份；卡伊克街区，9份；马哈茂德·沃伊沃达街区，2份；梅西赫街区，2份；贾米·阿蒂克街区，2份；巴贾纳克街区，1份；库尤姆朱街区，1份；图纳街区，12份。共计：88份

巴拉地区的村庄……

共计：139份

齐尔地区的村庄……

共计：102份

法院将总金额转化为一个分配矩阵，它表示的是份数，而不是需支付的金额。与会者商议如何确定份数，并将总支出分配给鲁塞城的街区以及范围更广的鲁塞县的村庄。最后，来自鲁塞各街区和村庄的社群领袖承诺将款项付给伊斯梅尔。几周以后，社群领袖们与伊斯梅尔再次在鲁塞法院碰头，这次是为了确定付给总督的援助税，以及如何在该县将其分摊。

这一份由鲁塞县的卡迪保存的记录，可谓18世纪末19世纪初奥斯曼帝国中部省份普遍存在的典型做法。在奥斯曼的行政术语中，分

[1] 奥斯曼帝国货币，40帕拉相当于1库鲁。

摊被称为“tevzī‘”，而相关的文件（包括费用清单、分配矩阵和社群的签署）则被称为“分摊书”。[5]分摊是县级行政的核心程序。外省社群通过这一程序，处理应付给帝国的税费，以及其他公共支出。其中的关键人物是阿扬（在这个例子里，就是伊斯梅尔阿迦），他既是县行政官 / 管理者，又是恩庇者 – 债权人。[6]

奥斯曼县级管理的转型：从汇总征税到公共财政

分摊结算的兴起与奥斯曼传统税制的衰败是同步发生的。正如我们在第一章所见，奥斯曼帝国的传统税制起源于 15 世纪，16 世纪在中部省份得到充分发展与广泛应用。它主要依据行省法律文件以及在定期调查之后编制的详细的户籍登记簿实施。这些法律文件和户口调查细致地逐条列出该省的每一个纳税户，确定其以现金或实物应缴纳的税费。如此一来，纳税户便被绑定于其所在的村、镇和城市。中央政府因而设立了不同规模的封地（哈斯、扎米特和蒂马尔），由苏丹赐给各级官员，从地位低下的骑兵指挥官到行省总督，这些官员构成了行省的行政与军事等级制。作为对封地收益的回报，这些苏丹的仆人为国家提供军事和行政服务，充当外省行政官和季节性地方骑兵部队的指挥官，这些部队随时待命参加帝国战役。[7]

正如一些历史学家指出的，从 17 世纪中叶开始，结构的变化导致了这一体制的败坏。随着美洲白银流入奥斯曼国土，持续的通货膨胀使得纳税户支付的固定税大幅贬值。与此同时，军事技术的变革迫使奥斯曼国家以减少非正规的地方骑兵为代价，扩大常备军，尤其是近卫军团。奥斯曼国家设立了新税项，由中央政府直接向外省社群征收，以维持更大规模的常备军，以及诸如在西部和东部前线修建边境要塞之类的军事投入。

1683年至1699年间针对哈布斯堡的灾难性战争，不仅暴露出大部分奥斯曼骑兵过于落后的问题，也驱使中央财政部门寻找新的手段，以便从外省榨取更多资源。国库于是没收了数以百计先前分给骑兵部队或者无人认领的封地和庄园，然后依短期或长期合同租给财政和行政领域的企业家，以此筹集资金。这给行省总督们带来了很大的麻烦。他们失去了自己的骑兵部队，因而需要建立小型军队，聘用雇佣兵。与此同时，总督从本省征缴的收入也减少了。为了应对这一局面，总督以一种应急税（即所谓的援助税）的形式向省内的社群征收非常规税费。而不久之后，奥斯曼国家便将这一税收常规化。[8]

上面概述的这些相互关联的变化，对奥斯曼外省秩序产生了重大的制度影响。其中最明显的后果之一，是汇总征税的扩张。由于没有更新过户口登记簿，也没有对监督征税的骑兵等级制进行重组，中央政府和行省总督无法从纳税户那里征收到定额的税费，因此，他们都开始向地方社群汇总征税。这一制度已被用来向非穆斯林征收人头税。[9]从17世纪末开始，我们在征税的每一个层级都可以看到它。官员、收税员和财政领域的企业家会要求外省社群上缴总额，至于具体怎么征收和分摊，交给社群领袖来办。而社群领袖会依照本地和社区间的态势、谈判和程序来征税，然后在县卡迪的监督下，将总额交给当局。渐渐地，不只是常规税费，那些非常规的、零散的税款和开支，如邮费、来访官员的供养费，也以同样的方式征收。而且，除帝国税费和开支之外，与公共福利和当地社区利益相关的其他公共支出，也以类似的方式征收。[10]

汇总征税为社群领袖、下级官员和地方显要在财务方面提供了新的可能性。一些富裕者或者有能力从金融家那里贷款的人，或独自或与人合伙，主动作为企业家和恩庇者–债权人代表社群预先承担税费和开支。这些当地显要和恩庇者–债权人，一般被奥斯曼人称为阿扬。

他们先支付公共开支，之后在卡迪的监督下，与其他社群领袖在县法院开会。在会议上，阿扬和代表社群的领袖结算账目。阿扬提供文件和证人，解释开支、所需的服务费或利息。如果社群领袖同意账目，会议便审议如何将总额分摊到城镇街区和村庄。在达成协议后，代表们回到他们所在的选区，征收份钱，支付给阿扬。渐渐地，在中部省份的一些区域，大多数税收、帝国费用、服务和其他公共开支，都通过这种在县阿扬和社群代表之间分摊结算的方式征收。

县与县法院

实施分摊的空间背景是县（ḳażā’），这种主要的行政单位由一个中心城镇及其乡村腹地组成。[11] 在县里起决定性作用的机构是卡迪法院，自 15 世纪以来，它就是外省秩序中的首要机构，由一名卡迪或者说法官监督。卡迪从受过学院教育的伊斯兰法学家与学者，即乌理玛阶层中选任。在 18 世纪，奥斯曼帝国有将近 600 个不同规模的县。[12] 在许多讨论伊斯兰法律文化的文献中，卡迪法院被视为审判或公证机构。[13] 不过，在 18 世纪的奥斯曼各省，卡迪法院不仅具备审判和公证的职能，还充当公共空间，社群代表们聚集在这里结算公共开支，并对其他公共事务进行审议、磋商、投票、登记或宣告。卡迪和他的抄写员们依据帝国标准的法律和行政模板撰写最终文件，装订后作为典章予以保存，由此，这些文件不仅在帝国制度的语境中获得了效力 / 合法性，也充当了公私交易、法律案件和公证文件的本地档案。

同时，卡迪法院还是中央当局与地方社群的沟通渠道。“当政府发来帝国敕令，卡迪就把显要、哈吉、重要商人、伊玛目和宣教师召集到县法院，”一位 19 世纪末的奥斯曼官僚写道，“由于他们是社群的代表，所以敕令是在他们面前宣读的。他们以应有的礼节表达他们的忠诚，并遵照苏丹的意旨行事。”[14]在外省的法院中向社群领袖们大声宣读帝国敕令，显然是帝国（通常意味着苏丹本人）直接对奥斯曼臣民讲话的最有效的方式之一。卡迪法院也是社群直接同帝国政府以及他们的君主沟通的平台。对于那些操着不同的奥斯曼语言——土耳其语方言、希腊语、塞尔维亚语、阿尔巴尼亚语、保加利亚语、阿拉伯语以及库尔德语等——的人来说，卡迪法院不仅能把集体请愿书译成奥斯曼土耳其语，还能将其改写成奥斯曼官僚机构的格式。在数以千计的起草于法院，然后送往伊斯坦布尔的集体请愿书中，有一份是这样开头的："鲁塞城及其所在县的诸位学者、贤达、伊玛目、宣教师、名士、长官、掌旗官、长者、穆斯林与非穆斯林臣民们，齐聚于法院宣布……"[15]；卡迪法院是一个帝国与社群互相沟通的空间，而卡迪充当翻译。[16]

县社群代表与领导

在奥斯曼的行政术语里，一个县社群被称为"ḳażā' ahālīsi"，即该县的人民。这些社群的人口从几千到几万不等，不一定具有凝聚力。税收和公共费用通过县来分摊，覆盖到整个县社群。不过，在县社群的不同团体之间总是存在内部争斗、派系划分或者竞争。这些团体包括集结在城市行会周围的商人和专业人士团体、农民、游牧部落、亲属团体或家庭。通常，一些团体和个人声称有权支付更少，而另一些则可能因其独特的财政和行政地位而被迫支付更多。[17]

县社群也不是具有社会宗教凝聚力的集体。它们中的大多数都有多种认信或属多种族－宗教，由聚集于城市不同街区或跨村庄的穆斯林、基督徒和犹太人亚团体组成。一般而言，当涉及民事问题时，这些宗教亚社群就形成了自治团体。他们期待其领袖能够监督向非穆斯林通常是汇总征收的人头税。不过，在县这一层级上，社群是一个包含多种认信的实体。因此，县社群是一群有着共同利益的人，不管其内部的张力和分歧如何，他们都有能力在一个共享的行政空间里作为一个政治选区共同行动。当局认为，这种张力和分歧可以通过在卡迪法院进行的审议和磋商加以控制。法院的审议使社群成员与共同的公共利益协调一致。

奥斯曼外省会议的代表是灵活的、特设的、有机的、流动的和公共的。根据会议主题、该县的社会政治结构和行政状况，法院的出席者各不相同。就鲁塞而言，宣称代表了该县公共利益的是“社群的显要”。大部分时候，“显要”（阿扬或“vucūh”）并非一个地位或数量确定的范畴，而是一个一般的、有讨论余地的术语，用于指涉社群的天然领袖。强人、富有或受尊敬的个体、宗教领袖（伊玛目、牧师和拉比）、某些头衔和官职的持有者、显赫家族的成员、工匠和商人的代表都属于社群的显要。一般来说，这些天然领袖通过县社群的内部势力变化获得他们的地位，并没有经过正式的选举程序或任命。[18]

可以想见，这些显要领袖会在县内（或县外）的不同层面缔结同盟、合伙和进行派系斗争，显要们与县社群的不同部分之间也存在利益冲突。穆斯林显要被视为县里的首要团体，可以宣称代表整个社群，即便穆斯林在其中只是少数。在卡迪法院文件中列举的本地阿扬名单中，基督徒和犹太显要的名字通常出现在最后面。[19]

一致同意（ittifāķ-ı ārā）原则的应用，旨在尽可能减少社群内部的派系斗争和内部分裂。与基于多数裁定原则的早期现代和现代会议不同，在奥斯曼的法院会议上，社群的显要们被寄望于在决策中达成一致。由于出席法院会议的社群代表没有具体的选派程序，一致同意原则要比多数裁定原则更合理。要证实伊斯兰教法中的穆斯林合意原则与奥斯曼行政中的一致同意原则是否有亲缘关系并不容易。[20]不过，正如苏珊·雷诺兹对中世纪欧洲会议的评述，在没有明确的代表选定程序的前现代社会，一致决定提供了更高的合法性。根据这一原则，社群通过磋商程序达成共识。在达成一致后，该意见在整个社群内受到强制推行。[21]

在传统的奥斯曼外省治理中，阿扬一词指的是代表社群面对中央当局的天然领袖，主要是穆斯林。[22]不过，从18世纪中叶开始，阿扬获得了传统之外的另一重含义，它（尽管在阿拉伯语的语法上是复数形式，但作单数用）开始用来表示正式、单独地负责一个县社群的公共事务的个体。正如我们在伊斯梅尔阿迦的例子中看到的，阿扬代表社群承担公共开支，并负责社群的公共工程、防卫和安全。作为对服务的回报，他以佣金的形式赚取收入。在接下来的篇章中，我们将看到，从1760年代开始，中央政府发布了几项敕令来规范这些阿扬的委任方式。依据这些敕令，一个人想成为阿扬需要获得县社群的一致提名或投票赞成，在卡迪法院全员通过后，大维齐尔才会认可此人为该县的阿扬。[23]

公共开支与分摊矩阵

正如我们在鲁塞的例子里看到的，一位阿扬代表县社群承担公共开支，一年中与该县的社群领袖们在卡迪法院会面两次，以结算账目。在就账目达成一致后，他们将费用的总额在县内分摊下去。阿扬都承担了哪些类型的费用呢？关于中部省份账目分摊的比较分析显示，最常见的条目是付给行省总督（或副总督）的非常规的援助税。[24]其次是邮资、安全维护和道路维修费、总督家眷或随从的供养费、视察或路过该县的帝国代理人的费用、路过或安置在该县的外交使团的费用。

之前结算的债务也在账簿的收支清单上列出。另一个常见的条目是县社群供给帝国军队或首都的谷物。[25]

历史学家在考察需要分摊的费用时，通常只局限于支付给帝国的税费，而忽视了社群自身的公共需求导致的开支。这一假设需要被重新评估。在分摊登记册中，社群常常将国家的重要事务和县社群的业务区分为两组不同的公共开支。[26] 这一并列，是为了分割帝国的利益和当地/社区的利益。[27] 不过，区分国家和社群事务并不总是那么容易。用于邮政服务、信使或城市间道路安全的开支可能给社群和帝国都带来了益处。在埃迪尔内，供水系统的维修费出现在分摊登记册上；而在鲁塞，伊斯梅尔阿迦自掏腰包，将此作为瓦合甫。[28] 事实上，在18世纪和19世纪初，就像中世纪或早期现代的其他穆斯林政体，奥斯曼帝国的分摊制越来越多地补充了传统的瓦合甫，后者依靠帝国显贵和外省富人的慈善捐助来资助公共工程。[29]

原则上，社群领袖们会依据先例、街区和村庄的人口、纳税人的收入和财产等标准，在法院结算中通过一致协议来决定如何分摊。根据18世纪末一位奥斯曼官僚的说法，县代表和显要应出庭，而费用应被逐条大声念出。必须使每个人都对这些费用知情。然后，必须当着所有人的面“公平地”分摊总额。卡迪封存登记册之后，费用将遵循当地习俗和居民的能力向社群收集。[30] 其他文件表明，社群在分摊时会“依据先前的惯例”[31]、“有识之士”的指导[32]、“县里的规则”以及“显要和社群的……一致协议”[33]。不同县可能有不同的分摊方式。[34] 这些方式不仅改变了法院会议的集体动力，也从总体上改变了城市和乡村的政治。无论如何，分摊给了当地显要和社群领袖相当大的自由，他们声称自己了解先前的实施情况，有能力说服和/或迫使社群支付分摊额。[35]

分摊制将县民视为一个有共同利益的社群，依据其收入或经济能力而不是特权或宗教身份来分担集体的负担。在分摊流程中，要成为一个纳税人，核心标准是拥有私有财产或可耕土地的用益权。这一规则适用于各种身份，不管是军人还是行政官员，农民还是城市居民，穆斯林还是非穆斯林。[36] 任何拥有财产（不管是私有财产还是以用益权的形式拥有的财产）的人都被要求分摊县里的开支，每一个家庭应公平地做出与其能力相称的贡献。但是，决定分摊的矩阵、决定怎样是公平和相称的是社群，而不是国家。[37] 尽管分摊是一个由社群代表主导的集体程序，但每一次分摊都有输家和赢家，这取决于社群内部之间、社群与外部的利益相关实体（包括中央国家）之间的复杂谈判。萨拉热窝的伊玛目毛拉·穆斯塔法见证了 1772 年该市的一次分摊，他在日记里描述了不同群体的怨言：

> 税收是依据惯例来分摊的。萨拉热窝城的份额是 1080 库鲁……按照程序，他们［卡迪和其他当权者］询问城市社群是否一致同意。无知的民众开始抱怨［这笔数额］。但这笔税是绝对要收上去的，因为这是苏丹的要求，而且现在处于战时。当［萨拉热窝社群］收到一封来自苏丹的信，询问是哪些人不愿支付份额时，社群就停止了抱怨。[38]

公共财政和信贷 / 债务

阿扬不仅是管理公共事务的行政官，也是收取佣金或利息以免除服务的恩庇者 – 债权人。[39] 当账目结算完毕，社群领袖们在卡迪面前认可了费用之后，分摊登记册就具有了法律意义上的贷款合同的职能，其中包含阿扬与社群之间的应收款项和应付款项。下一步则是收集份钱，向债权人销账。然而，债务往往不会结清，而是转到下一次会议。

在讨论中世纪晚期信贷文化在马赛起到的政治作用时，丹尼尔·洛德·斯梅尔写道："简而言之，不管是自发还是偶然产生，信贷都是一种权力的形式。"[40] 在奥斯曼也一样，向社群提供信贷不只是一桩生意，也是一种公共政治行为。作为利用其私人力量和财富管理公共事务的恩庇者－债权人，阿扬也通过提供公共服务来确立自己的领导地位。通常来讲，阿扬必须是有钱有势之人，能够预付足够多的钱并保护社群。[41] 因此在社群的集体请愿书中，阿扬的信贷能力和对社群的庇护会被同时提及。其中一份写道："只要是通过伊斯兰教法法院的仲裁分摊给我们的，都是我们应负的责任；我们有义务向他［阿扬］偿还我们的债务。而且从今以后，他无论支出什么，都将是我们拥护的阿扬，我们务必将他的支出偿还给他。我们欠了他的债，而他那里并无任何我们应收的款项。"[42] 这种在分摊结算期间记录下来的集体声明表明，社群接受某人为阿扬的意愿，也与他提供公共贷款的能力相关。

显然，阿扬的财务能力取决于其能否从金融市场找到可用的贷款。这也是为什么大多数阿扬会同其他放债人合作，以预付社群的开支。[43] 犹太金融家与近卫军团、帝国精英中的其他显贵之间的财务关系在奥斯曼的经济史中尽人皆知。与之相比，则没什么人了解 18 世纪亚美尼亚和希腊的金融网络在巴尔干和安纳托利亚的巩固。这两个金融网络在当时为阿扬所利用的信贷市场中都很活跃。来自瓦拉几亚的亚美尼亚放债人马努克·米尔扎扬就是一个突出的例子，他的关系网从俄国一直延伸到奥地利。如我们在第二章看到的，马努克成了鲁塞的伊斯梅尔阿迦的主要放债人。不过，他的影响力并不限于金融这一块，他也充当了伊斯梅尔阿迦的政治和外交顾问，指导后者在伊斯坦布尔与俄国建立关系。

分摊程序是多层级的。旗和行省的总督（或副总督，如果像通常情况那样总督是在外持有人）会向省内的地方社群声索若干税目和应付款，包括非常规的援助税。每个县都分担了一个省所要征收的总税额。依据惯例，阿扬会将他们县的份额交给在征税季期间来访的总督或副总督的代表。有时，县阿扬会亲自或派代表，参加在该省中心县的卡迪法院举行的大型省级会议。因此我们经常可以看到一个从省一级到县一级的分摊链。[44]

县级以下的地方，承诺向阿扬缴纳其选区份额的城镇、街区或村庄的代表，也可能成为他们各自选区的债权人。苏格拉底·佩特梅萨斯和季米特里奥斯·帕帕斯塔蒂乌对摩里亚半岛和色萨利当地社区档案所做的研究为我们提供了丰富的资料，让我们得以了解显要（在这里是希腊显要，被称为“ḳocabaşı”）、当地社群和县阿扬之间的贷款合同。[45] 这些当地档案表明了卡迪法院以下的金融态势和信贷机制。[46] 由此可见，在从总督一级到县一级，从县一级到街区和村庄一级的信贷和债务关系链中，一些个体可以同时成为债权人和债务人。

19 世纪早期的塞尔维亚知识分子普罗塔·马蒂亚·内纳多维奇记述了从他父亲那里听来的故事，其中有一段发生在穆斯林近卫军和塞尔维亚农民之间的插曲：“这样的一个阿迦［近卫军首领］带着几个随从，走进任意一个村子，把农民召集起来，对他们讲：‘拉贾［臣民们］啊，我是一个首领，是苏丹的儿子［仆人］；承认你们属于我，我将保护你们不受任何压迫。你们中谁若是没有钱进贡，我就给谁贷款。’”[47] 接受一名显要的贷款，会给社群带来在债务与劳役偿债之间循环的风险。[48] 不过，在这些关系中，易受损害的不仅仅是社群。鲁塞的伊斯梅尔在进行分摊后不久就去世了，当时他已濒临破产，因为鲁塞的居民没有支付自己在分摊结算中承诺的款项。[49] 风险是双向的。

问责制与会计

社群并非消极的选民群体，只享受显要慷慨的放贷，或者为其所困。原则上，社群可向阿扬问责。分摊结算是一个公共竞技场，阿扬必须在法院的会议上用文件和证人来证实他们声称的公共开支。奥斯曼档案记录中有数以百计的案例表明，在这个过程中，县阿扬和社群代表间的艰难谈判和意见分歧是很常见的。阿扬常常被指责在账簿上列出了子虚乌有或不该产生的费用。如果费用在庭上不被通过，这时会议就会转变成一个对阿扬与社群之间的分歧进行调解的集体法庭，卡迪则从县会议的监督者变成法官，而法院变成法律的剧场，双方提出相反的说法，提供各自的证人。如果案子在县法院无法了结，一般的做法是由中央政府派一名巡视员来指导解决。[50]

由法院或伊斯坦布尔派出的巡视员来解决争议，只是帝国协调阿扬与社群关系的众多机制中的两种。自1770年代起，国家就通过集中审计账簿来干预县的分摊。1784年发布的一项帝国敕令称："法院记录的分摊账目得抄录一份送到至高国家审查，如果有违反指示的不实款项，该县阿扬将立即受罚。"[51]中央要求县卡迪每年递呈两次账簿，用以查账和批准。1791年一道向安纳托利亚和鲁米利亚的县卡迪发布的法令指出，这些地区的阿扬提交的分摊账目模糊不清，没有清晰标明款项。六个月后，账簿将被送至伊斯坦布尔集中审计。一旦财政专家发现模糊的款项，那些签署了账簿的卡迪和索取了款项的阿扬就需要将其偿还。[52]这些规定表明，奥斯曼国家的政策不仅防止阿扬向当地社群乱收费，也监督县行政官，必要时还会进行干预。

伊斯坦布尔的财务专家如何核查这些款项，依据又是什么？中央官僚通过对照各种参数来复核当地费用的正当性，考虑它们是否可疑、不确定或重复。中央经常要求各种专家或了解当地惯例的官员提供报告。[53]一位负责审计鲁米利亚账簿的官员写道，"我一条一条地审查[萨洛尼卡的]费用"。在以不同的范畴和类别总结了向社群征收的金额之后，他写道，那个城市征收的不必要款项"得到了专家报告的证实"。接下来，他逐条列出应从账目登记册上删除的费用，并确定削减的数额。[54]财政官僚机构拥有最终决定权，无法就此提出上诉。对整个县进行总体削减，或者对街区、专业团体、村庄的份额进行局部削减，都是有可能的。削减损害了阿扬的利益，但对社群有利。

财政官僚机构对分摊账目的审计，可被视为18世纪末以监管和集权为目标的改革计划的组成部分。然而在大多数时候，伊斯坦布尔财政专家的核查只是走形式，而非有效的审计。[55]尽管单从审计的角度看，中央的审计机制存在不足，但它的确可以使外省社群意识到中央国家的存在。它也是中央官僚机构对外省现实——从财政实力、人口统计到财产状况——进行数据更新的一种手段。

分摊制在整个帝国的应用有多广泛？要回答这个问题，我们需要全面分析不同省份的财政实践。根据来自下面的法院记录中的例子，我们可以得出结论：这一机制在巴尔干和安纳托利亚的中部省份很普遍。在那些被整个作为终身包税区授予他人的县，终身包税区持有人拥有专门的特权和豁免权，由此可见分摊制并不那么普遍。在这些单元中，我们期待看到不同形式的地产管理，终身包税区持有人或其分包人会更紧密地管理财政单元，而不需要社群的选举或集体参与的正式分摊制。不过，终身包税区无论大小，都得作为单独的部门分摊其所处的更大地区的份额，或被完全免除这些地区的纳税人应缴的总额。例如，归恰潘家族所有的博佐克就没有参与整个鲁姆省在省会锡瓦斯的法院进行的分摊，尽管博佐克是鲁姆省的一个旗。这是因为恰潘家族被授予了财政特权，不受省级财政的管辖。[56]大体而言，在安纳托利亚东部、巴格达和大马士革那些将大单元、县、旗或者整个省作为终身包税区授予外省显要的区域，分摊制不太常见。[57]

通过分摊制征收的收入在奥斯曼整体经济中占有的份额也不是确定的。如我已经提到的，通过分摊制征收的收入，不仅包括若干税费，还含有公开支出。因此，鉴于中央财政部的预算里不会反映相关的数据，如果不分析每一份分摊文件，就几乎不可能得出每个省在帝国经济中所占份额的准确数字。不过在对数量不完全的分摊文件进行估算后，亚武兹·切扎尔认为，1784 年通过分摊制征收的税费，仅巴尔干中部（157.4 万库鲁）就超过了奥斯曼国家总岁入（1470 万库鲁）的 10%。[58] 如果是这样的话，以分摊制为手段的外省公共融资，构成了帝国经济相当大的一部分。

社群、阿扬和帝国

至此，我已经概述了 18 世纪末 19 世纪初奥斯曼帝国中部省份是如何通过分摊来管理公共事务的。接下来我将考察 1760 年代到 1790 年代由奥斯曼中央政府颁布的一系列敕令。这些敕令作为持续进行的外省治理改革计划的一部分，颁布于 1768 年至 1774 年俄土战争前夕，在塞利姆三世（1789 年至 1807 年在位）的新秩序下继续生效。敕令的首要目标在于提高中央当局在各省的监管能力，加强对县社群的税费和劳役的征收（尤其在战争期间），并减少外省社群日益增多的对官员和显要随意征税的抱怨。在这么做的时候，奥斯曼中央国家没有赋权给中央委任的官员，而是将自下而上的集体安排予以扩展、巩固和正式化。这些敕令使得外省社群有权赞成或反对县法院的分摊，选举或罢免管理公共事务并充当恩庇者 – 债权人的阿扬。敕令旨在通过加强集体参与来重新规划外省治理。不过也许更重要的是，这项政策催生了新的话语，其中社群被视为外省秩序中权力和权威的根本来源。

穆斯塔法三世（1757年至1774年在位）的大维齐尔穆赫辛扎德·穆罕默德帕夏在他的第一个任期（1765—1768）开启了县级行政改革。[59]根据永田雄三的研究，在担任大维齐尔之前，穆罕默德帕夏积极参与了奥斯曼制度在伯罗奔尼撒半岛的恢复，该地在被威尼斯统治30年（1682—1715）后，于1715年被奥斯曼夺回。在这次任务中，穆罕默德帕夏注意到了外省社群中间存在普遍不满。在许多县，一些有权势的人物未经当地居民同意，强行自称为行政官和债权人。他们中有的是通过向行省总督行贿而获得这一位置的，人们对这些自封为阿扬的人怨声很多。穆罕默德帕夏发展出了一套改革县秩序的新观点，成为大维齐尔之后，他便将其付诸实践。这一方案旨在将社群的集体呼声纳入外省治理的运作之中，以防止高级官员和社群显要恣意妄为。在注意到需要纠正的情形后，1766年的苏丹敕令确立了新规范：

> 县阿扬去总督那里请求任命状。作为对其大笔钱的回报，总督随后批准了任命他们为阿扬的证书。这些僭夺证书的人回到本县，欺骗卡迪说“我已支付阿扬任命状所需的金额”，然后将分摊账目扩大三倍，从社群那里收取。他们的这种做法，摧毁了穷人的住所，让他们备受压迫之火的炙烤。朕的臣民本来已经很难支付帝国下令征收的税，［而这一额外的负担］进一步伤害和损害了他们……从今以后，总督或卡迪绝不能批准阿扬的任命状。若社群来到你［卡迪］这里请求你任命某人为［他们的］阿扬，务必确保此人是忠诚的、正直的，致力于社群的安全和福祉，并且［核查］他的优良品格是否为一般公众所证实和知晓。接下来要将情况不偏不倚地报告给朕的大维齐尔，他是朕的全权代表。大维齐尔也将核实这位社群推举出来的阿扬是否具备报告中所说

> 的品格。当所有这些［情况］得到确证之后，大维齐尔将这一委任以公函的形式通知总督。至此，此人才是依循［社群的］意志委任的阿扬。[60]

中央政府通过这种方式代表当地社群来实施干预，下令只有在县里的集体决定之后，才能任命阿扬。而且，就像财政部的法令规定县的账目结算需经中央审计一样，中央也声称自己有权核查，然后要么批准，要么否决集体的选择。

1768 年 9 月，奥斯曼帝国与俄罗斯帝国开始了一场漫长而代价高昂的战争。这场在数条战线上进行的战争要一直持续到 1774 年。战争期间，能够在基层调动外省资源的县阿扬在向奥斯曼军队提供后勤支持和给养方面起到了至关重要的作用。中央当局越来越多地要求阿扬协助征收额外的应缴款项，组织粮食供应，从当地征兵。战争环境迫使伊斯坦布尔政府对县级行政做出调整。1768 年年末，调整阿扬选举办法的帝国敕令下达各省。1768 年敕令上写道："在朕疆土之内的各县和各定居点所任命的阿扬必须是社群同意并选举出来的个人。"该敕令重申帝国等级制不应介入其中："通过更高等级来任命阿扬是非法的。"敕令还解释道，自下而上的授权可以让"社群以自愿的服从［来处理］县务"。

对帝国政府来说，这是一个明确的声明，即社群参与选择自己的阿扬将有助于公共事务的处理。因此，对于强大而富有的阿扬来说，仅仅作为慷慨的恩庇者是不够的，他们还需要获得社群的同意。"在一些县，有些富有的实权者……未经社群允许和一致同意，被任命为阿扬。"[61] 在照搬先前敕令中的说法以阐明规则和原则之后，新的敕令宣布社群和官员不再需要报告选举结果。在任命选举阿扬前需经过大维齐尔的调查和批准这一条件被废除，因为它会造成延误，引发争论。“因为它是旧法律，”敕令继续写道，“当县阿扬去世，或者由于其胡作非为而必须被换掉时，无论该县的居民要求和选举谁作为他们的阿扬……都应该以法院为中介，通过一致同意来任命。”

在战争条件下，中央政府倾向于取消对外省事务严密的官僚监督，提高为帝国军队调动外省资源的效率。不过与此同时，外省社群就阿扬的不端行为提出的请愿书数量激增。在阿卜杜勒－哈米德一世（1774年至1789年在位）治下的奥斯曼和叶卡捷琳娜二世（1762年至1796年在位）治下的俄国签署《库楚克－开纳吉条约》（1774）之后，外省问题的处理上出现了一种新的精神。1778年，俄土战争结束4年后，1766年的安排得到重申，大维齐尔对阿扬选举的批准再次成为必要条件。[62] 该敕令写道：

> 越来越多的人……不经当地社群选举和选择，就宣称成为阿扬，这违背了［先前的］规则和朕的敕令……好几个县已经出现了对阿扬之位的争夺……从今以后，依据朕1766年和1767年的敕令，由县和定居点选择的个人［的名字］应连同集体请愿书和卡迪的记录一同递呈至高国家，并由大维齐尔核查。只有在其委任状［颁发］之后，阿扬才算被任命。[63]

1774年之后的1786年，奥斯曼帝国和俄国－奥地利联盟之间爆发了另一场战争。在这两次战争之间，中央政府不断努力贯彻外省社群自行选举阿扬的规范。在阿卜杜勒－哈米德一世的大维齐尔哈利勒·哈米德帕夏的任期（1782—1785）内，一项极为详尽的帝国法令下达各省。[64] 在其中，政府澄清了如果社群不能就人选达成一致将会发生什么：“如果社群……分为两派……大维齐尔可基于品行调查从中选一位做阿扬，或者任命来自另一个社群的、有能力管理该县事务的合适人选。”[65]

显要之间为获得阿扬之位的斗争加剧，助长了县里的派系主义。这项法令逐字重申了先前法令对阿扬在征税和分摊过程中的角色的规定，解释了为什么军事官员不应干预阿扬的任命：“一个人不能通过这样宣称而成为阿扬——‘我从总督那里得到了荣誉袍，或者我得到了总督的指令，或者社群让我做阿扬且从卡迪那里给我弄到了一份证明……’阿扬的任命仅与臣民的保护有关。阿扬的职位不是一个军事问题。”[66]这一文本明确地区分了军事事务和市政事务。阿扬的职位与社群事务中的民事问题有关，即处理公共开支和分摊，监督公共工程和建筑。该法令增加了一项与分摊相关的重要安排：“法院记录的分摊账目将被抄录一份送至中央进行审查，如果有违反指示的不实款项，县阿扬将立即受罚。”[67]在这一说明之后，法令的最后部分向阿扬本人发声：“除了实际开支外，不要为了一己私利或其他压迫者而在分摊账目上增加费用。”

阿扬有权不经过卡迪而直接向中央政府反映总督和其他帝国官员的问题：“如果［卡迪］不愿［就此情况］寄信……可以提交［一份］报告，［需要附上］来自穆夫提、乌理玛、显要和社群普通成员的集体请愿书。”[68]此处，卡迪在阿扬与社群之间的调解人角色受到质疑，阿扬和社群则被视为一个能够共同行动的整合体。该法令的起草人没有将卡迪视为保护社群利益不受阿扬侵害的角色，而显然将社群和阿扬视为统一的当地利益集团，与帝国代理人（即行省总督和卡迪）相对立。

到1786年，管理县的两项原则已经确立。首先，阿扬经社群一致同意选举产生，仅在大维齐尔核查并批准之后才能上任，如果发生派系争斗，则由大维齐尔决定人选；其次，在公共开支被分配给他们之前，社群须每年两次将阿扬记录的、经过他们一致同意的分摊账簿呈交中央政府审计以获批准。然而，这些预防措施并未中止各县对未经选举而自称阿扬者或分摊账目中的不端行为的投诉。1786 年，在大维齐尔科贾·优素福帕夏任期内（1785—1788），出台了一个激进的解决方案。优素福帕夏废除了阿扬制，代之以先前的市管家（şehir kethüdālığı）制。[69]1786 年颁布的一项帝国法令废除了当前遍及帝国的县阿扬："从今以后，县和城镇的阿扬头衔全部取消。社群可以推选任何他们想要的人当市管家，监督税收、分摊和县务。"[70]

管家在传统上是一项跟城市手工艺和商业行会有关的制度。一般而言，市管家是由行会成员选举出来，并经苏丹颁证任命的监督员。[71]在某些问题上，他们代表行会和全城所有人的声音。在 18 世纪的某些城市，我们可以看到这类作为城市（而非整个县）公共事务代表和监督员的市管家。[72]这个变化意味着从县一级向城市一级的转变。阿扬是区域性的行动者，监督县的经济，将城市与腹地的村庄联系在一起。而市管家则被描绘为无力和谦卑的人，代表行会和城市居民。[73]借由从阿扬到管家的制度转变，中央当局意图消除那些在县里有着根深蒂固的势力、垄断阿扬职位的显要个人或家族，从而改变权力结构。阿扬被地位稍逊的城市行动者取代，后者在行会的领导下，通过争执更少、程序性更强的选举方法而获得职位。

我们不知道这一改变的效果如何。文献表明，在某些县，这一安排只有名义上的影响。前阿扬只是作为市管家重新确立了地位。而在另一些县，我们看到新贵利用这一制度改变得到了管家的职位。1786 年 2 月，内夫罗科普（今戈采代尔切夫，位于保加利亚）的卡迪向伊斯坦布尔发了一份记录，告知帝国国务会议废除阿扬的法令已传达到该市，社群再次选举了他们的阿扬穆罕默德阿迦，这次不是作为阿扬而是作为市管家。[74]除了这类名义上的改变，我们也注意到阿扬职位的废除引发了阿扬与挑战者之间新的竞争，后者凭借与行会或城市人群的关系得到管家之职。1786 年夏，普拉维什塔县（今马其顿境内）的卡迪发了一份记录，告知帝国国务会议有人投诉哈利勒阿迦自封为阿扬。社群来到法院称，在废除阿扬的法令颁布之后，他们已经选出了另外一人作为市管家来监督公共事务。之前的阿扬哈利勒阿迦，作为该县最重要的家族的领袖，再也无法干涉县务。[75]

1791 年，随着新秩序在塞利姆三世治下的伊斯坦布尔得到巩固，中央政府撤销 1786 年法令，重新恢复阿扬职位。1791 年法令称，此前社群从诸显要家族中选出一人来保护臣民，管理县务。然而，这一制度由于当地实权派之间的竞争而恶化，他们的斗争导致了混乱，威胁了和平与安全。作为对腐败和斗争的因应，阿扬职位被废除，代之以市管家。不过，法令宣布，由于 1786 年至 1792 年的俄土战争期间管家未能保护苏丹的臣民，也未能妥善管理复杂的县务和国务，因此，阿扬恢复了先前的角色。[76] 伊斯坦布尔方面相信，来自传统豪强家族的阿扬，要比与城市行业组织相关的市管家更善于处理外省事务。1791 年法令之后，阿扬制的原则得到重新确立。一份呈给塞利姆三世的报告总结了这一原则：“依据规定，阿扬不应由苏丹的法令或维齐尔和总督的指令来任命，而应如［最近法令］所述，由整个［县］社群一致选举产生。一个人只有在向法院证明已得到该县的人民认可之后，才能得到任命，获得法定的委任状。”[77]

如果“整个县社群难以就人选达成一致意见”，国家可以任命一个人。不过塞利姆三世在他的批注里写得很清楚，在这种情况下，不使用阿扬这一称呼。[78] 随着新秩序的推行，阿扬这一职位的重设，显然同集体选举、接受和同意密不可分。

选举实践和县政

从1760年代开始，各种改革计划的目的都很明确，即为社群建立一个制度基础，以选举阿扬来处理县务、参与分摊程序。这是因为，要想在处理地方社群事务时将摩擦降到最低、有效征收应纳给帝国的税收与劳役，由社群自主选出得到集体认可的县阿扬就必不可少。得到选民支持的阿扬，可以最大限度地减少投诉和不稳定，优化资源的调动。

地方社群对县级改革有什么反应？自1760年代起，帝国各地的社区向奥斯曼中央政府提交了几百封关于阿扬的请愿书。有些在请愿书上表示支持自己选出的阿扬，另一些则抗议，那个自称是阿扬的人事实上不是他们选出来的。此外还存在一种情形，即一个社群分化成两个或更多派系，每个派系都有自己的候选人。

以下的例子是从寄给伊斯坦布尔的集体请愿书中选出来的：

> 马哈茂德·扎伊姆未能令人信服地证明［社群已将］阿扬一职委托于他。［现科索沃、普里什蒂纳法院的通知，1759年］[79]

> 帝国法令到达塞雷县后，在法庭上被当众打开并大声宣读；据此我们请求穆罕默德·萨利赫，一位以［其］忠诚和正义保护穷人的人，来做我们的阿扬。［塞雷法院的通知，1763年］[80]

> 由于米许尔达扎德·哈吉·阿卜杜勒–拉赫曼，愿真主扩大他的力量，既充满同情心又虔诚，我们一致同意……选他为我们的代表。［塞雷法院的通知，1765年］[81]

在仔细考虑之后，我们全都乐见且同意艾哈迈德·哈塞基成为我们的阿扬。［色雷斯西部的费雷斯法院的通知，1786 年］[82]

我们的阿扬赛义德·埃布·贝基尔阿迦尽职尽责。他斥责压迫者，扶持穷人。我们所有人都对他感到满意；由于品行优良，他成了经验丰富的当选者［阿扬］。［关于安纳托利亚中部托卡特附近各社群的请愿的通知，1791 年］[83]

社群剥夺了鲁塞前阿扬哈吉·哈桑的职位，因为此人忘恩负义，贪污腐败，玩忽职守。［鲁塞的报告，1797 年或 1798 年］[84]

和过去一样，只有经社群一致选举，阿扬才能行使其监督和管理的职权。［鲁塞的伊斯梅尔阿迦就保加利亚中部和东部各县的请愿书，1801 年或 1802 年］[85]

由于无法忍受从 1803 年起成为我们县阿扬的厄梅尔的不义，我们请求下令解除他的职务，由钱达尔勒·哈伊尔丁贝伊的儿子穆斯塔法贝伊取而代之。后者目前是伊兹尼克的阿扬，出身显赫，体恤臣民，严惩不法分子，对穷人慷慨以待……他有能力维持秩序，驱逐盗匪，管理国家事务，而且成绩斐然……我们都对他的行为、举止和言谈感到满意。［安纳托利亚西部亚洛瓦的一些重要人物的请愿书，1804 年］[86]

中央当局尽管赋权社群选举阿扬，但并未具体规定如何选举。就像分摊一样，选举实践取决于县社群的内部态势、权力结构、谈判和竞争。文件显示，在这种程序模糊的情况下，阿扬的任命远远不止选举这么简单。他们的上位通常要经过一番混乱的政治竞争，有时还包含暴力。社群内部不同的小群体，包括城市工匠和商人、村民和宗教团体，会建立同盟，或对抗那些要求获得阿扬职位的显要个人或家族。卷入竞争的不仅有诸如总督和军事指挥官这样的帝国行动者，也包括外省当地的近卫军。本该不偏不倚的卡迪，在这个过程中也会表现出派性。县里互相对抗的派系，通常会在不同的请愿书里向中央表述截然不同的叙事。有的会派遣代表或本地的其他权威人士前往伊斯坦布尔，为他们的事状游说。中央政府应对这些彼此矛盾的说法和请愿的方式是，派遣巡视员去当地调查这些有争议的案子并回禀情况。因此，帝国的巡视员不断地从一个县赶到下一个县，提交一个又一个关于各地情况的报告。

拉霍瓦，1784 年

1784 年，尼科波尔旗的副总督向帝国国务会议提交了一份关于两人争端的详细报告，这两人都声称自己是被拉霍瓦（今奥里亚霍沃）的社群及其不同派系的选民选举出来的阿扬。[87] 该城位于保加利亚西北部的多瑙河畔，居民主要信仰东正教，也包含少数穆斯林，其所在的县属于多瑙河流域主要据点维丁的腹地，而维丁在奥斯曼 – 哈布斯堡边境上拥有一个近卫军团，其给养有一部分由拉霍瓦社群来提供，因而维丁的近卫军常常干预县务。[88] 此外，由于拉霍瓦县的一些村庄是奥斯曼王朝女性成员的私有地产，这次阿扬的争议也就关系到伊斯坦布尔精英成员的利益。

报告称，一段时间以来，拉霍沃的两位豪强，即齐什托维利的儿子穆罕默德和科扎尔科 · 侯赛因，一直在竞争该县的阿扬一职。侯赛因与维丁的近卫军有关系，这使得他在该县很有影响力。穆罕默德与侯赛因的竞争分化了拉霍瓦的社群。不同城市与村庄的居民围绕在穆罕默德与侯赛因周围，形成了两个派别。两派都向帝国国务会议请愿，尽管对事情的叙述相互矛盾，并派代表去伊斯坦布尔为争取阿扬一职而游说。

穆罕默德的支持者宣称前任阿扬很腐败，将个人费用塞进分摊账目。所以拉霍沃社群解雇了他，并推选穆罕默德为新阿扬。他们还指控拉霍瓦的卡迪和法院书吏不守中正，与维丁的近卫军拉帮结派，违背社群意愿，让侯赛因当上拉霍瓦的阿扬。

另一边，侯赛因的支持者则指控穆罕默德密谋在维丁守护者（即总督）——此人显然与该城的近卫军不和——的帮助下，废除前任阿扬。他们声称穆罕默德试图通过与总督结盟而成为拉霍沃的阿扬，并为前任阿扬辩护，说他并未染指腐败，而只是缺乏处理县务的财务技巧。他们因此罢免了前任阿扬，推举侯赛因，并请求中央当局阻止穆罕默德干预该县的事务。

面对这两个互相矛盾的故事，中央派遣巡视员贾费尔先生前往拉霍瓦探明真相。贾费尔在拉霍瓦会见了卡迪和两派的代表。“我授权侯赛因当阿扬，不会把证书交给另外一个人。”卡迪坚称。在巡视员来访期间，一大群人来到他面前高喊：“我们要穆罕默德做我们的阿扬。”侯赛因的支持者攻击了他们，并杀死了其中一人。这次暴力事件发生后，支持侯赛因的拉霍沃村民宣称，如果穆罕默德成为阿扬，他们就离开拉霍瓦去瓦拉几亚定居，事实上有一些村民已经越过多瑙河这样做了。与此同时，穆罕默德的一些支持者派遣使者前往伊斯坦布尔游说，面见军队高官奥斯曼阿迦，此人是帝国炮兵部队的首领之一，而且显然在拉霍瓦有自己的地产。虽然对该县情况了解并不多，奥斯曼阿迦还是被说服支持穆罕默德，并将这一意见呈递给帝国国务会议。

帝国国务会议下令，应当着拉霍瓦社群代表的面在县法院大声宣读规范阿扬选举的1784年法令。维丁的近卫军被警告不要插手拉霍瓦事务，已来到该地区的巡视员贾费尔则被要求去证实社群成功选出了候选人。如有必要，他应走访街区、村庄和居民点，以确定社群的选择；然后召集穆斯林和基督徒显要，集体向中央当局请求任命该县已经选定的阿扬。在这次调查过程中，不可向社群收取任何费用。“如果我们收到任何消息称，有人明里暗里强迫社群接受他们不认可的人，”帝国国务会议称，“这些人将受到严惩。”[89]

拉霍瓦的情况代表了当时奥斯曼的县政：不同派系聚集在两个竞争阿扬一职的显要身边，显要们会与不同的行动者结盟，包括邻城的近卫军、帝国总督和居住在伊斯坦布尔的在外收入持有者。派系自称代表了整个县社群，采取各种策略：请愿；去伊斯坦布尔和其他中心城镇游说；在城镇里游行以表达集体意愿；以迁到其他地方来威胁当局；损害县经济。派系间的暴力和武装冲突经常成为谈判的组成部分。如果县法院和卡迪未能证实社群的意愿，或者社群领袖们在集体意愿上有着明显分歧，中央就会派一名巡视员去验明事情的真相。由于缺乏明确的选举程序、投票机制和选举记录，最终的结果很大程度上取决于印象。在这种情况下，巡视员还是会被要求去探明集体的意愿，有时借由广泛的意见调查，有时通过挨个走访街区和村庄，直接询问人们选择了谁。[90] 最终，社群代表被邀请到法院集会，商议和宣布他们的意见，选出他们的阿扬。尽管这一过程充满争议与含混，但是决策以“普遍同意”（cümlenin ittifāḳı）或“人民认可”（ḳabūl-ı ‘amme）为条件，表明了集体参与是县治理的根本原则。[91]

社群和豁免权

和许多早期现代政体一样，奥斯曼土地上的财政和行政组织就像一个拼凑而成的大型联合企业。除了省、旗、县这类依照等级划分的、相互交织的行政区之外，还有数百个大大小小的飞地，它们不受行政官和各类财政、行政管理体制的干预，独立于其所在行省的行政区的管辖之外。被豁免的飞地有着不同的地位。有些是终身包税区，即以终身合同的方式租给或授予半私人企业家的半私人地产，这些半私人企业家通常是帝国精英或外省显要。其他飞地则受帝国瓦合甫管理，由聚集于伊斯坦布尔的受托人监督。还有一些大地产为哈斯，由一些帝国显贵持有，包括奥斯曼王朝的男性和女性成员、维齐尔和高级军官。这些飞地的原初持有人或监管者通常住在外地，以短期或长期交易的形式将管辖权外包给当地的承包人。在这一多样化的行政与财政拓扑结构中，各县飞地中的亚社群在财政上（有时在行政上）独立于更大的县社群。这些有豁免权的单元的激增，尤其是遍及帝国的数以百计的终身包税区，使帝国的财政和行政景观更加驳杂，从而导致了18 世纪和 19 世纪初与行政、征税、社群地位、当局管辖权相关的各种并发症。[92]

费雷斯，1786 年

要展示社群如何在这一复杂的财政和行政环境中行动，也许最好从一个例子开始。1786 年发生在色雷斯西部的费雷斯县的争端是一个富有启发性的案例，在其中，拥有不同财政地位和主张的多个集体和个体行动者相互作用。费雷斯县包含一个城镇（费雷斯）和多个村庄。其中的许多村庄与帝国的瓦合甫有关系。这意味着村庄将收入交给瓦合甫管理机构，其社群则受到瓦合甫保护。当涉及某些税费和服务时，这些与瓦合甫有关系的社群跟县里其他社群情况不同。他们并不完全参与县里的分摊，相反，将大部分税费直接交给伊斯坦布尔的瓦合甫管理机构。

费雷斯社群寄给中央当局的大量请愿书显示，生活在伊斯坦布尔的帝国瓦合甫的书记干预了费雷斯的治理，并试图操控县阿扬的选举。依据请愿书上的控诉，这个书记在当地雇佣兵的帮助下组织了一个社群派系，想弹劾现任的阿扬，然后安插一个自己在当地的雇佣兵做新阿扬。请愿者称，该书记甚至动员县里的一些妇女，鼓励她们就现任阿扬的警卫的不端行为提出申诉。据称，他的目的是通过操纵分摊程序增加瓦合甫的收入。因为县阿扬在费雷斯法院进行账目清算时，也会向瓦合甫的村庄征税，只是矩阵不同，税率也是单独的。

与此同时，瓦合甫的村民出现了极化。有些仍然忠于他们的恩主，即远在伊斯坦布尔的瓦合甫书记，并支持书记中意的候选人当阿扬。然而，另一些则支持现任阿扬，并强调县社群的凝聚，声称“自古以来，我们就没有和我们的邻居分开过”。[93] 两边都雇用了当地的雇佣兵彼此对抗。暴力不可避免。于是费雷斯举行了仲裁。数百个社群成员集合在一起，他们的说法针锋相对。最后，案件被移交给伊斯坦布尔的帝国国务会议，由其充当上诉法院。在复核了卡迪的报告和瓦合甫书记的情况之后，帝国国务会议令现任阿扬继续担任此职，并警告瓦合甫书记，阻止他通过远程操控任命自己的人为阿扬。

这个案例不只表明由于行政和财政地位不同，县社群的不同团体之间可能存在紧张关系，还表明本地团体与在外持有人之间有着更为广泛的利益关联。在外持有人或者伊斯坦布尔的瓦合甫监管者对有利益关系的县的远程干预非常普遍，并在不同的场合被记录下来，例如 1803 年 9 月一份交给帝国国务会议的笔录写道：

> 大部分递交给伊斯坦布尔的关于阿扬、监管者、副总督的不满都是不可信的。众所周知，它们通常是伪造的。管理县的阿扬必须由其所在地的社群选举产生，得到他们的认可。不应理会这些伪造的不满和消息，它们是某些伊斯坦布尔的人［即在外收入持有人］为了可以干预县务而伪造的，而这成了混乱的根源。[94]

这一声明呼应了前文分析过的阿扬选举法令。保证县的管理不受外部干预，是奥斯曼国家在这一改革时期的基本原则。同样重要的议程还包括：提升县社群的凝聚力，尽可能地缓和处于不同财政行政地位的群体之间的紧张关系。“那些属于帝国产业或者瓦合甫的豁免单元的社群受到了优待；而其他社群被对待的方式，就好像他们不是至高国家的臣民。这些不受豁免保护的臣民遭到了压迫。”某些社群得到实权派更好的保护，当提及它们的特权地位时，一位奥斯曼官僚如此抱怨道。[95]

事实上，有些飞地社群之所以被视为享有特权，是因为他们处于那些实权者（包括帝国高官或皇室成员）的管辖之下。在这些单元里，持有人的私人利益与社群的公共利益，经由持有人与社群之间的恩庇－侍从关系而协调统一起来。终身包税区合同的情形尤其如此。授予合同持有人以终身保障与充分的管辖权，被认为可以使飞地社群同持有人的利益保持一致。在更为强大的持有人的管理下，豁免范围内的社群被视为受到优待，因为它们可能得到恩主更好的保护。在一些情形下，地方社群会因为青睐某个可以提供更好保护的持有人而向中央政府请求并入他的飞地。1785 年，波斯尼亚内什内县的一个小居民点在请愿中反对他们的短期收税人，要求将他们那块地方变成终身包税区。“要求变更地位是为了让社群摆脱［短期收税人的］压迫。”对此财政官僚建议，终身包税区应该授予某个社群认可的人。[96]

资料表明，尽管持有人大多数时候都不在本地，但这些社群和单元持有人之间经常有联系。阿卜杜勒－哈米德一世（1774 年至 1789 年在位）的女儿埃斯马苏丹（1778—1848）就是这样一位恩主，她拥有几十处飞地，同她的社群建立了远程庇护的关系。她经常会收到终身包税区居民的请愿书与报告，并派出巡视员去审查她委任的督军的行为。[97] 不过，热心于保护其社群的不止帝国的权贵，有时伊斯坦布尔的一些次要持有人也与他们的社群保持联系并予其保护。例如侯赛因阿迦这位居住在伊斯坦布尔的退休宫廷理发师，他是一小块终身包税区——即靠近斯科普里的耶尼柯伊村——的持有人。1792 年，他向帝国国务会议提交了一份请愿书，声称一个名为图尔弗鲁·穆罕默德·西帕希的人纠集了数千名阿尔巴尼亚雇佣兵，在他的终身包税区耶尼柯伊村及其周边乡村实行恐怖统治。耶尼柯伊社群曾派代表来找侯赛因阿迦，请他要求帝国国务会议采取行动。“如果至高国家驱逐了这些不法之徒，”侯赛因阿迦在他的请愿书里称，“那么耶尼柯伊社群和我本人将免受伤害和损失。”[98] 伊斯坦布尔政府随后任命了一位当地官员来调查此事。

涉及终身包税区在外持有人和社群、一些当地行动者，以及中央国家的案例相当普遍。[99] 然而，飞地社群并不总是对其恩主感到满意。1805 年，塞雷的一个终身包税区的社群代表们投诉了塞雷知名阿扬伊斯梅尔的儿子优素福。优素福似乎对此感到惊慌，于是向帝国国务会议递交了一份请愿书，声称那些请愿者缺少必要的文件证明他们有资格代表整个社群。他还指控邻县兹拉玛的督军，据说是后者在背后煽动。[100] 面临社群抗议或投诉的终身包税区持有人可能会遇到麻烦，因为被干预的可能性始终存在，中央国家甚至可能撤销合同。在许多终身包税区的案例中，社群的认可虽然不是必需的，但很重要。

18 世纪，由传统地方骑兵持有的蒂马尔和扎米特并未完全消亡，尽管有很多旧单元已转化成终身包税区，有数百个被全部外包给外省豪强。同终身包税区的持有人一样，18 世纪蒂马尔和扎米特的持有人通常在外地，并将管理交给县阿扬或当地的承包人。蒂马尔和扎米特管辖下的乡村社群的待遇也与其他社群不同，而这不一定是优待。这些社群尽管经常参与县一级的分摊，却还要向蒂马尔和扎米特持有人支付传统的土地税。1789 年冬，丘斯滕迪尔县（今属保加利亚东部）的蒂马尔和扎米特社群提交了反对该县阿扬的集体请愿书，称后者强迫社群成员在他的私人农场上劳作。[101] 这些封地的在外持有人未必会费心采取必要措施来保护封地上的农民，因为无论就管辖权还是就收益而言，封地都不如终身包税区那样有吸引力。该社群集体请求将他们土地的性质从蒂马尔改为终身包税区，认为这样可以为他们提供更有利的保护。[102]

对同县但处于不同管辖权之下的社群的讨论，让我们得以一瞥由混合的财政和行政地带构成的奥斯曼土地。在不同单元复杂的利益关联中，社群往往清楚自己的财政地位，并制定策略来保护集体的利益，与在外持有人建立联系，协商参与更大范围的县的管理或与之脱离。在某些情况下，成为豁免单元的一部分对于社群是有利的，在其他情况下则并非如此。这取决于当地条件、持有人的地位与品性，以及单元本身。不过总的来说，这些单元的管理过程很复杂，因为影响这一过程的因素太多，除了各种天然的社群领袖和派系，还包括中央政府、行省总督、选举出来的县阿扬、（在本地或外地的）蒂马尔和终身包税区持有人、瓦合甫管理机构、在外持有人和瓦合甫的分包商，可能还有邻县的豪强。

综上所述，18 世纪和 19 世纪初，阿扬制成为奥斯曼外省秩序的基本制度。阿扬在许多方面都不同于其他的行政官。他们由当地社群

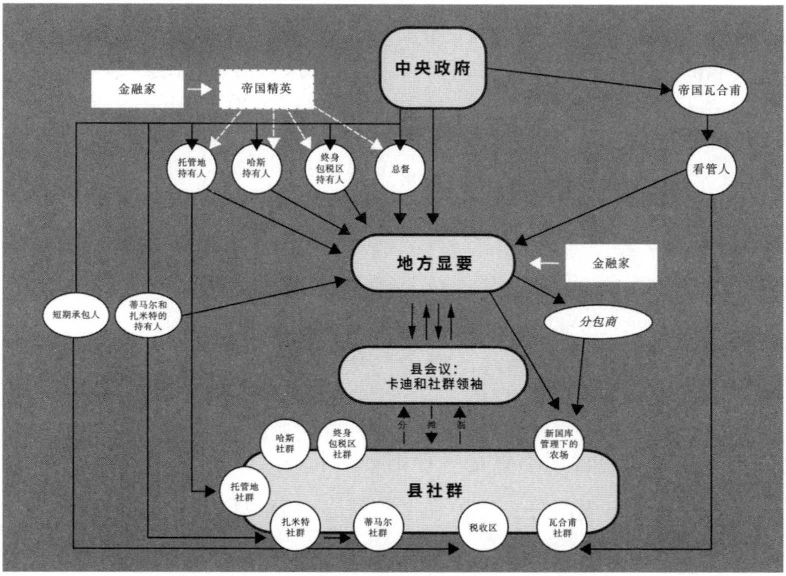

图 4　外省治理概览。作者与德尼兹·焦什昆制作。

选举、提名或批准，以开展公共服务。就此而言，他们像现代选举产生的市长。不过阿扬同时也是企业家。作为恩庇者－债权人，他们为社群提供服务和信贷，并收取佣金作为交换。在这方面，他们又是追逐利润的公共服务承包商。而在下一节我们将看到，在许多情形下，他们也是保护者，背后往往有武力的支持。有些阿扬地位卑微，而另一些，如我们在第二章讨论过的鲁塞或塞雷的伊斯梅尔，则成了区域性的实权派。然而，正如我们已经看到的，阿扬并不是在县一级唯一发挥重要作用的行动者。在人口主要由基督徒组成的县，由当地选举政治赋权的强人被称为“ḳocabaşı”，起到了和阿扬一样的作用。他们可以说是基督徒阿扬，有时也被称为基督徒社群代表（vekīl-i re‘āyā）。[103] 在那些完全受帝国瓦合甫管辖的县，地产的监管者被称为督军，由瓦合甫管理机构、地产的原初持有人或直接由中央政府任命，其作用也类似于阿扬，但不需要正式的民众提名。如前所述，有些县甚至整个旗（如恰潘家族的约兹加特）都作为终身包税区，或者以类似的交易，归某个显要或显要家族持有，这样一来便可以在更大的单元中实行自治。不过，我们应当认识到，在这一令人眼花缭乱的制度聚合体中，各种权力、社群、税源或空间单元之间并不会有整齐而准确的分界。

暴力、安全与集体誓言

外省单元的管理不只是一项财政和行政工作。暴力通常是外省生活中常见的组成部分，维护和平与秩序因而与行政管理同样重要。1768 年至 1774 年、1787 年至 1792 年、1798 年至 1799 年、1806 年至 1812 年的四次重大战争，破坏了奥斯曼帝国数个地区的相对稳定，而大量的叛乱和土匪活动则撼动了从波斯尼亚到阿拉伯半岛的许多地方。1770 年代奥斯曼帝国军队的指挥官阿卜迪帕夏抱怨火器在社群中的散布："虽然他们有责任服从总督，但如果去到他们的地区，会发现人们带着……火器……来见他。［它们］应被收缴上来，运往帝国军械库。只有到这时才能分清楚谁是平民谁是军人。"[104]

在这个不安全的世界里，社群希望县阿扬不仅监管公共财政和县务，也维护安全。阿扬通常会聘用雇佣兵，这增加了分摊账目中的开支。1804 年的一项帝国法令警告巴尔干各省的显要们："从现在开始，阿扬、督军和显要家族都不允许雇用武装的阿尔巴尼亚人。已经雇用的将被遣送回乡。作为替代，他们可以从当地力量中雇用武装团队。"[105]1770 年代伯罗奔尼撒爆发骚乱后，阿尔巴尼亚准军事集团在巴尔干变得日益常见。他们只是其中一个例子，展示了一些地区如何创造一个大市场，以帮助雇佣兵寻求恩主或社群的雇用。[106]当一些县阿扬成为武装集团的恩主后，帝国常常在战时征召这些阿扬。对此，社群请求中央政府免除这些显要参与帝国战役的军事责任。[107] 因而军事能力成为一些县阿扬的投资组合的一部分。

也许更引人注目的事实是，有些县解雇了他们的阿扬，从外地邀请一位强人作为新的阿扬来保护社群。1786 年，位于希腊东北部的科莫蒂尼的法院宣布："我们的阿扬穆斯塔法阿迦年事已高，无法胜任。他［已］辞去职务……同时，来自哈斯柯伊［今保加利亚南部的哈斯科沃］的埃明阿迦在一帮雇佣兵的支持下，要求成为我们县的阿扬并保护社群。不过，他的人大多数是匪徒和乌合之众。"因此，社群邀请了另外一位保护者、该区域的实权派领袖——塞雷的伊斯梅尔："我们的福祉只有在塞雷的伊斯梅尔贝伊的保护下才有实现的可能。因而我们一道选择他，请求他的保护……如果他拒绝接受，我们将遭受灭顶之灾。"[108] 战争和内乱时期政治社会秩序的不稳定，为拥有军事和经济实力的强人提供了新的机会，他们中的一些人扮演了军事和行政领域的企业家的角色，通过为社群提供安全和行政服务来换取财富和权力。

除了选举、罢免或邀请强人作为阿扬来管理县务和提供保护外，社群还有别的集体行动。比如包含几种不同形式的集体誓言，它被称为许诺（nezīr），某个集体的成员根据这一集体誓约承诺以特定方式行事。社群成员要签署一份公开承诺，其中详细声明了承诺的条件，并附有签字人名单。大多数情况下，如果诺言不能兑现，订约人就同意支付赔偿金。集体的成员由此成为对彼此行为负责的担保人（kefīl）。这类集体誓言经常由县社群作出，他们被要求承诺支付必要的帝国费用。这种保障机制巩固了集体的责任。县社群对其集体事业变得更加负责，而中央政府也会将其视为成员之间相互担保的法人组织。[109]

国家经常要求社群保证，不接待犯人、不邀请他们作为阿扬或雇佣兵。例如，1760 年，中央当局要求马其顿的数个社群集体保证不接受马哈茂德·扎伊姆作为他们的阿扬，此人是一个已被列为逃犯的阿尔巴尼亚豪强。[110] 这些承诺还包含了社群如果违背集体承诺需要支付给国家的费用。1796 年 12 月，“萨马科［位于色雷斯东部］7 岁以上的穆斯林和非穆斯林臣民被要求集体保证不会向逃犯寻求或提供帮助”。文件是在阿扬、卡迪和总督特使的监督下起草的。登记册列出了互为担保人的个人。[111] 这些契约是在社群成员之间签署的，而非社群与帝国之间。在对国家的集体承诺中，个体成员成为彼此的担保人。这些誓言以其列出个人姓名的方式有别于法院会议上经一致同意的集体声明。它们是以伊斯兰担保法的格式来表述的，将人们而非抽象的社群视为集体身体。

总之，不管不法团伙还是准军事组织，都不是 18 世纪末 19 世纪初的新事物。就像在任何其他前现代政体中一样，盗窃、抢劫、偷窃牲口、走私和勒索在奥斯曼各省很常见。社群或城市一直在寻求“七武士”那样的人物来提供安全服务。18 世纪末 19 世纪初奥斯曼外省社群中的新事物是制度框架，这一框架允许其为武装首领提供正式职位，以作为阿扬来提供保护，管理公共事务。在作为公共契约的集体誓言中，这种正式邀请得到了进一步巩固。

结语：社群秩序

在前文里，我概述了社群参与外省治理的一些机制，包括它们如何选举和罢免行政官、管理者、恩庇者－债权人和保卫者，以及在 18 世纪末 19 世纪初的巴尔干和安纳托利亚，它们如何为保护和安全问题采取集体行动。我认为在这一时期，集体实践成为外省秩序的关键。

起初，这些集体行动是自然发展起来的，并未受到中央的系统干预。然而到18世纪下半叶，奥斯曼政府逐步认可了这些实践，并将其正式化、标准化和制度化。渐渐地，县社群的集体声音成了奥斯曼外省秩序中必不可少的组成部分。

通过自1760年代起颁布的诸多敕令，中央政府授予社群提名个人出任县阿扬的权力。社群可以一致同意或否决由这些显要所记录的财政账目，其中包含了公共支出以及它们在财产所有者之间分摊的方式。阿扬通常是一些有钱有势之人，人们寄望其能对社群负责。尽管国家没有对选举和审计的程序做出详尽的规定，但中央政府会试图监督社群的一致意愿是否得到了落实。由苏丹从帝国等级制中任命的总督及其他军事和行政官员不得干预这些集体实践。对集体决策的会议进行监督的卡迪，也应该不偏不倚。

这些集体决定是受限的，因为它们还需要中央最后的批准。在得到当地法院认可后，县账目将交由财政官僚重新审计和复核。同样，选举结果也要交由大维齐尔，在对社群提名人选的适当性进行考察后予以批准（或否决）。如有必要，国家可以改变县级行政的状况，从外地任命一人为行政官，并在未经社群同意的前提下修改账目。奥斯曼政府并未与社群分享其主权，或将社群视为有权利同国家进行集体谈判的法人实体。尽管国家将社群视为一个整合单元，但社群的集体誓约并非社群与国家之间订立的互惠契约，而是社群成员之间的约定。

从帝国行政的角度来看，改革县级行政的动机是双重的。首先，它旨在巩固中部省份的分摊实践和选举模式，将其正式化和标准化。比起自上而下的治理，借助地方会议进行的分摊与集体参与，被认为更有利于国家、社群，或者说总体的公共秩序。在地方人口统计、经济状况的记录缺少更新的情况下，集体分摊使得社群可以基于其真实的内部态势和当地条件，通过协商来承担公共支出和税费的负担。同样，在这一程序中集体选举出来的阿扬也会更有效率。中央任命的代理人缺乏地方知识，调动资源的能力也有限，与他们不同，阿扬在了解本地情形且得到社群同意的前提下从事管理和征税，可以较少使用胁迫手段。

奥斯曼通过向社群和县会议赋权来改革外省秩序的目标，呼应了旧制度下法国重农主义者的政治和财政计划。与重农主义理论一样，奥斯曼的县级改革基于这样一种期望，即社群——首要的是财产拥有者——参与决策征税、分摊和选举管理者，“将在财富创造者与国家之间建立一种利益与忠诚的恰当连接”。[112] 这些地方会议并不与苏丹分享主权。在这方面，它们不同于封建等级会议或共和会议。它们的出现不是为了挑战或平衡中央国家的权力，而是为了方便国家的管理和税收。改革派相信，通过集体参与，奥斯曼国家可以更和平、更公平地提取剩余价值。

其次，改革派意欲通过在账目结算和选举方面向社群赋权，来限制地方精英不断增长的权力——这些精英不仅包括阿扬，也包括那些垄断总督、副总督和其他帝国官职的区域豪强。自下而上的集体机制旨在保护社群的集体利益不受管理者和官员私人利益的侵害。这些参与机制也将削弱持有总督职位或者财政、行政、军事合同的外省豪强的权力，促进中央国家与外省社群的互利以及一种心照不宣的联合。这符合旧的帝国理论，即必须以牺牲行省总督和其他实权者——这些人为求自己利益和权力的最大化，天然倾向于在其管辖区内行事不公——的利益为代价，协调帝国和社群的利益。[113] 18 世纪末 19 世纪初出现的新情况是，帝国邀请社群积极参与这一竞争。通过授予集体选举管理者、批准财政账目的权力，外省人民为帝国分担了维护秩序和正义的责任。

第一章已经讲过，县级改革是新秩序运动的目标之一，这体现在参与计划的官员和知识分子所准备的改革提议的数量上。尽管这些提议的主要焦点是帝国的军事重组，但行省问题仍然是改革计划的重要部分。一个明显的趋势是——尤其在财政官僚中间——集体行动在县级管理的中心地位及阿扬的角色越来越得到强调。财政事务大臣穆罕默德·谢里夫、塞利姆三世时期的总会计师易卜拉欣先生等财政官僚认为：围绕卡迪法院和阿扬组织起来的县，将是行省制度中的核心单位。行省中的国家和社群事务应该完全交由阿扬来管理。应该消除豁免单元的激增带来的混乱。既然豁免单元也应该受托于县阿扬，那么这些实体里的社群应整合到县社群的其他部分中去。[114]

这些改革计划强调了地方社群和阿扬（而非中央任命的帝国代理人）在外省治理的中心地位，并假定，就经济能力、地方知识和调动当地资源的能力而言，当地行动者在处理外省事务时更加胜任。此外，由于他们来自当地社群，由社群选举产生，且/或获得了集体的同意，社群更容易遵从他们的决定。通过选举和一致同意的机制，社群与管理阶层之间的冲突将被最小化。“社群将感到安心，而国家的事务将得到很好的监管。”[115]随着关于新体制的好处的消息传播开来，“其他社群也会请愿要求新秩序”。[116]

这些简洁的改革理念与奥斯曼外省的混乱现实几乎毫不相符。防止总督干预县的管理并不容易。卡迪或代理卡迪并不公正，因为他们大多数时候都会卷入派系政治。遍布各省的数以百计的豁免单元无法被取消，因为这些单元涉及如此多的压力集团和既得利益。社群虽被赋予提名或罢免显要的影响力，但并没有系统的程序使他们能够行使这一权力。不过显而易见的是，分摊制和选举制的扩展，吸引了新的行动者参与帝制国家（imperial state）。随着县的改革，包括显要和社群代表在内的地方行动者成为治理中积极的正式参与者。县成为活跃的政治剧场，帝国、社群和显要们在其中积极地进行政治格斗。我们该如何在中心–边缘关系的总体框架中看待这一行省改革？我们应该把它理解为奥斯曼帝国权力下放的结果吗？或者毋宁说它是一个培育中央集权化和一体化的力量的过程？

传统观点认为，在18世纪和19世纪初官僚集权化的过程中，地方治理机制自动地被边缘化了。已有一些欧洲和亚洲的历史学家对此提出质疑，他们认为，中央集权力量经常与地方力量建立同盟，并将一些地方机制纳入其设计之中。同样，地方力量也在寻求与中央政府结盟，并将地方制度予以重组，以整合进中央规划之中。正如玛丽–洛尔·勒盖在考察佛兰德斯、朱利安·斯旺在考察勃艮第时指出的，区域性的地产分别是北欧和法国集权化和一体化过程的一部分。[117]菲利普·库恩则阐明了清帝国晚期的财政改革家是如何设计选举机制，以让村民选举中间人来同时管理帝国和地方公共事务的。[118]奥斯曼的治理变革——在公共事务管理中向集体或个体的当地行动者赋权、允许更大的参与和责任空间、通过当地的集体机制来调动资源——并不意味着完全的权力下放。相反，改革是一个通过下放特定任务、责任和制度来进行整合的过程。

梅里利·S.格林德尔谈到了现代拉丁美洲的地方经验："尽管当地政府被视为许多重要变革的场所，而且总体而言，是进行新的治理实验的充满活力的空间，但仍需要一再强调的是，无论好坏，变革都极其脆弱。"[119]19世纪地方民主经验的实验性根源，也在18世纪末19世纪初奥斯曼各县的当地政治、集体行动和领导层中随处可见。之后，随着1838年至1870年的改革，奥斯曼各地的选举程序变得更加规范和正式，以拥有财产的男性投票为基础，以多数裁定原则取代一致同意原则。然而，阿扬不再是正式当选的县行政官或管理者，阿扬作为社群天然领袖的早期概念又复活了。虽然在地方自治及后来在帝国层面上，越来越多的事务通过社群投票来决定，但中央当局还是开始任命征税官来管理每一个地方单元的财政事务。[120] 坦齐马特时期，社群与奥斯曼中央政府不断谈判，前者在 18 世纪末 19 世纪初养成了参与的习惯，后者则对控制社会政治态势、记录资源和改造城市空间越来越感兴趣。豁免单元被取消。地方会议独立于卡迪法院之外。分摊制逐渐消失。基于对单个家庭财产和收入的大规模税收调查，使得汇总征税的做法被淘汰，一套更为复杂的所得税征收体系得以建立。[121] 与此同时，杂乱的多教派社群定型为围绕宗教身份和教派纽带组织起来的亚社群。从 19 世纪中期开始，在奥斯曼帝国的集体行动中，核心参与者不再是杂乱的县社群，而是被正式界定为穆斯林、基督徒和犹太人的社群，或称民族（millet）。

第四章
危机：暴乱、阴谋与革命，1806—1808

仿佛鲁米利亚、安纳托利亚和伊斯坦布尔的所有人都联合起来［反对新秩序］。

——米特吉姆·艾哈迈德·阿希姆

1806年8月，在第三章开头讨论的鲁塞分摊事件发生几个月后，伊斯梅尔阿迦在巴尔干政治动乱中于他的农场遇害。伊斯梅尔死后，鲁塞社群的显要们聚集在市法院，宣布他们已经选举穆斯塔法·巴伊拉克塔尔阿迦兼任该县阿扬。巴伊拉克塔尔是鲁塞南部面积更小、战略地位更低的拉兹格勒县的阿扬，在请求任命获准的请愿书中，被形容为已故阿扬的忠实支持者之一。在法庭会议后，鲁塞社群的代表们向伊斯坦布尔发出了以下信函：

这是您谦卑的祝福者向至高国家的请愿——鲁塞市及其所在县的智者、贤者、伊玛目、宣教师、名士、长官、掌旗官、长者、穆斯林和非穆斯林臣民，一起来到法庭宣布：您的仆人赛义德·蒂尔西尼克利·伊斯梅尔阿迦，已做了我们的阿扬8到10年……于1806年8月12日去世。在他担任阿扬期间，我们生活在和平与安宁中。穆斯塔法［·巴伊拉克塔尔］阿迦作为伊斯梅尔的忠

> 实追随者之一，目前在拉兹格勒做阿扬，是我们一致选举和自主选择的人。他的品性众所周知。他是显要之一。他很有同情心。他对收集应缴款项表现出极大的热情。如果他代替已故的伊斯梅尔成为我们县的阿扬，我们将像以前一样生活在和平与安宁中。在这份请愿书中，我们恳求至高国家颁布崇高的命令，任命穆斯塔法为我们的阿扬。[1]

巴伊拉克塔尔是通过选举成为阿扬的，还是在事实上强行对鲁塞社群施加了影响？根据一份寄给伊斯坦布尔的报告，他是由社群选举出来的，不过其中有鲁塞的伊斯梅尔派的介入（可能是劝说）。[2]在请愿书到达伊斯坦布尔之前，帝国国务会议已经得知马努克贝伊写了一封信——他来自亚美尼亚，是伊斯梅尔的金融家——他在信中告诉其在伊斯坦布尔的合伙人，鲁塞县的41名当地领袖在该市集会，宣布服从巴伊拉克塔尔。与此同时，巴伊拉克塔尔告知帝国国务会议，如果被承认为鲁塞的阿扬，他将没收伊斯梅尔的大量遗产，并将其上缴国库或用于国家服务。[3]经过长时间审议，帝国国务会议对他的就职予以了确认。[4]9月，巴伊拉克塔尔收到一封确认其阿扬地位的信，信上有苏丹塞利姆三世的批语："鲁塞社群已选择你；你将成为鲁塞的阿扬。"[5]

从1806年夏天到1808年冬天，穆斯塔法·巴伊拉克塔尔成为一系列撼动整个帝国的事变中的关键行动者。在这两年间，有三任政府倒台；由于民众的暴动或政变，有两位苏丹被废黜；有成千上万的人丧生，包括两位被废黜的苏丹和帝国的主要精英。危机始于1806年8月，一群外省显要同近卫军及当地社群联合行动，在埃迪尔内的一次冲突中，阻扰新军退到巴尔干。这引发了巴尔干和安纳托利亚地区的一系列事件，最终在伊斯坦布尔导致塞利姆三世和他的改革派在1807

年3月近卫军领导的一场民众叛乱中倒台，新秩序也同时崩解了。不久，奥斯曼帝国的事态发展成为欧洲政治的重要主题。1806年底，奥斯曼帝国与拿破仑统治的法国结盟，并陷入对俄战争中。1808年夏，受到一些巴尔干显要的支持，巴伊拉克塔尔和一群新秩序派在伊斯坦布尔领导了一场政变。他们一起镇压了伊斯坦布尔的近卫军寡头们，恢复了新秩序。但到了1808年11月，近卫军领导的一场民众叛乱又结束了新秩序的复辟。穆斯塔法·巴伊拉克塔尔被杀，新秩序再遭废除。

关于危机的叙事

这两年的动荡并非一个线性的事件链，以新秩序开始、以复辟结束，而是一条曲折的、有时会陷入死胡同的道路。危机由剧烈的改变引发，这些改变催生了前所未有的协议、不断变换的联盟，以及欲使帝国走出其在多个政治舞台（包括埃迪尔内、伊斯坦布尔和鲁塞）的困境的努力。一些学者和历史学家将这些年视为一连串相互关联的事件，其中有激进的变革发生，有激进的选项出现，但它们没有成势（transpire）。

在奥斯曼历史编纂学中，有各种冠以“新秩序事件”或“塞利姆三世事件”的叙事，专门讨论这些事件的方方面面。还有一些则致力于论述关键人物，如近卫军领导的首次民众叛乱的领袖卡巴克彻·穆斯塔法、穆斯塔法·巴伊拉克塔尔，以及塞利姆三世。[6]除了这些专题史，范围更广的年鉴，包括《阿希姆的历史》、《加比的历史》和《萨尼扎德的历史》，都以很长的篇幅对这些事件予以了特别关注。[7]在奥斯曼的政治和通俗文化中，官方和非官方对于从新秩序到旧秩序复辟的这段曲折过程的描述都很有争议。相关研究的作者对改革计划、近卫军和其他群体表达的反改革情绪，以及外省显要在这场斗争中的作用，采取了不同的处理方式。一些人赞同或美化塞利姆三世的改革努力，将其描绘成帝国之必需，而另一些人则指责改革用欧洲的外来方式败坏了军事文化，威胁了既得利益，以欺骗手段让肥水流向统治精英。一些学者将穆斯塔法·巴伊拉克塔尔描绘成帝国的救星以及使穷人免受近卫军压迫的保护者，而另一些则将他描绘成被改革派或腐败的精英操纵的傀儡大王。在一些叙事中，近卫军领导的民众叛乱被描述为普通公众反对新秩序的起义，而其他的则将其描述为暴民的暴动。

19 世纪中期的历史学家和法学家艾哈迈德·杰夫代特帕夏（1822—1895）在其《杰夫代特的历史》（1854—1884）中对 1806 年至 1808 年间的事件的叙述，影响了 19 世纪和 20 世纪的奥斯曼土耳其人的说法。[8] 在对新秩序垮台原因的长篇讨论中，杰夫代特认为，真正的冲突发生在以塞利姆三世为首、旨在改革帝国军事的新秩序派同沉浸在民众支持中的过时近卫军之间。然而随着时间推移，新秩序派被他们获得的权力和财富腐蚀。塞利姆三世的本意是好的，但行事轻率。最终在民众的支持下，近卫军得以通过暴力手段废黜塞利姆、罢免改革派。控制着多瑙河地区的巴伊拉克塔尔被拖入冲突之中，以拯救新秩序。但他既没有准备，也没有能力完成这样的使命。[9] 杰夫代特写道：“对他的国家和人民，阿莱姆达尔［巴伊拉克塔尔］有着良好的愿望和高度的热忱，却成了这样的牺牲品，着实令人遗憾。”他还补充道：“更令人遗憾的是，他那训练有素的、一再得到赞赏的新民兵也被废除。唉，没有真主的允许，任何尝试都不会成功。”[10] 新秩序是为实现必要的军事改革而作的一次努力，但它既没有充分准备，也没有合理实施。尽管其支持者有着最好的意图，但新秩序还是再次失败了。

19 世纪的奥斯曼历史学家虽然对这些戏剧性事件非常着迷，但并没有将其作为单一的危机或革命来叙述。相反，他们将每一起事件或每一次危机描述为一个历史序列中的独立事件，它们彼此关联，但并不一定属于同一个连续变化的叙事。将1806年至1808年间的事件描述为由彼此关联、互相触发的插曲组成的一个故事，历史学家安托万·朱舍罗·德圣但尼是头一个。[11] 在《君士坦丁堡的革命》一书中，他叙述了1807年和1808年自己在奥斯曼首都观察到的暴风骤雨：

> 1807年和1808年，三次大革命撼动奥斯曼帝国。在不到两年的时间里，两位皇帝被废黜和绞死；五位大维齐尔被罢免、斩首或毒死；几位等级低一些的大臣被君士坦丁堡的民众肢解；新军被解散，部分被消灭。所有这些以极快的速度接连发生的大事件，在欧洲被视为具有灾难性后果的可怕革命，将影响未来许多年。然而，土耳其人从中只看到了普通人反抗一个想改变帝国的民事和军事法律的创新型政府的可喜结果。[12]

自17世纪以来，欧洲作家使用法语中的“革命”一词来定义政治秩序激进变化和政府被暴力推翻，无论是否有民众叛乱。18世纪末19世纪初，这个词获得了新的含义。基思·贝克对“革命”概念的分析展示了这一术语的意义在18世纪法国的变化。在早期，“革命”泛指政治秩序中突发的戏剧性事件；之后，它逐渐意指扳倒旧秩序、建立新秩序的单一戏剧性事件。这一时刻被单独提出来，作为一个新政权的转折点，这种政权通过公共意志或民族意志的表达而产生，在历史的普遍轨迹中具有世界历史事件的重要性。[13]

朱舍罗用“革命”来描述政治和社会动荡、突发的戏剧性事件，以及激进暴力的政府变更。然而在他看来，奥斯曼帝国的革命性事件不能脱离其他革命的总体背景。伊斯坦布尔或奥斯曼的革命属于震撼欧洲的诸多革命，它们结束了旧制度，催生上层的改革规划，引发下层民众骚乱。奥斯曼首都的一系列革命并没有产生那种“革命”。然而，朱舍罗将伊斯坦布尔革命置于其历史背景中，解释了为什么这些事件不是短暂的、临时的，不是奥斯曼首都传统的、经常性的斗争导致的新事件。相反，这些相互关联的事件属于18世纪和19世纪初一场其反响超出奥斯曼帝国疆域的更大的战斗，战斗的一方是“开明的”领袖塞利姆三世的改革规划，另一方是腐败的旧制度中的既得利益集团。[14]

朱舍罗不是一个革命者，他既不赞成法国的雅各宾派，也不赞成拿破仑的专制统治。如埃德蒙·伯克一样，朱舍罗是个保守主义者，崇尚改革但厌恶民众的暴力，无论受近卫军还是无裤党领导。19世纪的许多欧洲学者、外交官和历史学家都有意无意地沿袭了朱舍罗对1806年至1808年间诸事件的解释。1908年立宪革命后，奥斯曼历史学家对这种解释提出异议。在革命文献中，塞利姆和巴伊拉克塔尔都被呈现为进步的殉难者，而1826年被马哈茂德二世废除的近卫军则是反动的。[15]这种基于进步力量与反动回应之间持续斗争的解释，在土耳其共和国新政权的意识形态中根深蒂固，并被土耳其历史学家一直沿用。[16]

在本章中，我根据奥斯曼和欧洲的多种资料，提出一种新的叙事史，来解释从埃迪尔内事件到穆斯塔法·巴伊拉克塔尔之死的1806年至1808年危机。我会在这一叙事中重新探讨革命年代的几个主题。但在理解危机背后的大背景和一些结构性原因的同时，读者务必记得本书前面的章节，并回想起拿破仑时期欧洲战争和外交的大背景。

无论奥斯曼还是欧洲的历史学家，都把1806年至1808年间发生的事件看作新旧之间的冲突。[17]近卫军（及其盟友）代表了旧；在塞利姆三世和穆斯塔法·巴伊拉克塔尔领导下蓬勃发展的改革派则反映了新，“新秩序”这一名称就是其缩影。“新”意味着采用西方的方式和制度，而“旧”则是对这些适应性变化的反动。关于 1806 年至 1808 年事件的主流叙事认为，新（秩序）失败的原因是其倡导者缺乏准备（萨尼扎德）、轻率（杰夫代特）、变得腐败（阿希姆和杰夫代特）、不受欢迎（朱舍罗）。这种思路在许多方面继续形塑着 20 世纪的现代史学。

本章——以及本书从总体上——对这种二元的线性描述进行了修正。首先，如前所述，新秩序与近卫军之间的斗争远比简单的新与旧、变革与反动、西方与东方之间的冲突复杂得多。正如第一章讨论的，围绕着近卫军的旗帜组织起来的反对派，在奥斯曼社会的不同部分有着深厚的政治和文化根基。17 世纪和 18 世纪，隶属于近卫军的人数在伊斯坦布尔和各省都有增长。这些人融入城市和乡村经济，其民事身份与军事身份之间的界线逐渐变得模糊。18 世纪末，新的群体——主要是新的单身移民，他们从事例如看门人和划船工之类的职业，垄断了城市经济的下层——获得了近卫军的接纳。因此，反对改革的近卫军并非只代表军队，更代表奥斯曼社会中规模更大、更多元的部分。军事改革有着这样一个目标，不仅要招募新兵，建立一支纪律严明、训练有素的新军，还要通过新的管控和规训措施来重塑城市社会，而社会各部分对此都抱持敌意。

事实证明，近卫军的政治技巧同样重要。在此前两个世纪的无数次抗议和叛乱中，近卫军成员已经开始将他们的要求转化为一种代表一般公众的无所不包的语言。近卫军声称不仅代表军团利益，而且代表秩序、法律、既得权利和特权。作为奥斯曼秩序的支柱之一，他们培育了一种政治文化，以公共话语来架构他们的抗议。这种将特定要求与一般主张相结合的能力，使近卫军能够在危机时刻动员城市大众。我认为，近卫军对新秩序的反对，当然是保守派的反对，但也是民粹的、大众的。近卫军将自身呈现为权利的保护者，专制或腐败的反抗者。

我还修正了关于事件参与者的传统论点。大多数叙事都将危机描述为新秩序与近卫军两方之间的斗争。但其实任何一方都不是铁板一块。双方都存在与对方阵营中的团体结盟的派系。此外，其他行动者，包括外国人和奥斯曼人、宗教和非宗教人士，也都参与了事件。在革命年代，在风起云涌的政治和外交气氛中，随着同盟关系不断变换，法、俄、英、奥的外交使团成为奥斯曼国内政治的一部分。然而，整个事件不是以对偶方程的形式，而是以三角方程的形式展开的。因为在这一过程中，外省显要对其共同利益产生了政治意识，从而构成了可以说是冲突中的第三方；冲突始于1806年至1808年，外省显要与近卫军联盟那时在埃迪尔内羞辱新秩序，引发后者在1807年崩解。但新秩序垮台后，态势发生了变化。近卫军－外省显要联盟让位于显要和新秩序之间的联盟。后一联盟在穆斯塔法·巴伊拉克塔尔的领导下，于1808年8月发动政变，推翻近卫军领导的复辟政府，并起草了《同盟誓约》。誓约旨在调和新秩序与外省实权派的意见。外省显要承诺支持军事改革，而作为回报，他们的地位、职位及财富将得到保证。更重要的是，誓约邀请外省王朝成为帝国的积极参与者，承担完全责任。这将是一个新的帝国。

1806年8月—1808年11月

1806年8月的埃迪尔内事件

1806年8月，在距离伊斯坦布尔100英里、属于色雷斯地区的外省城镇埃迪尔内，一个由外省实权派和社群组成的联盟阻止新军进入巴尔干，这一事件引发了帝国的危机。新军士兵从安纳托利亚的农民中招募而来，由新秩序的设计师之一卡迪·阿卜杜勒–拉赫曼帕夏指挥。他们在伊斯坦布尔郊区的军事基地集结，准备向贝尔格莱德进发，以平息近卫军同塞尔维亚显要之间的冲突。但巴尔干的外省豪强也征集和派出了不同的军事力量在埃迪尔内集结，由埃迪尔内的阿扬达蒂维兰奥卢·穆罕默德担任临时指挥官。[18] 而根据英国驻布加勒斯特领事的报告，巴尔干的 186 名显要已联合他们的军队，签署了一份正式协议，打算共同行动以反对新秩序，推翻塞利姆的统治，拥立他的堂弟穆斯塔法四世。虽然我们无法确认这个据说是由若干实权派签署的协议的真实性，但我们知道这个集团中包括非正规部队、主要的区域性势力派出的雇佣兵以及当地的近卫军。在整个区域内以及伊斯坦布尔，无论是奥斯曼还是外国的学者都注意到，虽然埃迪尔内的阿扬担任集团的指挥官，但他身后站着两个著名的实权派，即鲁塞的伊斯梅尔和塞雷的伊斯梅尔。[19] 根据宫廷历史学家米特吉姆·艾哈迈德·阿希姆的说法，鲁塞的伊斯梅尔看似支持新秩序，实则与伊斯坦布尔的一个小集团结盟，策划反对塞利姆三世。

8 月，新军同巴尔干显要的军事集团在埃迪尔内城外举行了会晤。一场新军同巴尔干各省实权派联盟之间的区域性战争迫在眉睫。埃迪尔内和邻近城镇的社群也参与了这次交锋。发往伊斯坦布尔的报告告知中央，军粮供应者和色雷斯各集团之间发生了几次小规模冲突。[20] 寄给塞利姆三世的一份函件指出："埃迪尔内各社群结成一个同盟，处处反对卡迪·阿卜杜勒–拉赫曼。"[21] 政府担心如果危机蔓延到首都中心，这一同盟会在伊斯坦布尔引发对新秩序的反抗。伊斯坦布尔业余历史学家加比先生听到了城内咖啡馆里流传的消息。他报告说，色雷斯各社群共同宣布："这件事是不可接受的。我们不同意在本区域建立新秩序。如果国家打算在埃迪尔内为新军修建军营，并向我们招募士兵，我们不会答应。”[22]政府旋即关闭了几十家咖啡馆，以阻止有关埃迪尔内事件的信息流布。阿希姆写道，埃迪尔内事件表明，反对新秩序的并不限于伊斯坦布尔和中央近卫军。相反，这是一个帝国范围内的普遍现象，有可能引发整个帝国的激变：

> 组建这个［军事］集团的人似乎来自该地区。但实际上，鲁米利亚、波斯尼亚、阿尔巴尼亚、伊斯坦布尔和安纳托利亚的大多数人，都遭受过至高国家［即新秩序］的压迫。因此，他们基本上都与这一集团结盟，赞同他们的事业。仿佛鲁米利亚、安纳托利亚和伊斯坦布尔的每个人都联合了起来。[23]

8月中旬危机达到高潮时，据称是显要联盟幕后领导人的鲁塞的伊斯梅尔，在其位于鲁塞附近的农场，被最亲密的同伴之一暗杀。[24]伊斯梅尔素来与新秩序相善，是新秩序在该省的关键行动者之一，在提供安全、征税、参与打击难以驯服的实权派以及履行各种服务方面，都发挥了重要作用。但是，就像与其他幕后领导人以及几个当地社群一样，他坚决反对新军对巴尔干的渗透。在给外交部长塔列朗的便函中，新近法国驻伊斯坦布尔大使奥拉斯·塞巴斯蒂亚尼——拿破仑派他来鼓动奥斯曼同法国联手对抗英俄——指出，鲁塞的伊斯梅尔有能力从他所在地区的当地显要中纠集一支8万士兵的军队，而且有传言说他计划与近卫军和其他人联手，在伊斯坦布尔发动一场反对新秩序的政变。[25]新秩序派欣喜地得知了伊斯梅尔被刺杀的消息，而对于反新秩序联盟来说，这是一个打击。

尽管伊斯梅尔死了，塞利姆三世还是命令新军撤回到伊斯坦布尔的营地。在奥斯曼的圈子里，官员们公开宣称塞利姆为防止内战大度地撤回了军队。[26]但事实上，新秩序在埃迪尔内受到了羞辱，卡迪·阿卜杜勒－拉赫曼和塞利姆三世不想冒被巴尔干显要大败的风险。[27]

正是因为另一位实权派塞雷的伊斯梅尔——他在埃迪尔内军事集团与新秩序指挥官之间斡旋——双方才达成了一份协议。[28] 与此同时，中央政府正式指控鲁塞社群是反新秩序联盟的一部分，并要求其公开签署一份许诺，保证不再参与这种反叛行动。[29] 新军撤走了，但这个事件帮助塞利姆发现了政府中可能与反新秩序派合作的人。他解除了大维齐尔哈菲兹·伊斯梅尔和大穆夫提艾哈迈德·埃萨德的职务。这一事件也向新政权和军队展示了反对派的规模及其社会基础。塞利姆三世和他的同伴意识到，通过各种网络、同盟和关系，以及分布在咖啡馆、公共浴池和理发店的信息网，反对派的力量很容易从伊斯坦布尔扩散到各省。这个事件也表明，作为帝国的两翼，巴尔干和安纳托利亚的显要们对新秩序持不同立场。新军主要由安纳托利亚的两大家族——恰潘家族和卡拉奥斯曼家族——组建，主体由安纳托利亚的青年农民构成。在寄给塞利姆的关于埃迪尔内事件的便函中，一位军官指出，鲁米利亚人和安纳托利亚人互相敌对。[30]

俄土战争及穆斯塔法·巴伊拉克塔尔的崛起（1806 年秋）

埃迪尔内事件发生时，奥斯曼和俄罗斯两大帝国正陷入外交危机中。这场将点燃巴尔干边境 6 年战火的外交危机，其核心是奥斯曼两大公国——瓦拉几亚和摩尔达维亚（今罗马尼亚）的地位问题。自 1711 年以来，瓦拉几亚和摩尔达维亚享有特殊的行政地位，由苏丹在伊斯坦布尔任命的大公（hospodar）或督军治理，他们是希腊显赫家族的成员。对奥斯曼帝国来说，这两个公国不仅可以作为缓冲区抵挡北方俄国的威胁，还是伊斯坦布尔的粮食供应中心。而对于俄国来说，它们自然成了在奥斯曼巴尔干推行扩张政策的目标。俄国宫廷同垄断公国治理的法纳尔人以及罗马尼亚本土的波雅尔[1]都建立了关系。在法国远征埃及（1798）后，奥斯曼和俄国不可避免地建立反法同盟，塞利姆三世在俄方支持下，于1802年分别任命亲俄的希腊法纳尔人康斯坦丁·伊普希兰蒂和亚历山大·穆鲁齐斯为瓦拉几亚和摩尔达维亚的督军。[31]在1806年8月的埃迪尔内事件中，塞利姆将两人免职。伊普希兰蒂被指控与埃迪尔内的叛乱分子勾结。[32]确实，伊普希兰蒂是鲁塞的伊斯梅尔的支持者这一点，已不是什么秘密。[33]但免职的原因不仅仅是埃迪尔内事件。在许多奥斯曼和外国学者看来，是法国特命全权大使塞巴斯蒂亚尼——他于埃迪尔内正处危机之中的8月抵达伊斯坦布尔，被拿破仑派来重建两国同盟——劝服塞利姆清除政府中的亲俄派。[34]从1805年年末开始，为对抗英国和俄国，拿破仑试图恢复与奥斯曼的盟友关系，[35]并写信给塞利姆“提醒”他留心奥斯曼政府中的俄国派。[36]对许多学者来说，塞巴斯蒂亚尼是塞利姆决定除掉督军和其他所谓亲俄官僚的幕后推手。[37]

两次危机——撼动巴尔干新秩序的埃迪尔内事件，以及伊斯坦布尔因瓦拉几亚和摩尔达维亚而发生的外交战——交叠在一起。对于两位督军被撤，俄国和英国驻首都的大使表示了抗议。奥斯曼的主政者认为，如果没有在埃迪尔内被巴尔干显要联盟阻拦的新军参加，巴尔干的战争将很危险。此外，英国的强硬回应表明，如果战争打响，它在地中海的舰队可能会加入，并与俄国军队携手。这太危险了。为应对这一威胁，塞利姆重新任命了两位督军。但为时已晚。10月，沙皇命令德涅斯特河边的俄军指挥官米切尔森将军占领比萨拉比亚、摩尔达维亚和瓦拉几亚。10月19日，约3万俄军渡过德涅斯特河。伊普希兰蒂加入俄军，随同他们前往布加勒斯特。与此同时，米切尔森派

---

[1] 仅次于大公的头衔。

代理人带着大量资金前往贝尔格莱德。[38] 塞尔维亚的显要们宣誓“与俄罗斯人一起为信仰、真正的十字架和俄罗斯正教圣杯而战”。[39]

穆斯塔法·巴伊拉克塔尔正是在这样的国内、区域和国际背景下崛起的。1765 年，他出生于鲁塞附近一个下层市民家庭。像他的父亲一样，他在年轻时就成了鲁塞当地的一名近卫军。[40] 他参加了 1787 年至 1792 年的俄土战争，其间被近卫军授予巴伊拉克塔尔 / 阿莱姆达尔 [1] 的称号。1790 年代后期，巴伊拉克塔尔加入了鲁塞的伊斯梅尔的随从队伍，这一举动改变了他的一生。1801 年，奥斯曼外交官、未来的外交大臣加利布前往巴黎时，中途在鲁塞遇到巴伊拉克塔尔，这是他的名字第一次被伊斯坦布尔的帝国圈子听到。加利布向伊斯坦布尔方面介绍说，巴伊拉克塔尔是伊斯梅尔最亲密的伙伴，一个桀骜不驯的人物。[41] 奥斯曼的主政者急于收集各省新秀的信息，他们可能是有用的盟友，也可能是危险的威胁。我们很快就会看到，巴伊拉克塔尔和加利布的早年相遇具有战略意义，因为加利布后来将会加入巴伊拉克塔尔领导的鲁塞之友委员会，该委员会发动了 1808 年 9 月在伊斯坦布尔的政变。1802 年至 1803 年，巴伊拉克塔尔带领伊斯梅尔的人马与帕兹万特奥卢作战。他以斩获土匪头子、帕兹万特奥卢的亲信马纳甫·易卜拉欣的首级赢得声誉。作为回报，巴伊拉克塔尔被授予帝国门卫长（ḳapıcıbaşı）称号，并得到时任瓦拉几亚督军康斯坦丁·伊普希兰蒂的青睐。[42] 不久后，在伊斯梅尔的支持下，鲁塞邻镇拉兹格勒选举巴伊拉克塔尔为他们的阿扬。[43]1806 年 8 月中旬伊斯梅尔被暗杀后，鲁塞社群邀请巴伊拉克塔尔到该城，选举他为他们的阿扬，并向中央发出集体请愿书，请求确认对他的任命。[44]

在鲁塞社群的请愿书送达伊斯坦布尔之前，帝国国务会议已获悉

---

[1] 巴伊拉克塔尔（Bayraktar）和阿莱姆达尔（Alemdar）这两个名字都是“掌旗官”的意思。

曾为已故的伊斯梅尔工作的放债人马努克寄出了一份便函，他在当中告诉伊斯坦布尔的合伙人，该地的 41 名显要来到鲁塞，宣布服从巴伊拉克塔尔，而不是他的竞争对手佩赫利万·易卜拉欣阿迦（即未来的巴巴帕夏），后者是鲁塞的伊斯梅尔的另一个亲信。与此同时，巴伊拉克塔尔派特使去伊斯坦布尔向政府保证，如果自己的阿扬地位得到承认，他将与新秩序合作，并将伊斯梅尔那笔据说十分丰厚的遗产没收给国家。[45] 关于巴伊拉克塔尔的任命，帝国国务会议进行了许多讨论。[46] 在与俄国开战前夕，多瑙河区域的城市鲁塞是奥斯曼巴尔干的战略要地之一。如果该地区有一个强有力的、受欢迎的、忠于政府和新秩序的阿扬，那将对伊斯坦布尔的新秩序派非常有利。“不像他已故的主人，他是一个理性的、忠诚的人。”提交给塞利姆的一份便函称。[47] 巴伊拉克塔尔当选阿扬可能是最好的方案，因为他的权力得到了选民公开、强烈的支持。由于埃迪尔内事件、伊斯梅尔被暗杀以及奥斯曼同俄国发生冲突的可能性，该地区的局势已经很紧张，撤销巴伊拉克塔尔的职务将给这个不稳定的地区带来更多麻烦。塞利姆给巴伊拉克塔尔寄了一封信，承认了他的阿扬身份。[48]

从 1806 年 8 月到 1807 年 3 月，巴伊拉克塔尔从鲁塞阿扬晋升为多瑙河军队的指挥官和奥斯曼巴尔干最显赫的豪强。这种崛起的速度让许多学者感到惊讶。一位英国外交官写道，巴伊拉克塔尔“是一个大胆而有进取心的人，出身底层的他凭着才能和勇气，跃升为军队指挥官，并在对俄战争中扬名”。[49] 这是怎么发生的？在当选为鲁塞阿扬、取代伊斯梅尔之后，巴伊拉克塔尔让他的人在邻县担任阿扬，借此扩大他的势力范围。不久，他攻占了另一个多瑙河沿岸城市锡利斯特拉，管辖着这里的耶勒克奥卢·苏莱曼曾是伊斯梅尔在该区域的主要竞争对手。苏莱曼逃到了俄国人控制的地区，巴伊拉克塔尔让他的属下萨蒂奥卢当选为锡利斯特拉的阿扬。他在给政府的信中宣称：“锡利斯特拉社群不想要耶勒克奥卢当阿扬，他们已经选举了萨蒂奥卢。”[50]虽然巴伊拉克塔尔通过消灭潜在的竞争对手以及当地社群选出的人，扩大了其在保加利亚北部的势力范围，但他需要更多有利可图的、能创造收入的封地。环绕保加利亚中部的中世纪城镇特尔诺沃及周边地区就是这样一个地方。特尔诺沃人口众多，拥有肥沃的农业腹地，其居民大部分是保加利亚人，此外还有希腊人和犹太人，人头税很可观。获得特尔诺沃可以增加巴伊拉克塔尔的财富。[51]然而，中央到后来才将特尔诺沃授予他，以回报他在对俄战争中的贡献。[52]

所有这些举措都需要相当强的财务能力。与其他从事治理业务的权力企业家一样，巴伊拉克塔尔试图通过金融家在金融市场获得信贷。正如我在第二章简要介绍过的，他与信奉天主教的亚美尼亚金融家马努克建立了密切的合作关系，后者曾与鲁塞的伊斯梅尔合作。[53]马努克在瓦拉几亚、摩尔达维亚和伊斯坦布尔均有商业合伙人，在俄国也有关系。他与伊普希兰蒂家族走得很近，并被瓦拉几亚督军康斯坦丁·伊普希兰蒂授予礼节性的贝伊头衔，这样他就可以成为瓦拉几亚的波雅尔，尽管他是亚美尼亚人。[54]鲁塞的伊斯梅尔被杀后，马努克不仅通过其合伙人在伊斯坦布尔为巴伊拉克塔尔游说，还协助没收伊斯梅尔的遗产。凭着马努克提供的定金，巴伊拉克塔尔得以出大价钱购买遗产并最终得手。[55]

当巴伊拉克塔尔在多瑙河畔的保加利亚巩固势力时，俄国人继续从北方发动袭击。苏丹的新军在埃迪尔内事件后，已于9月初返回安纳托利亚。在该区域的多瑙河军队主要由近卫军和巴尔干主要显要提供的非正规军组成。战斗与宣传战同时进行。俄国人对埃迪尔内事件后盛行的反新秩序情绪了如指掌。在向当地的近卫军和社群进行宣传时，米切尔森将军试图把法国和新秩序联系起来，称俄国的目标是保护奥斯曼帝国和近卫军免受拿破仑和新秩序的破坏。他也和巴伊拉克塔尔进行了接触。[56]

与此同时，在竞选鲁塞阿扬时失利的佩赫利万·易卜拉欣阿迦同意接受巴伊拉克塔尔的领导，尽管可能并不十分情愿。他来到伊兹密尔（今乌克兰西南部）的战略要塞，依靠从其他当地显要那里征集来的兵力，建立了一个对抗俄军的据地。米切尔森向巴伊拉克塔尔和佩赫利万宣扬沙皇的“正义动机”，提出结盟。[57]与伊普希兰蒂和耶勒克奥卢一样，如果巴伊拉克塔尔转而加入俄军，将改变多瑙河前线的冲突态势。不过11月，佩赫利万从鲁塞出发，跨越多瑙河，组织了一次对久尔久俄军的袭击。[58]佩赫利万的胜利提高了他的声望，现在他被称为佩赫利万巴巴阿迦。而作为他的恩主，巴伊拉克塔尔在向奥斯曼中央政府争取财务支持和军事装备时，也拥有了更多的谈判筹码。关键因素是，作为该地区唯一可行的实权者，巴伊拉克塔尔有能力调动该区域的军队对抗俄国人。[59]

在主动攻击俄军的旅队而非接受米切尔森的合作提议后，巴伊拉克塔尔的崛起改变了巴尔干的权力态势。12月，巴伊拉克塔尔和他的对手、刚被塞利姆三世赦免的维丁强人奥斯曼·帕兹万特奥卢结盟，沿多瑙河建立联合战线，这在外交圈子掀起了波澜。[60]一份寄往巴黎的报告说，帕兹万特奥卢和巴伊拉克塔尔同意在奥斯曼巴尔干建立一个“邦联”。[61]荷兰莱顿颇受欢迎的《政治报》宣布了两位豪强的联手：

> 俄国人进入摩尔达维亚的消息在土耳其边境激起了愤慨。多瑙河畔的所有［奥斯曼］指挥官都在集中精力，设法阻止俄国人的进军，保卫奥斯曼帝国。鲁塞阿扬、蒂尔西尼克利家族［鲁塞的伊斯梅尔］权力的继承者穆斯塔法·巴伊拉克塔尔乃英勇之人，他把部队调到布加勒斯特，以助瓦拉几亚抵御俄国人，而维丁帕夏［奥斯曼·］帕兹万特奥卢也让一支1.2万人的军团进入公国，

同穆斯塔法·巴伊拉克塔尔的部队汇合；素来不和的两位领导人摒弃前嫌，提出联合防御……其他省的帕夏也将加入这一大规模防御战略。[62]

《政治报》的报道展示了奥斯曼巴尔干的显要政治是如何成为这场将奥斯曼、俄罗斯、法、英诸帝国卷入其中的国际危机的重要因素的。听到豪强们联合保卫帝国的消息后，或许也受到了塞巴斯蒂亚尼对恢复土法盟约的怂恿，1807 年 2 月帝国国务会议宣布对俄国发动圣战。奥斯曼公众被告知，他们的宗教和国家的敌人攻击了奥斯曼的土地，从俄国手中夺回克里米亚的机会来了。[63]

1807 年 1 月底，帕兹万特奥卢在维丁去世，其追随者之间发生争端。之后，维丁的显要们提名帕兹万特奥卢的司库毛拉·伊德里斯来接替他，并向帝国国务会议请愿，要求任命其为维丁的守护者。[64] 与巴伊拉克塔尔的上位一样，当地社群推选了伊德里斯，而伊德里斯派出特使前往伊斯坦布尔为自己游说，传达他将与新秩序合作的信息。他还出价 100 万库鲁购买帕兹万特奥卢的遗产。[65] 在对俄战争还在进行的情况下，改变边疆政治的态势绝非慎重之举，塞利姆三世于是承认了伊德里斯的任命。到 1807 年初，在鲁塞的伊斯梅尔和奥斯曼·帕兹万特奥卢去世后，他们的追随者巴伊拉克塔尔和伊德里斯，通过类似的社群提名程序，夺取前恩主的遗产，在伊斯坦布尔和外交圈子游说，接管了他们的地区。法国政府很快就派出梅里亚热先生和拉马尔先生两位特使分别前往维丁和鲁塞，与这两位崛起于多瑙河畔的区域豪强建立直接联系。法国甚至提出在 3 月向维丁和鲁塞分别派出 2.5 万人和 3 万人的部队，以保卫多瑙河边境。但巴伊拉克塔尔和伊德里斯都拒绝了这一提议。[66]

战争为外省豪强提供了新机会，使他们可以同新秩序派领导的奥斯曼政府谈判，以争取权力和荣耀。新秩序精英中的领军人物贝希奇先生原籍鲁塞，1807 年 2 月他被中央政府派去劝说巴伊拉克塔尔接受锡利斯特拉总督的职位和维齐尔的头衔，以指挥多瑙河前线。[67] 根据历史学家阿希姆的说法，“显然有必要任命一位强有力的维齐尔到多瑙河去。然而，穆斯塔法·巴伊拉克塔尔不会接受一个强加给他的维齐尔头衔。此外，塞利姆很欣赏巴伊拉克塔尔的资历和能力。因此，将这一职位授予巴伊拉克塔尔是合适的”。[68] 呈给苏丹的一份便函指出，只有把锡利斯特拉授予他，巴伊拉克塔尔才会接受这一提议。1807 年 3 月，在确保自己获得了特尔诺沃县之后，巴伊拉克塔尔接受了这一交易，被任命为多瑙河指挥官和锡利斯特拉总督，头衔为维齐尔。[69] 任命书在鲁塞法院向当地社群宣读。仪式结束后，任命书副本被送到其他多瑙河畔城市的法院。[70] 这是巴伊拉克塔尔事业的一个重大进展。当塞利姆得知巴伊拉克塔尔接受了职务时，他写道：“愿真主保佑他，让他为国家服务时取得成功。”[71] 到 1807 年 5 月，巴伊拉克塔尔得以巩固其作为锡利斯特拉总督和多瑙河军队指挥官的权力。[72]

英国事件与巴尔干强人的动员（1807 年 1—4 月）

俄土战争有可能使得欧洲的联盟重组。因此，对英国来说，当务之急是维持奥斯曼帝国的中立。与俄国的战争会促使奥斯曼人与拿破仑结盟。此外，这样一场战争将严重打击英国对奥斯曼埃及的政策。1801 年法军在埃及被土英联军击败后，来自卡瓦拉的阿尔巴尼亚强人穆罕默德·阿里指挥奥斯曼军队中的阿尔巴尼亚非正规军，在法国撤军后夺回埃及。他在开罗的内乱中掌权，出人意料地在 1805 年赢得总督职位。英国打算通过与新总督建立关系来维持其在埃及的有利地位。一场与奥斯曼帝国的战争无助于英国的埃及政策。[73] 英国首相小威廉·皮特要求英国驻伊斯坦布尔大使查尔斯·阿巴思诺特尽最大努力防止战争爆发以及土法缔约。但大使要求奥斯曼政府驱逐塞巴斯蒂亚尼的做法激怒了奥斯曼人，他们认为这种要求不合外交规矩。[74]当时的一位学者埃布·贝基尔先生在谈到阿巴思诺特时写道："这个执拗的英国人真是疯了，坚持[这种不可能的要求]。"[75]1807年2月，当阿巴思诺特显然已经无法通过外交阻止战争发生时，一支英国分舰队在海军上将约翰·达克沃思爵士的指挥下穿过达达尼尔海峡，停泊在王子群岛附近，把大炮对准伊斯坦布尔，以宣示武力。[76]

英国舰队的这次突然入侵在伊斯坦布尔引发了10天的骚动和恐慌，当地居民称之为"英国事件"。[77]炮击迫在眉睫，而该城防御工事薄弱，又缺乏有效的地面火炮击退海上进攻，很容易受到攻击。在与苏丹会晤后，[78]塞巴斯蒂亚尼宣布法国准备调动一切可能的手段，包括法国和西班牙的工兵，来协助伊斯坦布尔作对抗准备。[79]一周之内，在法国和西班牙工兵的技术援助下，伊斯坦布尔的居民、近卫军、炮兵和海军以超乎寻常的热情加固了城防。[80]要塞总工程师安托万·朱舍罗·德圣但尼在描述这些暴风骤雨般的日子时，称"民众的热情改变了[心存顾虑的]大臣们的态度"。[81]与此同时，奥斯曼当局开始同英国指挥官及大使进行谈判。奥斯曼人试图争取更多时间来完成防御工事。奥斯曼代表告诉阿巴思诺特，如果军舰接近该城，政府就无法保护在伊斯坦布尔的英国臣民免受民众的骚扰。阿巴思诺特能拿城内数百名英国臣民的生命冒险吗？谈判还在继续，达克沃思并没有下令进攻。[82]

3月1日，英国分舰队离开伊斯坦布尔。有人认为，达克沃思没有获得快速进攻和撤退所需的顺风。达克沃思很不走运，也许是错失了时机。而奥斯曼人则成功地一边让英国人忙于谈判，一边加强城市的火炮防御。然而，英国是否真的打算炮击伊斯坦布尔，这一点并不清楚。最终，英国政府不想与奥斯曼人开战，尤其在拿破仑成功东征期间。不管什么原因，这都是英国军事外交的一次失败。英国事件强化了土法联盟以及塞巴斯蒂亚尼在伊斯坦布尔的地位。[83] 英国事件主要影响到的是伊斯坦布尔的居民。在混乱和恐慌之后，居民们动员起来为城市备战。近卫军成员和平民都全副武装。[84] 数千名被称为“yamaḳ”的边防兵被从黑海各省调来。[85]“我听说伊斯坦布尔人民都武装起来了。街头公告员正在鼓动他们，”塞利姆写信给帝国国务会议，“人们可能希望两支配备大炮的舰队之间会有一战。他们不做自己的营生，却带着火器在城里巡视，这是不对的。”[86] 塞利姆的担心是有道理的。同埃迪尔内事件一样，英国事件也导致了伊斯坦布尔的民众政治化和武装化。对许多人来说，正是新秩序犹豫不决和心存顾虑的政策，才使得威胁如此迫在眉睫。在城市的咖啡馆里，人们嘲笑新秩序的无能主政者是法国大使的傀儡。伊斯坦布尔人民的动员、军事化和政治化是即将到来的革命的前奏。

英国事件后，对俄战争显然无可避免。3 月，奥斯曼政府开始在巴尔干和安纳托利亚集结军队，以在多瑙河边境部署。帝国军队由近卫军和其他正规军组成，在大维齐尔科奇博伊努祖・希勒米・易卜拉欣帕夏和近卫军首领佩赫利万阿迦（不是佩赫利万・易卜拉欣巴巴阿迦）的指挥下，驻扎在埃迪尔内的军营。3 月下旬，安纳托利亚两大家族——恰潘家族和卡拉奥斯曼家族——派出的部队加入其中。[87] 补给工作被委托给塞雷的伊斯梅尔和约阿尼纳的阿里帕夏。[88] 时任多瑙河部队指挥官和锡利斯特拉总督的穆斯塔法・巴伊拉克塔尔，从鲁塞来到埃迪尔内迎接军队。[89]

帝国军队的核心主要包括来自伊斯坦布尔和巴尔干一些地区的近卫军。驻扎在多瑙河沿岸的部队主体，则由巴尔干和安纳托利亚的6个区域豪强控制：穆斯塔法·巴伊拉克塔尔、佩赫利万·易卜拉欣巴巴阿迦、维丁的伊德里斯、塞雷的伊斯梅尔、卡拉奥斯曼家族和恰潘家族。有些部队是这些人和家族的亲随。其他则是在县阿扬和督军的指挥下组建的部队。一些鞑靼人的部队由克里米亚的盖拉伊家族指挥，他们自1782年俄国吞并克里米亚汗国起就在巴尔干定居。波斯尼亚总督许斯雷夫帕夏则带了由被称为卡普丹的波斯尼亚显要们指挥的几个分队。[90]

集结的兵力中并不包括新秩序的改革军。此前一年，新军在埃迪尔内受到实权派和近卫军联盟的阻挠，并没有加入帝国军队。他们留在伊斯坦布尔的莱文特和于斯屈达尔军营，该城刚刚遭到英国舰队的突然入侵。到5月，俄土战争已经开始。伊斯坦布尔还在为几个月前的英国事件而焦躁。在经历了多瑙河畔的战争和英国人的封锁后，城里的仓库只剩极少的小麦能供给面包店，也没多少肉可供给肉铺。分发给穷人的面包质量急剧下降，咖啡、橄榄油和大米纷纷短缺。[91]

新秩序的垮台（1807年5—6月）

1807年5月底，帝国首都发生了一起在许多方面都出人意料的戏剧性事件：在一次民众叛乱中，新秩序倒台，塞利姆遭废黜。这次叛乱因其领导人之一为卡巴克彻奥卢·穆斯塔法而被命名为卡巴克彻叛乱。它是由一群边防兵在博斯普鲁斯海峡的北角挑起的。短短一周内，这次小规模叛变就激起了大规模的城市哗变，引发成千上万的市民和近卫军参与反对新秩序。[92] 哗变的导火索是军官们强迫边防兵加入新军，他们本在离伊斯坦布尔中心 30 英里的鲁米利灯塔守卫博斯普鲁斯海峡北口。这些边防兵大多是最近在英国事件期间从黑海沿岸调到伊斯坦布尔来的。但在很短的时间内，他们就以辅助部队的身份加入近卫军，并与城内一些跋扈的近卫军混在一起，埃迪尔内事件后，这些人曾在经常出入的公共场所公然批评新军。5 月初，被派往鲁米利灯塔的军官召集边防兵穿上新军的蓝红军装，每天进行操练。有人认为这种行为是公然挑衅或者说愚蠢的错误，因为自从英国事件及随后的城市经济困难时期以来，近卫军辅助部队和新秩序之间的关系变得更加紧张。当边防兵拒绝遵守命令，军官和边防兵之间的争端变成了一场小冲突。

边防兵——也许是意外——杀害了前奥斯曼驻伦敦外交官兼外交事务大臣马哈茂德·拉伊夫，后者是新秩序的一名主要成员，这使得新秩序和近卫军之间的冲突彻底爆发。拉伊夫的遇害令政府惊愕。明显的对策是从莱文特和于斯屈达尔派出一些新军。经过几次会议，帝国国务会议决定不用新军镇压兵变，因为有人认为那将会在城市中激起反对新秩序的情绪。相反，帝国国务会议选择将事件控制在鲁米利灯塔，以平息焦虑。[93] 大多数奥斯曼和欧洲的叙事都认为，在这种紧张的气氛中，政府内部的一个小集团——包括副大维齐尔柯塞·穆萨、大穆夫提阿塔乌拉和穆斯塔法亲王的宫廷智囊团成员——秘密计划废黜塞利姆，将新秩序派从政府中清除出去。依据历史学家穆斯塔法·内吉布的观点，帝国军队同几名内阁成员一起前往埃迪尔内，这造成了权力真空，为穆斯塔法亲王的小集团提供了有利环境。学者如朱舍罗和阿希姆，以及后来的历史学家杰夫代特都认为，这个小集团暗中挑衅了边防兵。[94]

我们不能肯定兵变从一开始就是一个精心策划和互相配合的阴

谋，但它逐渐变成了一场有组织的叛乱。5 月 26 日，边防兵开始沿着博斯普鲁斯海峡向伊斯坦布尔进军。他们在沿途的不同地点停留，邀请各个社群、近卫军成员和市民加入队伍。在大溪谷（Büyük Dere），众人举行了一次会议来讨论他们的目标，并成立了一个委员会来加以领导，30 多岁的军士卡巴克彻奥卢 · 穆斯塔法被选为他们的发言人。卡巴克彻奥卢生于黑海地区，可能是卡斯塔莫努，但已经在伊斯坦布尔待了好些年。选举后众人进行了集体宣誓：发誓要摧毁新秩序，但不波及一般公众。[95]

大溪谷会议确立了领导层，讲明了条件，巩固了叛变的话语。当进军再次开始时，由于船夫、搬运工、无业单身汉等各种群体的加入，队伍成倍壮大，这场兵变已经不再是边防兵对中央当局的反叛了。随着叛变的话语超越边防兵或近卫军的团体利益，反叛者发展出了为普通人代言的要求。[96]

5 月 27 日下午的晚些时候，一群人占领了伊斯坦布尔的肉广场（Et Meydanı），这块靠近近卫军军营的空地几个世纪以来，一直是由近卫军领导的抗议活动的历史性论坛。近卫军在附近的苏莱曼尼耶清真寺与边防兵商议数天之后达成协议，并启动了早期近卫军反叛的古老仪式。当大锅作为近卫军反叛的古老象征被运来展示在肉广场，那一刻边防兵叛乱就变成了一场遵循 17 世纪以来早期反叛惯例的近卫军示威。[97] 当人群膨胀到数千人，且加入了来自街区的新参与者后，政府要想在市中心不动用暴力就平息叛乱已为时太晚。“除了已同边防兵联合起来的伊斯坦布尔的近卫军和军械士，”穆斯塔法 · 内吉布指出，“还有好多自称近卫军的人加入他们的行列，以发泄恶意。”[98] 但加比强调，叛乱的领导层很关切叛众的纪律、名誉和道德地位。“妇女和儿童，年轻人和老年人，甚至妓女，都聚集在肉广场上，但没有人敢骚扰妇女，连口头上的都不敢。”[99] 叛众的道德地位因叛乱的领袖们对人们的财产、生命和荣誉安全的保证，而得到进一步巩固。领袖们要求店主照常营业。加比提到了几个领袖对叛乱进行规训的戏剧性事件。在一个事件中，一个边防兵买了一个硬面包圈，但只付了一半的价钱。卖主投诉后，委员会当场处决了那名有罪的边防兵，“以示对人民的公正”。[100]

在这类事件发生后，委员会发表声明，禁止未经会议同意便执行处决。[101] 但是，叛乱仍需作为最高宗教和法律权威的学者阶层或乌理玛加以正当化。通过大穆夫提阿塔乌拉——此人据称是阴谋的煽动者之一——委员会得到一些乌理玛成员的支持，其中有几位反对新秩序，而其他一些则充当了政府和群众之间的调解人。得知叛乱的参与度之高后，塞利姆意识到自己正在失势，于是宣布他将废除新军和新国库。[102] 群众欢呼雀跃，庆祝塞利姆发布的谕令。但塞利姆的行动未能结束叛乱。在一些乌理玛成员的支持下，群众现在要求处决新秩序派的关键人物。委员会准备了一份集体请愿书，其中列出了 11 位新秩序派领导人的名字，包括：易卜拉欣 · 内西姆；新国库主管艾哈迈德贝伊；塞利姆的秘书，另一位艾哈迈德贝伊；负责军械厂的易卜拉欣先生；负责粮食的梅米什先生；负责造币厂的埃布 · 贝基尔先生。[103]

随着反叛的目标不断扩大，卡巴克彻奥卢将矛头指向新秩序的粮食管理，正是它使人们抱怨起伊斯坦布尔面包的涨价和短缺。在向群众发表一次历史性的演讲时，他展示了两块面包，一块新鲜柔软，另一块腐烂变质。他把前者与新秩序精英联系在一起，把后者与大众联系在一起。[104] 卡巴克彻奥卢谴责新秩序成员过着奢侈的生活，而人民却经受着粮食匮乏和贫穷。近卫军的反叛现在也是穷人的反叛。

塞利姆接受了群众的要求，宣布废除新秩序。然而5月29日上午，群众开始高呼穆斯塔法亲王。自奥斯曼二世（1604—1622）以来，近卫军领导的叛乱曾使奥斯曼皇位多次发生戏剧性的变化。上一次由近卫军领导的、撼动了伊斯坦布尔的叛乱发生在77年前的1730年，当时群众在阿尔巴尼亚近卫军成员帕特罗纳·哈利勒的领导下，罢免了塞利姆的祖父艾哈迈德三世（1703年至1730年在位），拥护马哈茂德一世（1730年至1754年在位）上台。同帕特罗纳·哈利勒的叛乱一样，卡巴克彻奥卢带领人群从肉广场来到马广场（At Meydanı），即古代的跑马场，位于圣索菲亚大教堂和苏丹艾哈迈德清真寺之间。从肉广场到马广场的移动标志着群众期望的转变：现在他们希望苏丹退位。关于这一决定是如何达成的，人们的看法很不一致。有些人提到了聚集在穆斯塔法亲王周围的宫廷派系的作用，他们为穆斯塔法亲王登基游说。另一些人则强调反叛者的信念，即哪怕废除了新秩序，只要塞利姆仍然是苏丹，叛乱的领导人便无法信任他。也许两种说法都是对的。委员会凭着大穆夫提阿塔乌拉将叛乱正当化并谴责新秩序的一般法律裁决，要求废黜塞利姆。据说塞利姆平静地接受了自己的命运，同时流露出深深的失望。王朝有两个男性继承人：28岁的穆斯塔法和19岁的马哈茂德。二人都是阿卜杜勒－哈米德一世的儿子和塞利姆二世的堂弟。穆斯塔法在托普卡珀宫的内院接待了国家要员，并宣誓效忠。在一场匆忙的仪式中，他被宣布成为新的苏丹，中午时分，他离开皇宫，在主麻日的聚礼中出现在公众面前。5月29日是星期五，在伊斯坦布尔的清真寺里，星期五的宣教以新苏丹的名义进行。[105]

伊斯坦布尔旧秩序的复辟与《蒂尔西特条约》（1807年夏）

在5月30日的公开仪式上，随着复辟政府解除新军的武装并将其解散，叛乱领导人获得了帝国头衔和军事任命的酬赏。卡巴克彻奥卢被授予“苏丹鹰监长”（turnacıbaşı）的头衔，并被任命为博斯普鲁斯海峡的守护者。穆斯塔法四世给近卫军和边防兵的恩惠可不止这些。5 月 31 日，乌理玛阶层的主要高级成员明尼卜先生准备了一份契约形式的法律文件。根据该文件，最近的动荡是新秩序的邪恶创新（bi’dat）造成的。这些模仿基督教国家习俗的错误做法，给穆斯林人民带来了不公和压迫。这种压迫也跟新秩序精英腐败而奢侈的生活方式有关。因此，新秩序被废除了。近卫军团成员承诺一如既往地忠于苏丹，不干涉国家事务。作为回报，新苏丹宣布：“以从无创造宇宙的全能真主的美名和我们的先知、两个世界的统治者穆罕默德·穆斯塔法那富于启迪的精神为名，朕承诺，无论是朕这个掌握着哈里发权力的人，还是朕的大维齐尔，或者朕的永恒国家的深思熟虑的大臣们和指挥官们，都不会惩罚任何人，或者认为谁应对最近的事件负责。”[106]6 月 2 日，这段文字在叛乱参与者面前被大声宣读。阿塔乌拉问众人是否同意，众人宣布同意，然后高呼苏丹穆斯塔法四世万岁。[107]

这份文件是谴责和废除新秩序、恢复旧秩序的证明，但也是穆斯塔法政权同帝国主要军事政治法人，即近卫军之间的协议。穆斯塔法四世打算在他的新政府中插入近卫军的人，这样他们就不会对新政府提出挑战；作为回报，近卫军得到保证，之后不会因为在政变中的角色而受到惩罚。近卫军享有与苏丹的特殊关系。他们是恩主苏丹的奴隶－士兵，视苏丹为他们父权。不过自 16 世纪末以来，这种关系在多次近卫军叛乱中受到挑战。每次叛乱，苏丹的权威和近卫军之间的关系都被重新调整。[108] 然而在叛乱之后，这样一份还包括大赦在内的契约式文件是很不寻常的。也许正是由于这个原因，宫廷历史学家米特吉姆·艾哈迈德·阿希姆才称这种文件交换为最奇异的事件。[109]

我们仍然必须指出，集体与当局之间的这种契约在奥斯曼帝国并非没有先例。1698 年，中央当局与吉里德奥卢组织的地方民兵签订了一份契约，后者是 17 世纪末安纳托利亚一位桀骜不驯的总督耶恩・奥斯曼帕夏的追随者。[110] 在整个 18 世纪，我们看到奥斯曼治理中社群和行政当局之间签订契约式协议的做法越来越多。正如我们在第三章看到的，许诺这种社群与国家之间签署的、集体同意不保护逃犯的契约，在 18 世纪成为普遍现象。[111] 与近卫军的契约不应被视为外在于这种集体与统治当局之间的契约实践模式。这种契约文件在奥斯曼帝国政治中逐渐变得更加普遍。我们将看到，1808 年秋的《同盟誓约》正是在苏丹、国家要员和外省实权派之间签订的。

当伊斯坦布尔叛乱的消息传到多瑙河前线时，军队已经陷入内讧。革命前不久被塞利姆三世解职的近卫军前首领佩赫利万，袭击了大维齐尔希勒米・易卜拉欣帕夏在锡利斯特拉的军营。当佩赫利万在近卫军的帮助下夺取了锡利斯特拉军营的控制权时，大维齐尔和战场上的帝国内阁成员纷纷逃往邻城鲁塞，寻求穆斯塔法・巴伊拉克塔尔的保护。这是叛乱之后的一个转折点。通过接待大维齐尔等人，为新秩序成员在鲁塞提供安全避难所，现在巴伊拉克塔尔成了该派新的庇护者，而塞利姆三世则被囚禁在托普卡珀宫的寝宫里，与外界失联。不久，该派的主要成员——贝希奇、哈桑・塔赫辛、穆斯塔法・雷菲克、加利布和拉米兹——纷纷逃离军队或伊斯坦布尔，来到鲁塞，加入巴伊拉克塔尔的阵营。[112] 与此同时，穆斯塔法四世任命安纳托利亚省前总督切莱比・穆斯塔法帕夏为大维齐尔和帝国军队总指挥。[113] 虽然据说新秩序派聚集在巴伊拉克塔尔掌管的鲁塞，但穆斯塔法四世并不能解除他的职务。[114] 相反，他给巴伊拉克塔尔送去了承诺和礼物。在一封给大维齐尔的信中，穆斯塔法四世写道："朕已得知多瑙河军队指挥官和近卫军团首领巴伊拉克塔尔对宗教和国家的贡献，真主保佑他们！……那些忠心效劳你的人，将被视为在服务宗教和朕的国家。"[115]

巴伊拉克塔尔带着 5000 人赶到锡利斯特拉，迎接新的大维齐尔。他们就军队的状况和伊斯坦布尔的事态进展举行了一次会议。这是两人的第一次会面，在接下来的几个月，他们的关系将变得很动荡。

巴伊拉克塔尔的鲁塞现在是新秩序派的安全避难所，那些在革命中无法逃离并被处决的人的财产，则被没收并重新分配给新政权的主要成员。柯塞·穆萨夺取了这些财产中相当大的一部分，这使他获得了“强盗头子”（baş yağmacı）的绰号。[116] 新秩序的垮台及其精英的铲除，导致了帝国精英内部的财富转移。然而，伊斯坦布尔的新政权远未稳定。革命结束了新秩序，但没有带来稳定。近卫军－边防兵的领导层占据了关键职位，并在首都的政治中确立了自己的地位。对于穆斯塔法四世来说，要想维护自己的权力、对抗这些新寡头并不容易。由于新军已被废除，帝国军队在多瑙河前线，穆斯塔法没有可以依靠的军事力量。而且，塞利姆还在托普卡珀宫的寝宫里苟延残喘。得知巴伊拉克塔尔在鲁塞接待了一批新秩序派，穆斯塔法四世不禁质疑起他的忠诚。除了政治上的紧张，伊斯坦布尔的安全和经济稳定都无法得到保障。一些近卫军和边防兵制造的骚动，加上面包和肉类不断攀升的价格——甚至比新秩序时期还高，使得城市居民苦恼不已，转而反对起复辟政府。[117]

在这种情况下，出现了可能是最出人意料的事态发展，贾尼克的塔亚尔帕夏抵达了伊斯坦布尔。塔亚尔在安纳托利亚一直是新秩序的强烈反对者，自从被极力支持新秩序的恰潘家族打败后，就逃到了俄国控制下的克里米亚。作为政治难民，他面见了亚历山大皇帝，并与俄国宫廷建立了联系。俄国通常是许多奥斯曼帝国政治难民的目的地。[118] 新秩序在伊斯坦布尔垮台后，塔亚尔向新政府派出使者，表示想回到奥斯曼的土地上，为新苏丹效力。[119]1807 年 8 月，穆斯塔法四世赦免了他，[120] 将他过去拥有的外省单元特拉布宗和贾尼克归还给他。

不久之后，塔亚尔受邀来到伊斯坦布尔，取代柯塞·穆萨担任副大维齐尔。[121] 这是穆斯塔法四世的一个激进之举。他打算与安纳托利亚反对新秩序的显要们建立一个新的同盟。塔亚尔仍然是一个重要的区域实权派，与黑海地区的当地显要关系密切。他也许能够树立起对边防兵的权威，他们中的大多数人来自同一地区。根据奥乌尔基安的说法，塔亚尔抵达伊斯坦布尔时，得到了边防兵的欢呼。[122] 他与俄国宫廷的关系也会在有望举行的和谈中帮到穆斯塔法四世。[123] 然而，塔亚尔的争议性太大。他的晋升并未受到恰潘家族的认可。事实上，恰潘奥卢·苏莱曼给穆斯塔法四世写了信，表达对塔亚尔的不满。[124] 大维齐尔切莱比·穆斯塔法也把塔亚尔视为一个挑战。阿塔乌拉则因为塔亚尔与边防兵的组织关系而反对他，这种关系会使自己处于次要地位。鲁塞的新秩序派反对塔亚尔，是因为只要他处于这一关键位置，塞利姆的生命就有危险。还待在伊斯坦布尔的塞巴斯蒂亚尼也反对他，因为他似乎和俄国人走得太近了。塔亚尔帕夏的任期未满，于 1808 年 3 月 7 日被免职。[125]

穆斯塔法四世与重要的外省豪强建立同盟的努力，体现了奥斯曼政治在危机时刻反复采取的一个应对模式：伊斯坦布尔帝国建制中的各派别需要不断与相互竞争的区域豪强结盟，反之亦然。事实上，当穆斯塔法试图与塔亚尔结盟时，新秩序派正与巴伊拉克塔尔及其他巴尔干显要结成一个新的政治联盟，以挽救塞利姆的性命。

当五月革命撼动奥斯曼帝国的时候，欧洲的外交潮流正在发生变化。拿破仑打败了俄国和普鲁士。法国人将俄国军队赶出波兰，建立了华沙公国。6 月 14 日，拿破仑在弗里德兰击败沙皇亚历山大，这使得法国皇帝能够迫使沙皇按照自己的条件签订和平条约。1807 年 7 月 7 日，拿破仑和沙皇在德意志北部的蒂尔西特会面，签署了《蒂尔西特条约》，结束了俄法之间的战争，这两个帝国开始结盟。法国承诺帮助俄国对抗奥斯曼帝国，而俄国则同意加入拿破仑的大陆体系对抗英国。在普鲁士人的倡议下，瓜分奥斯曼的欧洲领土的计划在蒂尔西特被提上了日程。[126]

6 月 24 日，塞利姆三世下台的消息传到拿破仑那里。塞巴斯蒂亚尼在向皇帝报告革命的情况时补充描述道，穆斯塔法四世似乎不像塞利姆三世那样关切法国的利益。伊斯坦布尔的近卫军叛乱和政权更迭表明奥斯曼帝国不是一个稳定的伙伴，这让法国很失望。[127] 拿破仑准备与俄国、普鲁士就瓜分奥斯曼的欧洲领土进行谈判，但他不会公开这么做。皇帝命令塞巴斯蒂亚尼同穆斯塔法四世和伊斯坦布尔的新政府建立良好关系，并称法国为奥斯曼完整性的保证者。[128] 他还劝服沙皇与奥斯曼帝国订立停战协定。俄国将撤离瓦拉几亚和摩尔达维亚（以及伊奥尼亚群岛），但奥斯曼帝国军队不会进入这些省份，直到和约在法国的斡旋下得到正式批准。拿破仑决定对《蒂尔西特条约》第七条保密，该条的大意是：如果奥斯曼苏丹拒绝法国的调解，或者和谈没有取得令人满意的结果，俄国和法国将占领奥斯曼巴尔干各省和伊斯坦布尔。[129]

通过强行让俄国停战，拿破仑向穆斯塔法四世发出了一个信息：法国仍然是奥斯曼完整性的守护者。然而，他仍对与俄国一起瓜分奥斯曼欧洲持开放态度。[130] 虽然伊斯坦布尔对接受《蒂尔西特条约》很警惕，但奥斯曼政府急需停战。帝国军队的领导层最近发生了变化，而近卫军内部的骚乱最终导致军团指挥官在一场团内纠纷中丧生。巴伊拉克塔尔作为边境地带的关键角色，对这些事态发展感到紧张。寄往伊斯坦布尔的报告指出，由巴伊拉克塔尔管理的军队补给已经停止了一段时间。受到巴伊拉克塔尔保护的前外交大臣加利布被委任为首席特使与俄国举行和谈。8 月中旬，加利布、奥斯曼译员亚历山大·苏佐、法国上校吉耶米诺一齐会见了俄国代表团。8 月 24 日，停火协议在布加勒斯特以东的城市斯洛博齐亚签订。[131] 巴伊拉克塔尔与他在瓦拉几亚的部队组织了会议的后勤工作。[132] 当俄军撤到北方时，塞巴斯蒂亚尼把停火说成是奥斯曼与法国友谊的胜利。[133]

时局持续不稳。9 月，由亚瑟·佩吉特爵士率领的英国代表团访问伊斯坦布尔，就后蒂尔西特（post-Tilsit）的局势进行谈判，这引发了法国和奥斯曼政府之间的外交危机。[134] 从 1807 年 8 月底签署斯洛博齐亚停战协定到 1808 年 4 月（即停火协议确定的最后期限），奥斯曼外交面临严峻挑战。和约无法签署。在瓦拉几亚和摩尔达维亚的地位问题上，谈判陷入僵局。与此同时，俄国从亚得里亚海撤出，法国则根据《蒂尔西特条约》在伊奥尼亚群岛部署军队。法国在伊奥尼亚群岛的干预遭到约阿尼纳的阿里帕夏的强烈反对，这位伊庇鲁斯豪强的势力范围延伸到奥斯曼亚得里亚海沿岸。[135] 这种不稳定促使拿破仑重新考虑瓜分计划。1808 年 3 月，俄法官员开始协商一个新的分割计划，由俄国外交大臣尼古拉·鲁勉采夫在圣彼得堡起草。4 月，塞巴斯蒂亚尼因个人原因离开奥斯曼帝国时，俄军尚未撤离罗马尼亚公国，而和平条约也未签订。[136]

鲁塞之友及其阴谋（1807 年秋—1808 年夏）

在这几个月里，聚集在穆斯塔法·巴伊拉克塔尔保护下的新秩序主要成员成立了一个秘密委员会，改变了奥斯曼政治的态势。根据大多数学者的说法，鲁塞之友委员会计划在伊斯坦布尔发动政变，推翻穆斯塔法四世，让塞利姆三世复位，消灭五月革命的领导人，恢复新秩序。奥斯曼历史学家将这个戏剧性的事件——从鲁塞之友的成立到 1808 年 7 月的政变——描述为一个阴谋（iḥtiyāl）。根据当时的官方编年史家阿希姆的说法，这场阴谋由一群享有巴伊拉克塔尔保护的新秩序派高层人士策划，他们是雷菲克、拉米兹、塔赫欣、贝希奇和加利布。虽然他们的真正目的是让塞利姆三世登基，但他们暗中与穆斯塔法四世及其亲信联系，使穆斯塔法以为他们欲将他从伊斯坦布尔近卫军寡头手中解救出来。在设计阴谋的同时，他们说服他们的保护者巴伊拉克塔尔采取行动，为政变创造条件。阿希姆对这个阴谋故事的讲述几乎事无巨细到每一天，但不曾与读者分享他的消息来源。19世纪中期的奥斯曼史学家艾哈迈德·杰夫代特帕夏批评阿希姆过于相信坊间传言。[137] 在塞利姆的葬礼期间，朱舍罗在咖啡馆和附近的清真寺发现了几十个说书人正讲述着关于阴谋和塞利姆跌宕起伏的命运的不同故事。[138] 阿希姆或许收集了这些传言，但他与宫廷圈子走得很近。他很可能采访过卷入阴谋的人或者至少是事件目击者。[139]

阿希姆将这一事件描述为新秩序派的大阴谋，这样的叙事形塑了19世纪和20世纪初主流的奥斯曼历史学。[140] 尽管杰夫代特提出了批评，但奥地利东方学家奥托卡尔–玛丽亚·冯·施勒希塔–弗泽尔德等人还是认可阿希姆的叙事。[141] 土耳其早期著名的共和派历史学家伊斯梅尔·哈克·乌尊恰尔舍勒撰写过一本穆斯塔法·巴伊拉克塔尔传记和一部多卷本的奥斯曼史，他沿用了这种说法，并以档案文件支持阿希姆的故事。[142] 然而，阿希姆的说法并非唯一版本。其他学者认为，事实上，巴伊拉克塔尔从一开始就是这个密谋的主使。[143] 朱舍罗、普雷沃和皮埃尔·拉芬认为，是塔亚尔在解职后面见了巴伊拉克塔尔，并说服他向伊斯坦布尔进军，发动反对穆斯塔法四世的政变。[144] 俄国历史学家阿纳托利·菲利波维奇·米勒在其关于巴伊拉克塔尔的专著中认为，是巴伊拉克塔尔手下来自亚美尼亚的银行家马努克与其他新秩序派一起主导了这一阴谋。[145]

这些叙事尽管有细微差别，但它们都说明了新秩序与聚集在巴伊拉克塔尔周围的巴尔干外省势力之间的同盟关系。自埃迪尔内事件以来，奥斯曼政治的态势已发生变化：之前巴尔干显要与近卫军团结一致，反对塞利姆三世和他的新军，而现在新秩序与外省显要们组成新同盟，对抗伊斯坦布尔的近卫军寡头统治和旧秩序。同盟的基础必定是在1807年2月奠定的，那时五月革命还未发生，贝希奇在鲁塞会见巴伊拉克塔尔，说服他接受一个帝国职位。[146]阿希姆称，是贝希奇最早让巴伊拉克塔尔了解到伊斯坦布尔的政治和军事改革的必要性。[147]而在五月革命后，正如朱舍罗观察到的，鲁塞成了边防兵敌人的避难所。[148]

鲁塞之友委员会的成员背景各异。拉米兹来自克里米亚一个著名的乌理玛家族，其父费祖拉赫曾是克里米亚首席卡迪。俄国吞并克里米亚后，他们一家来到伊斯坦布尔。费祖拉赫被任命为巴尔干诸省首席法官。从伊斯兰学校毕业后，拉米兹开始了军事－行政的职业生涯。他成为塞利姆创立的军事学校的校长，在埃及与优素福·齐亚帕夏一起抗击法国人，担任炮兵部队巡视员，并在对俄战争开始时被任命为战时内阁的总会计师。[149]委员会中另一位有着乌理玛背景的人是塔赫辛。贝希奇原籍鲁塞，对巴尔干局势非常熟悉。他的家族长期为帝国效力。年轻时他就踏上了奥斯曼财政官僚的职业道路。但他不仅仅是一个官僚。如第一章讨论过的，他写了一篇关于改革的论文，提出新的规训措施以管理伊斯坦布尔、新的企业政策以在国家的赞助下推动工业化。[150]他曾在中央官僚机构担任不同级别的职务。埃迪尔内事件后，他被任命为大维齐尔的管家，这是最重要的职位之一，曾由著名的易卜拉欣·内西姆担任了9年，后者是新秩序的设计者之一。加利布则是当时首屈一指的外交家，曾任驻巴黎大使，并担任外交事务首席大臣。他的外交经验使他成为国家不可或缺之人。他是第一个被穆斯塔法赦免的人，因为需要他与俄谈判。[151]我们已知道马努克·米尔扎扬是鲁塞的伊斯梅尔的放债人，在伊斯梅尔死后，又成了巴伊拉克塔尔的放债人。1806年，马努克在奥斯曼帝国与俄国的关系以及巴伊拉克塔尔与俄国人的关系中发挥了重要的外交作用，特别是在停火期间。在以亚美尼亚商人和金融家的身份开始职业生涯后，马努克逐渐成为重要的外交人物。[152]

与所有其他早期现代政体一样，基于个人信任、机密和阴谋的秘密团体在奥斯曼政治文化中并不罕见。1808年的不寻常之处在于，鲁塞之友委员会强烈的意识形态取向，远远超出了通常的宫廷阴谋的范畴。该团体能够围绕新秩序的政治计划与各种行动者建立联系，并具备了动员集体力量的能力。巴伊拉克塔尔庇护着奥斯曼巴尔干地区的一大批外省显要。拉米兹不仅与被解职的新秩序官员有交情，与克里米亚精英以及盖拉伊家族——这个可汗家族的成员遍布奥斯曼保加利亚和色雷斯——也有联系。塔赫辛、雷菲克和贝希奇都属于伊斯坦布尔的官僚机构和财政管理部门，同时也是纳克什班迪教团成员——这个在帝国内外组织起来的苏菲派网络，公开支持塞利姆三世改革。[153]因此，鲁塞之友不仅标志着外省势力和中央势力之间正在形成联盟，也表现出一种动员各个团体和力量进行政变的能力。

根据阿希姆的描述，鲁塞之友的计划分为两个部分。首先，他们打算以某种方式说服大维齐尔切莱比·穆斯塔法带领帝国军队去伊斯坦布尔，以支持政变。这使得大维齐尔成为一个关键人物。唯有他能够控制帝国军队中的数千名近卫军，将他们与伊斯坦布尔的边防兵及其他近卫军分离，以防止他们破坏计划。其次，委员会计划让穆斯塔法四世及其追随者相信，军队占领伊斯坦布尔的真正动机是将穆斯塔法四世的权力从边防兵寡头、桀骜不驯的近卫军和城市“乌合之众”的手中解救出来，尽管其真正目的是让塞利姆三世复位。

奥斯曼和俄国停火几个月后，巴伊拉克塔尔成功地让大维齐尔切莱比·穆斯塔法相信，多瑙河边境的军队补给很困难。[154]到10月下旬，帝国军队已从锡利斯特拉回到埃迪尔内。与此同时，雷菲克前往伊斯坦布尔，进行阴谋计划的第二部分。11月，他抵达首都，与副司库内齐尔阿迦、国库管事埃贝·塞利姆以及苏丹侍从阿卜杜勒费塔赫阿迦取得联系，他们都是穆斯塔法的亲信。雷菲克告诉他们，如果苏丹发出邀请，巴伊拉克塔尔愿意代表穆斯塔法苏丹对抗伊斯坦布尔的近卫军。这一信息被转达给苏丹，但苏丹答复说，那些近卫军看起来很顺从，现阶段不需要对他们采取这种行动。[155]尽管如此，苏丹还是任命雷菲克为大臣，并将他派到帝国军队中。[156]

3月，在解除塔亚尔的职位后，穆斯塔法四世赦免了鲁塞的其他新秩序派，并让他们担任要职。加利布成为外交事务大臣，雷菲克成为大维齐尔的管家，塔赫辛成为帝国官吏长（çavuşbaşı）。巴伊拉克塔尔的亲戚赛义德先生则被任命为帝国军队的屠夫长。[157]这些任命说明穆斯塔法四世逐渐倾向于与鲁塞派结盟。他之前与塔亚尔结盟失败，现在，表现出结盟热情的巴伊拉克塔尔可能是苏丹的一个有希望的选项。然而，苏丹不相信鲁塞派的一些成员。他们很多是新秩序派，且与塞利姆三世有联系。但塞利姆是皇宫里的人质，穆斯塔法如果察觉到有阴谋，可以将他处决。此外，巴伊拉克塔尔和他的两个最重要的同伴——鲁塞的艾哈迈德和马努克，都积极参与了与俄国的谈判。为了和谈，穆斯塔法四世需要鲁塞派。[158]

但没人能保证鲁塞之友会听从伊斯坦布尔的命令。3月下旬，随着停火期限临近，巴伊拉克塔尔主动采取行动。到4月初，他向俄国陆军元帅亚历山大·普罗佐罗夫斯基提议在没有法国人调解的情况下开启和谈。[159]他派马努克的亲信博戈什·塞巴斯蒂安前往布加勒斯特，表示愿意亲自会见俄国代表团，讨论双方和谈的可能条件。根据米勒的说法，巴伊拉克塔尔的提议更加有野心。他宣称如果俄国同意签订和约，他可以派一支30万人的军队支持俄国对抗法国。事实上，巴

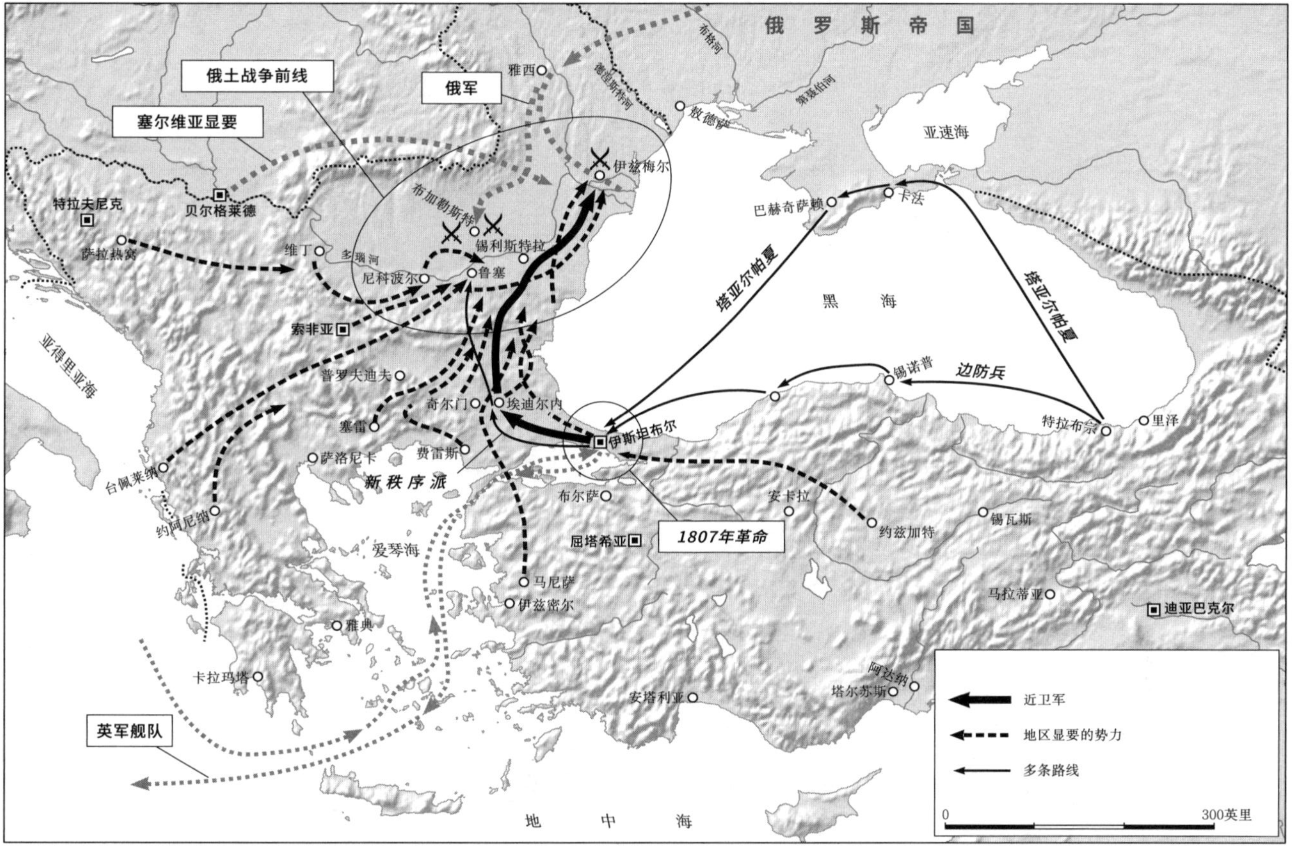

原书所附地图3a　战争和1807年革命。作者与菲利普·施瓦茨贝里/子午线测绘制作。

伊拉克塔尔不仅进行了和平谈判，还提出与俄国结盟对抗拿破仑的建议。这个建议被提交给了沙皇。7 月 11 日，巴伊拉克塔尔收到俄国军官的一封来信，得知他的结盟建议被拒绝了，但停火时间将被延长。[160] 虽然穆斯塔法四世一直关注着和谈，也知道巴伊拉克塔尔的积极参与，但他并不知道提议的细节。这表明，鲁塞派可以绕过伊斯坦布尔，在外交领域独立行动。到 1808 年春，奥斯曼帝国很明显存在两个首都，即鲁塞和伊斯坦布尔。

1808 年 5 月，贝希奇前往伊斯坦布尔与穆斯塔法四世的亲信会面，讨论让巴伊拉克塔尔进入伊斯坦布尔对近卫军进行军事干预的条件。当穆斯塔法的亲信表示有意处死塞利姆时，贝希奇说服他们，现在时机还不合适，因为拿破仑会反对。因此，穆斯塔法的亲信同意背地里支持巴伊拉克塔尔政变，但不伤害塞利姆。穆斯塔法四世任命贝希奇为帝国军队的财务主管，并将他送回埃迪尔内。[161] 阴谋的第二阶段是在埃迪尔内。计划是说服大维齐尔率领帝国军队前往伊斯坦布尔。7 月初，巴伊拉克塔尔和他的亲信鲁塞的艾哈迈德，出人意料地带着五六千名骑兵来到埃迪尔内，拜访帝国军队。[162] 途中，其他几个外省显要，如斯科普里的督军、哈斯柯伊的阿扬、兹拉玛的督军、普罗夫迪夫的督军、帕扎尔哲克的阿扬、舒门的阿扬、普拉维什特的保加利亚显要（çorbacı）等，加入了巴伊拉克塔尔的部队。被解除副大维齐尔职务的塔亚尔在路上遇到了巴伊拉克塔尔，但他没有加入。[163] 7 月中旬，巴伊拉克塔尔抵达埃迪尔内，其人马之多令大维齐尔始料未及。[164] 这次到访也是冲着大维齐尔的一次武力展示，他曾邀请与巴伊拉克塔尔敌对的显要们到锡利斯特拉寻求结盟的可能性。不清楚巴伊拉克塔尔有没有向大维齐尔透露过真正的计划。据阿希姆说，没有。巴伊拉克塔尔、贝希奇和雷菲克说服大维齐尔将军队带回伊斯坦布尔。根据会谈记录，巴伊拉克塔尔发表了长篇大论，抱怨埃迪尔内物价太高，导致补给困难。[165]最好的选择是把军队调到伊斯坦布尔。巴伊拉克塔尔还说，他将加入其中，以便能亲吻苏丹的脚。[166]

鲁塞之友的政变（1808 年 7 月）

在帝国军队向伊斯坦布尔进发的前几天，巴伊拉克塔尔让色雷斯东部小镇珀纳尔・希萨尔的阿扬凯滕吉奥卢・阿里到鲁米利灯塔所在的村子的要塞，杀死五月革命领袖卡巴克彻奥卢・穆斯塔法，以便将任何对政变计划的抵抗掐断在萌芽状态。7 月 15 日，在伊斯坦布尔的边防兵和近卫军得知卡巴克彻奥卢遇刺前，帝国军队就开始动身，4 天后抵达伊斯坦布尔城墙前的达武德帕夏军营。据穆斯塔法四世的机要秘书阿里夫先生称，皇宫里没有人预料到这次行动。"陛下、显贵、乌理玛、名士和平民，每个人都在问同一个问题：'发生了什么，军队为什么会来？'误导性的消息四处流传。每个人都很惊讶，问道：'这是怎么回事，会发生什么事？'"[167]看来穆斯塔法苏丹并没有向他的机要秘书透露他对这个计划的熟悉程度。

帝国军队和巴伊拉克塔尔的部队在达武德帕夏平原扎好帐篷后，举行了威严的仪式。穆斯塔法苏丹在营地附近接见了大维齐尔和巴伊拉克塔尔，他们将象征最高权力的皇旗交给了苏丹。这是巴伊拉克塔尔和穆斯塔法苏丹第一次面对面接触。7 月 21 日，巴伊拉克塔尔带着他的几千人进城。这是这位鲁塞豪强第一次踏足帝都。巴伊拉克塔尔和大维齐尔举行了一次会议，会议的直接结果是五月革命的参与者之一大穆夫提阿塔乌拉被解职。据阿希姆说，7 月 21 日至 7 月 27 日，巴伊拉克塔尔派和大维齐尔之间在一些问题上有严重分歧。阿希姆指出，大维齐尔甚至可能已将巴伊拉克塔尔及其亲信的真正计划告知了苏丹，并建议与近卫军合作，制服巴伊拉克塔尔的部队。但苏丹没有接受这个提议。可以确定这次会议是在7月27日举行的，在不同的资料中都有记录。[168]

7月28日拂晓，巴伊拉克塔尔派出约1万名士兵，在几位巴尔干显要的指挥下，开始占领伊斯坦布尔。据说他们没有遭到来自边防兵和其他近卫军的激烈抵抗。在分出一部分兵力控制战略要地后，部队主力向托普卡珀宫进发。与此同时，安纳托利亚西部比莱吉克的阿扬卡利昂库·阿里刚刚抵达博斯普鲁斯海峡亚洲一侧的于斯屈达尔，他带着2000人穿过海峡与巴伊拉克塔尔汇合。当巴伊拉克塔尔到达距离托普卡珀宫1英里的大维齐尔府时，雷菲克和塔赫辛陪同左右。他的手下闯入大维齐尔的宅邸，用武力夺取了玉玺，逮捕了大维齐尔，并将他押送出城。一些资料指出，巴伊拉克塔尔指责大维齐尔向穆斯塔法苏丹透露了他们的秘密计划，背叛了他们的事业。[169]这群人旋即来到托普卡珀宫。“乌理玛、永恒国家的显贵们、鲁米利亚的显要们和安纳托利亚的诸王朝请求塞利姆苏丹重新登基，”当他们进入第一个庭院，来到中央宫殿的大门时，巴伊拉克塔尔大声喊道，“他们已经群聚于此。”[170]

现已是政变发言人的巴伊拉克塔尔这样说，意在表明是中央和外省精英联手促成了此次政变。自17世纪初以来让奥斯曼政权多次发生重大变化的近卫军，则被排除在同盟之外。这不仅是一种新的联盟，而且表明了一种转变：从近卫军领导的民众运动和政府内部派系斗争的传统脚本，到一场由来自帝国内外的精英组成的更大联盟的运动，后者以新秩序的意识形态为先导。

巴伊拉克塔尔这么一宣布，宫殿的大门便被关闭起来，托普卡珀陷入恐慌。经过短暂协商，穆斯塔法苏丹下令处决塞利姆三世和马哈茂德亲王，这将使得他成为奥斯曼王朝唯一剩下的男性。大约20名宫廷侍卫进入塞利姆三世的寝宫。在与塞利姆的仆人一番扭打后，穆斯塔法的人勒死了塞利姆。但马哈茂德亲王在最后一刻被一些后宫的仆人救出。侍卫们把塞利姆的尸体从他的寝宫抬到宫门前。巴伊拉克塔尔准备砸掉大门，但在皇宫内院的入口处发现塞利姆的尸体躺在那里。据称，巴伊拉克塔尔看到后，痛惋于自己未能救出他。紧接着这次戏剧性的遭遇，马哈茂德亲王在后宫中被发现。几小时后举行了一场仓促的仪式，马哈茂德二世被宣布为新苏丹。巴伊拉克塔尔和新任大穆夫提阿拉布扎德先生依照惯例，率先在皇宫内部成员面前宣誓效忠。巴伊拉克塔尔随即被任命为大维齐尔。按照阿希姆的说法，帝国国务会议成员公开宣称希望看到巴伊拉克塔尔成为大维齐尔。巴伊拉克塔尔向苏丹表达了这一集体意愿，于是马哈茂德将这一职位任命于他。[171] 当炮声响起，伊斯坦布尔的人们明白，穆斯塔法四世已遭废黜，但他们不知道是塞利姆还是马哈茂德当了新苏丹。第二天是个星期五，先举行了塞利姆的葬礼，紧接着是马哈茂德二世的第一次主麻拜。他以新苏丹的身份离开托普卡珀宫，出现在公众面前。[172]

在几个改革派官僚的支持下，巴尔干小城拉兹格勒的一个小阿扬发动了一场政变，废黜了苏丹，拥立了一个新苏丹，并在短时间内成为拥有非凡权力的大维齐尔。现在鲁塞的地方势力与新秩序派结盟，统治着帝国。巴伊拉克塔尔代表了整个 18 世纪奥斯曼各省——从巴尔干到阿拉伯土地上——不断壮大的社会和政治新权力。他在立马哈茂德为苏丹后，公开对后者说，他代表的不仅仅是自己的势力。鲁米利亚的绝大部分显要都支持他。[173] 然而，巴伊拉克塔尔和他的追随者对帝国精英的作风并不熟悉。当他和他的部下携枪进入枢密室（Privy Chamber）时，马哈茂德亲王告诉他们举止要得体，得把枪留在外面。[174] 历史学家萨尼扎德不怎么喜欢这些外省豪强，他记录了这件小事，以说明他们还没有学会奥斯曼高雅文化的礼节。

新秩序的复辟（1808 年 8—11 月）

政变之后，便是处决。从 8 月初开始，边防兵和近卫军寡头以及被认为需对塞利姆之死负责的穆斯塔法四世的亲信们被处死。他们的头颅被展示给伊斯坦布尔的公众，并附有宣布其罪行的逮捕令。[175] 穆斯塔法四世被囚禁在他的寝宫里。马哈茂德二世将在几个月后处决他的兄长。政变前曾在去往埃迪尔内的路上遇到巴伊拉克塔尔的塔亚尔，则在瓦尔纳被处决。除掉这个有争议的人物不仅加强了巴伊拉克塔尔的实力，也是对恰潘家族的一种表态——作为塔亚尔在安纳托利亚的主要对手，该家族的支持为新政权所必需。[176] 前一年从安纳托利亚的黑海沿岸来到伊斯坦布尔的边防兵，大多数被逮捕并遣送回了他们的家园。[177] 巴伊拉克塔尔和其他巴尔干显要的部队——被伊斯坦布尔人统称为克尔加勒（ḳırcalı）士兵，以呼应巴尔干民兵在埃迪尔内阻击新军的记忆——占领了这座城市。巴尔干显要及其民兵对首都的入侵给公众留下了深刻的印象。一位叫加拉塔勒·侯赛因的学者描述了伊斯坦布尔人民的普遍感受：

> 伊斯坦布尔的侵入者，年轻的山民，
> 阿莱姆达尔［巴伊拉克塔尔］帕夏的摔跤手
> 他们的沙发上摆放着死刑
> 将永远不再离开，克尔加勒士兵们
> 穿着长袖短上衣和灯笼裤……[178]

新军蓝红两色的紧身制服曾使近卫军感到厌恶。而现在，伊斯坦布尔的街道满是巴尔干民兵，身着外省风格的奇装异服。加拉塔勒·侯赛因——可能是一位近卫军吟游诗人——被迷住了。与此同时，鲁塞之友确立了其作为新政权领导骨干的地位。拉米兹任海军元帅。新的圣战部成立，贝希奇被任命为大臣。[179] 塔赫辛、加利布和雷菲克保留了他们在帝国国务会议的关键职位。新政府的第一个行动是取消城市粮食供应的垄断，以降低面包和肉类的价格，并冻结了近卫军的薪饷。这一面向公众的姿态旨在防止近卫军在伊斯坦布尔街头煽动反对新政府。

与此同时，奥斯曼的书吏们起草了一份帝国公告，并给从波斯尼亚到埃及的外省社群都送去了副本。在公告中，马哈茂德二世以第一人称的口吻向臣民晓谕自己的登基，随后宣布前多瑙河军队指挥官穆斯塔法帕夏已被任命为大维齐尔。他还说，作为苏丹的代表，穆斯塔法可以“以绝对的自由和权威”使用这一权力。[180]

到 8 月下旬，伊斯坦布尔出现了明显的焦虑情绪。几位来自巴尔干和安纳托利亚的豪强带着大批随从和武装部队抵达城郊。奥地利大使冯·施蒂尔默男爵告知维也纳，城墙外组织了一次特殊的集会。根据舆论，巴伊拉克塔尔准备对近卫军采取激进行动，或许会废除军团。可能正是为此，在几个“来自安纳托利亚和鲁米利亚的外省豪强和阿扬”的指挥下，大批部队正“神秘地”聚集在伊斯坦布尔附近。[181] 后来事情得到澄清，原来巴伊拉克塔尔是邀请外省实权派到伊斯坦布尔参加会议，以商议帝国事务，结束危机。遗憾的是，我们不知道有关这次邀请的时间和过程的所有细节。萨尼扎德称，这些豪强是被马哈茂德二世的一道命令给召集来的。[182] 然而，很可能有些人在政变前就受到了邀请。根据加比的说法，巴伊拉克塔尔在 7 月中旬与大维齐尔会面时，曾决定将大量外省显要召集到埃迪尔内。[183] 这可能是事实，因为在巴伊拉克塔尔前往伊斯坦布尔的途中，一些显要加入了他的队伍。8 月中旬，塞雷的伊斯梅尔带着几千人抵达伊斯坦布尔。安纳托利亚中部和西部两个著名王朝的领袖恰潘奥卢·苏莱曼和卡拉奥斯曼奥卢·奥马尔于8月底抵达。希莱的艾哈迈德阿迦、博卢的赛义德·易卜拉欣和奇尔门的穆斯塔法随后赶到。[184] 约阿尼纳的阿里帕夏派他的孙子带来了全部的随从，而埃及的穆罕默德·阿里则派来了他的兄弟——卡瓦拉附近的小城普拉维什特的阿扬，后来又派他的儿子易卜拉欣从亚历山大里亚乘船来到这里。[185] 军事改革的设计师之一卡迪·阿卜杜勒－拉赫曼帕夏则带着一些解散的新军从卡拉曼赶来。[186] 9月初，政变期间待在鲁塞的马努克带着他的一小撮亚美尼亚民兵抵达。[187]

这种集会在奥斯曼历史上是前所未有的。此外，有些显要（如乌沙克的纳苏赫奥卢）虽然受到邀请，但没有参加，因为他们不想离开自己的地区过久。[188] 一些在恰潘家族势力范围内的安纳托利亚显要也受到了邀请，但苏莱曼·恰潘奥卢要求他们留在家中，以防当地出现权力真空。[189] 不过，许多人还是派了代表去。邀请对象并未囊括所有的显要个人或家族。波斯尼亚、阿尔巴尼亚北部、安纳托利亚东部、叙利亚或伊拉克的显要无一人前来。这次集会差不多局限于鲁米利亚和安纳托利亚中部省最显赫的实权派，他们能较快到达首都。作为巴伊拉克塔尔的竞争对手，维丁的毛拉·伊德里斯和多布罗加的耶勒克奥卢·苏莱曼没有来。也没有见到贾尼克里家族的代表参加会议。奥地利外交官弗朗茨·冯·奥滕费尔斯男爵写了一份关于政变的详细报告。他评论道，随着这一举动，奥斯曼政府的全部权力都掌握在了巴伊拉克塔尔手中。[190]

这次集会是一次正式会议。在将武力部署在伊斯坦布尔城外后，许多显要都进城住在帝国显要们的宅邸里。帝国的内部和外部圈子开始互相了解。会议给了外省显要解决区域宿怨和纠纷的机会。作为仲裁者，巴伊拉克塔尔调解了几起争端。[191] 1808年9月下旬，一次协商会议在金角湾卡厄特哈内的萨达巴特宫召开。苏丹、帝国精英和来自不同区域的外省显要首次在同一场会议中齐聚一堂，相互见面和了解。

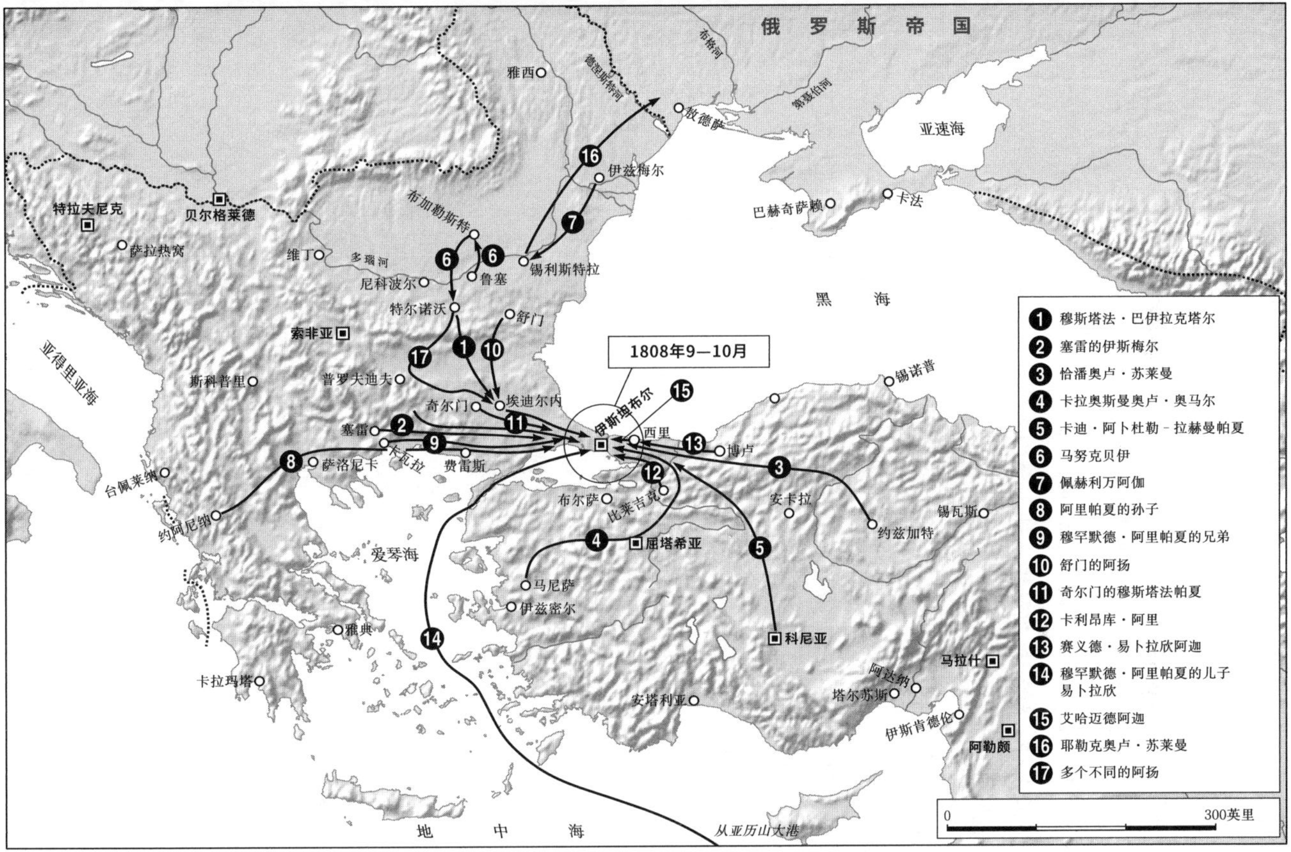

原书所附地图3b 1808年显要们的帝国集会。作者与菲利普·施瓦茨贝里/子午线测绘制作。

会前，代表们受到马哈茂德二世的接见，并宣誓向其效忠。据枢密室的书吏说，马哈茂德二世向外省显要表示慰问。[192] 然而，这种帝国高层与外省领导人之间的亲身接触，却产生了各种尴尬时刻。加比记载了一些宫外的流言，说在觐见马哈茂德之前，塞雷的伊斯梅尔先发制人，声称即使马哈茂德二世坚持提供任何包括总督在内的帝国职位，他也会拒绝。伊斯梅尔还说，他不会待在皇宫为他事先准备的寝宫里，而要和部下一起睡在营地。他拒绝成为帝国精英的一部分并采用他们的做派。即使接受了头衔，他也不会留胡子、缠头巾——这是奥斯曼精英的标志。[193] 显然，外省豪强们并没有将这次集会看作一次与奥斯曼中央合作服务国家的机会。在帝国动荡多年之后，他们来到伊斯坦布尔，期望商讨共同利益。历史学家萨尼扎德记录了巴伊拉克塔尔在帝国会议上的开幕词：

> 我们原本就隶属于近卫军团。因此我们对军团的忠诚是众所周知的。然而，已故苏丹塞利姆……决定建立一支训练有素的军队。我们谴责了这一行为，［我现在意识到］这是个错误。但他的尝试导致了他的死亡。当我被授予维齐尔头衔并成为一名指挥官时，我看出了敌人的取胜之道。我明白，敌人之所以胜利，是因为他们的士兵训练有素、秩序井然，军官精通军事科学，部队团结一致。我意识到我们的方法和知识都不对。我理解了已故苏丹的善举只是为了强化宗教和国家。当我把我的想法与我信任的一些明理之人分享时，我看出他们更加不安。后来［1807 年 5 月］苏丹之位易主，事情回到了旧路子，军队变得更加混乱，伊斯兰人民比以前贫弱万倍。这段日子伊斯坦布尔的情况大家都知道。我们意识到如果这样下去，敌人甚至会入侵首都。我与一些身居要职的人商议，共同决定采取行动，把皇位还给苏丹塞利姆，重

建他那个时代的秩序。如果穆斯塔法四世继续统治，每一个人都明白，这将导致至高国家的崩溃。然而，我们的首要目标没有实现［我们未能把皇位还给塞利姆］。但因着真主的恩典和怜悯，陛下——神选的世界的帕迪沙和哈里发［苏丹马哈茂德二世］——学识、德行和智慧兼备。我们都作证，凭着他先天的品格和后天的教育，他很清楚我们目睹的问题。他是一个热心、勇敢的人，有着崇高的追求。他的最终目标是保护帝国不受敌人攻击……这只有在国务大臣、维齐尔、指挥官和法律界团结起来的情况下才有可能实现。因此，所有的外省显要和大家族都被敕令请到这里。他们来了，并宣布结盟，以加强曾被破坏的国家宪法。现在，让我们讨论一下形势，想想应该怎么办……[194]

经过审议，与会者通过了一份被称为《同盟誓约》的文件，其中7项条款涉及中央和各省的国家事务（在第五章讨论）。会议接近尾声时，马哈茂德二世到皇宫会见了与会成员。然后该誓约被呈交给苏丹，由马哈茂德二世在文件顶部批语，以作确认。

该誓约使得中央国家和外省实权派为了奥斯曼帝国的生存而联合起来。就集体利益的概念而言，外省实权派承诺效忠苏丹和国家，保证参与军事改革；作为回报，中央政府成员承诺承认外省显要在各省的既定权力，做他们生命、地位和财产的担保人。签署双方相互担保，苏丹则承担誓约实施的高阶保证人的角色。这项誓约重新定义了奥斯曼帝国的基础。帝国与行省、内部与外围、中央与边缘，甚至统治者与被统治者的界限，都被重划。中央建制承认外省实权派以自己的条件参与帝国秩序的正当性。

到9月底，外省豪强开始离开伊斯坦布尔返回各自地盘。[195]巴伊拉克塔尔给没有参加会议的其他外省实权派发信，告知他们中央和外省精英的结盟，并要他们签约。一如会议的开幕词，巴伊拉克塔尔在给埃及的穆罕默德·阿里的信中承认，和其他人一样，他曾抵制过塞利姆的军事改革。但现在他意识到，这些改革是不可避免且必要的。他指出："所有安纳托利亚地区的旧王朝，如恰潘家族和卡拉奥斯曼家族，巴尔干地区的王朝，如塞雷的伊斯梅尔、兹拉玛的督军，以及其他人都来到了首都，并同意征兵抗敌。"巴伊拉克塔尔要求穆罕默德·阿里与新政权合作，在地中海的另一边打击帝国内外的敌人，他们将一起"在宇宙中刻下不朽的声名和荣耀"。[196] 这些豪言壮语的背后，暗藏着对其他可能不加入同盟的外省豪强的威胁。关于巴伊拉克塔尔的政变和誓约的消息与信件在帝国四处流传，各省的显要家族，如摩苏尔的奥马里家族，都在远远地关注着事态的进一步发展。[197]

巴伊拉克塔尔还致函鲁米利亚各社群，告知他们他已被任命为大维齐尔，要求他们合作。[198] 但是，《同盟誓约》没有向社群公开宣布。公众和外交圈都是从与皇宫或巴伊拉克塔尔有关的知情人，以及传言中得知的该文件的内容。[199] 9 月至 11 月间，巴伊拉克塔尔政权实施了改革计划。新军——现改名为新民兵——的征兵工作已经开始。新兵的地域来源也许是巴伊拉克塔尔的新民兵与塞利姆三世的新军之间的主要区别。新民兵不仅像新军一样从安纳托利亚征兵，还从伊斯坦布尔和巴尔干征兵。苏丹马哈茂德二世和巴伊拉克塔尔发表宣言，邀请伊斯坦布尔的年轻人加入新民兵。卡迪·阿卜杜勒－拉赫曼帕夏被任命为负责这方面工作的大臣。与此同时，一个由亚美尼亚士兵组成的军团成立了。[200] 新民兵不像新军那样纪律严明、训练有素、等级严格、整齐划一，而是一支多样化的民兵队伍，由外省显要的地方军队聚集而成。巴尔干各显要底下的基督徒民兵也包括在其中。然而，新民兵是基于新军的经验建立起来的。新军的许多军官成了新民兵的一员。这是一次实验，即用巴尔干和安纳托利亚各区域在军事文化、风格，甚至语言和宗教上各异的有经验的队伍，建立一支纪律严明、训练有素的军队。[201]

新民兵的出现显然让近卫军颇感不安。虽然政变后，五月革命的领导人不是被处决就是遭流放，但巴伊拉克塔尔并没有碰近卫军团。帝国军队现在部署在伊斯坦布尔之外，军队中的一些近卫军回到了他们的军营。根据亚伊拉·伊玛米的描述，巴伊拉克塔尔与近卫军元老们签署了一份契约，要求他们承诺不反对新民兵。[202] 他参观了年轻时与之有联系的第 42 分队的军营，与元老们进行了交谈。[203] 然而，巴伊拉克塔尔打算调整近卫军成员的日薪，并遣散其中的数千人。新政府禁止出售或租借近卫军的俸禄和身份。马哈茂德二世反对这一举措。[204]

与此同时，新政府开始重组奥斯曼外交。为巴伊拉克塔尔筹措资金的马努克贝伊成为新的首席译员，担任外交事务主管的秘书。这个重要职位在整个 18 世纪都由伊斯坦布尔的希腊法纳尔人家族垄断。现在，一位来自瓦拉几亚的亚美尼亚商人成为奥斯曼外交的主要行动者之一。同俄国的和谈继续在马努克与俄国首席外交官波佐夫斯基之间进行。穆斯塔法·巴伊拉克塔尔通过马努克向俄国人提出各种交易，明确表示他在动乱之后会重新整合帝国，而且外省显要都支持他。他还通过马努克告知俄国人，法国在西班牙遇到了麻烦。他甚至提出要从阿尔及利亚发动一次反法战役。奥斯曼帝国与俄国的联盟对双方都有利。[205] 不久，一个俄国代表团抵达伊斯坦布尔，寻求与奥斯曼帝国媾和的可能性。代表团团长亚历山大·格里戈里耶维奇·克拉斯诺库茨基在日记中提到，巴伊拉克塔尔仍支持其向亚历山大一世提过的建议，即在没有法国参与的情况下开启和谈。这一次，伊斯坦布尔有一个强大的政府。然而他补充说，并不清楚巴伊拉克塔尔是否真的压制住了近卫军的反抗，控制了普通民众。[206]

巴伊拉克塔尔的垮台和马哈茂德二世的崛起（1808 年 11 月）

新政权试图避免以往革命的暴风骤雨。街头安全得到了加强。面包和肉类的价格回落。政府制定了防止暴民干预政治的政策。斋月到了，巴伊拉克塔尔一边采取行动，禁止在咖啡馆和澡堂等公共场所“谈论政治”，一边鼓励伊斯坦布尔人民利用城里和博斯普鲁斯海峡边的散步场所，听说书人讲故事，看皮影戏，纾解烦恼，享受这个神圣的月份。[207] 尽管采取了这样的措施，将公众的注意力从近卫军政治转移到娱乐消遣上，克拉斯诺库茨基的担心是对的。10 月下旬，学者们记录了城中的几起小规模骚乱事件。针对巴伊拉克塔尔的叛乱的苗头在 10 月中旬就已出现。当时有一群人嘲笑乌贝杜拉赫・库什马尼，后者是一位受欢迎的宣教师，也是新秩序的坚定支持者，曾在他的《库什马尼解释皇帝秩序的信》和布道中无情嘲讽过近卫军（见第一章）。不久，大量近卫军聚集在法提赫清真寺周围抗议库什马尼，为平息抗议，政府将他驱逐出城。[208]

巴伊拉克塔尔试图停止向一些近卫军成员支付日薪，并为新民兵征兵，这造成了严重的紧张局势。据说，马哈茂德二世在冲突中秘密支持近卫军反对大维齐尔。[209] 拉米兹元帅决定让码头停止向停靠的外国船只收费，这又在加拉塔港的水手、桨手、搬运工同新政权之间制造了不和。这些港口工人中的大多数都有近卫军背景。在新民兵袭击码头边的咖啡馆、水手领袖卡赫韦吉奥卢・穆斯塔法阿迦被巴伊拉克塔尔下令处决后，紧张局势只是进一步加剧了。[210]

新政权与近卫军成员之间的冲突只是新秩序派面临的问题之一。来自宫廷圈子的支持也开始动摇。被废黜的苏丹穆斯塔法四世仍然活着，被安置在自己的寝宫里。他的支持者，特别是他的姐姐埃斯马苏丹，是近卫军的慷慨恩主，在军团的元老中为其游说。根据一位历史学家的说法，一些近卫军一度谈论过让埃斯马苏丹上位的可能性。[211]虽然不确定这个传闻的可信度，但在她的支持下，发动一场支持穆斯塔法四世的叛变并非完全没有可能。也许让巴伊拉克塔尔政权变得脆弱的最重要的事态发展是，他已在10月将大部分部队派往多瑙河前线。到11月初，他在伊斯坦布尔没有足够的军事力量来保护他的政权。一名奥地利外交官在向维也纳汇报时，总结了伊斯坦布尔的局势：

> 在穆斯塔法帕夏的部队和应邀前来首都［参加会议］的其他帕夏的军队离开城市，返回各自地区之后，近卫军抬起头来，重拾勇气。数周以来，曾被压制的谣言和牢骚又开始在人们中间流传。但这不值一提，因为自1807年2月英国舰队到来，广大民众武装起来后，这种议论早已非常普遍。嘲讽新民兵的歌曲和表达换着花样来，人们还挖苦士兵的帽子。有传言说，一直由近卫军掌管的24座城门的钥匙将会被夺走，交给新民兵。这就是11月14日晚上的民情。[212]

马努克曾在其宅邸组织过一次款待俄国代表团的晚宴，其中一名曾任好几个驻伊斯坦布尔大使馆顾问的意大利人的妻子皮扎尼夫人告诉克拉斯诺库茨基，人们对巴伊拉克塔尔的愤怒源自他在近卫军问题上的处理方式。她说，不出意料的话，不久后会再次发生叛乱。[213]正如皮扎尼夫人预料的，第二天，即11月15日，风暴开始了。这天巴伊拉克塔尔到大穆夫提的宅邸参加斋月的神圣节日“盖德尔夜”（Night of Destiny）的仪式。在带着随从回宫的路上，他遇到了抗议活动。学者们称，那些贴在墙上的纸条预言伊斯坦布尔很快就会血洒街头。不久，便听说有各种团体在城市的不同地方动员了起来。他们开始向巴伊拉克塔尔官邸进发，那里守卫不严，大约在午夜时分，遭到数量庞大的近卫军攻击。

巴伊拉克塔尔的心腹和护卫波什纳克阿迦已被他过于轻率地派往鲁塞，因为该地传来消息，称维丁豪强毛拉·伊德里斯准备趁巴伊拉克塔尔不在时侵扰鲁塞。据加比说，波什纳克的另一项任务是设法消灭佩赫利万·易卜拉欣巴巴阿迦，后者在成功抵御俄国人、保卫久尔久之后成了战争英雄。[214] 有人认为，巴巴阿迦从未忘记他在鲁塞的政治失利，当时巴伊拉克塔尔在马努克和其他人的支持下当选为该县的阿扬。然而，波什纳克阿迦有辱使命。巴巴阿迦很快就会成为维齐尔巴巴帕夏，就在苏丹马哈茂德授予他军事指挥权之时。

回到 11 月 15 日的伊斯坦布尔。当近卫军围攻巴伊拉克塔尔的宅邸时，巴伊拉克塔尔抗议道，他自己也是一名近卫军，与第 42 分队有渊源，甚至在他们的军营里建了一座喷泉，怎么会反对近卫军事业？他要求众人允许妇女和仆人离开宅邸。在与他的一小撮卫兵发生摩擦后，仓储区的弹药和建筑内发生了爆炸。宅邸倒塌，数十名近卫军身亡。不清楚巴伊拉克塔尔是已经死了，还是通过地道逃走了。人们后来认为他自杀了。

很快，一些人群袭击了其他统治精英的宅邸，屠杀了许多人，并掠夺了他们的财产，而另一些则袭击了新民兵的剩余部队。新民兵的许多士兵来自巴尔干，对伊斯坦布尔的街道不熟悉，往往被近卫军困在死胡同里。混战在伊斯坦布尔的不同街区、加拉塔和于斯屈达尔持续了好几天。这次兵变不像五月革命那样组织严密，在许多方面也不同于典型的近卫军叛乱。这次事件更加暴戾、不受控制且范围更广。

有好几次，近卫军元老和一些乌理玛成员试图阻退人群。事实上，为了限制这场推翻巴伊拉克塔尔的斗争，他们阻止近卫军攻击接待外省显要的宅邸。那些离开和留在伊斯坦布尔的显要，仍有可能继续按照《同盟誓约》的规定联合起来攻击近卫军，以拯救巴伊拉克塔尔和新秩序。不过这一幕并未发生。

真正的转折点是拉米兹帕夏命令他的舰船从金角湾炮击近卫军的军营。据许多学者的说法，这次轰击扭转了舆论。炮击引发了一场巨大的火灾。在短时间内，近卫军就获得了成千上万曾在新政权与近卫军之间纠结的人的支持。当巴伊拉克塔尔的尸体被从宅邸的废墟下拉出来示众并公开羞辱时，叛乱之初并未参与的人群也上街攻击起了新民兵。结果，近卫军取得了胜利。据一位俄国外交官说，其间有 1.5 万人丧生，7000 间房屋被烧毁。[215] 大火在城市的不同地方持续燃烧了几天。一些学者认为马哈茂德在暗中支持近卫军，因为他在叛乱期间什么也没做。几天后，马哈茂德发布敕令，宣布新秩序再次被废除。[216]

一直有人担心巴尔干和安纳托利亚那些签署了《同盟誓约》的新秩序支持者会进行反击。[217] 但等支持者们收到革命的消息，已为时太晚。“新秩序已被完全废除，”马哈茂德苏丹颁令道，“它显然是极可恶的……各省王朝应将自身从这一苦难中解脱出来。”[218] 拉米兹、卡迪·阿卜杜勒 – 拉赫曼、马努克、贝希奇和巴伊拉克塔尔的司库柯塞·艾哈迈德逃到了巴尔干和安纳托利亚。之后，拉米兹、柯塞·艾哈迈德、贝希奇和马努克将会到俄国避难。[219] 马哈茂德写信给新任大维齐尔：“他们炮击了伊斯坦布尔……想想根据伊斯兰教法的规定，该怎么对付造成这些破坏的人！”[220] 梅米什帕夏被任命为大维齐尔，接替巴伊拉克塔尔。[221] 和谈破裂，与俄国的战争又开始了。

结　语

对于伊斯坦布尔的这次事件，奥地利外交官弗朗茨·冯·奥滕费尔斯男爵予以了密切关注。他在便函中写道：

> 这些事件之后，一场玷污奥斯曼皇冠的血腥恐怖革命画上了句号。在过去的14个月里，两位苏丹被废黜。而早先的革命没这么血腥。这一次，君主没有被废黜。但大维齐尔之死使得血流成河。街上尸体遍布，大半个城市被大火吞噬。极幸运的是，一场可能发生的灾难被阻止了。但所有这些事件只表明了关于未来的一件事。在以前的革命中，［近卫军］一派虽受到压制，还能存留下来。但这一次，［新秩序］一派受到压制，却被彻底根除。没人相信蕴含着新秩序精神的改革会复兴。我们把近卫军看作奥斯曼民族［nazion］的种子。这个民族两次变得狂怒，拒绝新制度。国民军［近卫军］的胜利使人们改变了对改革之必要性的想法。现在我们看到，近卫军和新军之争，并非仅仅关乎头盔的差异。它是一场为捍卫奥斯曼民族独特的民族性的斗争。现在很清楚的是，近卫军深嵌于奥斯曼帝国的军事和宗教宪制［Verfassung］，消灭近卫军便是在摧毁奥斯曼苏丹国。[222]

毕业于奥地利东方学院的奥滕费尔斯对奥斯曼世界非常熟悉。他和朱舍罗一样，将整个事件解释为试图改变帝国宪制的新秩序与近卫军声称代表的奥斯曼人民之间的争斗。塞利姆三世和巴伊拉克塔尔领导的新秩序派之所以失败，不仅因为缺乏审慎和严谨，也因为他们无法说服奥斯曼公众。最终，是奥斯曼帝国的公众——更准确地说，是伊斯坦布尔人民——在最近的这起事件中决定了帝国的命运。近卫军证明他们在动员民众和融入公众方面更加成功。朱舍罗和奥滕费尔斯等学者在本质上不同意欧洲启蒙运动对帝国的传统描述，这种描述以法国政治哲学家孟德斯鸠为典型代表，把奥斯曼帝国称为东方专制主义，所有权力都掌握在苏丹手中。恰恰相反，按照奥滕费尔斯的说法，奥斯曼政权像一个共和国；民意很重要，而近卫军是民意的党徒。在寻求改革的过程中，新秩序建立了一个专制的——尽管是开明的——政权，但帝国只有在人民支持的独裁统治下才能改革自身。“我们可以如此归结，近卫军派更倾向于共和宪制，而新秩序派的原则更倾向于无限专制。”奥滕费尔斯写道。[223]

虽然新秩序的支持者和反对者都没有使用“共和主义”或“专制主义”这样的术语，但他们的解释与奥斯曼知识分子的并无二致。正如我们在第一章看到的，在 1806 年至 1808 年的事件发生的前几年，一位（或好几位化名）叫科贾·塞克班巴什的作者写了一篇论文，驳斥民意（redd ül-a‘vām），批评近卫军，认为奥斯曼帝国只有通过军事改革，建立一支纪律严明、训练有素的新军队才能生存下去。科贾·塞克班巴什的写作不仅仅是为了反驳坊间流传的舆论，也是为了说服公众。这种说服的努力正是朱舍罗认为必要的，即便它并不成功。近卫军和普通民众如此啮合，以至于新秩序无法将他们分开。

巴尔干和安纳托利亚的外省实权派在巴伊拉克塔尔的领导下，代表新秩序进行干预，但并不足以挽救新政权。从埃迪尔内事件到鲁塞之友再到巴伊拉克塔尔的政变，许多外省实权派纷纷转变立场，从近卫军集团转为新秩序的支持者。1808 年 9 月，来自帝国不同地区的诸多外省强人和强大家族第一次集体行动，改变了奥斯曼政治的态势。外省精英和帝国精英的新同盟推动了帝国会议的召开以及《同盟誓约》的诞生，该誓约从根本上为奥斯曼秩序重新定向，使外省精英成为帝国的伙伴。但当时的政治基础设施并未为这种联盟做好准备。近卫军既没有被吸纳进新联盟，也没有被消灭。一支新的“新军”尚未成熟。马哈茂德二世、宫廷和许多改革派并未完全被新方案说服。伊斯坦布尔的民众虽然信任巴伊拉克塔尔，但很快就对新政权幻灭。正如萨尼扎德所说，“巴伊拉克塔尔时代”带来了各种不伦不类的东西，它们注定要失败。[224] 巴伊拉克塔尔时代是革命年代的一个插曲。与其他一些革命一样，它是个转折点，但历史并没有转变。

新秩序精英从博斯普鲁斯海峡边和城市中的宅邸逃离，在动乱中被剥夺了财富或者遭到杀害。20 世纪作家艾哈迈德·哈姆迪·坦珀纳尔在他的《五座城市》一书中，对新秩序精英的丧生表示惋惜：“1807 年叛乱并未结束博斯普鲁斯海峡边的新生活，但也许改变了它的主人。新时期的精英们不再那么彬彬有礼、风度翩翩。接连两次叛乱改变了伊斯坦布尔的精英们。要想再次看到品味之花的绽放，还得等很久。”[225] 巴伊拉克塔尔死后，马哈茂德二世宣布重新恢复对近卫军的信任，在一份敕令中声明：“朕承继自高贵祖先的近卫军乃吾国疆土的守护者。历史记载了他们如何为朕的祖先竭忠尽智。他们是朕受到的尊崇［的源头］。真主保佑，朕以皇权令他们在圣战中输勤出力，使朕成为一名圣战士。”[226]

当时，没有人能够预见到 18 年后，马哈茂德二世将在伊斯坦布尔人民的热情参与下，带着他的新军队，在一场血腥的屠杀中消灭近卫军。

第五章
解决：《同盟誓约》与信任的帝国（1808）

在联合和同盟中，只有通过相互担保和责任，信任才得以可能。

——《同盟誓约》第五条

1808 年 9 月下旬，《同盟誓约》在伊斯坦布尔的一个协商会议上被起草和签署，它终结了摇撼帝国两年之久的危机。如在上一章讨论的，伊斯坦布尔和外省经历了一系列威胁到帝国的完整性和秩序的危机。最早是 1806 年 8 月的埃迪尔内事件，当时色雷斯西部的外省显要和社群阻挡新军，令新秩序蒙羞。1806 年末，俄土战争爆发，英国舰队对伊斯坦布尔发动攻击。随之而来的是 1807 年 3 月近卫军领导的首都民众的叛乱，其推翻了塞利姆三世和新秩序。多瑙河军队指挥官穆斯塔法·巴伊拉克塔尔，这位保加利亚多瑙河流域的外省豪强领袖，与奥斯曼官僚机构中的改革派成员联手，发动了一次政变。他们废黜穆斯塔法四世，扶持马哈茂德二世上位。穆斯塔法·巴伊拉克塔尔成为大维齐尔，恢复了新秩序。

巴伊拉克塔尔写信给一些主要的外省显要家族，邀请他们来伊斯坦布尔参加一次史无前例的协商会议，商议如何终结这场政治危机。到1808年9月，来自巴尔干和安纳托利亚的一些家族领袖或代表抵达首都。这次为期几天的会议在卡厄特哈内的萨达巴特凉亭举行，一条小溪从旁经过流向金角湾。经过几次会谈，与会者草拟并签署了所谓的《同盟誓约》。这份文件的25名签署者中，包括大维齐尔穆斯塔法·巴伊拉克塔尔、帝国国务会议成员、鲁米利亚和安纳托利亚各省的首席法官、近卫军和骑兵部队首领，以及来自外省四大显要家族的领袖。签署者通过《誓约》忠诚宣誓捍卫苏丹和苏丹国，且为改革后的帝国军队征募新兵。作为回报，《誓约》为外省显要及其王朝的生命和地位提供保障。随着这些精英之间的互保，《誓约》在维护帝国的完整和秩序、界定权利和义务方面，带来了深远的变革。在商议的某个阶段，马哈茂德二世参观了会议，会见了代表，以其亲临给予他们荣光。极有可能是在这次访问中，苏丹在《誓约》上签字，成为缔约者之一。

国家并未以通常的敕令形式公布《誓约》。在学者看来，这次会议以非公开的形式举行。[1]然而根据奥斯曼编年史家萨尼扎德·阿塔乌拉（他在10年之后写到这一事件），苏丹的确认缓和了舆论可能对新政权发起的反对。[2]虽然《誓约》并未公布，但很多帝国精英曾将《誓约》的副本誊抄到他们的私人记录中。[3]政变之后，伊斯坦布尔的秩序依然处在飘摇中。《誓约》起草者重整改革计划的企图，可能触发各种反应。在《誓约》签署的3个月内，这一事件的发起人穆斯塔法·巴伊拉克塔尔，以及同盟的其他几位成员，在一次近卫军叛乱中丧生。由《誓约》启动的进程被打断。虽然没有被正式废除，但实际上，《誓约》成为一纸空文。在这一事件后，无论苏丹还是依然在世的签署者，都不再提及《誓约》。很多人在很久之后的1819年才了解这一文件的细节，那年萨尼扎德在他的《历史》一书中提供了《誓约》的文本。

那么《誓约》是一次反高潮吗？这取决于我们如何理解历史。如果我们考虑拟定《誓约》的政治联盟短暂的存在时间，以及它并未被贯彻这一事实，我们可以视之为失败。然而，如果我们考虑在整个19世纪和20世纪初形塑了奥斯曼政治文化的那些长期模式，我们有充分理由认为，《誓约》及催生它的政治态势事实上是对未来发展的一次测试和先行。事实上，本章的最后部分会表明，《誓约》中的一些原则将在19世纪继续直接形塑奥斯曼帝国的政治和宪制文化，为1839年的坦齐马特敕令以及之后的宪法编纂作铺垫。

《同盟誓约》由以下内容组成：引言、7项条款、结语或后记、签署者的名字和印章，以及文件顶端的苏丹令状。[4]本章将提供《誓约》的译文和细致的文本分析，并考察《誓约》的意义及其在革命年代的奥斯曼和全球背景中的地位。我认为，《誓约》意味着奥斯曼历史中的一种激进的可能性，具有深刻地改变政治和制度动态的潜能。我还认为，与全球革命年代里的其他重大文献相比，《誓约》尤其重要。对《誓约》的检视将丰富和扩充我们关于18世纪末19世纪初立宪文献的文本形式、法律工具和哲学前提的假定。

《同盟誓约》

引言

赞美归于真主，他通过行动一致和谐之人来巩固伊斯兰教。[5]愿真主穆罕默德安息，他为他的社群、家庭和捍卫他的事业的同伴消除不和与纷争。

现在转向我们的主题：签署这一吉祥的文件的原因是，作为所有人的恩主，至高的奥斯曼国家是一个穆罕默德的苏丹国，自奠基以来，它所享有的征服、胜利、荣耀和威势，是通过团结、联合、消除自私和纷争而取得的，这一点不言而喻；然而近年来，随着时间的推移，这一秩序已严重败坏；出于各种原因，自私与纷争已经在国家大臣们和外省王朝中间变得明显；结果苏丹国的权力分化，其对内和对外的影响力受到干扰。这一形势导致富人与穷人、上层与下层，总之整个穆斯林共同体的衰弱与失序。无论老少都承认这一形势所呈现的形式令人厌恶，而且因为这些众所周知的不公和可耻的行为，苏丹国的基础已经到了完全被毁坏的地步。以最仁慈最怜悯的真主之名，我们都领会和理解到，为了扭转混乱为统一、竭力保卫和彰显至高国家的全部力量这一神圣的意图，必须从先前的事务中汲取警示，必须维护国家和宗教秩序的支柱，必须遵照《古兰经》中杰出的诗行“有眼光的人们啊！你们警惕吧！”［第59章第2节］称颂真主的至高之言。这是虔诚的责任，是忠诚的义务。因此我们举行了多次会晤，作为团结和联合的单一机构，为宗教和国家的重振而竭力。我们探讨了增殖基本权力［的方法］和各种行政问题，就适合的方面进行协商，将同盟的条款记录在下面的誓约中。

《誓约》的引言提供了理解文件其他部分的指南，其重点在于团结（ittiḥād）和联合（ittifāḳ）。只有团结联合，国家（devlet）和苏丹国（salṭanat），乃至宗教和整个穆斯林共同体，才能获得拯救，权力才能得到重建。文本一开头，便突出一致（waḥīd）、联合、和谐（vifāḳ）以及消除不和（nifāḳ）和纷争（şiḳāḳ）等概念，这种对整合、团结和联合的强调，借助了阿拉伯人的祷词。但是《誓约》的起草者期望什么人团结和联合？《誓约》主张，无论内层（dāḫil），即中央国家的显贵之间，还是外层（ḫāric），即外省王朝之间，纷争和分裂依然存在。团结和联合将在内层和外层一起实现。《誓约》表明了在帝国内圈和外圈，亦即中央和外省之间的划分。在整个文本中，出现了内层和外层，或者中央国家（devlet-i ‘āliyye）和外省（taşra），或者中央国家的显贵和外省王朝或显要（ḫānedān and vücūh）的并置。然而，不和与纷争并不必然发生在中央和外省之间，也发生在中央和外省的内部。

在引言中，强调的“众所周知的可耻行为”指的是中央和外省的事件，如1806年的埃迪尔内事件，以及穆斯塔法·巴伊拉克塔尔发动的政变。《誓约》的签署者澄清，这几次会谈是在单一的机构中，在团结和联合中举行的，以探讨和协商如何重振宗教和国家（dīn ü devlet），或者说奥斯曼的存在，以及如何完善基本权力（ḳuvvet-i ẕātiyye），即苏丹国、苏丹和帝国政府的权力。

《誓约》如何构思国家的概念？在引言中，祷词之后的第一个句子以一则定义开始：至高的奥斯曼国家是一个穆罕默德的苏丹国。《誓约》阐明了这个“国家”的两项主要特征。至高的奥斯曼国家是一个苏丹国，是伊斯兰教的。苏丹国指的是绝对主权，由来自奥斯曼王朝的苏丹代表和行使。“穆罕默德的”这一术语指的是这个国家的伊斯兰教特性。《誓约》确立了国家的权力与穆斯林共同体的利益之间的关系。伊斯兰教这个总体概念将国家与人民联系起来。《誓约》的起草者因而将伊斯兰教及其教法设想为一个基准点，这一基准点超越了国家和苏丹国，联结了共同体与政体。

第一条

由于我们荣耀、慷慨、庄严、强大的苏丹，乃我们以及整个世界的恩主，乃永恒国家最杰出的人物，所以我们所有立约人有责任遵照全能真主的恩典仁慈以及先知穆罕默德的神圣指导，保护至高君主个人，巩固皇帝的主权。如果大臣、乌理玛、高级官员、［外省］王朝或近卫军团，在言或行上，秘密或公然地背叛或违反他的敕令和希望，经司法调查后［如果这个人的错误是蓄意的］，让我们所有人在首都和外省采取联合行动，对胆敢如此行动之人进行惩罚，并以此来警醒他人。在这件事上，让我们也联合起来，认真努力惩罚任何［对此类行径］表示宽容的人，并使其成为别人的儆戒。如果有人不加入这个同盟圈，让我们采取行动反对他，并强迫他在言行上遵守［此］条款。总而言之，让我们所有人以个人之姿，借助我们的资源，为［保护］皇帝个人、维护皇帝主权的国家和权力而尽责，确保他的敕令和希望［得到落实］，他的存在免遭背叛和阴谋。只要我们还活着，让我们保证这一点，此后让我们的子孙和王朝也这么做。如此，苏丹陛下对我们所有人的善意就会昭显，从而允许我们给予必要的谢意，并持续地效劳，增加我们的功绩。

第一条作为中央国家显贵和外省显要保卫苏丹的集体承诺而发挥作用。签署人承诺和保证捍卫他个人（ẕāt）和他的主权（salṭanat）。第一条约定，苏丹作为国家最杰出之人，以及包括《誓约》签署人在内的人民的恩主，具有两重身份：作为皇帝的个人和他的主权。苏丹的两个身体，指的是在位苏丹的个人存在和奥斯曼王朝主权的制度化存在。对苏丹个人与苏丹的主权之间的区分在文本中出现了好几次。在苏丹的令状（ḫaṭṭ-ı hümāyūn）中，马哈茂德二世宣称："朕，作为皇帝个人［ẕāt-i hümāyūnum］，会执行和落实写在这一协约中的承诺和得到认可的规定。"这里的苏丹作为个人，成为《誓约》的签署者。在第一条中，《誓约》的签署者承诺和保证捍卫他个人，巩固他的皇帝主权的结构。在个人和主权之间的区分使得苏丹能作为一个具有权利和义务的人而行动，去承诺执行《誓约》，如我们在他的令状中看到的。

《誓约》第一条中出现了两个概念：立约人和担保人（或保证人）。这两个概念赋予誓约一个特征，即它是国家的内部和外部、中央和外省成员之间的相互承诺和保证。中央的显贵作为个体，外省的显要作为个体、豪强以及家族代表，承诺不仅捍卫苏丹的生命和他的主权，还共同惩罚冒犯者。豪强们在承诺遵守《誓约》时，不仅以他们的名义，还以他们后代的名义。这样他们就含蓄地迫使其他签署者（包括同级的外省显要）接受他们王朝的永存。这一文件对冒犯的概念进行了限定。违反苏丹的敕令、希望和同意（ḫilāf-ı emr ü rıżā），在广义上被拔高为背叛或叛国。签署者承诺采取行动，反对那些在言或行上背叛苏丹的冒犯者。背叛的威胁迫使签署者对行为不端者、不接受《誓约》的人执行《誓约》的规定，他们将被纳入同盟圈。然而《誓约》也意图限制专断行动，规定其只有在司法调查之后才能执行。我在下面讨论第五条时将再次回到司法调查的概念。

第二条

既然维护至高国家、增殖其权力和荣耀［也］是我们和我们的王朝存在的基础，作为商议的结果，我们都同意，为了巩固苏丹的主权，在整个帝国境内征召的士兵，应该依据审议委员会做出的决定，作为国家士兵而被征召；我们所有人都应该竭尽全力来完善和维护［这一秩序］。让所有［国家的］显贵和仆人，以及所有在中央和外省的地方王朝为规范和调整［这一秩序］而努力。为了成就宗教和国家的［征召］士兵问题是通过一致表决来

> 决定的，如果有人煽动阴谋者和捣乱者，以时代变化或其他为由宣称这一秩序已经无效，允许予以修改，或者如果近卫军团不赞成或反对这一秩序，那么让我们所有人联合行动，视那些哪怕是流露出这类想法的人为叛国者，更不必说那些胆敢反对、终止或改变它的人，竭尽全力惩罚、镇压和清除他们；让我们中间无一人在这个问题上有异议。而且既然要防范和镇压任何敌对行为，不论其来源为何，以最快方式对敌人采取行动是首要规则，任何时候都不得采取违反这一原则的行动。

在第二条中，外省王朝保证从他们的区域征召士兵，并且动员他们为帝国效劳。如同在先前的章节中讨论过的，在塞利姆三世时期，一些显要便已经积极为新秩序征募新兵。第二条将这一做法标准化。当外省王朝成为帝国在各省的军事机构中不可或缺的合伙人，如同《誓约》一开始确切阐述的，他们的生存及其王朝的永存（beḳā'）便被视为依赖于国家和苏丹的主权。这一相互依赖被一项安排所强化，即显要征召的军队将被命名为国家士兵。第二条还强化了签署人作为新军事秩序捍卫者的集体性。签署人保证不宽容国家、近卫军或人们对这一新安排的异议。

“国家士兵”这一术语意味着对近卫军、外省实权派或总督们的半私人军队的替代。在《誓约》签署后立即颁布的另外一份文件中，我们可以看到对如何征募新军的详细解释。[6]依照这一新安排，中部省份的每个县被期待依照它们的能力，提供和维持一定数量的士兵。这些士兵由区域实权者任命的首领组织。每个士兵的月薪为10库鲁。首领和士兵的名字会被登记造册，送到中央政府。实权者每6个月报告军队的情况。这些人被部署到军营中，进行定期视察。每个县为部署到该县的分队提供资金。关于县维持一个军事分队的能力的细节，以及为军队筹措资金的事务，是通过在外省显要（阿扬）和社群领袖们之间的协商来决定的。军队的开支，会添加到县的分摊登记册中，[7] 作为税费每半年从社群征收一次，由区域豪强和县里的显要予以协作。

通过使用这一方法，政治当局期望创建一支常备军，由县社群资助，作为他们对帝国的义务，在和平时期部署到各省的军营。外省豪强和其他从属的显要则负责监督军队的征募、组织和动员。这些是签约的外省王朝领袖们的主要责任。他们被期待作为地方领导人来监督新军这一帝国最具有战略意义的机构。

第三条

> 提高苏丹国的荣耀是我们的首要目标，我们承诺为此勠力同心。因此，就如同我们努力增加部队的数量以强化[国家的]权力，我们也承诺维护穆斯林国库和至高国家的收入。我们一致发誓并保证公平地从地方征税，保护［地方］免于损害和侵扰，执行和落实苏丹的命令和法令，惩罚任何阻碍［它们的］落实和表露不忠的人，并永远遵守这一规则。

第二条规定了新的军事秩序，第三条则规范了税费的征收。就像组建新军的义务一样，征税的义务也委托给了外省的精英。穆斯林国库与至高国家的收入涉及奥斯曼政体财政的不同方面。对穆斯林国库的强调突出了奥斯曼国家是一个穆斯林国家。这两个国库也意味着不同的税源，一个是宗教征税，一个是行政征税。前者理论上要收到穆斯林公共国库里，后者则作为政府收入征收。第三条并没有细致描述复杂的财政收入征收机制，反而相当强调原则，如公平征收、对地方社群的保护以及对皇帝敕令的落实。和其他条一样，第三条强调了《誓约》的总体原则，即反对这次会议认可的规定、《誓约》和皇帝法令的个人，将受到签署人的集体惩罚。除了执行《誓约》的原则外，惩罚异议者的义务也增强了签署人的集体责任。

第四条

自很早的时代起，至高国家的秩序和法律，以及苏丹命令和禁令的全集，已经由他的全权代表［即大维齐尔］分发给中央或省里的所有显贵和大臣。因此，此后让每个人知道他的上级，不要自命地介入超过他的职责范围的事情。让［大维齐尔的］命令和禁令被视为苏丹的命令和禁令，无人敢违背它们。而我们将一起行动，反对任何人介入不是他自己的或者属于别人的管辖权的事务，只要出现“尽管这一事务是其他人的职责，这个人却用这种方式介入”的情况，我们一致承诺将这个人革职。我们一致承诺将所有事务上呈大维齐尔，向他请权且依照他的命令和决定［行事］。此外，如果大维齐尔违反共同协议，作出不法和腐败行为，对各省以及至高国家的内部状况造成直接危害，让我们所有人行动起来阻止他。而且我们一致承诺，如果大维齐尔恶意行动，中伤某个人，说“其他人让我来镇压这个人”，我们将阻止前者而保护后者，从而让这些［规则］得到永久遵守。

第四条明确了大维齐尔的地位：他是苏丹的全权代表。虽然在《誓约》中没有提及，但大维齐尔是由苏丹任免的。所有的帝国敕令，都要经由他颁布。大维齐尔是国家的首脑、苏丹的喉舌。[8]《誓约》的签署人保证遵从作为他们上级的大维齐尔的命令和决定。正如在其他条款中的情况，签署人承诺采取共同行动，反对违背大维齐尔决定的人，以及那些介入别人管辖权的人。文件在强调官员和王朝的管辖权和职责的界限的同时，又把大维齐尔描述成关键人物，所有人得向他报告反对他人的行动。大维齐尔不仅是帝国在至高无上的苏丹之下的最高权力，而且是同盟成员行动的最高协调者。

但《誓约》也提出了一个条件：如果大维齐尔有不法行为，签署人也有权利集体反对他。换句话说，大维齐尔的权力受到同盟圈集体意志的限制。大维齐尔要避免此处提及的恶意行为和中伤。在这里，除了相互协定和程序外，信任也成为契约的关键部分。虽然《誓约》没有明确如何证实恶意行为和中伤，不像其他的不法行为有“司法程序”可走，但这一条件缩短了大维齐尔与其他签署人的距离。第四条表明，在《誓约》签署人的心目中，大维齐尔在同等地位的签署人中居首，尽管事实上，他是由苏丹正式任命的代表。

第五条

> 既然我们都保证和承诺保护皇帝个人［苏丹］、苏丹的主权和国家的秩序，那么一个重要的要求是，外省王朝和显要应信任至高国家，而首都的高官显贵应相互信任；可以肯定，有了团结和联合中的［相互］担保和责任，信任和信心便得以可能；因此，让参加这个同盟圈的［外省］王朝和显要，以及中央的高官显贵同样保证和承诺，确保彼此的人身安全和王朝的安全。这样一来，即使没有任何违反盟约规定的行为，但若至高国家或外省的维齐尔对其中一个王朝实施了攻击、背叛或阴谋行为，或者一个王朝对另一个王朝实施了这些行为，那么，让我们所有的同盟者，不管距离远近，都努力惩罚和阻止它。既然所有大臣都保证和承诺，只要显要家族领袖还在世，就维护其地位的永固，之后对他们的

家人也如此，那么这些王朝同样应为其管辖范围内的显要提供誓言和保证。而且不允许任何人出于贪婪或者其他原因谋害那些显要的性命。如果某个显要违反保证和协约的罪行或背叛变得显而易见，就让负责的王朝进行司法调查，向大维齐尔呈报信息，之后撤职、惩罚，然后换上其他人。任何人都不要强行闯入或侵越受托区域之外的任何地区，哪怕是一步。如果有人进行这样的攻击，让我们采取行动，无论距离远近，阻止他［这样做］。如果他不接受警告，让我们一致努力，阻止和惩治这个纷争制造者。让外省王朝和显要一致加强平息叛乱和纷争的工作。让我们也一致惩罚和矫正任何虐待和压迫穷人或反对执行神圣的伊斯兰教法的人。既然所有的外省王朝和显要都保证和承诺，阻止任何时候所有由挑衅或阴谋引起的针对大臣、乌理玛、高官和国家仆人的背叛和密谋，阻止任何惩罚，除非某人的罪过在众人眼里已显而易见，就像向所有王朝和显要保证的那样，让任何人都不要违背以上这些而行动。如果有人因为人性当众犯错，那么在将罪行示众后，让大维齐尔办公室根据情节严重程度来惩罚他。

第五条在中央和外省的誓约签署人之间建立了信任的纽带。它强调信任是秩序延续的必要条件，规定为了建立信任纽带，同盟圈的成员应承诺对苏丹个人、苏丹的主权和国家的保护，以及为彼此的安全担保和负责。通过相互担保建立的信任纽带，不仅维护签署人的人身安全，还维护外省王朝的安全和永存。通过共同保证外省王朝的永存，这一规定挑战了过去的惯例，即苏丹有权力取消地位、职位和合同，以及下令没收和处决。第五条进一步强化了这一点，规定各王朝也要保证彼此的安全，互不干涉管辖权。因此，《誓约》的目的是通过相互担保建立信任纽带，巩固事实上的局面，在这种信任纽带中，委托给外省王朝的土地不能被剥夺。但最引人注目的规定可能是，如果国家或帝国的官员对外省王朝发起攻击、背叛或阴谋，同盟圈的成员有义务对犯事者采取行动。在这里，《誓约》明确限制了中央当局对于已经签署或将要签署誓约的外省显赫家族的权力。

第五条还规定，各王朝要成为他们管理下的阿扬的担保人。如第三章所述，18 世纪下半叶，县的管理体系建立起来。根据这一体系，由县各社群提名和 / 或选举的，或获得民众同意的县阿扬管理该县的公共事务和财政。18 世纪末，这种基于社群集体参与的体系逐渐在中部各省制度化。正如第二章所阐明的，区域性的实权派也是在 18 世纪得到巩固的。一些豪强崛起，通过国家和地方社群内的各种机制、交易和地位，在区域层面确立了权力，构建了区域性的势力范围。在这些势力范围中，一些当地显要受到区域实权派的恩庇，其他一些则作为合伙人与区域实权派合作，或与他们发生冲突，还有一些如穆斯林阿扬或基督徒“ḳocabaşı”的其他显要，以副手或县行政官 / 管理者的身份开展活动。

《誓约》第五条旨在改变这种复杂的外省秩序。新的安排把选举阿扬的权利从社群手里拿走，授予区域性王朝。该文件将王朝框定为外省秩序中的主要权力，建立了一个等级制，最高层是掌权的王朝。《誓约》如何理解这一等级制，在之后马哈茂德二世向签署人之一塞雷的伊斯梅尔发出的法令中体现得很明显。根据该法令，伊斯梅尔有权任命和罢免县阿扬：

> 如果有阿扬反对你，那么由于你的独立责任，惩罚和训诫这种人的权利就委托给你的自由意志……因此，选举、支持、惩罚或优待阿扬［的权利］就授予你……没有你的同意，他们无权向社群收［税］。没有你的确认书，县阿扬在伊斯坦布尔的生意将

不会得到许可。[9]

为了防止外省豪强及其王朝的专断权力，他们与从属的当地显要之间通过互保建立了其他的信任纽带。通过互保的纽带，《誓约》建立了从中央到区域性王朝，从区域性王朝到从属的当地显要这一帝国范围内的信任网。

正如《誓约》在多处强调的，第五条要求信任纽带和司法圈子中的成员对过错、背叛或阴谋进行集体惩罚，并且进一步细化了惩罚的方法。"除非某人的罪过在众人眼中已显而易见"，且司法调查已证实其责任，否则禁止惩罚。此外，《誓约》暗示，人是会犯错的；因此惩罚应反映罪行的严重性，不应超过不法分子应得的。除了为王朝的永存提供保障外，这一禁止任意惩罚的规定还确认了《誓约》的目标，即结束动荡，将风险降到最低，并建立稳定和信任的秩序，使帝国的成员，无论在中央还是在外省，都能得到安全上的互保。

第六条

如果在帝国首都出现了由近卫军团或其他团体领导的叛乱或阴谋活动，各省王朝应加速赶到伊斯坦布尔，而那些胆敢［如此行事］的个人和近卫军，都将被撤职或清除。即是说，应对那些发起叛乱和阴谋活动的个人或军事团体进行司法调查，如果是团体，应被降服和惩罚，并取消他们的收入，作废其名册，如参与阴谋的博斯普鲁斯城堡的卫兵；如果是个人，不管级别高低，皆应在司法调查后被处决。所有外省的王朝和显要都要承担这个任务，保证帝国首都的安全和秩序。因此，让我们继续工作，一起努力寻求必要的手段，以建立这种牢固的纽带。

第六条向近卫军团及其附属团体——如发起 1807 年革命的博斯普鲁斯城堡的边防兵——表明，叛乱或阴谋会立即引起外省王朝的反击。《誓约》将外省王朝呈现为国家的保护者和保障者。这种保护和保障尤其针对来自近卫军的内部威胁。惩罚将非常严重：在司法调查后处决。

正如在先前的章节中讨论过的，近卫军团不仅仅是一支军队。它是一个军事 - 民事法人团体，在帝国范围内拥有逾 10 万名不同级别和地位的成员。近卫军团还领导政治反对派，并动员公众。近卫军与其他团体结盟，包括已经从中央官僚机构和皇室获得相当自主权的乌理玛派系和金融家。苏丹塞利姆意欲取代近卫军的新军在 1807 年革命后被解散。《誓约》决定重振替代性军事机构的计划。该文件把近卫军呈现为一个独立或自治的团体，所有与中央国家和外省王朝有联系的签署人，承诺在其发生叛乱或进行阴谋活动时对这一集体采取行动。如第二条所声称的，将在各省征召一支被称为国家士兵的新军队，如果近卫军团不同意或反对征召，同盟圈的成员将对他们采取行动。

近卫军的地位及其与苏丹和国家建制的关系很成问题。《誓约》未将军团归为国家的内在组成部分，而在另一份文本中，它作为国家的部分而存在。1807 年穆斯塔法四世与近卫军签署的文件将近卫军团的指挥官和士兵描述为“至高国家自古以来的热心［仆人］”。[10] 之后的 1809 年，马哈茂德二世在给近卫军的一封信中宣布，他们是皇帝个人的军队。[11] 依照《誓约》的设想，近卫军团是一个与至高国家相联系的自治单元，不受中央政府直接和无条件的控制。无论是大维齐尔还是任何其他官员，都不能直接指挥和控制该军团。因此第六条规定，如果出现叛乱行为或阴谋活动，《誓约》的签署人有义务针对近卫军采取行动。《誓约》假定了近卫军事实上的（de facto）自治，但也暗中假定了其在法律上的（de jure）自治。

第七条

由于对穷人和臣民的保护与支持必不可少，各省王朝和显要必须注意设定规矩，向在他们的管理下的各县穷人和臣民征税时要适度。因此，让每个人重视确立并持续贯彻大臣和各省王朝经过审议后就防止压迫和调整税收做出的任何决定，重视防止压迫和侵越在这些决定已成为惯例的地方发生。让各省王朝相互细察，如果有哪个外省王朝违反命令和神圣的伊斯兰教法，实施压迫和侵越，就向至高国家通报，让所有的外省王朝一致防范。

只有第七条提到了纳税臣民的福祉。穷人和臣民，是对服从于外省显要、无特权的城乡群众的总称，各省王朝要对其予以保护和支持。而“在他们的管理下”的含义也是开放的。正如我们在前面的章节中看到的，奥斯曼行省的管理结构很复杂，包括重叠的管辖范围、势力范围和税收许可。外省显要在各种地方单元中获得了与经营、管理或收税有关的职位、合同和交易。《誓约》没有详细规定外省王朝的管理的性质，而是采用了一种笼统的语气，指示外省豪强要公正和公平。

不过，文件中出现了一个更具体的规定，宣布外省王朝应遵循同盟圈成员之间通过审议性的协商后做出的决定。对审议的强调，突出了这一过程的谈判性质。按照《誓约》，决策要通过谈判、审议和合意来进行。但这个谈判过程并不包括外省社群。《誓约》没有提到自下而上的集体行动或选举机制，正如第三章详细考察过的，整个 18 世纪，这两种做法在奥斯曼外省得到发展。相反，根据《誓约》，决策在包括中央和外省精英在内的同盟圈和信任纽带中，通过不断的谈判和审议，以横向的方式进行。然而《誓约》并没有详细说明谈判和审议的机制和地点。没有提到常设会议，也没有提到召集审议性会议的程序细节。《誓约》暗示，谈判将会临时以不间断的方式进行。

第七条以这样一个规定结束，即同盟圈的成员应不断地互相监督，并向至高国家报告压迫者和侵越者。根据《誓约》，同盟圈也是一个检查的圈子。正如其他条款所解释的，侵越者会受到同盟的集体镇压。

结语

> 由于上述七条是经审议决定的，并已以真主和先知之名义宣誓不得违背，为了维护这些庄严的承诺，现将该誓约写下并抄录。“既闻遗嘱之后，谁将遗嘱加以更改，谁负更改的罪过。真主确是全聪的，确是全知的。”［《古兰经》第 2 章第 181 节］写于伊历 1222 年舍尔邦月［1808 年 10 月］中旬。

《誓约》的结语强调，决定是经过审议做出的，并在签署人以真主和先知的名义宣誓遵守后通过。相互宣誓使《誓约》成为有效的合同。《誓约》的契约性质得到了《古兰经》第 2 章第 181 节的支持，该节强调改变已做出的决定乃罪过。

附录

> 本法律文件中的条款是在真主的帮助下加强和振兴宗教与至高国家的基本原则。因此，有责任将其作为指导原则予以永久贯彻。为了防止它因时代和人员的变化而遭到更改，那些以后成为大维齐尔和大穆夫提的人，在被任命和担任之前，都要阅读和签

署本誓约，并严格执行。在职位更换期间，为了不耽误对本誓约的理解，帝国国务会议议长应立即从文牍科取来誓约原件，通知大维齐尔的管家和外交事务大臣，将之带给大维齐尔或大穆夫提。将这一做法记录在帝国国务会议的办公室，并视之为指导原则。由于本誓约的副本将交给必要的人，苏丹陛下应保存一份副本，并由我们的最高权威亲自监督其持续和永久贯彻。

附录规定了一个程序上的细节，即如何让《誓约》保持超越时间的有效性。尽管时间和世代发生变化，国家的显贵和外省王朝始终应遵守《誓约》。新的大维齐尔或大穆夫提在被任命之前，有义务阅读、理解并签署保存在文牍科的《誓约》原件。[12] 把《誓约》取出来给新任者阅读和签字，是这两个职位的任命程序的一部分，它们分别负责政府事务和伊斯兰教法的执行。文牍科的官员在将原件交给新任大维齐尔和大穆夫提签署后，将准备其他副本，发给同盟的其他成员重新签署。

这一程序使得《誓约》永远存续，无论时间和人事如何变化。但这一程序只有在任命大维齐尔和大穆夫提之后，才会进行。而且只有作为国家和宗教事务首脑的这两类官员，需要在被任命时签署该文件。其他官员和外省王朝领袖发生变更时，则不需要重新签署。结语的最后是一项授予苏丹的义务。这一重新签署的程序和《誓约》的实施要由陛下监督。因此，苏丹保留了一份副本，供自己在必要时查阅。《誓约》没有要求新苏丹签署该文件。然而，马哈茂德二世签署了誓约，并成为缔约者之一。

苏丹的令状

御令副本：祈求真主庇护。“假若你费尽大地上所有的财富，你仍不能联合他们的心；但真主已联合他们了。”［《古兰经》第 8 章第 63 节］根据《古兰经》这一著名经文的要旨可以看出，宗教、至高国家和整个穆斯林共同体的重振，有赖于显贵和大臣之间根本的团结和联合，而且在真主的帮助下实现这一目标，显然有赖于不断落实这些吉祥的承诺和契约。因此，蒙真主恩典，朕，作为皇帝个人，定将遵循其字面意义执行和落实写在这份同盟誓约中的承诺和公认的规定，也让朕的大维齐尔、大穆夫提，让我国的维齐尔、学者和大臣，以及让我帝国疆域内的诸王朝——祈求真主庇护——为了对真主的爱，遵照“履行约言”［《古兰经》第 2 章第 177 节］的圣训，运用自己的权力和资源，严格执行和落实前述承诺，将它们作为指导原则应用于首都和各省。如果有人有丝毫违反或者——愿真主阻止——敢于废止契约，那么让他成为真主诅咒的对象，在今世和来世都遭受严重的后果和惩罚。

马哈茂德二世以立约人的身份将他的令状放在文件顶端。在令状中他强调，只有显要们真诚团结和联合，才有可能实现推动该文件的理念，即重振宗教、国家和穆斯林共同体。马哈茂德根据文件的精神，提出宗教、国家、穆斯林共同体三者支撑着奥斯曼的秩序。就此而言，《誓约》是提供秩序统一的必要条件。马哈茂德写道，这正是他作为皇帝个人承诺执行和落实誓约的原因。根据伊斯兰合同法，只有真实的人才能签署《誓约》。因此，正如我们在第一条中看到的，苏丹个人与他的主权有所区别，马哈茂德是作为一个真实的人，而非国家的人格化，来签署该文件的。

马哈茂德是监督《誓约》落实情况的立约人之一，但与签署人不同，他不是担保人或保证人之一。他不是同盟圈的成员，这些成员作为共同保证人，为彼此担保《誓约》的落实。作为国家支柱的苏丹，以监督者和最高权力的身份，承诺《誓约》的落实。然而，由于他在法律上承诺《誓约》的落实，他也就不能凌驾于《誓约》之上。马哈茂德用他的令状将自己与作为统一和秩序之指导原则的《誓约》绑在一起。《古兰经》引文强调了誓约的契约性质。既然《誓约》已被立约人理解并签署，违反它就是一种罪过。马哈茂德作为契约的监督者和最高立约人，呼唤真主诅咒违约者。

签署人

负责内容的立约人，穆斯塔法［·巴伊拉克塔尔］，大维齐尔；

负责内容执行的立约人，穆罕默德·萨利赫扎德·艾哈迈德·埃萨德（愿他们得到宽恕）；

负责内容执行的立约人，埃西耶德·阿卜杜拉·拉米兹，海军元帅；

负责内容的立约人，阿卜杜勒－拉赫曼，维齐尔，安纳托利亚总督；

负责成文的立约人，穆罕默德·德尔维什，鲁米利亚首席军事法官；

负责内容执行的立约人，迪里扎德·埃西耶德·阿卜杜拉，先知后裔的监护；

我已看过内容且确认正确，我是负责内容的立约人。签字人：埃明·帕夏扎德·穆罕默德·埃明，为至高国家祈祷的仆人、鲁米利亚军事法官头衔的持有者；

负责成文的立约人，哈菲兹·艾哈迈德·卡米利，安纳托利亚军事法官；

负责成文的立约人，穆罕默德·塔希尔，伊斯坦布尔卡迪；

立约人之一，穆斯塔法·雷菲克，大维齐尔的管家；

立约人之一，穆斯塔法阿迦，苏丹宫廷的近卫军首领；

立约人之一，穆罕默德·埃明·贝希奇，财政大臣；

立约人之一，赛义德·穆罕默德·赛义德·加利布，外交事务大臣；

立约人之一，穆斯塔法·雷希德，苏丹侍从武官的前管家；

立约人之一，赛义德·阿里，海军大臣；

立约人之一，赛义德·穆罕默德·塔赫辛，帝国国务会议卫士长；[13]

立约人之一，穆罕默德·埃明，负责收支日记簿的高级官员；

立约人之一，苏莱曼·卡巴尔扎德［恰潘奥卢］；

立约人之一，塞雷的伊斯梅尔；

立约人之一，奥马尔·卡拉奥斯曼扎德［卡拉奥斯曼奥卢］；

立约人之一，艾哈迈德，高级会计师；

立约人之一，穆罕默德阿迦，苏丹宫廷的骑兵队［首领］；

立约人之一，伊泽特·穆罕默德，帝国国务会议议长，此［文件］誊写人；

立约人之一，侯赛因·许斯尼，负责皇宫与大维齐尔办公室通信的部门主管；

立约人之一，穆斯塔法，奇尔门总督。

25 人作为立约人签署了该誓约。其中 22 人来自奥斯曼政府的军事、官僚或学者等级，3 人是巴尔干和安纳托利亚三个外省王朝的领袖。

1808年8月至9月在穆斯塔法·巴伊拉克塔尔领导下发动政变的新秩序派的核心集团，也在签署人之列。他们占据了关键的官僚和军事职位。穆斯塔法·巴伊拉克塔尔作为政变领导人和现任大维齐尔，是《誓约》的首位签署人。海军元帅拉米兹和安纳托利亚总督卡迪·阿卜杜勒-拉赫曼，是新秩序派的两个主要成员，担任了军事-行政要职。[14]安纳托利亚总督签署了该誓约，但在索非亚的鲁米利亚总督胡尔希特·艾哈迈德帕夏没有出席会议，就像其他行省总督一样，他们要么和自己的部队在一起，要么在负责军事任务。[15]然而，政变期间与巴伊拉克塔尔一起来到伊斯坦布尔的奇尔门（位于色雷斯西部）总督穆斯塔法帕夏签署了《誓约》。

刚刚被任命为大穆夫提的萨利赫扎德·艾哈迈德·埃萨德是继大维齐尔之后的第二位签署人。[16]跟在大穆夫提之后的是伊斯坦布尔的法官、巴尔干和安纳托利亚诸省的首席军事法官（他们负责任命省里的法官）、先知后裔的监护（学者等级中一个很有威望的职位），以及一位持有鲁米利亚首席军事法官头衔的学者等级成员。[17]近卫军和宫廷骑兵队指挥官则代表中央军团。尽管近卫军是《誓约》的主要针对对象，但在鲁塞之友政变后任命的近卫军首领被要求成为立约人，这样一来近卫军也随其指挥官一起受到该誓约的约束。中央官僚机构和财政部门的几个成员也是契约的一部分。《誓约》由帝国国务会议议长伊泽特·穆罕默德（卒于1809年）起草和编写。[18]

存在两种身份的《誓约》签署人：任命的和世袭的。大多数签署人通过任命在中央政府获得职位，并以该身份签字。如果他们被解职，他们的替代者继而需要认可该誓约。不过，恰潘奥卢·苏莱曼、卡拉奥斯曼奥卢·奥马尔和塞雷的伊斯梅尔是以外省王朝领袖的身份签署的。他们死后，他们的继承人必须认可《誓约》，并受其约束。因此，《誓约》的签署人不仅是契约中的伙伴，还是新秩序的奠基人，在他们被免职或去世后，这一秩序将继续存在。

值得注意的是，只有三位外省王朝的领袖签署了《誓约》。正如我们在第四章看到的，有许多外省显要跟随穆斯塔法·巴伊拉克塔尔前往伊斯坦布尔。与巴伊拉克塔尔或其他领袖一起前往伊斯坦布尔的其他显要并不在签署人之列，因为他们被认为是下属显要。如第五条所述，外省王朝的领袖也是其管辖区域内的下属的担保人，并对其负责。虽然这些下属没有签署协议，但他们也单方面成为担保纽带的一部分。然而，帝国的其他主要王朝要么选择不出席会议，要么无法出席会议。无法出席是因为会议是临时召开的。选择不出席则是因为不信任巴伊拉克塔尔，宁愿从远处静观事态发展。《誓约》签署后，巴伊拉克塔尔将文件副本送交一些大家族和官员背书。约阿尼纳的阿里帕夏的孙子和他的导师参加了会议，他把该誓约的副本，以及阿里在伊斯坦布尔的同伴写的短笺带给祖父，这位同伴建议他签署这份具有约束力的文件。[19] 在给埃及的穆罕默德·阿里的信中——该信后来被公开，并被学者记录下来——巴伊拉克塔尔向埃及总督通报了这次会议的情况，写道："安纳托利亚的古老王朝，像卡巴尔［恰潘家族］和卡拉奥斯曼家族，鲁米利亚的诸王朝和个人，如塞雷的伊斯梅尔贝伊和兹拉玛的督军，都来到伊斯坦布尔，探讨有关招募士兵抵御敌人的问题。当时，您远在埃及。"[20]

然而，尽管各省的显要都被告知了这一进程，但《誓约》是由一个封闭的小组起草和签署的，没有对外公布。甚至一些应邀参加会议的个人也不了解《誓约》的细节。一位叫费齐贝扎德·穆罕默德先生的学者在多年后，嘲弄地表达了自己因未被纳入《誓约》起草圈子而感到挫败，尽管他有被邀请参加会议：

> 我们同切莱比先生一起受邀。三点钟时，我们乘船到达卡厄特哈内［会议召开的地方］。一名向导迎接我们，并陪同我们到其中一个帐篷。我们吃了早餐。然后，切莱比先生和我长谈至傍晚。晚餐来了，我们又吃又喝。晚上，休会。我们乘船回家，压根不知道［会议上］发生了什么……我很困惑。如果不让我们知道［会议的］秘密，为何邀请我们？后来，我遇到了一个知道会议秘密的人，便问他，我们在卡厄特哈内的任务是什么。他说："所有的显要都将面见苏丹。然而，他们中的大多数人都很年轻，胡子还是黑的。他们认为如果有一些留白胡子的人会更好。［年长者的出席］将符合我国在外国眼中的名声。"于是他们想了想，邀请了切莱比先生和我。真主啊，我们去参加那个宴会，只是因为我们的胡子！……卡厄特哈内的会议只是一小帮人的事，然后不知怎么的，便决定征召国家士兵。真主最清楚。[21]

与《誓约》具有包容性的约束力不同，这次会议并非包罗各方，相反，它是一次政治党派的会议，围绕穆斯塔法·巴伊拉克塔尔、其下属以及重要的外省王朝开展，其支持是有保证的。因此，签署人即使不是一个特别团体，也是发起政变的政治联盟的成员，以及接受了该联盟特别邀请的中央和各省的其他主要人物。

曾在帝国的大臣职位上接受过训练的伊泽特·穆罕默德负责草拟《誓约》。我们不知道会议审议的细节，以及这些审议是如何被伊泽特·穆罕默德誊写成草案的。不过从文本中可以推断，许多人提出了自己的看法。这些看法被转化为契约的法律语言，并提交给与会者背书。《誓约》强调，签署人已以全体一致表决的方式决定征兵。他们是如何达成全体一致的？18 世纪末的历史学家艾哈迈德·瓦西夫先生为我们描绘了在大维齐尔监督下举行的这次会议。“这是显要们的意见，”大维齐尔说，并补充道，“不过，意见不是最后的决定。最终意见要在这次会议上达成。我们将看到全体一致的意见是什么。”在审议过程中，与会者会提出好几种看法。如果一个决定将要形成，大维齐尔就把这个决定确切地阐述为一个正式的决定，然后问会议成员：“你们同意吗？”每个与会者都应该高声说出：“我们同意。”在所有的与会者都表示同意后，大维齐尔还要求全体成员再次确认：“要说得理直气壮。不要随后改变主意。我们已经达成全体一致同意。此后不得多说。就这么定了。”如果没有人反对，就由一个抄写员以书面形式将决定确切地记下。最后的文本被再次向会议宣读。如果没有反对，与会者就提供表示他们同意的承诺，以添加到文本中。[22]

《同盟誓约》的意义

《同盟誓约》是在自 1806 年夏天以来撼动整个帝国的政治危机期间的一次集会上抄录而成的。《誓约》的起草者们希望中央和外省的主要政治行动者能达成一份总体协议，以此来结束危机。他们并未公开要求进行彻底的变革。相反，《誓约》宣称其目的在于复兴宗教、苏丹主权和国家的荣耀时光。复兴的提法暗示着《誓约》并非一次非法的创新。尽管如此，《誓约》还是深刻地重构了权利和义务、整合的逻辑，以及维持秩序的机制。

根据该文件，只有通过联合、团结和信任，以及摒弃中央国家与外省王朝的显要之间的不和、分歧和敌意，才有可能重振奥斯曼国家的力量。为实现此目的，签署人成为落实《誓约》的立约人；他们成为彼此的人身和诉求的保证人，并对彼此的行为负责。签署人还保证为苏丹和苏丹主权提供保护。作为回报，苏丹承诺监督《誓约》的落实。此外，外省王朝成为其下属显要的担保人，对后者负责。在这一顺序系统中，承诺和义务、担保和责任（以及它们的衍生概念承诺人、担保人）是《誓约》的本质。[23]它是一个相互的承诺或契约，同时也是担保的纽带。

伊斯兰教法手册中包括关于担保 / 责任的独立章节，阐明了个人之间的合同或捐赠承诺中的保证和担保条件。[24]在被奥斯曼帝国精英接受为权威法学派的哈乃菲学派的传统定义中，"在与对特定事物的要求有关的义务上增加一项义务便构成一项担保"。"在其中，一个人将自己与另一人连接起来,并约束自己也要履行这另一人的义务。"[25]传统上，法学家区分了人身担保与财产或债务担保。人身担保是指担保人承诺在被担保人因涉嫌犯罪或债务而被传唤时，将其带到法院。而财产或债务担保涉及的是弥补损失的义务。因此，担保人有义务对被担保人的应付款项或债务承担责任。根据哈乃菲学派的观点，"一个人可以正当地成为担保人的担保人"，也可以"存在不止一个担保人"。[26]

《同盟誓约》对这一用于私人交易的法律工具进行了修改，使其成为一项永久性的总体立宪原则。在《誓约》中，无论是委任的还是世袭的，所有签署人都作为共同担保人相互约束。所有立约方都有责任防止犯错，赔偿过失，预防不法分子的出现。同样，每个立约人的权利也适用于所有立约人；于是针对一个人的行为将被视为针对所有人。因此，签署人有义务共同行动，以防止这种行为，或弥补这种行为造成的后果。此外，签署人单方面地成为苏丹个人和主权的担保人。任何针对苏丹的行为都将被视为针对所有人的行为。类似的集体担保纽带在 18 世纪很常见，个体通过这种方式互相成为担保人，为彼此的行为负责。正如我们在第三章中所见，中央当局更为频繁地要求外省社群成员，以及帝国首都的某些团体相互约束，以履行对国家的金钱或其他义务，或对彼此的行为负责。[27]《同盟誓约》在帝国层面上模拟了这些纽带。《誓约》作为担保纽带，建立了一个想象中的帝国范围内的信任网，虽然中央国家的显贵和外省王朝的领袖横向联结成了一个有机的统一体。各方将自己的责任和要求统一起来，承诺作为伙伴共同行动。

虽然《誓约》是在多方而非两方之间签订的，但立约方都集中在帝国的内部领域或外部领域。内部领域是指中央政府，由委任的官员按照等级制组织起来，受苏丹全权代表大维齐尔监督；外部领域指的是外省，由外省王朝管辖，这些王朝的权力随着《誓约》的颁布变得可以世袭。这一相互关系还反映在《誓约》的声音上。《誓约》有时根据所有签署人的单一声音来书写，有时又成了中央精英与外省精英之间的对话。在这种双重图式中，《誓约》建立了互惠关系：外省王朝承诺保护苏丹的主权，并在军事征募上积极配合，作为回报，他们从国家的显贵那里获得王朝永存的保证。《誓约》限制苏丹下令没收和处决的君主特权，并为外省王朝提供生命、世袭地位和财产的保障。

虽然订立《誓约》是为了在中央精英和外省精英中创造团结，但它首要针对的是近卫军及与其结盟的团体。《誓约》想要保证精英们集体动员起来，反对由近卫军领导的对中央当局的抵抗、叛乱或谋逆。但签署人也会遵照自己的担保承诺，集体惩罚其他不法分子。中央和各省的签署人都会对破坏同盟圈和《誓约》规定的不法分子采取集体行动。所有签署人都承诺参加集体行动，防止不法行为的发生。然而任何过错，无论是谁犯下的，只有在司法调查后才会得到确认，且必须验之于公众之眼。[28] 如果大维齐尔或其他显贵违反了《誓约》，或者个人未经适当的司法调查便受罚，《誓约》赋予外省王朝提出异议、反对中央国家以及制止违约者的权利。

《誓约》的约束力不仅作用于当前的签署人，还针对未来的官员和王朝成员。因此它规定，各王朝的现任领袖及其继承人都拥有相同的保障。加入同盟圈的外省王朝领袖确保了其权力、地位和财富；同时也负有为其下属显要提供保障的义务。未经司法调查，区域王朝不能惩罚或罢免下属显要。这一规定将联合、安全和信任的网络扩展到在区域王朝势力范围内活动的当地显要。此外，按照《誓约》的规定，未签约的王朝，如有必要也会被强制纳入同盟圈。依据《同盟誓约》，签署人的死亡或免职不会导致这一纽带失效。时间的流逝和人员的变动不会成为改变《誓约》规定的理由。《誓约》是共同的永久文件，它在任何地方、对每个人都有效，永远如此。

《誓约》并未终结苏丹至高无上的地位，但对其进行了深刻的重新定义。《誓约》将苏丹的权力从一个没有正式限制的全能的力量转变为正式承诺监督《誓约》落实情况的最高立约人；与此同时，苏丹获得担保，接受外省王朝对其效忠，保护他的人身及主权。这种互惠创造了一个想象中的秩序。这不是一个自上而下的、权力从苏丹向官员逐级传递的体系；相反，它建立在联合、信任、担保和责任的横向网络基础上，内部和外部领域的成员成为同盟的一部分，成为苏丹监督下的帝国的伙伴。

尽管《誓约》具有集体性、总体性的特点，但它是中央精英和外省精英之间的担保契约，而非人民与国家之间的政治契约，也不是公民之间的社会契约。《誓约》中多次提到的“人民”，指的是穆斯林共同体，或穷人和纳税的臣民。该文件暗示，国家的最终目的是穆斯林苏丹国和穆斯林人民的繁荣；官员和外省王朝在向纳税人征税时应秉持公正和自制。税款是由内部精英与外部精英，而不是国家与社群之间商议决定的。作为法人实体的“人民”并未主动参与《誓约》，签署人也未声称代表人民面对国家。然而，《誓约》通过主张奥斯曼国家是穆罕默德苏丹国，要求帝国最终是穆斯林共同体的苏丹国，其中包括接受穆斯林统治的非穆斯林。

《誓约》是一个立宪性文件，它确立了秩序的逻辑、维持秩序的方式以及行动者的权利和义务。它相当于卡尔·施密特意义上的宪法，即“构建一个预设了存在的政治统一体的形式和类型”的行动。[29]它没有给出详细的程序，而是规定了总体原则。每个人都必须在行动和思想上遵守这些原则。为了实现这一目标，《誓约》并未分割权力，而是通过中央和外省精英之间的相互信任、承诺、担保和责任，将权力统一起来。就法律框架而言，《誓约》采用的是伊斯兰合同法中担保书的框架。信任、承诺、担保和责任作为《誓约》中的几个关键概念，是债权人与债务人之间或合伙人之间签订商业、金融或农业合同的法律工具。《同盟誓约》采用以伊斯兰债法为基础的真实个体之间的合同来立宪，并据此重构了政治秩序。

《誓约》签订之后

1808 年 9 月，《誓约》签署。会议解散后，王朝的领袖们回到各自的区域。正如我们在第四章所见，穆斯塔法·巴伊拉克塔尔——现在是大维齐尔——及其在内阁中的同伴发起了另一项军事改革计划。

与巴伊拉克塔尔一同来自巴尔干的武装力量被征召为国家士兵，即“新民兵”。在与俄国人继续和谈的同时，新征召的部队被部署到多瑙河地区。随着军事改革而来的是旨在增加国家收入的行政安排。官员们采取了严厉措施，在首都建立秩序和安全保障。但到 11 月，作为对这些严厉措施的回应，也由于穆斯塔法·巴伊拉克塔尔的声望下降，一场近卫军叛乱再次让伊斯坦布尔陷入纷乱。内阁成员在镇压叛乱时犯了错，导致伊斯坦布尔人民支持近卫军。暴力活动持续了一周，数千人死亡，伊斯坦布尔的许多街区被大火烧毁，新生的巴伊拉克塔尔政权就这么崩溃了。据称，8 月被巴伊拉克塔尔扶植上位的苏丹马哈茂德二世并未试图阻止叛乱。相反，根据一些学者的说法，他予以了默许，因为他想消灭在首都以独裁者自居的巴伊拉克塔尔。许多《誓约》的签署人都遭到处决或成为逃犯。一些人越过多瑙河，逃往俄国控制的土地。[30]

已经回到各自区域的外省王朝领袖没有机会前来援助巴伊拉克塔尔。叛乱进展得太快。外省显要无法兑现他们的承诺。马哈茂德很快就授予近卫军荣誉。新秩序被清除了。马哈茂德向各省王朝发布法令，要求他们放弃军事改革的愿望。签署《誓约》的三个王朝——恰潘家族、卡拉奥斯曼家族和塞雷斯家族——以及他们恩庇的显要并未反抗马哈茂德。相反，按照《誓约》中的承诺，他们通过自己在伊斯坦布尔的代表宣布了对苏丹的忠诚。说《同盟誓约》胎死腹中并不为过。然而由于这份誓约，位子并没有坐稳的新苏丹马哈茂德二世得以确保那些他在会议上亲自见过的主要外省王朝对他的忠诚。用斯拉沃热·齐泽克的话来说，《誓约》是一个“消失的调解人”。[31] 它出现了一下，结束了政治危机，然后便消失了。然而，一些历史学家试图弄清这份前所未有的文件，首先是马哈茂德二世统治时期的官方编年史家萨尼扎德·阿塔乌拉，他在 11 年后公布了该文件。[32]

萨尼扎德发现了《誓约》的麻烦之处。在他看来，被用来指称外省显要家族的“王朝”一词并不符合苏丹秩序。这个词可以用来指那些对自己的土地享有排他权利的人，其财富不是通过服务苏丹国而获得的。这些家族不必担心被处决或财富被没收。他们根据伊斯兰教法享有自由和安全。萨尼扎德认为签署《誓约》的外省王朝领袖是篡夺者，因为他们的财富和地位来自对苏丹国的服务。他们没有权利对其享有的土地确立永久控制。称这些显要家族为“王朝”，意味着这些家族占据和分割了依法属于国家的土地，从而使他们看起来是苏丹国的伙伴。因此，萨尼扎德暗示，《同盟誓约》不符合奥斯曼帝国的秩序。[33]

后来，艾哈迈德·杰夫代特帕夏承袭萨尼扎德的观点，认为马哈茂德二世接受《誓约》完全是出于战略原因，以确保难以控制的外省家族的忠诚。马哈茂德在与他的顾问们商议后签署了《誓约》，然后只是等待合适的机会将之废除，几个月后当近卫军杀死巴伊拉克塔尔，时机也就到来了。[34] 萨尼扎德和杰夫代特都认识到《同盟誓约》所传达的激进的创新。它不仅为外省王朝的地位和财富提供权利和保障，而且使他们成为统治帝国的伙伴。[35]

1812 年后，奥斯曼帝国踏上了新的官僚和行政改革之路。1810 年代和 1820 年代，马哈茂德二世镇压了许多外省显要家族。[36] 实施镇压时，他利用了另一位地方豪强——既是鲁塞的伊斯梅尔的亲信，也是巴伊拉克塔尔对手的佩赫利万·易卜拉欣巴巴阿迦。苏丹向他提出了一项特别任务，并以维齐尔的职位作为奖赏。因此，佩赫利万从巴尔干征集了一支军队，主要由伊斯梅尔在保加利亚北部的部下组成，在安纳托利亚和巴尔干来回移动，以遏制各省的实权派。在逐省挑战既有的实权家族的过程中，巴巴帕夏作为马哈茂德推行中央集权政治计划时的左膀右臂，逐渐在整个帝国获得名声。他从巴巴阿迦到巴巴帕夏、从区域豪强到维齐尔、从外省人物到中央人物的转变，说明了从军依然是进入奥斯曼中央建制的一个选项，以及一个人可以同时成为英雄和苏丹的亲兵。一名哈尔瓦提教团的教长加齐扎德·阿卜杜勒-拉蒂夫先生在为巴巴帕夏撰写的传记中，描述了他如何从帝国国务会议那里接到镇压柯塞帕夏的命令：

> 在至高国家商议［如何镇压柯塞帕夏］后，显贵们问道："有什么解决的办法吗？"智者们审慎地主张："柯塞帕夏所在的地方非常险峻。此外，［他的］库尔德人［部队］很难对付。只有巴巴帕夏能处理。"这项动议被上呈给苏丹，苏丹下令处决柯塞帕夏，并将这一任务交给巴巴帕夏。一项帝国法令被拟定后送往锡瓦斯，那里是巴巴帕夏的总督驻地。[37]

巴巴帕夏镇压了柯塞帕夏和其他一些人。1810年代末，在巴巴帕夏和其他帝国总督的帮助下，政治上的中央集权继续推行，安纳托利亚中部的一些区域实权派被镇压或安抚，但大多数老牌家族依然存在，尽管权力、职位和合同减少，地盘也缩小了。1819年，马哈茂德统治时期的重要官僚和外交官哈莱特先生为瓦拉几亚和摩尔达维亚的督军制定了一项条例，批准四个希腊法纳尔人"王朝"轮流控制罗马尼亚公国。[38]1822年对约阿尼纳的阿里帕夏及其儿子们的清算——巴巴帕夏参与了最初的阶段，但死在了约阿尼纳——成为马哈茂德对外省实权派发动的战争的缩影。但并非所有的实权派都被消灭了。马哈茂德在希腊铲除阿里帕夏的同时，埃及的穆罕默德·阿里扩大了他的控制范围，在地中海南岸建立了他的王朝。作为苏丹承认的世袭王朝，穆罕默德·阿里及其家族在很多方面都符合《同盟誓约》的规定，并将成为整个趋势中最大的例外。

直到死后20年
都不可能给予其应有的尊敬。
现在真主帮助成全了这位维齐尔。
他对他们实行报复，
将那群人置于剑下。
他让这个烈士获得有形之墓
令其英名永存。

图5　泽伊内布苏丹清真寺公墓中的穆斯塔法·巴伊拉克塔尔帕夏墓，伊斯坦布尔，土耳其。作者拍摄。

真正的转折点在1826年到来，这一年，数千名近卫军被马哈茂德的新民兵杀害，近卫军团在大屠杀后被废除，而新民兵将变成另一支新军。[39] 马哈茂德的改革遏制了在《同盟誓约》中达到顶点的外省王朝的权力。而在他的统治下进行的外省改革强化了基层选举和社群对当地治理的参与。[40] 1827年，在废除近卫军团后，马哈茂德召开了一次大型会议，邀请外省显要参加，这次他们不是作为王朝或帝国的伙伴，而是作为外省社群的显要或代议领袖。[41]

1839年和1856年，苏丹阿卜杜勒–迈吉德（1839年至1861年在位）颁布了著名的坦齐马特敕令，承诺向奥斯曼的官员和臣民提供生命、财产和荣誉的保障，无论他们是不是穆斯林。在1840年的《刑法典》中，未经司法调查的没收和处决被彻底废除。[42] 坦齐马特改革预示着奥斯曼知识分子对立宪政府的诉求。19世纪下半叶的青年奥斯曼人意欲进一步限制苏丹的权力，人们可能会认为《同盟誓约》是他们立宪斗争的参照点，但事实并非如此。在1876年宣布第一部奥斯曼宪法和成立议会之后的那些年里，这些以改革者自诩的人提到了伊斯兰和奥斯曼历史上的协商会议传统之于他们打算建立的新立宪秩序的重要性，而未将卡厄特哈内的协商会议作为一个历史参照点。相反，他们认为，在奥斯曼的政治文化中，近卫军和乌理玛应被视为限制苏丹权力的宪制力量。

异见领袖和立宪派知识分子纳米克·凯末尔在1868年的一篇期刊文章中写道："在近卫军被摧毁之前，奥斯曼帝国是由共同体的意志按照某种宪政来治理的。人民具有管理［国家］的权利，并将之委托给议会……近卫军是拥有武装的人民协商会议。"[43] 纳米克·凯末尔认为，随着近卫军团被废除，对苏丹专制统治的种种制衡消失了。[44] 他将近卫军同塞利姆及后来的马哈茂德二世的新秩序的斗争视为人民与专制的斗争。在他为奥斯曼立宪斗争绘制的历史光谱中，外省显要并未起到核心作用。他之所以对外省家族不屑，或许是因为19世纪末，在外省失去了影响力但仍保留社会声望的显要——如恰潘家族和卡拉奥斯曼家族——是苏丹阿卜杜勒－阿齐兹（1861年至1876年在位）和后来的阿卜杜勒－哈米德二世（1876年至1908年在位）反对立宪派时的盟友。

在1908年青年土耳其革命之前的那些年里，人们对穆斯塔法·巴伊拉克塔尔产生了浓厚兴趣，将其视为一位出身平凡的英雄，曾在100年前试图改变政治秩序。1911年，巴伊拉克塔尔的尸骨被从伊斯坦布尔郊区的墓地中挖出，由一支人数众多的队伍运送到该市居尔哈内公园对面的一个中心位置，与他同伴的尸骨一起重新安葬。不久，一位历史学家就在第一份以土耳其语出版的历史学术期刊上发表了巴伊拉克塔尔的传记。[45]

第一次世界大战后，奥斯曼帝国瓦解。在土耳其，以安卡拉为中心的外省议会对伊斯坦布尔的奥斯曼政府和英国、法国、希腊的占领军发起抵抗，并庆祝胜利。这个随后自称代表土耳其民族的议会废除了苏丹国，宣布成立共和国。国民议会（National Assembly）实际上是由官僚、军事精英和外省显要组成的联盟，与1808年的联盟有些类似。[46]但并非所有的显要家族都参加了抵抗。比如恰潘家族就拒绝与安卡拉政府合作。战争结束后，他们和其他外省王朝被新政权妖魔化。[47]在一党执政期间（1923—1946），虽然共和党人激进的改革深刻地改变了土耳其的社会和文化生活，但该政权同外省显要及其历史的关系仍矛盾重重。

共和政权没有像布尔什维克在俄国那样通过土地改革改变社会结构。大多数显要家族，特别是那些参加过抵抗的，都在当地保持着影响力，并要求新的土地制度承认他们的土地。然而，新政权的一些思想家倾向于把外省显要描述为封建压迫者（mütegallibe）。[48]在共和版本的奥斯曼历史中，这一时期被描述为反动势力（即近卫军、外省显要和乌理玛）同改革势力（即官僚精英与军事精英，他们是现代军事学院和医学院的毕业生）之间的战争。根据这种叙事，具有改革头脑的奥斯曼人能够镇压反动势力，却被巴尔干和阿拉伯世界的民族觉醒运动打败。然而针对这些事件，许多区域的本地历史学家撰写了另一种历史，将外省的显要家族呈现为共和国的共同缔造者，对共和国的官方叙事提出商榷。[49]

与此同时，在后奥斯曼时代的巴尔干和阿拉伯土地上出现的新国家，将奥斯曼的过去描述为土耳其枷锁下的黑暗时代。18 世纪末 19 世纪初既被视为奥斯曼的衰落期，也被视为民族的复兴期。在这一框架下，18 世纪末 19 世纪初的显要被视为有助于民族觉醒的离心力量。约阿尼纳的阿里帕夏被描述为希腊独立战争和后来阿尔巴尼亚民族觉醒中的重要人物，[50] 奥斯曼・帕兹万特奥卢被描述为一位帮助基督徒（希腊人和保加利亚人）开展民族运动的离经叛道的穆斯林显要。[51] 而在阿拉伯世界里，奥斯曼时代后期的一些外省王朝是新政权的奠基者。[52] 埃及的历史编纂学将穆罕默德・阿里视为现代埃及的缔造者；学者们忽略了他的奥斯曼和巴尔干渊源。[53] 奥斯曼革命年代的许多人物在民族主义时代被再次想起。穆斯塔法・巴伊拉克塔尔的亚美尼亚金融家马努克贝伊就是个有趣的例子，他是 1808 年政变的策划者之一。19 世纪末 20 世纪初，马努克受到巴尔干亚美尼亚历史学家的崇敬，后者近乎将他作为圣徒一样为他立传。[54]

从 1950 年代开始，土耳其大学围绕《同盟誓约》展开了讨论。除了关于土耳其立宪改革的政治辩论外，一些历史学家和宪法学者将《同盟誓约》视为现代立宪史的开端，这段历史从奥斯曼帝国晚期延续到土耳其共和国时期。就此而言，一些历史学家认为，1808 年的《誓约》、1838 年和 1856 年的坦齐马特敕令以及帝国的第一部现代宪法

（1876 年宪法）之间具有连续性。有学者将《誓约》与英国的《大宪章》（1215）相提并论，认为它是一部限制君主权力、有利于外省精英的宪法性文件，并通过正当司法程序保障后者的生命和财产。在这一线性的立宪叙事中，《同盟誓约》被认为是迟到的《大宪章》。[55] 这种观点受到英国立宪史的启发，认为奥斯曼帝国很晚才达到立宪限制的阶段，因为政治和经济不发达。[56] 这种思路得到了西方学界的共鸣。在贝纳德·刘易斯看来，《誓约》的宪制意义在于其作为一份经协商达成的契约的性质，在这份由苏丹同他的仆人及臣民群体达成的协议中，后者以独立缔约方的身份出现，接受并让渡某些权利和特权。[57] 诺曼·伊茨科维茨则写道，《誓约》"是 19 世纪奥斯曼帝国立宪斗争的第一枪，直到帝国被阿塔图尔克摧毁，土耳其共和国诞生，该斗争才得以止息"。[58]

然而，许多历史学家对这种线性的立宪主义叙事持怀疑态度。在一篇比较《同盟誓约》和 1839 年坦齐马特敕令的开创性文章中，哈利勒·伊纳尔哲克指出，《誓约》是政治危机的实际结果，而非特意为了改革国家和社会。最终，《誓约》被废除。它的存续将导致受穆斯林王朝统治的帝国提前解体，而不是立宪转型。[59] 承袭伊纳尔哲克这种解释的马克思主义历史学家认为，《誓约》是将帝国境内诸等级（estates of the realm）的责任和相互要求合法化的一次尝试。然而，它并不系统，也没有包含可被视为立宪步骤的实际程序。此外，它也不具有包容性。《誓约》排除了大多数显要以及平民和非穆斯林。豪强们并不代表人民，也未使领主的权利合法化。[60]

第三种现代解释将《誓约》与中央集权而非分权联系起来。根据阿夫多·苏杰斯卡的说法，《誓约》固然给外省王朝提供了许多保障，但实际上是要把它们与奥斯曼国家连为一体。[61] 谢里夫·马尔丁认为，是改良派官僚设计了《誓约》，"旨在遏制地方王朝权力"。因此"《同盟誓约》远非《大宪章》，而是奥斯曼帝国向现代国家转型的第一步”。[62] 这种视角不是将《誓约》置于线性的立宪叙事里，而是将其置于政治集权和整合的解释中，并被阿里尔·萨尔兹曼和卡伦·巴基进一步丰富，他们认为《誓约》的目的是为了加强中央和各省之间的经济和财政纽带，起到的更多是集权而非分权的作用。[63] 因而，《誓约》的意图是将外省豪强纳入帝国网络。

《誓约》与革命年代

《誓约》是奥斯曼帝国晚期立宪史的最初文件吗？抑或是一个激进的文本，如果催生该文件的事件继续下去，将引发新的危机和帝国的提前解体？又或者，它在为政治集权和帝国的整合服务？《誓约》是第一份限制苏丹权力的宪法性文件，要求不经正式法律程序不得进行政治处决和没收。在这方面，它预示了奥斯曼帝国后来的宪法性文件。要求惩罚之前进行正式法律调查这一规定，后来继续成为 1839 年坦齐马特敕令、1840 年第一部刑法典和 1876 年第一部奥斯曼宪法的基本思想之一。[64] 然而，正如哈利勒·伊纳尔哲克所言，这并不意味着《誓约》的条款跟后来的敕令和 1876 年宪法一样，能涵盖到帝国的每一个（男性）个体。虽然《誓约》声称具有包容性，但它仅限于精英阶层。就此而言，《誓约》让中央精英和外省精英发挥主动性，建立一个帝国范围内的寡头政治，这要求将帝国作为一个集体项目来运行，由最高立约人苏丹来监督这一切。

《誓约》的这种寡头性质，跟奥斯曼帝国后来的敕令及宪法的平等和包容特征根本有别。然而，尽管存在寡头和局限的一面，《誓约》也可被视为促进了帝国的整合。它的制定是中央和外省精英在一个整合性的会议中集体倡议的结果。《誓约》不仅整合了帝国的外省精英，还呼吁行省征召士兵组建国家军队。这意味着国家对暴力的垄断。总之，我认为，虽然《同盟誓约》可以放在奥斯曼帝国晚期宏观的立宪叙事的背景中来看待，它的一些条款也促进了政治的集权和整合，但由于其明显的寡头性质，它不同于后来的宪法性文件。不过，无论是在奥斯曼帝国的政治文化中，还是在革命年代的其他政体中，《同盟誓约》之所以成为一个激进的，也许还是独一无二的文件，是因为它的机制。《誓约》是中央和外省精英的联合项目，他们都声称自己是国家的一部分，并承诺以集体的方式保护苏丹、苏丹的主权和彼此。

就程序和法律形式而言，《誓约》不仅在奥斯曼帝国的政治文化中是前所未有的，在革命年代的宪法性文件中也是个例外。《誓约》有别于统治者以自上而下的方式向显要或臣民下达的敕令，正如我们在 18 世纪和 19 世纪的奥斯曼帝国和其他地方的诏书中看到的。在奥斯曼帝国，苏丹向其臣民宣布司法敕令的古老惯例，仍然是奥斯曼帝国政治的基本要素。[65] 这种既定的做法在 19 世纪被转变为一种新的敕令，苏丹在其中授予臣民权利和保障，并保证信守自己的承诺。1807 年穆斯塔法四世对近卫军的大赦，以及 1839 年和 1856 年的坦齐马特敕令（苏丹在其中保证了生命、财产和宗教自由），都是这种新型诏书的例子。在革命年代的一些国家中，我们看到统治者对显要或广大人民下达类似的敕令。俄国叶卡捷琳娜二世 1785 年颁布的《贵族宪章》、瑞典 1789 年的《联盟及安全法》、1791 年的《普鲁士国家普通邦法》和英国 1791 年颁布的《加拿大法案》都是君主划分等级并赋予诸等级以权利和特权，同时又以自己的承诺来约束自己的例子。[66]

《同盟誓约》也不同于由宣称代表土地或人民的个人或群体，在三级会议、帝国议会或国民议会中，以自下而上的方式制定的宪法性文件。在奥斯曼政治文化中，虽然协商性会议是决策过程中不可或缺的组成部分，[67] 但并没有像在欧洲和俄国的中世纪和早期现代政体中出现的帝国范围内的三级会议传统。[68]18 世纪末，美国和法国的共和革命改变了三级会议的传统，催生了由宣称代表人民或国家的会议制定的新的共和宪法。这些会议审议并确定了规范政治秩序——包括公民的权利、义务，以及国家主权——的文件，并将之作为社会契约而接受。[69]

1808 年 9 月在卡厄特哈内召集的会议既不是帝国议会，也不是国民议会，而是一次由中央和外省同意建立同盟、一致行动的主要官员和实权派举行的史无前例的会议。《同盟誓约》假设了一种新的国家观念——通过集体行动和责任来维持国家。同时，国家作为一项集体事业，保证他们的安全和永存。因此，与同时代自上而下或自下而上的宪法性文件大不相同，《同盟誓约》设想了一种精英们的横向伙伴关系，这些精英相互保证彼此的安全，并承担完全责任。

尽管具有横向的程序特征，《同盟誓约》在很多方面跟同时代经历过不同形式的立宪和共和秩序的国家的政治文件一样。《誓约》确立了限制君主权力的特定机制、司法程序和反对权利。它收回了苏丹未经司法程序没收和处决的权力。此外，它也具有我们在共和主义那里看到的参与的成分，因为它将政治秩序构建为加入同盟圈的人共同参与的事业。它通过相互的义务、担保和责任来保证其连续性。税收是通过审议决定的。地方家族将共同征兵。不过，尽管存在这些限权和参与的成分，《誓约》并未产生选举或代议制。实权者要么由苏丹任命，要么是从外省家族那里继承职位。他们不是作为社群的代表自下而上选举出来的。在这方面，《誓约》并未将整个 18 世纪日益制度化的选举实践和参与实践包容在内。如第三章所讨论的，各省社群选举管理者和恩庇者 – 债权人（阿扬）来负责公共行政和财政。这种自下而上的选举机制在 18 世纪后期被中央当局正式化和制度化。《誓约》并未将这些参与实践纳入其体系，而是通过单方面的担保机制，将下属显要委托到区域王朝的恩庇之下。

就此而言，奥斯曼和波兰在 18 世纪的情况有着引人注目的相似和反差。波兰有着可追溯到 16 世纪的强大的贵族传统，这赋予了外省贵族选举国王，以及在议会上否决国王决定的权利。[70] 这些权利被视为自由的保障，该政权则成了坚定地反对君主制的典型。18 世纪，试图废除这些限制、建立开明专制的国王们同外省贵族发生冲突，使波兰陷入宪制危机，最终导致其在 1772 年至 1795 年间被普鲁士、俄国和奥地利瓜分。[71] 而在奥斯曼帝国，征服者穆罕默德（1451 年至 1481 年在位）和苏莱曼大帝（1520 年至 1566 年在位）的中央集权改革产生了一个顽强的反贵族传统。为了维护秩序，苏丹拥有处决官员和没收其财产的特权，这是一种对国家服务者来说不稳定的体制，风险与收益都很高。在 17 和 18 世纪，不断发生的近卫军叛乱（大众革命的传统因此形成）以及在一些行省建立王朝的外省显要，深刻地挑战了苏丹的最高权力。但直到 19 世纪，动荡和不安仍然是帝国秩序基本组成部分。无论是近卫军领导的叛乱还是外省的显要们，都未能推动中央就建立一个稳定的秩序制定一份正式协议。

1808 年，政治危机带来了深刻改变这一秩序的可能性。自 1789 年起一直推动军事和行政重组计划的新秩序，于 1807 年遭遇近卫军领导动员的民众反对而终告失败。复辟政府结束了新秩序。1808 年，改革派成员与外省显要建立了一个对抗近卫军的联盟，并在同年发动政变，遏止了复辟政府。《同盟誓约》是这个联盟的产物。它既象征着这个新联盟，也象征着一个新政权。新政权将以安全和信任取代旧帝国秩序的不安和动荡。新政权将由精英们的互保来维持，行省则被委托给外省王朝——在旧制度下，这些王朝的活动始终处于处决和没收的威胁下。《誓约》并未像波兰那样实行国家和外省显要之间的分权，而是统一了权力。新帝国将是一个参与性的寡头政体，在其中，每个行动者都承诺为所有人行事，所有行动者都承诺相互保护。

总而言之，1806 年和 1808 年的戏剧性事件催生了《同盟誓约》，这份引人注目的文件原本有可能从根本上改变奥斯曼秩序，但最终没有实现。像其他许多在这个革命时期被类似的戏剧性事件弄得四分五裂的国家一样，奥斯曼帝国也经历了时断时续的变革，走进了很多死胡同。《誓约》消失了，即使没被忘却，留给人们的记忆也只是革命年代里其中一份“古怪”的文件。也许穆斯塔法·巴伊拉克塔尔的轻率是其失败的原因。他本可以阻止近卫军的叛乱，但没有做到。或者可能是马哈茂德二世与近卫军之间心照不宣的临时联盟，导致《誓约》被遗忘。也可能《誓约》注定是要消失的，因为它的规定是乌托邦式的，远远谈不上可行。也可能是因为它的过时：它属于 18 世纪的政治文化，在这种文化中，帝国是各种行动者进行有限的暴力和竞争的剧场；由于建立的是一种伙伴关系，而非中央集权的等级制国家，它无法在 19 世纪推崇官僚和军事集权的世界中生存。或者说，也许它的存在为时过早，因为奥斯曼中央国家与外省实权派都没有准备好接受基于伙伴关系的解决方案，这种方案可能会演变成帝国各区域之间的一种联邦协议（试想一下十几个穆罕默德·阿里帕夏集体管理帝国）。许多在《誓约》中被作为问题来考虑的因素，如生命和财产安全、信任、国家军队和正当程序的概念，继续成为奥斯曼立宪史上的主要关注点。然而，归根结底，《誓约》为奥斯曼中央和外省的政治行动者提供了协商结盟、解决争端、结束危机和建立新政体的经验。因此，它可以被看作一种路考（road test）。

结 语

自马穆鲁克王朝和塞尔柱王朝以来，拉马赞家族的显要中，没有谁像他这样受到困扰……家族在议会只有一个下议员。

——亚沙尔·凯末尔[1]，《瘦子麦麦德》

在整本书里，我检视了 18 世纪末 19 世纪初奥斯曼帝国转型和危机的各个方面。[1] 像其他国家一样，在这个动荡的时期，奥斯曼帝国通过尝试各种改革方案来回应挑战和危机。在检视奥斯曼历史的这一篇章时，我们看到新旧秩序在话语上的竞争，集体行动者和个体行动者的崛起和没落，以及不同个体和集团之间变换的联盟和同盟。新的制度型构出现又消失，宪法性文本在编成后又被废除。奥斯曼帝国在革命年代的转型并非线性的变迁——从旧秩序向新秩序、从分权国家向集权国家、从东方制度向西方制度、从前现代社会向现代社会，相反，当中存在交错的道路以及死胡同，提供了可供追循、重释或遗忘的丰富可能性。

在第一章，我集中讨论了奥斯曼秩序在 18 世纪的主要特征，解

[1] 亚沙尔·凯末尔（1923—2015），土耳其代表作家，曾以鼓吹分裂罪获刑 20 个月。

释了一些奥斯曼精英是如何提出新秩序这样一个军事、财政和社会改革计划，挑战奥斯曼社会某些部分的既有权利、社会经济利益和惯例的。作为一个深刻融入城市社会的庞大社会－军事集团，近卫军对新秩序表达了反对。对此，不同的新秩序拥护者也给出了回应。在第二章和第三章，我以两个结构性的趋势为切面，考察了整个 18 世纪和 19 世纪初的奥斯曼转型。第二章细查了奥斯曼外省实权派是如何巩固自身的。我分析了这些豪强是如何在一个非常不稳定且竞争激烈的帝国领域，在财富、地位甚或生命都无法得到安全保障的情况下，作为行政和军事领域的企业家展开行动的。我探讨了一些显要为何且如何加入新秩序联盟，而另外一些站到了对立面。第三章，我分析了外省社群，讨论了各种集体参与过程如何自然发展，并逐渐被整合进改革规划中。

我认为，18 世纪的现实可以被理解成三种相互竞争的秩序，我称之为“帝国的新秩序”、“显要的秩序”和“社群的秩序”。帝国的新秩序是一种改革规划，它旨在使帝国转型为一个中央集权官僚制政体，在其中，中央国家保持对暴力的垄断，通过代理人确立军事纪律、社会秩序并全面管辖外省单元资源。显要的秩序是一种体制，在其中，外省显要凭借本地的联系以及与中央的交易来确立其在各自区域的权力基础，以契约关系和谈判关系同国家接洽。社群的秩序是一套制度化的机制，在其中，社群通过集体选出的（或宣称的）领袖管理公共财政。18 世纪末 19 世纪初，所有这三种秩序为奥斯曼帝国向现代性的转型提供了可能。帝国尝试了不同的型构和组合：集权－官僚的，分权－契约的，参与－民主的。我们也许还可以说：自上而下的、横向的、自下而上的。

18 世纪，在世界的许多角落，战争和财政改革影响了政治议题。国家为了更强大、更训练有素的军队而展开竞赛，争相采用新的军事技术。为了实现这些目标，他们着手财政改革，以从民众（或殖民地）中榨取更多的资源。这些财政和军事改革经常会引发新的计划，以对社会进行总体的管控、重整和规训。各种群体，包括城市大众、外省精英、宗教圈子、商人和行会，对军事－财政－社会改革计划做出回应。新的联盟和同盟出现。有时，这些联盟和同盟会联手改革者及其他群体，后者发现同改革者一起行动是有利的。而在另外一些时候，这些联盟和同盟会将自身归入反改革阵营。

政权压制或笼络反对派的方式形形色色。在应对军事变革带来的挑战方面，英国可能是最成功的，它借助了议会的税收政治和新的内贷手段。[2] 但英国的方式在美洲遭遇了失败。突然爆发的美国革命，属于英国君主制改革规划在帝国范围内引发的反抗。[3]

在某些情况下，对改革的反对，以及中央治理不善，会导致整个政权的崩溃。伊朗便是这样，随着部族对国家集权反抗的加剧以及阿富汗的入侵，萨法维王朝的统治（以及纳迪尔沙的短暂统治）在18世纪初崩溃。[4] 1789年的法国则是另一个大家更熟悉的政权崩溃的戏剧性例子。在这个名单上，我们还可以加上波兰，君主和贵族在改革性质上的冲突无法得到解决，导致该国被瓜分，作为一个政治体在欧洲版图上消失。在俄国，彼得大帝在早期加强了自身，成功地笼络俄国贵族，将其整合进中央建制中，使得俄国的皇帝们可以继续统治，无需面对大动荡，如果我们不把1770年代叶梅利扬·普加乔夫领导的哥萨克起义算在内的话。[5]

我们必须在这一总体的全球框架中，检视奥斯曼的新秩序及其崩溃。奥斯曼帝国的军事失利促使中央建制推动包括财政和社会成分在内的改革。各种群体簇拥在近卫军周围反对改革计划。作为回应，改革派与其他人（主要是外省的实权派）进行谈判。如我们在第四章看到的，奥斯曼帝国在1806年至1808年间经历了一次重大的宪制危机。

新秩序在一次近卫军叛乱后崩溃，但又被联手的改革派和外省实权派以一种改良的形式恢复。如我们在第五章看到的，新秩序和外省显要之间的交易，转变为一个基于资源分享、共同责任、安全和信任的新型伙伴关系。但在遭遇另一次受民众支持的近卫军叛乱之后，新秩序再次崩溃。

如果将我们的故事延伸到19世纪，我们可以看到，尽管有这一危机，帝国既未分崩离析，也未经历政权的全面变更。近卫军运动无力维持一个更大的联盟（或者成为其中的一部分），为其首倡的替代性改革提供一个可行方案。马哈茂德二世出于战略上的原因支持近卫军成员。新的市场管理导致行会和商人与近卫军渐行渐远。[6] 乌理玛越来越多地投入到改革当中。[7] 像外省社群一样，伊斯坦布尔那些无法获得近卫军薪俸的平民也疏远了近卫军的主张。在这样的状况下，马哈茂德二世花了18年完成了新秩序旨在实现的目标。1826年，近卫军团被废除，在伊斯坦布尔民众的参与下，数千名近卫军成员被马哈茂德二世的民兵残杀。[8]

与外省显要的伙伴关系曾在《同盟誓约》中达到顶点，但借这一关系来创立一个显要秩序的方案最终也失去了可能，从1809年开始，马哈茂德二世采取措施，铲除、镇压或安抚强大的外省王朝。有时苏丹会利用来自帝国建制的总督，如许斯雷夫帕夏，高加索奴隶出身的他和地方没有联系。[9] 在另外一些情况下，外省显要乐于放弃他们对本地的主张，加入不断扩张的官僚建制。例如巴巴帕夏，他在多瑙河畔的保加利亚当了一段时间的阿扬后，接受马哈茂德二世的提议，成为一名维齐尔，在整个帝国游走，招抚外省王朝。[10]

有一次马哈茂德二世给帝国国务会议写信："因为这些人［指外省豪强］很久没有在他们的省里看到一名总督，所以他们不能忍受维齐尔的统治。"[11] 事实上马哈茂德二世的这一深谋远虑的政策——即赋予维齐尔以非凡的权力和资源，借助他们去招抚豪强——有成功也有失败。奥斯曼诸省那些从前占据着重要职位且与雄厚的军事力量缔约的家族，在 1808 年之后面临不同的选项。那些被说服放弃他们的合同、地位和军事力量的家族，作为社群的天然领袖，在城市政治中变得活跃。其他一些则被纳入日益庞大的官僚制国家。一些家族，像恰潘家族，则两者兼选。这个无所不能的家族，其成员曾在 18 世纪控制了安纳托利亚的一半，这时失去了他们的领土。但在 19 世纪，该家族能够维持两个分支，一个在约兹加特，一个在伊斯坦布尔。整个 19 世纪以及 20 世纪初，约兹加特的这支在当地政治中很活跃，与此同时，市政委员会成为奥斯曼政治现代化的重要组成部分。伊斯坦布尔的这支则成为一个官僚王朝，数代为奥斯曼官僚机构提供行政官和外交官。[12]

但也有一些实权派强烈抵制招抚。1810 年代至 1850 年代之间，我们在各省看到了外省豪强对中央政府的反抗。对军事和行政集权的抵制（在奥斯曼中央的视角来看则是叛乱）有三个有名的例子，他们来自帝国不同部分，即希腊和阿尔巴尼亚的约阿尼纳的阿里帕夏，波斯尼亚的侯赛因·格拉达什切维奇（1826 年与拒绝废除军团的波斯尼亚近卫军结盟），以及库尔德斯坦的贝迪尔汗贝伊。[13] 这些豪强一边发展各种抵制集权的形式，一边领导实行区域自治的计划——这指的是他们自 18 世纪末以来所做的交易。当中的一些人物后来会被描绘为反抗奥斯曼帝国的民族复兴英雄。然而这一时期，奥斯曼、区域或民族的英雄这三者之间的界限始终不明晰。即便被处死的外省豪强的后代，也能够在奥斯曼的城市政治和官僚机构中找到位置。因此，比如说，约阿尼纳的阿里帕夏（卒于 1822 年）的孙子伊斯梅尔·拉赫米，其职业不是伊庇鲁斯的外省王朝成员，而是奥斯曼不同行省的总督，包括克里特。[14]

18世纪末进入革命年代后，革命和改革似乎无止无尽。始于1839年坦齐马特敕令的改革规划，做到了之前《同盟誓约》未能做到的事，即废除了苏丹无需审判便可没收和处决的做法。然而，坦齐马特敕令关于废除包税制以及将征税外包给当地企业家的承诺并未兑现。整个19世纪，自上而下地授予和保证权利的苏丹敕令和法典陆续被颁布。从1858年开始的土地改革以种种方式影响了奥斯曼帝国的不同区域。[15]在某些区域，如安纳托利亚中部，小农户以牺牲大家族为代价巩固了地位。在其他区域，尤其是安纳托利亚南部、库尔德斯坦和叙利亚，外省豪强吞并了大量土地，将其转变为私人地产，成为有官方头衔的地主。在保加利亚、马其顿和波斯尼亚，基督徒农民（和基督徒显要）同穆斯林实权派之间存在持久的张力，因为双方都依据其不同的资格声称有权获得土地。[16]

商业农业和国际贸易在整个19世纪得到发展，尤其是1838年英国和奥斯曼签订的贸易条约，为拥有土地和财务手段的强人们提供了机遇。在各个区域，尤其是马其顿、安纳托利亚西部和黎巴嫩，商业耕作在19世纪以不同程度继续扩张。在从显要秩序向市场秩序的过渡中，一些旧的外省显要（但不是所有）和许多新的外省显要成为农业资本家，根据其不同的职位参与全球商业网络。由外国商人及其当地合伙人构成的全球贸易网络的复苏，可能是19世纪中叶棉花热潮的真正动力。[17]

这一代最成功的豪强当然是埃及的穆罕默德·阿里，他并未签署《同盟誓约》，且在奥斯曼苏丹承认其王朝在埃及的合法永久权力之后，将其家族统治予以制度化。按照《同盟誓约》的规定，他的家族只从中央政府获得安全和保证。穆罕默德·阿里不只在帝国内建立了一个国家，有着成熟的官僚机构和纪律严明、训练有素的军队，也创立了一个精密的农业管理机构和一个棉花生产的垄断体系，成为世界上最重要的棉花出口商之一。他被认为是现代埃及的奠定者。值得注意的是，在 19 世纪和 20 世纪，他的后代与伊斯坦布尔的奥斯曼帝国精英保持着密切的联系。[18]

19 世纪，在近卫军、外省显要、县社群和宗教权威之外，一个新的行动者出现在政治光谱中：想象的种族 – 宗教共同体，或说民族。19 世纪既是帝国和帝国主义的年代，也是民族和民族主义的年代。如我们所知，19 世纪初，更多的民众获得了对一个大群体的归属感，这个群体“将自身构想为一个有着共同的语言和命运的政治行动者”。[19] 这些想象的集体身体发展出新的代表机制，成为帝国内部或者反对帝国的关键行动者，挑战帝国精英和外省精英在政治和统治中的垄断。19 世纪和 20 世纪，这些共同体不断地以不同的形式合并和声索权力，这源于大卫・阿米蒂奇所说的民族主权概念的感染效应。[20]

在本书中，我并没有详述种族 – 宗教共同体和基于种族 – 宗教认同的集体行动主义。这一主义在 19 世纪演化为民族主义的诸形式，或者我所说的“民族的秩序”。19 世纪初，在贝尔格莱德、伯罗奔尼撒和阿拉伯半岛开展得如火如荼的塞尔维亚、希腊、瓦哈比教派诸运动，最终转变为大量分裂主义者 / 民族主义者的计划。帕兹万特家族与贝尔格莱德的近卫军联手对抗塞尔维亚的显要，约阿尼纳的阿里帕夏参与镇压希腊的独立斗争，马哈茂德二世平定瓦哈比叛乱，它们都表明奥斯曼显要的政治活动与民族主义运动的出现是互相关联的现象。[21]

彼得・布朗写道：“我们倾向于将其形容为整个文明的‘衰微与没落’，但这从来不是世界的终结。它可能只不过是‘强化’模式区域转移的结果。”[22] 奥斯曼帝国的民族主义最终导致了帝国的终结。从 1820 年代希腊独立战争开始，前“奥斯曼诸民族”成为全球舞台上的重要角色。马哈茂德二世统治时期的奥斯曼政权除掉了约阿尼纳的阿里帕夏，以确立对希腊和阿尔巴尼亚更为牢固的控制，但这并不能阻止希腊的民族运动用一个成熟的民族独立计划来取代阿里的政权。当一个民族正在取代奥斯曼显要在希腊的秩序时，穆罕默德·阿里将其在埃及的秩序转型为一个在奥斯曼帝国内的民族构建规划。1830 年至 1831 年间，由于不满奥斯曼对他帮助镇压希腊叛乱的回报，穆罕默德·阿里的新埃及占领了奥斯曼叙利亚和半个安纳托利亚。这些事件不只表明彻底变革的可能性范围，还表明显要秩序与社群（现在是民族）秩序在 19 世纪的奥斯曼世界是如何交织的。到 1850 年代，奥斯曼政权开始认可基督徒社群和犹太人社群为帝国的民族，它们构成本地政治中的结构性主体（structural body）。从 1870 年代起，随着君主立宪制和议会经验的兴衰，民族身份在帝国层面上得到巩固。随着奥斯曼帝国成为一个多民族帝国，犹太人和各种基督徒族群的公民开始想象超越本地、在帝国范围内延展的社群。奥斯曼帝国与列强签订的国际协议促使中央国家给予基督徒社群 / 民族以集体权利，使他们可以在帝制奥斯曼国家的多民族之伞下得到外国保护。从 19 世纪末开始，穆斯林民族、阿拉伯人、阿尔巴尼亚人、库尔德人，乃至土耳其人，都开始发展他们的民族认同、语言和历史。[23]

在民族认同形成的过程中，兴盛于 18 世纪末 19 世纪初的社群秩序和显要秩序，提供了必要的制度化背景和领导储备。18 世纪的选举程序变得正式且更为精密。县级会议和各种形式的集体参与兴盛于 18 世纪，如我们在第三章所见，而到了 19 世纪，则转变为市政治理的新形式。政治化的外省社群被种族 – 宗教动机分化，使得本地会议转型为外省政治的中心（loci）。在这些竞技场中崛起的一些穆斯林和基督徒显要，在奥斯曼帝国崩溃之后，成为他们的民族国家的国父。[24]

与此同时，奥斯曼国家采取了一种冒进路径来构建一支纪律严明、训练有素的新军队，通过大规模征兵吸收了大量穆斯林公民。在新秩序永久恢复之后，受过规训的部队试图规训整个社会。奥斯曼国家在采取措施规范城市生活和财产关系、减少贫穷、促进教育的同时，还不断努力将行政和法律改革法典化。奥斯曼土地的人口迁出或迁入，以及帝国间的贸易、教育、技术和宗教网络的扩散，使得奥斯曼帝国成为一个高度流动、开放的地方。它于1882年失去埃及，1878年开始失去巴尔干，而这时又出现了所谓的东方问题，即关于奥斯曼帝国解体之后将发生什么的各种议题和看法。对阿卜杜勒－哈米德苏丹专制统治的反对，推动了帝国范围内群众政治的加强，其中不止有奥斯曼国家精英参与，还有穆斯林、基督徒和犹太人，而这催生了1908年的立宪革命。对于奥斯曼而言，诸民族身体与帝国之间的联姻不复存在。在巴尔干战争之后，发生在新奥斯曼国家的暴行，以及在马其顿和安纳托利亚东部出现的种族－宗教社群之间的暴力，证明了奥斯曼帝国永远失去了将诸民族和民族主义涵括在帝国身体之内的能力。[25]

帝国在一战后解体。后奥斯曼的民族国家，无论是独立的还是被托管的，都有其民族独立的史诗，在其中的不同行动者，一些是老的，一些是新的，扮演着改革者的角色。然而，并非所有人都乐见帝国的崩溃。跨区域的商人失去了更大的帝国市场。阿尔巴尼亚的穆斯林显要是阿尔巴尼亚独立的缔造者之一，却抱怨失去了在帝国的贵族身份。[26]许多民族在它们的建国神话和理念中提到奥斯曼的革命年代。伯罗奔尼撒的一些希腊显要家族曾是18世纪末19世纪初奥斯曼外省治理中的关键行动者，现成了现代希腊的开国元勋，而约阿尼纳的阿里帕夏，不管愿不愿意，都进入了希腊独立主义的万神殿。[27]后来，人们也宣称阿里帕夏拥护阿尔巴尼亚人对现代阿尔巴尼亚的主张，就和穆罕默德·阿里（也是阿尔巴尼亚人）被视为现代埃及的奠基者差不多。[28]

1918年至1925年间，安纳托利亚的民族力量（kuvvā-yı milliye）同盟催生了一个土耳其人的民族政权。区域性的代表会议，在安卡拉的国民会议（反对欧洲列强对安纳托利亚的瓜分）以及伊斯坦布尔的奥斯曼政权，事实上是穆斯林军事－官僚精英（很多来自巴尔干）和安纳托利亚穆斯林外省实权派组成的同盟，与 1808 年联盟很相似。然而一些重要的角色，像恰潘家族，这时依然更倾向于待在联盟之外。之后他们被切尔克斯军阀埃塞姆铲除，后者接受穆斯塔法·凯末尔的出价，用他的民兵镇压了这些难以驾驭的安纳托利亚显要，就像巴巴帕夏在 1810 年代做的那样。1920 年代的国民会议有能力维持一个新的联盟，它颁布了一份文件——《民族誓言》（Misāḳ-ı Millī），将 1808 年《同盟誓约》的精英伙伴关系在一个民族和领土的框架内加以重构。[29]

然而，这一联盟排除了亚美尼亚人——1915 年国家发起的暴行的受害者，以及希腊人——因为雅典的政府与英法结盟。一开始，伊斯兰教被坚持当作一个支配性的框架，但奥斯曼新秩序的理念在一个共和制民族国家被土耳其民族主义取代。1925 年后，共和政权废除了这一联盟，尝试建立一个稳固的集权共和国，可能有点像马哈茂德二世在 1808 年的做法。世俗主义和其他改革开始推行，以规训社会，为共和的土耳其创造新的意义。然而，无论社群的秩序还是显要的秩序都消失了。1930 年代，年轻的土耳其共和国新编写的官方史贬低了外省显要在独立战争和新的国家构建进程中的作用，有时还将他们诋毁为篡夺者（1820 年代的萨尼扎德以及 1960 年代的土耳其左派做了类似的事）。作为回应，外省显要通过本地的家族史巧妙地为自己辩护，以对抗官方叙事。他们在这些家族史中为自身赋予了关键的角色：共和国开国元勋的伙伴。选举实践的加强和 1940 年代发展起来的多党体系，为地方社群的集体政治行动，为土耳其政治中旧地方精英的复苏和新地方精英的出现，提供了新的可能性。但这是另一本书的主题。

缩略语

书 籍

Asım tarihi: Ahmed Asım, *Ās̱ım tārīḫi*, 2 vols. (Istanbul: Ceride-i Havadis Matbaası, 1284 [1868])

Câbî tarihi: Câbî Ömer Efendi, *Câbî tārīḫi: Tarih-i Sultan Selim-i Salis ve Mahmud-i Sani: Tahlil ve tenkidli metin*, ed. Mehmet Ali Beyhan (Ankara: Türk Tarih Kurumu Basımevi, 2003)

Mustafa Necib Efendi tarihi: Mustafa Necip, *Muṣṭafa Necīb Efendi tārīḫi* (Derasitane: Matbaa-yi Ceride-yi Havadis, 1280 [1863 or 1864])

Şanizade tarihi: Şanizade Mehmed Ataullah Efendi, *Şânîzâde târîhî: 1223–1237 / 1808–1821*, 2 vols., ed. Ziya Yılmazer (Istanbul: Çamlıca, 2008)

SO: Mehmed Süreyya Bey, *Sicill-i Osmanî: Yahud tezkire-i meşahir-i Osmaniye* ([Istanbul] Matbaa-i Âmire, 1308–1311 [1890–1893]; new ed. by Nuri Akbayar and Seyit Ali Kahraman, Istanbul: Kültür Bakanlığı ile Türkiye Ekonomik ve Toplumsal Tarih Vakfı, 1996)

Tarih-i Cevdet: Ahmed Cevdet Paşa, *Tārīḫ-i Cevdet: Tertīb-i cedīt*, 12 vols. (Istanbul: Matbaa-i Osmaniye, 1309 [1893])

Uzunçarşılı, *Alemdar Mustapha Paşa:* Uzunçarşılı, İsmail Hakkı, *Meşhur Rumeli âyanlarindan Tirsiniklı İsmail, Yılıkoğlu Süleyman Ağalar ve Alemdar Mustafa Paşa*. Istanbul: Maarif Matbassaı, 1942.

Vekâyi'-i Baba Paşa: Gazzizade Abdullatif Efendi, *Vekâyi'-i Baba Paşa fî't-tarih*, ed. Salih Erol (Ankara: Türk Tarih Kurumu Basımevi, 2013)

期刊和工具书

Actes	*Actes du Premier congrès international des études balkaniques et sud-est européennes*
B	*Belleten* (Ankara)
Bel	*Belgeler* (Ankara)
DİA	*Türkiye Diyanet Vakfı İslam ansiklopedisi (*Istanbul: Türkiye Diyanet Vakfı (Istanbul, 1988–2013)
EB	*Études balkaniques* (Sofia)
EH	*Études historiques* (Sofia)

参考文献

EI2	*Encyclopaedia of Islam*, 2nd ed., ed. P. Bearman et al. (Leiden: Brill, 1954–2009)
EI3	*Encyclopaedia of Islam*, 3rd ed., ed. Kate Fleet et al. (Leiden: Brill, 2007–
İA	*İslam ansiklopedisi: İslâm âlemi coğrafya, etnografya ve biyografya lûgati* (Istanbul: Milli Eğitim Bakanlığı,1950–88)
IJMES	*International Journal of Middle East Studies*
IJTS	*International Journal of Turkish Studies*
JOS	*Journal of Ottoman Studies*
JTS	*Journal of Turkish Studies*
OTAM	*Ankara Üniversitesi Osmanlı Tarihi Araştırma ve Uygulama Merkezi Dergisi*
SI	*Studia Islamica*
TAD	*Tarih araştırmaları dergisi* (Ankara)
TD	*Tarih dergisi* (İstanbul Üniversitesi Fen Edebiyat Fakültesi) (Istanbul)
TED	*Tarih Enstitüsü dergisi*
TM	*Türkiyat mecmuası*
TOEM	*Tarih-i Osmanı encümeni mecmuası*
TT	*Tarih ve toplum*
TV	*Tarih vesikaları*
VD	*Vakıflar dergisi*

档　案

1. Austria

HHStA: Haus-, Hof- und Staatsarchiv, Austrian Diplomatic Archives, Vienna.

2. Bulgaria

KM: Orientalski Otdel kim Narodnata Biblioteka "Kiril i Metodii," Sofia.

3. France

  i. AMAE: Archives du Ministère des affaires étrangères, Paris

  ii. AN: Archives nationales, Paris

4. Great Britain

PRO: National Archives, Public Record Office, London

5. Turkey

  i. BOA: Başbakanlık Osmanlı Arşivi [Prime Ministry Ottoman Archives], Istanbul

  Müh: Mühimme defterleri

HAT: Hatt-ı Humayun tasnifi

C: Cevdet Tasnifi: Adliye (ADL), Askeriyi (A), Belediye (B), Dahiliye (D), Hariciye (H), Maliye (ML), Saray (S), Zaptiye (ZB)

KK: Kamil Kepeci

MAD: Maliyeden Müdevver

A.DVN: Divan (Beylikçi) Kalemi Defterleri

A.AMD: Bab-ı Asafi Amedi Kalemi

ii. TSA: Topkapı Palace Archives, Istanbul

iii. MK ŞS: Turkish National Library (Milli Kütüphane) Court Record (Şeriye Sicilleri) Collection, Ankara

iv. SK: Süleymaniye Library (Süleymaniye Kütüphanesi), Istanbul

注　释

序　言

1 Pamuk, *Monetary History*, 191.

导　论

1 这一范式直到最近才确立，相关的先驱性著作包括 Lewis, *Emergence of Modern Turkey*, 75–127; Shaw, *Old and New*, 71–211; Berkes, *Developments of Secularism in Turkey*, 72–89; Karal, *Osmanlı tarihi*, 5; Akçura, *Osmanlı devleti'nin dağılma devri*, 1–57。两份更早的研究，见 Iorga, *Geschichte des Osmanischen Reiches*, 5 及 Zinkeisen, *Geschichte des Staaten*, vols. 6 and 7。

2 Palmer, *Age of the Democratic Revolution.*

3 见 Lewis, "Impact of the French Revolution on Turkey"。

4 Lewis, *Emergence of Modern Turkey*, 129–172. 关于 19 世纪奥斯曼帝国的新综合史，见 Hanioğlu, *Brief History*。

5 关于 1908 年青年土耳其革命和 1906 年伊朗立宪革命的近期研究，见 Sohrabi, *Revolution and Constitutionalism*。关于革命的历史编纂学，见 Haynes and Wolfreys, eds., *History and Revolution*。

6 Baker, "Revolution 1.0"; Armitage, *Declaration of Independence.*

7 Venturi, *End of the Old Regime in Europe, 1768–1776*, 3–72.

8 Armitage and Subrahmanyam, eds., *Age of Revolutions in Global Context*; Desan, Hunt, and Nelson, eds., *French Revolution in Global Perspective*; Osterhammel, *Transformation of the World.*

9 Bayly, *Birth of the Modern World*, 86–120.

10 Ibid., 23–120; Bayly, "Age of Revolutions in Global Context"; Osterhammel

and Petersson, *Globalization*, 57–81; Parker, *Global Interactions*; Liberman, "Transcending East-West Dichotomies," 82–94; Armitage and Subrahmanyam, "Introduction: The Age of Revolutions"; Kooster, *Revolutions in the Atlantic World*, 158–173; Nussbaum, ed., *Global Eighteenth Century*; Hobsbawm, *Age of Revolution*, 7–26; Travers, "Imperial Revolutions and Global Repercussions"; Jasanoff, "Revolutionary Exiles"; Hunt, "French Revolution in Global Context"; Pomeranz, "Their Own Path to Crisis"; Pincus, *1688*, 2–47; DuRivage, *Revolution Against Empire*.

11 Pomerans, *Great Divergence*, 3–28; Rosenthal and Wong, *Before and Beyond Divergence*, 12–34; North, Wallis, and Weingast, *Violence and Social Orders*, 251–272; Acemoglu and Robinson, *Why Nations Fail*, 183–212; Fukuyama, *Origins of Political Order*, 290–302; Kuran, *Long Divergence*, 63–116, 279–302.

12 Adanır and Faroqhi, eds., *Ottomans and the Balkans*, 1–56.

13 Hourani, "Ottoman Reform and the Politics of Notables"; Gelvin, "'Politics of Notables' Forty Years After."

14 İnalcık, "Nature of Traditional Society"; id., "Military and Fiscal Transformation"; id., "Centralization and Decentralization."

15 Sućeska, *Ajani*.

16 Rafeq, *Province of Damascus*; Barbir, *Ottoman Rule in Damascus*; Schatkowski-Schilcher, *Families in Politics*; Cohen, *Palestine*; Philipp, *Acre*; Marcus, *Middle East on the Eve of Modernity*; Meriwether, *Kin Who Count*; Hathaway, *Politics of Households*; Akarlı, "Provincial Power Magnates."

17 关于奥斯曼安纳托利亚地区显要最全面的研究，见 Özkaya, *Osmanlı İmparatorluğu'nda ayanlık*。个案研究，见 Sakaoğlu, *Anadolu derebeyi ocaklarından Köşe Paşa hanedanı*; Nagata, *Tarihte ayanlar*; Gökhan and Bal, *Osmanlı dönemi Maraş'ın idari tarihinde Dulkadirli ve Beyazidli idareciler*; Söylemez, *Osmanlı devletinde aşiret yönetimi*; Karataş, *Bayezid sancaği ve idarecileri*; Maden, *XVIII. yüzyılın sonlarında Kastamonu*; Rıza Karagöz, *Canikli Ali Paşa*; id., *Karadeniz'de bir Hanedan Kurucusu*; Yılmazçlik, *XIX. yüzyılın ilk yarısında Diyarbakır*; Bilgin, *Doğu Karadeniz'de bir derebeyi ailesi*; Öksüz, *Onsekizinci yüzyılın ikinci yarısında Trabzon*。

18 Mutafčieva, *Anarchie dans les Balkans*; Sadat, "Rumeli ayanları; id., "Ayan and

Ağa"; Radushev, *Agrarnite institutsii v Osmanskata imperiia*; id., "Dépenses locales"; Gradeva, "Osman Pazvantoglu"; id., "War and Peace along the Danube"; Esmer, "Culture of Rebellion"; ead., "Economies of Violence"; Zens, "*Ayanlık* and Pazvantoğlu"; id., "Pasvanoğlu Osman Paşa"; Bakardjieva, "Between Anarchy and Creativity."

19 Kontogiorgis, *Koinoniki dynamiki*; Anastasopoulos, "Mixed Elite of a Balkan Town"; id., "Lighting the Flame of Disorder"; Petmezas, "Christian Communities"; Papastamatiou, "Tax-Farming"; Kostantaras, "Christian Elites"; Pylia, "Notables moréotes."

20 Dina Rizk Khoury, *State and Provincial Society*; Doumani, *Rediscovering Palestine*; Fahmy, *All the Pasha's Men*; Mikhail, *Nature and Empire.* Aymes, *Un grand progrés—sur le papier*; id., *A Provincial History of the Ottoman Empire.*

21 Genç, "Osmanlı maliyesinde malikâne sistemi"; id., "Study of the Feasibility."

22 McGowan, *Economic Life in Ottoman Europe*, 121–169.

23 Cezar, *Osmanlı maliyesinde bunalım*; Özvar, *Osmanlı maliyesinde malikane uygulaması.*

24 Salzmann, "Ancien Régime Revisited."

25 Karaman and Pamuk, "Ottoman State Finances."

26 Itzkowitz, "Eighteenth-Century Ottoman Realties"; Abou-El-Haj, *Formation.*

27 Kafadar, "Janissaries and Other Riffraff "; Tezcan, *Second Ottoman Empire.*

28 Shaw, *Old and New*; Karal, *Osmanlı İmparatorluğu*, 5.

29 Berkes, *Development of Secularism in Turkey*, 23–89; Tanpınar, *XIX. asır Türk edebiyatı*, 61–69.

30 Mitchell, *Colonizing Egypt*; Fahmy, *All the Pasha's Men*; Yeşil, "Nizâm-ı Cedîd'ten yeniçeriliğn kaldırılışına."

31 Zilfi, *Politics of Piety*; Hamadeh, *City's Pleasures.*

32 Tezcan, *Second Ottoman Empire*, 191–244.

33 Barkey, *Empire of Difference*, 197–262.

第一章

1 Yılmaz, *III. Selim (İlhâmî)*, 222–223.

2 Eren, *Selim III*.

3 Bianchi and Kieffer, *Dictionnaire*, 868; Steingass, *Comprehensive Persian-English Dictionary*, 449.

4 Halm, "Dawr."

5 关于"革命"一词含义的演变，见 Baker, *Inventing the French Revolution*, 204–207。

6 Shaw, *Between Old and New*, 3–67.

7 Fleischer, *Bureaucrat and Intellectual*, 154, 182.

8 Dilçin, "Şeyh Galib'in şiirlerinde III. Selim."

9 Woods, *Aqquyunlu*, 103–105; Donzel, "Mudjaddid"; Algar, "Naqshibandi Order," 142–151.

10 Gölpınarlı, *Mevlânâ'dan sonra Mevlevilik*, 148–174; Neumann, "19uncu yüzyıla girerken Konya Mevlevî asitanesi."

11 Uzunçarşılı, "Selim III'ün veliaht iken Fransa kralı Louis XVI ile Muhabereleri"; Salih Münir [Çorlulu], "Louis XVI et le Sultan Selim III"; Beydilli, "İshak Bey"; Yıldız, "Şehzadeye Öğütler."

12 "*Cümle dünya yıkılub, kurula bir gün mizân*."

13 McGowan, "Age of the Ayans," 646.

14 Boyar and Fleet, *Social History of Ottoman Istanbul*; Lewis, *Istanbul*.

15 Woodhead, "Ottoman Languages," 143–150; Tezcan, "Ethnicity, Race, Religion and Social Class."

16 见 Woodhead, ed., *Ottoman World*。关于 17、18 和 19 世纪初奥斯曼世界的汇编，见 Faroqhi, ed., *Cambridge History of Turkey*, 3 及 McGowan, "Age of the Ayans"。

17 Birken, *Provinzen des Osmanischen Reiches*; Göyünç, "Osmanlı devleti'nde taşra teşkilatı; Veinstein, "Provinces balkaniques"; Kármán and Kunčević, eds., *European Tributary States*.

18 Orhonlu, *Osmanlı İmparatorluğunda derbend teşkilâtı*, 129–137; Heywood, "Ottoman *Menzilhane* and *Ulak* System"; Halaçoğlu, *Osmanlılarda ulaşım ve haberleşme*.

19 İnalcık, ed., *Economic and Social History of the Ottoman Empire*, 1: 179–377; Greene, "Ottomans in the Mediterranean"; Panzac, *Marine ottomane*, 183–266.

20 关于奥斯曼的边界，见 Peacock, ed., *Frontiers of the Ottoman World*。关于私掠活动，

见 Göyünç, “Kapudan-ı Deryâ Küçük Hüseyin Paşa,” 37–38; Greene, *Catholic Pirates and Greek Merchants*, 78–108; Joshua White, “Shifting Winds”。

21 Maier, *Among Empires*, 24–45.

22 Barkey, *Empire of Difference*, 67–107; Murphey, *Exploring Ottoman Sovereignty*, 99–115; Peirce, *Imperial Harem*, 15–27; Kunt, “Royal and Other Households.”

23 İnalcık, “Osmanlı Padişahı”; id. “Comments on ‘Sultanism’”; Murphey, *Exploring Ottoman Sovereignty*; Kolodziejczyk, “Khan, Caliph, Tsar and Emperor.”

24 Fleischer, *Bureaucrat and Intellectual*, 289–291.

25 Kafadar, “Osmanlı siyasal düşüncesinin kaynakları”; Peirce, *Imperial Harem*, 229–266; Tezcan, *Second Ottoman Empire*, 19–29; Yılmaz, “Osmanlı tarihçiliğinde Tanzimat öncesi siyaset düşüncesine yaklaşımlar.”

26 Özkaya, “Canikli Ali Paşa’nın risalesi ‘Tedâbirü’l-gazavât,’” 154.

27 Kunt, *Sultan’s Servants*, 31–94.

28 Sariyannis, “Ruler and State”; Sigalas, “Devlet et État”; id., “Des histoires des Sultans.”

29 关于奥斯曼的帝国精英，见 Fleischer, *Bureaucrat and Intellectual*, 214–233; Şahin, *Empire and Power*, 15–19; Kunt, *Sultan’s Servants*, 31–76; id., “Royal and Other Households”; Zilfi, *Politics of Piety*, 43–80; Philliou, *Biography*, 5–36; Findley, *Bureaucratic Reform*, 3–43; Yeşil, *Aydınlanma çağında bir Osmanlı*, 13–31。

30 İnalcık, “Stedan Duşan’dan Osmanlı İmparatorluğuna.”

31 Akdağ, *Celali isyanları*; White, *Climate of Rebellion*, 163–185; Özel, “Reign of Violence.”

32 见第 85—105 页。

33 Kılıç, *Osmanlıda seyyidler ve şerifler*, 62–110; Canbakal, “On the ‘Nobility’ of Provincial Notables”; Kırımlı and Yaycıoğlu, “Heir of Chingis Khan.”

34 İnalcık, *Ottoman Empire*, 65–103; id., “Comments on Sultanism”; Mumcu, *Osmanlı devleti’nde siyaseten katl*, 23–47, 49–65; Kunt, *Sultan’s Servants*, 31–76. 在最高层级，1453 年至 1821 年的 188 名大维齐尔中，有 44 名被苏丹下令处死。在许多职位和合同的持有者自然死亡或者遭免职、流放后，其财富被夺走。这些惯例直到 1839 年坦齐马特敕令才完全废除。见 Yaycıoğlu, “Wealth, Power and Death”。

35 MK ŞS: Malatya 3, p. 39.

36 İnalcık, ed., *Economic and Social History of the Ottoman Empire*, 1: 103–177; McGowan, “Age of the Ayans,” 689–694; Adanır, “Ottoman Peasantries,” 269–298.

37 Howard, “Ottoman Timar System”; Murphey, *Ottoman Warfare*, 36–43; Aksan, *Ottoman Wars*, 54–55; Ágoston, “Military Transformation in the Ottoman Empire and Russia.”

38 Özkaya, “XVIII. yüzyılda mütesellimlik”; Yaman, “Osmanlı İmparatorluğu teşkilatında mütesellimlik”; İnalcık, “Military and Fiscal Transformation”; Cezar, *Levendler*, 256–343.

39 İnalcık, ed., *Economic and Social History of the Ottoman Empire*, 1: 55–75; Çakır, *Osmanlı Mukataa Sistemi*, 31–60; Matuz, “Contributions to the Ottoman Institution of *iltizam*”; Cvetkova, “Otkupnata sistema (*iltizam*).”

40 Papademetriou, *Render unto the Sultan*, 107–137.

41 Cezar, *Osmanlı maliyesinde bunalım*, 34–74; Ağır, “Evolution of Grain Policy.”

42 İnalcık, “Military and Fiscal Transformation”; Pamuk, *Monetary History*, 112–147; Karaman and Pamuk, “Ottoman State Finances,” 598–603; Genç, “Osmanlı maliyesinde malikane sistemi”; Çızakça, *Comparative Evolution*, 135–177; Sućeska, “Malikane,” 197–230; Özvar, *Osmanlı maliyesinde malikane uygulaması*; Ursinus, “Transformation”; Darling, “Public Finances.”

43 İnalcık, “Emergence of Big Farms”; Veinstein, “On the *Çiftlik* Debate”; McGowan, *Economic Life in Ottoman Europe*, 121–170. 关于“çiftlik”之形成的经典马克思主义解读，见 Gandev, “Apparition des rapports capitalistes,” 207–213。

44 BOA: HAT 8301.

45 McGowan, “Age of the Ayans,” 696–709; Genç, “17–19. yüzyıllarda sanayi ve ticaret merkezi olarak Tokat”; id., “XVIII. yüzyılda Osmanlı sanayii.” 关于在摩尔达维亚建立一座宽布工厂的私人倡议，见 BOA: HAT 45539。

46 Kafadar, “Yeniçeri-Esnaf Relations”; id., “Janissaries and Other Riffraff”; id., “On the Purity and Corruption of the Janissaries”; Yılmaz, “Economic and Social Roles of the Janissaries,” 175–242; Tezcan, *Second Ottoman Empire*, 191–226.

47 Uzunçarşılı, *Kapukulu ocakları*, 144–707; Kafadar, “Yeniçeriler”; Beydilli, *Yeniçeriler*, 7–68; Ágoston, “Firearms and Military Adaption.” 从 16 世纪末开始，奥斯曼帝国在西线和东线与哈布斯堡王朝（1578—1611，1684—1699）和萨法

维统治下的伊朗（1678—1690，1603—1611）进行了长期战争。我们应该加上杰拉里叛乱（1590 年代至 1650 年代）和对克里特岛的征服（1645—1669）。

48 据一位奥斯曼官僚的说法，18 世纪末整个帝国内的近卫军总人数有 40 万。Raif, *Tableau des nouveaux règlements de l'Empire ottoman*, 16–17.

49 Kadić Tārīḫ–i Anvarī, 126–130.

50 *Kavanin-i Yeniçeriyan*, 87.

51 Ibid., 82.

52 1589 年、1600 年、1622 年、1632 年、1648 年、1651 年、1655 年、1656 年、1687 年、1703 年、1730 年、1807 年和 1808 年都发生过近卫军叛乱。见 Kafadar, "Janissaries and Other Riffraff," 122–125; Abou-el-Haj, *1703 Rebellion*, 16–39; Aktepe, *Patrona Halil isyanı*; Tezcan, *Second Ottoman Empire*, 115–153; Konrad, "Coping with the Riffraff and the Mob"; Yılmaz, "Economic and Social Roles of the Janissaries," 135–170; Karahasanoğlu, *Politics and Governance*。关于城市叛乱传统的近期分析，见 Yılmaz, "Siyaset, isyan ve İstanbul"。

53 传统上奥斯曼历史学家将近卫军叛乱同腐败、无纪律的近卫军团（经常是和反动势力联手）实施的暴力联系起来。这一思路与 1826 年近卫军被消灭后的政治气候相融合，且一直持续到晚近。但随着阿布哈吉和杰马尔·卡法达尔关于近卫军和近卫军叛乱的社会经济作用的研究，历史学家已对此进行修正（见 Abou-el-Haj, *1703 Rebellion*; Kafadar, "Janissaries and Other Riffraff", id., "*Yeniçeri-Esnaf* Relations"）。对近卫军叛乱的详细研究表明它们要更为复杂，并非只是腐败的近卫军单纯为了追逐自身的团体利益而对抗合法当局的暴力。每次叛乱都有复杂的社会经济和政治语境，近卫军经常作为一个更大联盟的一部分或领导采取行动，该联盟由相互竞争的派系和奥斯曼社会中不幸或受威胁的人群组成。近卫军的叛乱具有明显的立宪特征，正如在他们关于权利和道德经济的话语中表现出来的。有观点认为，始于 1622 年奥斯曼二世遇害的 17 世纪近卫军叛乱，深远地改变了帝国的政治和社会构造，以及奥斯曼国家和政治话语的性质（见 Baki Tezcan, *Second Ottoman Empire*, 191–226; Gabriel Piterberg, *Ottoman Tragedy*, 163–184）。然而，一些奥斯曼历史学家认为，将近卫军叛乱视为社会抗议是没有根据的。最近，研究 18 世纪奥斯曼的著名历史学家凯末尔·贝伊迪尔利认为，近卫军叛乱事实上类似于土耳其等地的现代军队以自身集团利益为目的的周期性政变（Beydilli, *Yeniçeriler*, 21）。

54 Başaran, *Selim III*, 158.

55 关于奥斯曼帝国 18 世纪的城市生活，见 Sajdi, ed., *Ottoman Tulips, Ottoman Coffee*; Salzmann, "Age of Tulips"。

56 Başaran, *Selim III*, 148–157; Sajdi, *Barber of Damascus*, 14–38; Sabev, *İlk Osmanlı matbaa serüveni*, 269–277; Ghobrial, *Whispers of Cities*, 67–86; Akın, "Existing Performances."

57 BOA: C D 5220.

58 Berker, "Mora ihtilali tarihçesi veya Penah Efendi mecmuası 1769," 318.

59 Eldem, *French Trade*, 203–226.

60 Gorceix, *Bonneval Pacha*; Tott, *Mémoires du baron de Tott*; Aksan, "Breaking the Spell of the Baron de Tott."

61 Coller, "East of Enlightenment."

62 Kitromilides, *Enlightenment and Revolution*; id. "Enlightenment East and West"; Hovannisian and Myers, eds., *Enlightenment and Diaspora.*

63 Sabev, *İbrahim Müteferrika*; Karışman, *Erzurumlu İbrahim Hakkı*, 466–525; Küçük, "Case for the Ottoman Enlightenment"; id., "Natural Philosophy and Politics in the Eighteenth Century"; Schulze, "Was ist die islamische Aufklärung?"; el-Rouayheb, "Was There a Revival of Logical Studies in Eighteenth Century Egypt?"

64 Sorkin, *Religious Enlightenment.*

65 McGowan, *Economic Life in Ottoman Europe*, 1–44; id., "Age of the Ayans," 724–742; Eldem, *French Trade in Istanbul*, 13–34; Kadı, *Ottoman and Dutch Merchants*, 145–169; Paskaleva, "Osmanlı Balkan Eyaletlerinin Avrupa Devletlerle Ticaretleri Tarihine Katkı"; Doumani, *Rediscovering Palestine*, 95–103; Trivellato, *Familiarity of Strangers*, 102–131; Aslanian, *From the Indian Ocean to the Mediterranean*, 73–77; Chénier, "Révolutions," 331–372. 关于杜布罗夫尼克共和国商人与波斯尼亚奥斯曼当局之间的通信、法令和请愿，一份丰富的文件集，见 Miović, *Dubrovačka Republika*, 129–212。

66 Genç, "Économie ottomane," 177–196; id., 18. "Yüzyıda Osmanlı Sanayii"; Karaman and Pamuk, "Ottoman State Finances"; McGowan, "Age of the Ayans," 724–742. 最近，从事财富积累案例研究的历史学家对 18 世纪上半叶奥斯曼世界出现普遍经济增长的说法表示质疑。然而，人们一致认为，奥斯曼社会的某些领域通过各种活动积累了引人注目的财富，包括 18 世纪的包税制和贸易；见 Ergene, Kaygun, and Coşgel, "Temporal Analysis of Wealth"; Coşgel and Ergene, "Inequality

of Wealth"; Canbakal, "Reflections on the Distribution of Wealth"。关于郁金香时期，见 Hamadeh, *City's Pleasures*; Grehan, *Everyday Life and Consumer Culture*, 94–155。关于 18 世纪的新城市，见 Aktuğ, *Nevşehir İbrahim Paşa Külliyesi*, 1–40; Faroqhi, "Newshehir"; Acun, *Bozok Sancağı*; Minorsky, "Sulaymāniyya"; Longrigg, "Bābān"。

67 Aksan, *Ottoman Wars*, 129–258; Genç, "Économie ottomane," 177–196.

68 Cezar, *Osmanlı maliyesinde bunalım*, 73–76.

69 BOA: C ML 14979.

70 *Tarih-i Vasıf*, 2: 239.

71 BOA: C ML 27398.

72 BOA: C ML 23161; BOA: C S 6353.

73 Davison, *Essays*, 29–59; Köse, *1774 Küçük Kaynarca anlaşması*, 107–132.

74 Uzunçarşılı, "Cezayirli Gazi Hasan Paşa'ya dair"; Beydilli, "Halil Hamid Paşa."

75 Cezar, *Osmanlı maliyesinde bunalım*, 86–103; BOA: HAT 11379; Ahmed Vasıf Efendi, *Mehasinü'l-asar*, 190.

76 Cezar, *Osmanlı maliyesinde bunalım*, 79–105; id., "Osmanlı mali tarihinde 'esham'"; Genç, "Eshâm: İç Borçlanma"; Çızakça, *Comparative Evolution*, 180.

77 Akyıdız, "Osmanlı'da idari sorumluluğun paylaşımı"; Findley, "Madjlis-i Shūrā"; Mumcu, *Divan-ı humayun*; Erken, "Osmanlı Devleti'nde bir danışman organı."

78 Beydilli, "Küçük Kaynarca'dan Tanzimat'a," 31; *Tarih-i Cevdet*, 5: 122–125.

79 Shaw, *Between Old and New*, 72–74.

80 Öğreten, *Nizâm-ı Cedîd'e dâir askerî lâyihalar*, 104–109; Çağman, *Lâyihaları*, 12.

81 TSA, E 447.

82 Unat, *Osmanlı sefirleri ve sefaretnameleri*; Yalçınkaya, "III. Selim döneminde dış temsilciliklerin kurulması"; Yeşil, *Aydınlanma çağında bir Osmanlı Ebubekir Râtıb Efendi*, 205–365; Naff, "Reform and the Conduct of Ottoman Diplomacy."

83 Kafadar, "Myth of the Golden Age"; Öz, *Kanun-ı Kadîmin peşinde*, 63–108; id., "Kânûn-ı Kadîm." 65–76; Howard, "Ottoman Historiography"; Abou-el-Haj, *Formation*, 35–45; Fleischer, *Bureaucrat and Intellectual*, 101–103, 154, 182, 299–305.

84 Hamadeh, *City's Pleasures*, 236. 关于塞利姆统治时期政治写作的两篇重要文章，见 Beydilli, "Küçük Kaynarca'dan Tanzimat'a"; Aksan, "Ottoman Political Writing"; Artan, "Composite Universe," 754–757。

85 Karal, "Nizam-ı Cedid," 107.

86 Çağman, *Lâyihaları*, 32. 财政大臣哈吉・易卜拉欣先生因为决策严格，被公众戏称为"隐藏的疟疾"（Gizli Sitma），见 Öğreten, *Nizâm-ı Cedîd'e*, 85–90。

87 Ibid., 8.

88 Ibid., 61, 77.

89 Ibid., 73.

90 Yeşil, *Aydınlanma çağında bir Osmanlı*, 275.

91 BOA, HAT 9783; Findley, "Writer and Subject"; Beydilli, "Ignatius Mouradgea d'Ohsson"; Ohsson, *Tableau général*.

92 Çağman, *Lâyihaları*, 49–50; Öğreten, *Nizâm-ı Cedîd'e dâir askerî lâyihalar*, 91–97; Uzunçarsılı, "Vezir Hakkı Mehmed Paşa."

93 Yeşil, *Aydınlanma çağında bir Osmanlı*, 189.

94 Özkaya, "Canikli Ali Paşa'nın risalesi," 159–160.

95 Çağman, *Lâyihaları*, 16–17.

96 Ermiş, *History of Ottoman Economic Thought*, 141.

97 Ibid., 81.

98 Behiç, "Sevânihü'l-levâyih," 61; Genç, "Osmanlı iktisadî dünya görüşünün ilkeri". 关于奥斯曼知识分子对贸易和货币政策的看法的详细研究，见 Ermiş, *History of Ottoman Economic Thought*, 140–157。

99 Çağman, *Lâyihaları*, 12.

100 Ibid., 39.

101 Ibid., 63.

102 Ibid., 61.

103 Berker, "Mora ihtilali tarihçesi veya Penah Efendi mecmuası," 473.

104 Çağman, *Lâyihaları*, 19–22.

105 Ibid., 53, 72, 39.

106 Berker, "Mora ihtilali tarihçesi veya Penah Efendi mecmuası, 1769," 158.

107 Çağman, *Lâyihaları*, 16.

108 Başaran, *Selim III*, 218; Akarlı, "*Maslaha.*"

109 BOA: HAT 16130. 我要感谢法提赫・耶希尔为我提供阿蒂夫的报告。也见 Şakul, "Adriyatik'te Yakobinler," 237; Yeşil, "Looking at the French Revolution," 283–304; Yaycıoğlu, "*Révolutions*"。

110 Behiç, "Sevânihü'l-levâyih," 51–58.

111 *Nizâm-ı Cedîd kanunları,* Koç and Yeşil, eds.

112 Shaw, *Between Old and New*, 132.

113 BOA: C A 1985.

114 BOA: C ZB 4148.

115 对新军操练的全面分析，见 Yeşil, "Nizam-Cedid'ten yeniçeriliğin kaldırılmasına kadar," 35–87；也见 Fahmy, *All the Pasha's Men*, 112–158。

116 Seyyid Mustafa, *Diatribe*, 20–21.

117 Yeşil, "Nizam-Cedid'ten yeniçeriliğin kaldırılmasına kadar," 82–84.

118 Ibid., 83.

119 *Nizâm-ı Cedîd kanunları*, Koç and Yeşil, eds., 96.

120 Beydilli, *Türk bilim ve matbaacılık tarihinde Mühendishâne*, 97–150; Hitzel, "Les écoles de mathématiques turques"; Yalçınkaya, "Osmanlı Devleti'nin modernleşme sürecinde Avrupalılar'ın istihdam edilmesi."

121 Juchereau de Saint-Denys, *Réolutions*, 2: 53–57.

122 Beydilli and Şahin, eds., *Mahmud Râif Efendi ve Nizam-ı Cedid'e dair eseri*, 159–245.

123 Seyyid Mustafa, *Diatribe*, 11.

124 Mitchell, *Colonising Egypt*, 34–62; Scott, *Seeing Like a State*, 9–86.

125 Ramazanoğlu, "Nizam-ı Cedid'in kentsel ölçekteki simgesi"; id., "Selimiye."

126 Bardakçı., ed., *Üçüncü Selim devrine ait bir bostancıbaşı defteri*, 1–64.

127 Zilfi, *Women and Slavery*, 82–85.

128 Artan, "Composite Universe," 775–777; Hitzel, *Hadice Sultan ve Melling Kalfa*; *Voyage pittoresque de Constantinople . . . d'après les dessins de M. Melling.*

129 关于新帝国国库的管理，见 BOA: C ML 23134 及 BOA: KK 2380。

130 最初，被逐渐转移到国库的单元价值 5000 库鲁，但后来被提高到 1 万库鲁（Cezar, *Osmanlı maliyesinde bunalım,* 165–169）。

131 Ibid., 180–185.

132 Ibid., 183.

133 Dimitrov, "Timars," 194–251.

134 Ibid., 48–49. 对文件的一种解读，见 Barkan, "Timar," 299–333。

135 Shaw, *Between Old and New*, 86–98, 368–377; Uzunçarşılı, "Nizâmi Cedîd

ricalinden valide sultan kethüdasi meşhur Yusuf Ağa"; Göyünç, "Kapudan-ı deryâ Küçük Hüseyin Paşa"; Algar, "Political Aspects of Naqshibendi History," 137–139; Abu-Manneh, "Naqshibandiyya in the Early Nineteenth-Century"; id., "Naqshibandi-Mujaddidi and the Bektashi Orders," 18–21; Gölpınarlı, *Mevlâna'dan sonra Mevlevilik*, 250–251. 对新秩序的政策和精英的详细分析，见 DanacıYıldız, "Vaka-yı Selimiye," 109–201。

136 Ibid, 37–72.

137 Şakul, "Ottoman Attempts to Control the Adriatic Frontier," 253–270; Saul, *Russia and the Mediterranean*, 65–101; Puryear, *Napoleon and the Dardanelles*, 23–40; Yaycıoğlu, "*Révolutions*."

138 Koca Sekbanbaşı, *Koca Sekbanbaşı Risâlesi*; Wilkinson, *Account of the Principalities of Wallachia and Moldavia*, 7: 265–355; Beydilli, "Evreka, Evreka"; Birinci, "Koca Sekbanbaşı Risalesinin müllifi."

139 Koca Sekbanbaşı, *Koca Sekbanbaşı Risâlesi*, 35.

140 Ibid, 66–72.

141 Ibid., 76, 94–95.

142 İşbilir, "Dihkānîzâde Ubeydullah Kuşmânî," 290–291.

143 Danacı Yıldız, ed., *Asiler ve gaziler*, 16–17.

144 Kuşmânî, *Zebîre*, 27, 55, 68, 71.

145 Ibid., 25–28, 47, 64, 81.

146 Ibid., 33, 40–41.

147 Ibid., 74–75

148 Ibid., 73. 关于库什马尼对《古兰经》的引用，见 Qur'an 2/216。

149 Ibid., 33, 40, 65, 72–75.

150 Karpat, *Politicization of Islam*, 68–116.

151 Foucault, *Discipline and Punish*, 168.

152 Mitchell, *Colonising Egypt*; Fahmy, *All the Pasha's Men.*

153 *Tarih-i Cevdet*, 8: 143.

154 Ebû Bekir Efendi, *Vaka-i cedid*, in DanacıYıdız, ed., *Asiler ve gaziler*, 112.

第二章

1 Berker, "Mora ihtilali tarihçesi veya Penah Efendi mecmuası," 473.

2 关于家族姓名以"奥卢"和"扎德"结尾的问题，见第 76 页。

3 BOA: HAT 42074.

4 Meriwether, *Kin Who Count*, 51; Findley, *Bureaucratic Reform*, 31–32; Zilfi, "Elite Circulation in the Ottoman Empire," 320; Schatkowski-Schilcher, "Lore and Reality in Middle Eastern Patriarchy," 497–498.

5 Doumani, ed., *Family History in the Middle East*; Todorova, *Balkan Family Structure*; Gerber, "Anthropology and Family History"; Duben, "Turkish Families and Households."

6 Hathaway, *Politics of Households in Ottoman Egypt*, 17–31; Lier, *Haushalte und Haushaltspolitik*, 32–64; Neumann, "18. yüzyılda Osmanlı meta evreninden örnekler," 38–44; Abou-El-Haj, "Ottoman Vezir and Paşa Households."

7 Necipoğlu, *Architecture, Ceremonial and Power*, 242–258.

8 Kırımlı and Kançal-Ferrari, *Kırım'daki Kırım Tatar (Türk-İslam) mimari eserleri*, 178–190.

9 Bingöl, *İshak Paşa Sarayı*; Karataş, *Bayezid sancağı ve idarecileri*, 23–40; Riza Karagöz, *Karadeniz'de bir Hanedan Kurucusu*, 137–142; Konstantios, *Kastro of Ioannina*; Marino, "Constructions d'Isma'il Pacha"; Keenan, *Damascus*, 144–155; Yenişehirlioğlu, "Architecture Patronage of Ayan Families"; Arel, "Aydın ve Yöresinde bir Ayan Ailesi."

10 Kinneir, *Journey*, 90–91.

11 Acun, *Bozok Sancağı (Yozgat İli)'nda Türk mimarisi*, 5–50; Duru, "Yozgat Çapanoğlu Camii ve vakfiyeleri," 71–89. 不属于核心家庭，但在不同层级的家庭管理机构中工作的大户人家成员，也参与建设了城市和周边地区的建筑。恰潘家族的多个成员在城市的不同街区委托建造清真寺和住宅。后来，亚美尼亚商人家庭在恰潘家族的保护下，于家庭清真寺对面建造了一座亚美尼亚教堂。19 世纪初，约兹加特是恰潘家族的城市，不仅因为它是其政治事业的中心，还因为它的景观；见 Neumeier, "'There is a Çapanoğlu behind this'"。关于安纳托利亚西部卡拉奥斯曼家族资助建筑的清单和分析，见 Kuyulu, *Kara Osmanoğlu ailesine ait mimari eserler*。

12 Dupré, *Voyage à Athènes et à Constantinopole.*

13 对阿里帕夏宫殿的生动描述见 Hobhouse, *Travels*, 49–50。

14 关于奥斯曼帝国的多种口头和书面语言，见 Woodhead, "Ottoman Languages"。

15 Yenişehirlioğlu, "Architectural Patronage."

16 见 Orientalski Otdel kim Narodnata Biblioteka "Kiril i Metodii," Sofia (hereafter KM): R 11。也见 Radushev et al., eds., *Inventory of Ottoman Turkish Documents*, no. 471; Bakardjieva, "Between Anarchy and Creativity"。

17 *Vekâyi'-i Baba Paşa*, 144–145.

18 *Takrir-i Mütesellim-i Cezzar Ahmed Paşa*, f. 2–3. 关于贾扎尔·艾哈迈德帕夏的建筑活动，见 Dichter et al., *Akko*, 108–117, 216–219; Lurie, *Acre* (in Hebrew), 28–49; Petersen, *Gazetteer*, 73–76; Schur, *History of Acre* (in Hebrew), 207–216。

19 Yazar, ed., *Kânî dîvânı*, 404–405; id., "Ebû Beklir Kânî'nin," 702.

20 Duygu, *Yozgat tarihi ve Çapanoğulları*, 2–25.

21 Barbir, *Ottoman Rule in Damascus*, 67–88; Schatkowski-Schilcher, *Families in Politics*, 107–132. 关于城市文学文化和显要之间的关系，见 Sajdi, *Barber of Damascus*, 77–114。关于阿泽姆和其他家族如何在哈马建立一个社交网络，见 Reilly, "Elites"。

22 Fahmy, *All the Pasha's Men*, 1–9; Güler, *Cezzar Ahmed Paşa,* 1–7; Lier, *Haushalte und Haushaltspolitik*, 32–64; Philliou, *Biography*, 5–40; Kırımlı and Yaycıoğlu, "Heir of Chinghis Khan"; Piterberg, "Formation of an Ottoman Egyptian Elite"; Hathaway, *Politics of Households*, 32–51.

23 Meriwether, *Kin Who Count*, 153–176.

24 Yediyıdı, *Institution du vaqf*, 35–54, 207–210; Doumani, "Endowing Family"; Duru, "Yozgat Çapanoğlu Camii ve Vakfiyeleri."

25 Doumani, *Rediscovering Palestine*, 61–68.

26 Özkaya, "XVIII. yüzyılın ikinci yarısında Anadolu'da yerli ailelerin ayanlıkları ele geçirişleri"; id., "Anadolu'da büyük hanedanlıklar"; *Şanizade tarihi*, 1: 74–75. 也见本书第五章。

27 Philliou, *Biography*, 58–60.

28 Emecen, "Osmanlı hanedanıa alternatif arayışlar."

29 İnalcık, "Kırım Hanlığının Osmanlı tabiliğine girmesi"; id., "Power Relationships," 195–202.

30 BOA: HAT 53753 (1807); Pakalın, *Osmanlı tarih deyimleri ve terimleri sözlüğü,* I:426; 2: 542.

31 İnalcık, "Centralization and Decentralization," 40.

32 Morimoto, ed., *Sayyids and Sharifs*, 1–12; Kılıç, *Osmanlıda Seyyidler ve Şerifler*, 62–134; Canbakal, "On the 'Nobility' of Provincial Notables," 47–50.

33 Özkaya, "XVIII yüzyılın ikinci yarısına ait sosyal yaşantıyı ortaya koyan bir belge," 307.

34 关于奥斯曼国家复杂的职位和合同系统，见 Özkaya, *XVIII. yüzyılda Osmanlı toplumu*, 189–243。

35 见本书第三章。

36 Genç, "Osmanlı maliyesinde malikane sistemi"; Çızakça, *Comparative Evolution*, 135–177; Sućeska, "Malikane," 197–230; Özvar, *Osmanlı maliyesinde malikane uygulaması*, 19–27.

37 Özvar, *Osmanlı maliyesinde malikâne uygulaması*, 97–162.

38 Özkaya, *"XVIII. yüzyılda* mütesellimlik müessesesi," *386.*

39 Özkaya, *XVIII. yüzyılda Osmanlı toplumu*, 204–205.

40 关于总督职位和行省管理的转型，见 Kunt, *Sultan's Servants*; Göyünç, "Osmanlı devleti'nde taşra teşkilatı"; Kılıç, "XVII yüzyılın ilk yarısında Osmanlı devleti'nin eyalet ve sancak teşkilatlanması"; Halacoğlu, *XIV–XVII. yüzyıllarda Osmanlıarda devlet teşkilatı ve sosyal yapı,* 83–87; Kılıç, *18. yüzyılın ilk yarısında Osmanlı devletinin idari taksimatı-eyalet ve sancak tevcihatı*; Özkaya, *XVIII. yüzyılda Osmanlı toplumu*, 189–204; Ursinus, *Grievance Administration*, 1–47; Georgieva, "Administrative Structure and Government of Rumelia"。

41 Gökhan and Bal, *Dulkadirli ve Bayezidli idareciler*, 113–116; Karataş, *Bayezid sancağı ve idarecileri*, 17–49.

42 Clayer, "Ali Paşa Tepedelenli."

43 Güler, *Cezzar Ahmed Paşa*, 53–63.

44 Fahmy, *All the Pasha's Men*, 10–39.

45 Zens, "Pasvanoğlu Osman Paşa."

46 Akarlı "Provincial Power Magnates."

47 Salzmann, "*Ancien Régime* Revisited."

48 Özkaya, "XVIII. Yüzyılın ikinci yarısında Anadolu'da yerli ailelerin ayanlıkları

ele geçirişleri"; Erdoğan et al., *Rusçuk ayanı*, 35–62; Mert, Çapanoğulları, 17–45; Nagata, *Tarihte ayanlar*, 59–88; Fleming, *Muslim Bonaparte*, 36–55; Fahmy, *All the Pasha's Men*, 27–38.

49 Pakalın, *Osmanlı tarih deyimleri ve terimleri sözlüğü,* 2:172–173.

50 苏莱曼和中央政府关于宫廷管事任命的协商，见 BOA: HAT 53979。

51 BOA: HAT 51481 (1811)。

52 埃及的穆罕默德·阿里的宫廷管事关于汇款的一个例子，见 BOA: HAT 16270 (1808)。

53 Şahin, "Rise and Fall of an Ayan Family," 85–93.

54 Jamgocyan, *Banquiers des sultans*, 33–144; Cezar, "Role of the sarrafs"; Koyuncu, "Osmanlı Devleti'nde Sarrafların Mültezimlere Kefilliği"; Şahin, "Rise and Fall of an Ayan Family," 93–100. 关于 17 世纪放债人和地主之间的关系，见 Gara, "Moneylenders and Landowners"。

55 Siruni, "Bairakdar Moustapha Pacha et Manouk Bey."

56 关于穆斯塔法与中央政府的谈判，见 Uzunçarşılı, *Alemdar Mustafa Paşa*, 44–62。

57 BOA: HAT 2036 and 2036-A.

58 BOA: HAT 895, 966, 1208; Güler, *Cezar Ahmed Paşa*, 64–65.

59 BOA: C D 16590.

60 BOA: C A 7587.

61 Söylemez, *Osmanlı devletinde aşiret yönetimi*, 276–277; Sakaoğlu, *Anadolu derebey ocaklarıdan Kösa Paşa hanedanı,* 201–207; BOA: HAT 16700.

62 Mert, *XVIII. ve XIX yüzyıllarda Çapanoğulları*, 47–72; Uzunçarşılı, "Çapanoğlulları"; Duygu, *Yozgat tarihi ve Çapanoğulları*, 21–31; Neumann, "Çapanoğulları."

63 Mert, *XVIII. ve XIX yüzyıllarda Çapanoğulları*, 47–72.

64 Uzunçarşılı, "Nizam-ı Cedid ricalinden Kadı Abdurrahman Paşa," 245–302.

65 Dimitrov, "Timars," 33–56, 194–251.

66 BOA: HAT 11887.

67 BOA: HAT 2037.

68 BOA: C D 11831.

69 TSA: E8 465.

70 Menemencioğlu Ahmed Bey, *Menemencioğulları tarihi*, 18–36.

71 Mert, *XVIII. ve XIX Yüzyıllarda Çapanoğulları*, 47–72.

72 Fleming, *Muslim Bonaparte*, 36–69; Skiotis, "From Bandit to Pasha"; Muço, *Yanya Valisi Tepedelenli Ali Paşa ve emlakı*.

73 在 1822 年阿里帕夏与奥斯曼帝国军队作战时身亡后，他的藏品多次易手，最后落入雅典的艮纳底乌斯图书馆。见 Panagiotopoulos et al. eds., *Archeio Ali Pasa*。

74 Ibid., vol. 1, nos. 100, 101.

75 Ibid., nos. 39, 221.

76 Ibid., p. 37, no. 21. 我要感谢安东尼斯・哈吉尼科劳翻译这份文件。

77 BOA: C D 17018.

78 Panagiotopoulos et al. eds., *Archeio Ali Pasa*, vol. 1, no. 9.

79 Ibid., nos. 131, 142.

80 Ibid., no. 149.

81 Ibid., nos. 192–196.

82 Ibid., no. 132.

83 BOA: HAT 52507-A.

84 Panagiotopoulos et al. eds., *Archeio Ali Pasa*, vol. 1, no. 54.

85 Ibid., no. 29.

86 Ibid., nos. 27, 30, 180.

87 Uzunçarşılı, *Alemdar Mustafa Paşa*, 8–32; Erdoğan et al., *Rusçuk ayanı*, 35–62; Bakardjieva, "Between Anarchy and Creativity."

88 *Vekâyi'-i Baba Paşa*, 141.

89 BOA: HAT 2620. 一个相似的例子见 BOA: A AMD 52/2；鲁塞的伊斯梅尔受到指控，在未经过选举的情况下安插他的人到附近的城镇做阿扬。

90 BOA: HAT 3207.

91 BOA: HAT 2580.

92 Salzmann, *Tocqueville in the Ottoman Empire*, 123–175.

93 Söylemez, *Osmanlı devletinde aşiret yönetimi*, 52–104.

94 Özoğlu, *Kurdish Notables and the Ottoman State*, 43–68.

95 Pylia, "Notables moréotes"; Kostantaras, "Christian Elites," 631–639; Veinstein, "Patrimoine foncier de Panayote Benakis."

96 Winter, *Shiites of Lebanon under Ottoman Rule*, 117–145.

97 关于不同政体多个方面的空间结构，见 Brenner, *New State Spaces*, 27–68。关于奥斯曼世界重叠的区域形态，见 Yaycıoğlu, “Space, Place and Territory”（尚未完成）。

98 1805 年夏天，鲁塞的伊斯梅尔被任命为采购官，被要求从保加利亚东部的几个地区为伊斯坦布尔购买小麦和大麦（BOA: C B 6168）。大约在同一时间，他从伊斯坦布尔的供应主管艾哈迈德·萨基尔先生那里收到了 2.5 万欧元，用于采购和服务（BOA: C B 3915）。1805 年和 1806 年，约阿尼纳的阿里帕夏和卡拉奥斯曼家族的侯赛因获得了伊斯坦布尔的供应合同（BOA: C B 2173; BOA C B 1824）。1793 年，尼代和开塞利的总督易卜拉欣帕夏被处决。恰潘家族被要求执行没收程序，夺取和登记易卜拉欣的遗产（BOA: C ADL 521）。这一年，巴延德尔的督军穆罕默德·卡拉伊兰奥卢去世后，帝国国库要求穆罕默德·卡拉奥斯曼奥卢管理没收程序。卡拉奥斯曼奥卢监督了卡拉伊兰奥卢遗产的出售，他的家人以 2 万库鲁的价格购入了这笔遗产（BOA: C ML 3108）。

99 1795 年和 1804 年，如今规模已缩小的外省骑兵队的成员受到委派，对农业单元进行广泛检查。根据 1804 年的检查，整个帝国有 3575 个这样的单位登记在册，但有 2047 个似乎是无主的，也就是说，他们的持有人没有出现在检查中（Cezar, *Osmanlı maliyesinde bunalı ve değişim*, 183; Dimitrov, “Timars,” 33–56, entire list at 48–49）。

100 İnalcık, “Emergence of Big Farms,” 24–34; Veinstein, “On the *Çiftlik* Debate,” 47–53; Ergenç, “XVIII. yüzyılda Osmanlı Anadolu’sunda tarım üretiminde yeni boyutlar”; McGowan, *Economic Life in Ottoman Empire*, 121–169; Frangakis-Sytrett, “Trade of Cotton and Cloth”; Dina Rizk Khoury, “Introduction of Commercial Agriculture.”

101 Cezar, “Role of the *sarraf*s.”

102 Kinneir, *Journey*, 80–93. 关于安纳托利亚中部的贸易路线，见 Faroqhi, *Towns and Townsmen of Ottoman Anatolia*, 56–57。关于约兹加特的亚美尼亚商人，见 Darean and Erkanean, eds., *Patmagirk‘ Eozkati ew shrjakayits‘ (Gamirk‘) Hayots‘*。

103 Vacalopoulos, *History of Macedonia*, 515–525; Beaujour, *Tableau du commerce de la Grèce*, 1: 55–58; Katardžiev, *Serskata oblast*; Leake, *Travels*, 3: 202–210; Cousinéry, *Voyage*, 163–164.

104 Frangakis-Syrett, *Commerce in Smyrna*, 39–40, 116–118; Veinstein, “*Ayân* de la

région d'Izmir"; Kadı, *Ottoman and Dutch Merchants*, 179–182.

105 Ionescu, *Manuc Bei*, 23–30; Bakardjieva, "Between Anarchy and Creativity."

106 Philipp, *Acre*, 94–134; Doumani, *Rediscovering Palestine*, 95–104.

107 见第四章。

108 针对已故的鲁塞的伊斯梅尔的遗产，穆斯塔法 / 马努克和中央国家之间进行了谈判，详见 BOA: HAT 1730。Siruni, "Bairakdar Moustafa Pacha et Manouk Bey," 54–86; Ionescu, *Manuc Bei*, 31–38.

109 Ionescu, *Manuc Bei*, 38–39. 也见注释 108 条。

110 Bayrak-Ferlibaş,"Alemdar Mustafa Paşa'nın Muhallefatı" 85–94; BOA: MAD 9726.

111 Subrahmanyam and Bayly, "Portfolio Capitalist"; Travers, *Ideology and Empire*, 85–97.

112 Esmer, "Culture of Rebellion"; id., "Economies of Violence"; Koller, *Bosnien an der Schwelle*, 72–85; Mutafčeva, *Anarchie dans les Balkans*; Ökaya, *Osmanlı İmparatorluğunda dağlı isyanları*; Şeker, *Osmanlıar ve Vehâbîlik*, 196–223; Shaw, *Between Old and New*, 211–245, 283–326.

113 Shaw, "Nizam-ı Cedid Army."

114 最重要的例子是埃及的穆罕默德 · 阿里，他在 1820 年代将对埃及青年农民的大规模征兵、构建新军的工作规范化和系统化，塞利姆三世于 1792 年至 1807 年间也试图在帝国范围内实现类似的目标，但失败了。Fahmy, *All the Pasha's Men*, 76–111.

115 İnalcık, "Military and Fiscal Transformation"; Cezar, *Osmanlı tarihinde levendler*, 235–256.

116 依据法国专家的一份报告，鲁塞的伊斯梅尔声称可以在下属强人的帮助下，从他的所在区域召集到 8 万人。1806 年 8 月 25 日，来自塞巴斯蒂亚尼将军的关于奥斯曼鲁米利亚进展的快件，见 AMAE: CP Turquie 212: 88。也见 Hurmuzaki, ed., *Documente*, suppl. 1, vol. 2, no. 483, pp. 348–349; Driault, *Études napoléoniennes: La politique orientale*, 37。1804 年，当几位巴尔干豪强组建一支大部队去保加利亚东部剿匪时，鲁米利亚的大多数阿扬和督军被要求将他们的兵力统一到塞雷的伊斯梅尔的麾下。见 BOA: C A 27990, 其中列出了 1804 年 1 月在外省领袖的指挥下抵达索非亚的部队。我们必须在这个名单上加上持久的马穆鲁克体制，即将年轻人变成奴隶兵进行交易的征募网络。这样的机制虽然在 18 世纪末已经衰弱，但在埃及和巴格达继续存在，借助从高加索到一些阿拉伯省的网络运作。

117 Şahin, “Rise and Fall of an Ayan Family”; Riza Karagöz, *Canikli Ali Paşa*, 146–154.

118 BOA: C D 4372.

119 BOA: HAT 4051-D.

120 BOA: C ADL 3109.

121 BOA: C D 6092.

122 BOA: HAT 4048-G.

123 BOA: HAT 4048-İ.

124 BOA: HAT 4048-B, HAT 4079-B.

125 BOA: HAT 4072-E, HAT 4075.

126 BOA: HAT 4045-D.

127 BOA: HAT 53363, 53421.

128 BOA: HAT 53472.

129 BOA: HAT 53700.

130 Barkey, *Bandits and Bureaucrats*, 195–242. 关于在伊斯兰教法背景下，对法律和叛乱的关系的理论讨论，见 Abou El Fadl, *Rebellion and Violence in Islamic Law*, 320–342。

131 Zens, “Pasvanoğlu Osman Paşa”; Gradeva, “Osman Pazvantoğlu of Vidin,” Sadat, “Ayan and Aga”; Mutafčieva, *Anarchie dans les Balkans*, 127–249; Theophilowa, *Rebellion des Pascha Paswan-Oglou*; Yakschitch, “Notes sur Passvan Oglou.”

132 BOA: HAT 12581-A.

133 Hurmuzaki, ed., *Documente*, suppl. 1, vol. 2, no. 264, p. 189.

134 HHStA, Türkei V, carton 23.

135 Sofroni, *Osmanlı'da bir Papaz*, 34–35.

136 BOA: HAT 12581-A.

137 Pouqueville, *Travels*, 234.

138 BOA: HAT 16147-C.

139 BOA: HAT 16147-B.

140 BOA: HAT 45557, 45558, 45559.

141 Zens, “*Ayanlık* and Pazvantoğlu.”

142 盖拉伊家族是克里米亚的可汗，在 15 世纪承认奥斯曼的宗主权，成为半独立的统治者。1782 年叶卡捷琳娜二世吞并克里米亚后，该家族大部分成员移民到奥斯曼巴尔干地区，居住在奥斯曼中央政府授予的庄园里。相关讨论见 Kırımlı and Yaycıoğlu, “Heir of Chinghis Khan”。

143 Ibid.; *Spomenik II. Ispisi iz frantsuskikh arkhiva*, 121–122.

144 DeWeese, “Fusing Islam and Chinggisid Charisma.”

145 BOA: HAT 6362.

146 BOA: HAT 47888.

147 贾尼克的塔亚尔·马哈茂德贝伊在俄国的长期流亡中，与俄国宫廷建立联系，并面见过沙皇亚历山大一世，回奥斯曼帝国时带着亚历山大给苏丹的求情书（BOA: HAT 53809，一份提交给穆斯塔法四世的关于塔亚尔与沙皇会面的便函，约为 1807 年 2 月）。

148 Fleming, *Muslim Bonaparte*, 70–178; Boppe, *Albanie et Napoléon.*

149 Hughes, *Travels*, 183.

150 Miller, *Mustapha Pacha Bairaktar*, 268–277.

151 Mumcu, *Osmanlı devleti'nde siyaseten katl*; Yaycıoğlu, “Wealth, Power and Death”; Karataş, “18–19. yüzyıllarda Osmanlı devleti'nde bazı müsadere uygulamaları”; Ünal, “Osmanlı İmparatorluğ'nda müsadere”; Öğün, “Müsadere”; Esen, “İslam hukuku açısıdan müsadere”; Baysun, “Müsadere”; Telci, “Osmanlı devletinde 18. yüzyılda muhallefat ve müsadere süreci”; Cezar “Bir Ayanı Muhallefatı” Göçek, “Muṣādara”; Barbir, “One Marker of Ottomanism.”; Fikret Yılmaz, “Kara Osmanoğu Ataullah Ağ'ya.”

152 BOA: C ML 6959.

153 Yaycıoğlu, “Wealth, Power and Death”; BOA: C ML 5068, C ADL 5445, C ML 6959, HAT 53309, C ADL 3041, and C ML 9301.

154 穆罕默德帕夏于 1784 年去世时，中央派往大马士革的没收者奥斯曼阿迦带来了 600 名士兵，以应对来自家族或大马士革人民可能发起的抵抗。遗产被没收之后，穆罕默德帕夏的继承人来到伊斯坦布尔，就没收程序重新谈判，并提出了新的交易以拿回遗产。见 Ahmed Vasıf Efendi, *Mehâsinü'l-âsâr ve hakākü'l-ahbâr*, 43–44, 136–137。

155 1796 年，奥斯曼保加利亚的一个城镇耶尼扎格拉的监督员哈利勒阿迦被处决，他的财产被国家没收，但据说他的家人把他的动产，包括大量黄金，藏在他妻子的房子里（BOA: C ML 3125）。

156 1807 年，约阿尼纳的阿里帕夏要求国家允许他购买某个塔希尔帕夏的遗产。阿里参加了对俄战争，并暗示这笔遗产将有助于资助他在战争中的开支。有人建议苏丹塞利姆把遗产留给阿里帕夏，但他拒绝了，说“我们怎么能让他占有这笔遗产呢，它的价值还没有被证实”（BOA: HAT 56308）。

157 1793 年夏天，安纳托利亚西部巴延德尔的督军穆罕默德·卡拉伊兰奥卢阿迦去世，该家族向宫廷提供了 2 万库鲁以换取遗产。中央政府要求一个区域强人领袖穆罕默德·卡拉奥斯曼奥卢报告遗产的真正价值。在收到他的报告后，国家接受了该家族的提议（BOA: C ML 3108）。

158 当鲁塞的伊斯梅尔去世时，穆斯塔法·巴伊拉克塔尔为他的遗产出价 40 万库鲁。然而，鲁塞的海关关长哈桑阿迦声称，他的遗产至少值 50 万库鲁，且其中一部分是他应得的，以偿还为国库支出的费用。此案被提交给苏丹塞利姆三世，他写道：“遗产的价值将被定为 40 万库鲁。取其中的现金 25 万库鲁用于［直接军事］开支。剩余的 15 万库鲁将被授予海关关长，以抵偿他向宫廷提出的要求。”伊斯坦布尔接受了巴伊拉克塔尔的估价，并将伊斯梅尔的财产留给了他。但几个月后，巴伊拉克塔尔被任命为多瑙河军队的指挥官，并就付款事宜重新谈判，宫廷从他的应付款项中减少了 15 万库鲁，条件是他必须将这笔钱用于军事目的。BOA: HAT 1730; BOA: C ML 2889.

159 Cohen, *Palestine*, 53–77; Philipp, *Acre*, 136–168; Akarlı, “Provincial Power Magnates,” 47–50; Güler, *Cezar Ahmed Paşa*.

160 BOA: C A 11391-1.

161 Danacı Yıdız, ed., *Âsiler ve gâziler*, 65, 128.

162 BOA: HAT 4155.

163 Güler, *Cezzar Ahmed Paşa*, 16–25.

164 Inalcik, “Arnavutluk’ta Osmanlı Hakimiyetinin Yerleşmesi”; id. “İskender Beg.”

165 Clayer, *Aux origines du nationalisme albanais*, 441–445.

166 Tezcan, *Second Ottoman Empire*, 140–152; Barkey, *Bandits and Bureaucrats*, 141–187.

167 North et al., *Violence and Social Order*, 251–272.

168 *Şanizade tarihi*, 1: 74–75.

第三章

1 关于奥斯曼世界的民众叛乱，见 Akdağ, *Celâlî isyanları*; Gara et al., *Popular Protest and Political Participation*。

2 Lewis, *Emergence of Modern Turkey*, 75–127; Devereux, *First Ottoman Constitutional Period*, 21–33; Ortaylı, *Tanzimattan sonra mahalli idareler*; Çadırcı, *Tanzimat döneminde Anadolu kentleri'nin sosyal ve ekonomik yapıları.*

3 KM: Ruse court record (*Rusçuk şeriye sicili*), no. 53, pp. 4–6ff.

4 Uzunçarşılı, *Alemdar Mustafa Paşa*, 44–46; Erdoğan et al., *Rusçuk ayanı*; Bakardjiava, "Between Anarchy and Creativity"; Bakardjieva and Yordanov, *Ruse*; Meral Bayrak-Ferlibaş, ed., *Osmanlı İdaresinde bir Balkan Şehri: Rusçuk.*

5 这些记录也被称为开支簿（maṣraf defteri）或税捐簿（salyāne defteri）。

6 关于分摊制的早期研究，见 İnalcık, "Centralization and De-centralization"; Ursinus, "'*Avarız Hanesi*' und '*Tevzi Hanesi*'"; Cezar, "18. ve 19. yüzyıllarda Osmanlı taşrasında oluşan mali sektörün mahiyeti ve büyüklüğü üzerine"; Veinstein, "İnalcık's Views"; Neumann, "Selanik'te onsekizinci yüzyılın sonunda masarif-i vilayet defterleri"; Günay, "Yerel kayıtlar ışığında XVIII. yüzyıl sonlarında İzmir"; Çelikel and Sağırlı, "Tokat şer'iyye sicillerine göre salyane defterleri"; McGowan, *Economic Life in Ottoman Europe*, 159–164; Wilkins, *Forging Urban Solidarities*, 36–43。

7 对 15 世纪和 16 世纪奥斯曼税制的全面考察，见 İnalcık, ed., *Economic and Social History*, 1: 11–177。

8 İnalcık, "Military and Fiscal Transformation"; Faroqhi, "Crisis and Change"; Darling, *Revenue-Raising and Legitimacy*, 49–79; Cezar, "Osmanlı maliyesinde XVII. yüzyılın ikinci yarısında 'İmdadiye' uygulaması"; Sućeska, "Taksit"; Radushev, "Dépenses locales"; Adanı, "Ottoman Peasantries"; Ursinus, "Transformation."

9 Goffman, "Jews of Safed," 81–90.

10 关于汇总收税，见 İnalcık, ed., *Economic and Social History*, 145–153; Adanır, "Semi-autonomous Forces," 162, 166; Darling, *Revenue-Raising and Legitimacy*, 103–105。

11 Ergenç , *XVI. yüzyılın sonlarında Bursa*, 141–149.

12 *Defter-i ḳażā' ve livā.*, 13–29ff.

13 Ergene, *Local Court, Provincial Society, and Justice*; Anıl, *Osmanlı'da kadılık*; Jen-

nings, "Kadi, Court and Legal Procedure." 最近编辑的一本关于伊斯兰法律文化中卡迪和卡迪法院的书，见 Masud, Peters, and Powers, eds., *Dispensing Justice in Islam*。

14 Orhonlu, "Osmanlı teşkilatına aid küçük bir risale, *Risale-yi terceme*," 45.

15 BOA: HAT 2056-A.

16 关于在 18 世纪的财政管理中，为何更大的外省单元失去财政上的重要性，而县成为主要焦点的讨论，见 Neumann, "Selanik'te Onsekizinci Yüzyılın Sonunda Mesarif-i Vilayet Defterleri," 90。

17 关于当地社群的集体身份，见 Ergenç, "Toplumsal düşünce açıklama kanalı olarak: Cemm-i Gafir ve Cem'-i Kesir"; Neumann, "Ottoman Provincial Towns," 137–139; Gara, "In Search of Communities"。

18 Canbakal, *Society and Politics in an Ottoman Town*, 150–178; Ergenç, "'Ayân ve eşrâf' diye anılan seçkinler grubunun XVIII yüzyılda Osmanlı toplumundaki rolü"; Wilkins, *Forging Urban Solidarities*, 94–108.

19 如果社群完全由非穆斯林组成，如伯罗奔尼撒的部分地区和一些爱琴海岛屿，则不会有穆斯林显要在列。见 Konto-giorgis, *Koinoniki dynamiki*, 78–79。

20 Hallaq, *Origins and Evolution of Islamic Law*, 110–113, 138–140.

21 Susan Reynolds, *Kingdoms and Communities,* 23–33, 51–58.

22 阿扬这一术语的含义，与其在古典阿拉伯语中的用法一致。在阿拉伯语中，"A'yān" 是 "'ayn"（意为"眼睛"）的复数形式。因此，阿扬不仅指眼睛，也指显要个体，隐含着社群或团体之眼的意思。在奥斯曼政治话语中，正如在古典阿拉伯语中，这一术语以复数形式来指称一个显要集体。在这个意义上，阿扬（ayans）即一个社群或任何团体的显要们。因此阿扬（ayanhood）是集体的、天然的领袖群体，依据每个社群特定的社会、政治和文化环境而形成。关于中世纪的阿扬，见 Mottahedeh, *Loyalty and Leadership*, 120–130。关于 18 世纪以前奥斯曼语境中的阿扬，见 Ergenç, "Osmanlı klasik döemindeki eşrâf ve ayân üzerine bazı bilgiler"; Canbakal, *Society and Politics*, 150–178; Sućeska, *Ajani*, 28–30。

23 阿扬这一术语，专指代表穆斯林和非穆斯林社群在县一级行动的穆斯林管理者。至于只有基督徒或犹太教徒的社群，并没有帝国通行的标准程序来任命社群管理者。每个社群都依据公共实践和惯例来选定管理者。然而在说希腊语的地区，一些专门管理县一级或县以下的希腊人社区事务的社群领袖适用与阿扬类似的规则，奥斯曼人将这些人笼统地称为“ḳocabaşı”（字面意思是“大头”）或“re‘āyā vekīli”（非穆斯林社群代表）。见 Kontogiorgis, *Koinoniki dynamiki*, 68–98; Mert, “XVIII. ve XIX. Yüzyıllarda Osmanlı İmparatorluğu’nda Kocabaş deyimi, seçimleri ve Kocabaşılık iddiaları; Nagata, *Muhsinzade Mehmed Paşa ve ayanlık müessesesi*, 42–45, 58–59; Hadjikyriacou, “Society and Economy,” 177–180, 261–273。

24 交给中央政府的固定的直接税，以类似的分摊方法征收，但它们被分开登记。见 Wilkins, *Forging Urban Solidarities*, 36–43。

25 有时社群会被命令以低于市场的价格提供粮食、牲口或其他货物。社群要么按照指定的价格交付所需的物品和服务，要么以捐款代替。这些强制销售的成本或捐款也被分摊到社群。见 Ağır, “Grain Redistribution”。

26 例如，见 BOA: C D 3149, C D 7309 及 C ADL 2847。

27 例如，在 1802 年 9 月的埃迪尔内分摊制登记册中，除了与帝国服务有关的帝国税费，如资助邮政服务或为帝国官员提供住宿外，我们还看到了用于建造防御工事的支出；修理水泵；为城市监狱中的妓女提供衣食；招待来自圣城的三位教长；修复公共建筑和官员的住所；出租公众人物使用的房屋；支付给消防员、城墙守卫和保护各县免受盗匪侵害的雇佣兵的工资；以及给财产被盗匪损坏的人的赔偿金（MK ŞS: Edirne 270, no. 108）。

28 Ibid. 与鲁塞的伊斯梅尔的瓦合甫活动有关的卡迪文件登记册，见 KM: R 11。也见 Radushev et al. eds., *Inventory of Ottoman Turkish Documents*, no. 471; Bakardjieva, “Between Anarchy and Creativity”。

29 Singer, *Charity in Islamic Societies*.

30 İbrahim Efendi, “Muhasebe-i Evvel el-Hac İbrahim Efendi Layihası,” 36–37.

31 ‘*Sabıkı muktezasınca’* MK ŞS: Manisa 242, p. 39, no. 76; MK ŞS, Trabzon 110, f. 63B, no. 302.

32 “Erbab-ı Sühen,” MK ŞS: Tokat 3, p. 14.

33 MK ŞS: Denizli 671, 27.

34 在鲁塞及大部分县，总体负担主要分配到城镇的街区和腹地的村子，但在安纳托利亚中部的一个重要的县锡瓦斯，城市的负担更多被分配到职业组织而非街区。MK ŞS: Sivas 6, no. 63; Özdemir, “Sivas’ın iki yılı,” 82–87.

35 Molla Mustafa, *XVIII. yüzyı günlük hayatıa dair Saraybosnalı Molla Mustafa’nın mecmuası*, 130.

36 Cezar, “18. ve 19. yüzyılarda Osmanlı taşrasında oluşan yeni mali sektöün mahiyeti ve büyüklüğü üzerine,” 93.

37 虽然原则上所有的财产持有者都要接受分摊，但总是有这样的情况：某些群体具有不同的财政地位，因为他们的集体服务是免税的，或者他们在不同的持有人或帝国瓦合甫的管辖之下拥有豁免权。在这种情况下，县社区的不同群体之间往往会发生冲突。我在本章题为“社群和豁免权”的一节中研究了此类案例。1786 年，居住在森林中的豁免权社区阿马西亚被纳入阿马西亚分摊制登记册。这引发了森林居民和阿马西亚官员之间的冲突。最终，宫廷下令，由于他们提供了其他服务，而且他们的帝国费用是根据不同的安排收取的，因此该地区的森林社群不参加分摊，管理人员还受到指示，不要求他们承担分摊制份额。MK Ş: Amasya 62, p. 28.

38 Molla Mustafa, *XVIII. yüzyıl günlük hayatına dair Saraybosnalı Molla Mustafa'nın mecmuası*, 107. 关于在波斯尼亚征收期款，见 Sućeska, “Taksit”。

39 鲁塞的伊斯梅尔阿迦为其支出索取 10% 的利息。在斯科普里，1792 年 7 月的一份登记册表明，阿扬凭其服务得到一份固定的津贴，而非利息（Kurz, *Sicill*, 255–257）。我们在 1802 年的埃迪尔内发现相似的固定管理费（MK Ş: Edirne 270, no. 108），在 1797 年的卡斯塔莫努则是奖金（MK Ş: Kastamonu 692, no. 199）。

40 Smail, *Consumption of Justice*,147.

41 BOA: C D 7309.

42 BOA: C D 7309.

43 BOA: C ML 6108 (C 1218 / 1803 年 10 月); BOA: HAT 52126-A (n.d.). 关于 18 世纪和 19 世纪初的放债人，见 Cezar, “Role of the *sarraf*s”; Minoglou, “Ethnic Minority Groups”。

44 Sućeska, *Ajani*, 122.

45 Kontogiorgis, *Koinoniki dynamiki*, 87–96; Petmezas, “Christian Communities”; Papastamatiou, “Tax-Farming (*iltizam*) and Collective Fiscal Responsibility,” 289–305; Pylia, “Notables moréotes”; Kostantaras, “Christian Elites.”

46 Petmezas, “Christian Communities,” 80–83.

47 Nenadović, *Memoirs*, 12–13.

48 McGowan, *Economic Life in Ottoman Europe*, 66.

49 Erdoğan et al., *Rusçuk ayanı*, 126–132.

50 1783 年，在调解社群和阿扬双方的内夫罗科普法院法庭上，200 多人作为社群的代表，要求他们的阿扬本吕・帕索在帝国巡视员的监督下结算。BOA: C ADL 1930.

51 MK ŞS: Bursa, 375, p. 18a–b.

52 BOA: C ML 4273; BOA: C D 1391. 另一项法令要求每年两次通过与会者的“一致同意”来确定账目，然后将其提交给宫廷，以获得可能的“折扣和修订”，见 BOA: C D 5898。

53 基于萨洛尼卡的分摊登记册，克里斯托夫・诺依曼认为伊斯坦布尔的财政专家用四个参数来检查账簿：一，可能违反伊斯兰教法或苏丹法律，如果出现这种情况，专家可以因为其虚假或危害删去项目；二，与之前账簿相比可能过高；三，可能计算错误，如重复计算；四，可能含糊。Neumann, “Selanik'te onsekizinci yüzyıı sonunda mesarif-i vilayet defteri,” 91.

54 BOA: C D 7794.

55 Neumann, “Selanik'te onsekizinci yüzyılın sonunda mesarif-i vilayet defteri,” 94; Cezar, “18. ve 19. yüzyıllarda Osmanlı taşrasında oluşan yeni mali sektörün mahiyeti ve büyüklüğü üzerine,” 106.

56 MK ŞS: Sivas 6, no. 43; Özdemir, “Sivas'ın iki yılı,” 66.

57 对摩苏尔的分摊制和终身包税区的讨论，见 Dina Rizk Khoury, *State and Provincial Society*, 190–196。

58 Cezar, “18. ve 19. yüzyıllarda Osmanlı taşrasında oluşan yeni mali sektörün mahiyeti ve büyüklüğü üzerine,” 115.

59 Nagata, *Muhsin-zade Mehmed Paşa ve ayanlık müessesesi*, 44–50. 两份对阿扬制的主要调查，见 Özkaya, *Osmanlı İmparatorluğunda Ayanlık*; Sućeska, *Ajani*, 53–75。关于巴尔干对阿扬的讨论，见 Mutafčieva, “Institution de l'ayanlik”; Mert, “Ayan”。

60 MK ŞS: Konya 58, p. 155; Baykal, “A‘yânlık müessesesinin düzeni hakkında belgeler,” no. 1.

61 MK ŞK: Ankara.155, no. 147; MK ŞS: Karaman 284, p. 52. Baykal, “A‘yânlık müessesesininin düzeni,” no. 2. 关于文件的一个讨论，见 Sućeska, *Ajani*, 93n400; İnalcık, “Centralization and Decentralization,” 49–50。

62 Baykal, “A‘yânlık müessesesininin düzeni,” no. 3; Sućeska, *Ajani* 93n400; İnalcık, “Centralization and Decentralization,” 49–50; BOA: C D 15934, C D 8275, and

Müh, 175, p. 392.

63 MK ŞS: Karaman 284, p. 52. Baykal, “A‘yânlık müessesesininin düzeni,” no. 3.

64 BOA: C D 16599（关于阿纳多卢省各县卡迪的记录的报告称，关于阿扬新安排的敕令已收到并向社群宣布，B 1198 / 1784 年 6 月）; Sućeska, *Ajani*, 93n400; İnalcık, “Centralization and Decentralization,” 49–50; Ergenç, “Ayân ve eşrâf diye anılan seçkinler”; Mert, “Ayan.” MK ŞS: Bursa 375, p. 18a–b; MK ŞS: Kayseri 163, p. 14; MK ŞS: Çankırı 17, s. 107; MK ŞS: Afyon 57, no. 13 提供了我使用的敕令。

65 MK ŞS: Bursa 375, p. 18a–b.

66 Ibid.

67 Ibid.

68 Ibid.

69 Sućeska, *Ajani*, 95; Osman Nuri Ergin, *Mecelle-yi umur-ı belediye*, 1: 1664–66. BOA: C D 12669.

70 BOA: C D 3661(克里特岛伊拉克利翁社群关于废除阿扬制和市管家制的请愿书，1786 年 9 月). MK ŞS: Kayseri 164, p. 101; BOA: Müh, 183, p. 675, no. 735; BOA: C D 1409; BOA: C D 13416, C S 3661, and C D 13416.

71 İnalcık, “Appointment Procedure of a Guild Warden (*kethüda*),” 135–142. 关于管家职位的性质，见 İnalcık, “Comments on ‘Sultanism,’” 62–63; Yi, *Guild Dynamics*, 70–81; Ergenç, “Osmanlı şehirlerindeki yönetim kurumlarının niteliği”。

72 例如 1755 年在托卡特，市管家和阿扬同时监督城市事务。BOA: C D 3447.

73 Sućska, *Ajani*, 95.

74 BOA: C D 12669（关于投诉内夫罗科普管理者的请愿书，1786 年 3 月）.

75 BOA: C D 12370（卡迪的记录和普拉维什塔县社群关于前阿扬哈利勒阿迦的遗产和市管家的请愿书，1786 年 8 月）.

76 Sućeska, *Ajani*, 140–145; Mert, “Ayan.”

77 BOA: C D 3935; BOA: C D 10969. 1791 年 1 月来自瑟于特居克县的通知称，法院收到了来自伊斯坦布尔关于废除市管家和阿扬新安排的新法令，该法令在县社区面前被大声宣读；见 BOA: C D 10969。

78 BOA: C D 3935.

79 BOA: C ZB 3564.

80 BOA: C D 5161.

81 BOA: C D 3149.

82 BOA: C D 7309

83 BOA: C ZB 3231.

84 BOA: HAT 12094.

85 BOA: HAT 3207.

86 BOA: C D 13317.

87 BOA: C D 12232; Yaycıoğlu, "Rahova 1784."

88 Ivanova, "Widdin"; Atanasov, *V Osmanskata periferiia*, 240–262; Radushev, "Dépenses locales."

89 Yaycıoğlu, "Rahova 1784," 474–477.

90 BOA: HAT 12001.

91 相似的案例研究，见 Anastasopoulos, "Lighting the Flame of Disorder"。

92 Genç, "Osmanlı maliyesinde malikane sistemi"; Çızakça, *Comparative Evolution*, 135–177; Sućeska, "Malikane," 197–230; Özvar, *Osmanlı maliyesinde malikane uygulaması*; Ursinus, "Transformation." 关于行政单元的空间研究，见 Başarır, "XVIII. yüzyılda Diyerbakır voyvodalığı'nın mekansal örgütlenmesi"。

93 BOA: C D 7309.

94 BOA: C D 3541.

95 İbrahim Efendi, "Muhasebe-i evvel el-Hac İbrahim Efendi layihası" 37.

96 BOA: C ML 19165.

97 TSA: 31/18, 46/15, 107/39, 131/18.

98 BOA: C D 6365. 关于社区的请愿，见 BOA: C D 1655。

99 1806 年发生了一个相似的案例，蒂尔西尼克利·伊斯梅尔阿迦被要求解决当地承包人与优素福阿迦的终身包税区之间的冲突，后者是伊斯坦布尔显要、苏丹母亲的管家，见 BOA: C ML 1131。

100 BOA: A. AMD 50/65.

101 BOA: C D 3965.

102 BOA: A. AMD 49/11.

103 伯罗奔尼撒半岛由"ḳocabaşı"来进行大规模分摊的例子，见 BOA: C M 660。

104 BOA: C D 5220.

105 BOA: C D 14219; BOA: C D 1655.

106 Anastasopoulos, "Albanians."

107 BOA: A. DVN 2402/55.

108 BOA: C D 3375. 社群解雇它们的阿扬，并从外面邀请另一位阿扬的相似案例，见 BOA: C D 13317。

109 Canbakal, “Vows as Contract”; Faroqhi, “Räuber, Rebellen und Obrigkeit”; Tamdoğan, “Nezir”; Anastasopoulos, “Political Participation, Public Order, and Monetary Pledges (Nezir) in Ottoman Crete.”

110 BOA: C ZB 3564.

111 BOA: A. DVN D 842.

112 Hochstrasser, “Physiocracy,” 432.

113 Ergenç, “Osmanlı’da *Enfâ‘* kuralının devlet ve reaya arasındaki mali ilişkiler açısından anlamı.”

114 İbrahim Efendi, “Muhasebe-i evvel el-Hac İbrahim Efendi layihası,” 37; Sućeska, *Ajani*, 104–105.

115 Yeşil, “III. Selim devri siyasî literatürüne bir katkı,” 86–92, and text, 4a.

116 Mehmed Şerif Efendi, “Defterdar Mehmed Şerif Efendi layıhası,” 20.

117 Legay, *États provinciaux*; Swann, *Provincial Power and Absolute Monarchy*.

118 Kuhn, *Origins of the Modern Chinese State*, 65–66.

119 Grindle, *Going Local*, 181.

120 Kaynar, *Mustafa Reşit Paşa*, 237–250; Çadırcı, *Tanzimat döneminde Anadolu*, 203–223.

121 Çadırcı, *Tanzimat döneminde Anadolu*, 249–272; Moaz, *Ottoman Reform*. 关于 19 世纪奥斯曼帝国市政改革的重要综合著作，见 Ortaylı, *Tanzimattan Cumhuriyete yerel yönetim geleneği*。

第四章

1 BOA: HAT 2056-A.

2 Uzunçarşılı, *Alemdar Mustafa Paşa*, 208–211.

3 Ibid., 46.

4 Ibid.

5 Ibid., “Seni dahi çünkü Ruscuklu istemiş, Rusçuğa ayan olasın,” 51.

6 Ebû Bekir Efendi, *Vaka-i cedid*; Mustafa Necip, *Mustafa Necip Efendi tarihi* (又名

Veka-yi Selimiyye); *Yayla İmamı risalesi* (又名 *Tarih-i vekayi-i selimiyye*); Arapyan, *Rusçuk âyânı Mustafa Paşa'nın hayatı ve kahramanlıkları*; Oğulukian, *Georg Oğulukyan'ın ruznamesi*.

7 *Asım tarihi*, 1: 102–119, 2: 26–36, 182–208; *Câbî tarihi*, 1: 102–398; *Şanizade tarihi*, 1: 55–78.

8 *Tarih-i Cevdet*; Neumann, *Araç tarih, amaç Tanzimat.*

9 *Tarih-i Cevdet*, 8: 139–154.

10 Ibid., 9: 35.

11 Juchereau de Saint-Denys, *Révolutions*; Yaycıoğlu, "*Révolutions*."

12 Juchereau de Saint-Denys, *Révolutions*, 1: 1.

13 Baker, *Inventing the French Revolution*, 202–223; id., "Revolution 1.0."

14 在朱舍罗之后，奥地利东方学家奥托卡尔 – 玛丽亚・冯・施勒希塔 – 弗泽尔德（1825—1894）在 1882 年发表 *Die Revolutionen in Konstantinopel in den Jahren 1807 und 1808*，依据奥斯曼史学家，尤其是杰夫代特的解释，对朱舍罗的叙事进行了修正。见 *Meyers Großes Konversations-Lexikon*, 17: 833, "Schlechta-Wssehrd, Ottokar"。

15 Altınay, "Sultan Selim-i Salisde halk ve millet muhabbeti."

16 Akçura, *Osmanlı devleti'nin dağılma devri*; Karal, *Fransa-Mısır ve Osmanlı İmparatorluğu*.

17 Shaw, *Between Old and New*.

18 Gökçe, "Edirne ayanı Dağdeviren-oğlu Mehmed Ağa."

19 HHStH: Türkei II—139, no. 20, 60–62ff.; no. 21, 1–10ff.: Türkei 140, nos. 17–19; PRO: FO 78–151; BOA: HAT 2787.

20 BOA: HAT 3366.

21 Ibid.

22 *Câbî tarihi*, 1: 62.

23 *Asım tarihi,* 1: 112.

24 PRO, FO 78–50: 29–33.

25 AMAE CP Turquie 212: 88.

26 BOA: HAT 2345.

27 Ibid.

28 BOA: HAT 3350.

29 BOA: A. AMD 50/3.

30 BOA: HAT 1819.

31 Djuvara, *Pays roumain*, 45–97; Hitchins, *Romanians*, 19–24; Panaitescu, *Corespondența lui Constantin Ypsilanti*, 1–24.

32 Shupp, *European Powers*, 146.

33 BOA: HAT 2482.

34 Driault, *Études napoléoniennes: La politique orientale de Napoléon; id.*, *Napoléon et l'Europe*; *Tilsitt, France et Russie*; Tatistcheff, *Alexandre Ier et Napoléon*; Shupp, *European Powers*, 66–79.

35 Shupp, *European Powers*, 146–148; Driault, *Études napoléoniennes: La politique orientale de Napoléon*, 55–61; Puryear, *Napoleon and the Dardanelles*, 141–154; Stanislavskaia, *Russko-angliiskie otnosheniia*, 442–447.

36 Scudamore, *France in the East*, 91–92.

37 Bradisteanu, *Beziehungen*, 100–101.

38 BOA: HAT 12618.

39 Mikhailovskii-Danilevskii, *Russo-Turkish War of 1806–1812*; BOA: HAT 43758; Eclisiarhul, *Cronograful Tarii Românesti*, 137.

40 Ahmed Osmanzade Taib, *Hadikat ül-Vüzera*, 301–305; Miller, *Mustapha Pacha Bairaktar*, 124–231; Uzunçarşılı, *Alemdar Mustafa Paşa*, 40–81.

41 Uzunçarşılı, *Alemdar Mustafa Paşa*, 42.

42 BOA: HAT 2482. 文件出版于 Uzunçarşılı, *Alemdar Mustafa Paşa*, 21–22。也见 Ypsilanti, "Fürsten Alexander und Konstantin Ypsilanti," 225–235。

43 Uzunçarşılı, *Alemdar Mustafa Paşa*, 43–44.

44 BOA: HAT 2056, 2056-A.

45 Uzunçarşılı, *Alemdar Mustafa Paşa*, 46.

46 BOA: HAT 2580.

47 BOA: HAT 2580; Uzunçarşılı, *Alemdar Mustafa Paşa*, 45–48.

48 Uzunçarşılı, *Alemdar Mustafa Paşa*, 51.

49 Stratford Canning, "Account of the Three Last Insurrections at Constantinople and the Present State of the Turkish Empire," March 25, 1809, in PRO: FO 78/63: 182–196.

50 Uzunçarşılı, *Alemdar Mustafa Paşa*, 54.

51 Ibid., 48.

52 BOA: C ML 8723.

53 马努克贝伊的传记见 Hovnanean, *Mirzayean Manuk Pēyin* 及 Ionescu, *Manuc Bei*。罗马尼亚档案中关于蒂尔西尼克利·伊斯梅尔阿迦与马努克贝伊之间的业务，见 Guboglu, *Catalogul documentelor turceşti*, vol. 1, nos. 568, 692–695, 726, 727, 773, 777, 783, 800, 817, 824, 835, 841, 862, 870, 871, 874, 888, 892, 896, 897, and 898; Mehmed, *Documente turceşti*, vol. 3, no. 124。

54 AMAE: CP Turquie 217: 29 (梅里亚热在鲁塞给巴黎的关于奥斯曼 – 俄罗斯谈判的报告，1808 年 5 月); Hurmuzaki, ed., *Documente*, suppl. 1, vol. 2, no. 672: 517.

55 Siruni, "Bairakdar Moustapha Pascha et Manouk Bey," 68; Ionescu, *Manuc Bei*, 33–38; Guboglu, *Catalogul documentelor turceşti*, vol. 1: no. 745, 746, 747; BOA: HAT 1730.

56 "Pour préserver la Cour et les Etats de S. H. du danger de devenir la proie de l'ambition démesurée de Bonaparte" (Hurmuzaki, ed., *Documente*, suppl. 1, vol. 2, no. 506, 366–367).

57 Ibid., no. 504, 365–366; KM: 112 (Ruse) 64/5.

58 BOA: HAT 54094.

59 BOA: C A 35129, C A 44857, C A 10296.

60 BOA: HAT 1569. "Dans le court séjour qu'a fait le Prince Moruzzi à Ruschiuk, il est parvenu à réconcilier le dit ayan de Ruschiuk avec Passavan-Oglou" (Mehmed, *Documente turceşti*, vol. 3, no. 131, 214–217); AMAE: CP Turquie 213: 1; Hurmuzaki, ed., *Documente*, suppl. 1, vol. 2, no. 514, 371–72, and no. 520, 377–78; *Journal politique*, no. 9 (1807 年 1 月 30 日), suppl.; Bradisteanu, *Beziehungen*, 115.

61 AMAE: CP Turquie 213: 11; Hurmuzaki, ed., *Documente*, suppl. 1, vol. 2: no. 517, 374.

62 *Journal politique*, no. 9 (1807 年 1 月 30 日), suppl.

63 BOA: A.AMD, no. 52; CA 38938.

64 BOA: HAT 6362; KM: OAK 10–64.

65 AMAE: CP Turquie 213: 132 (梅里亚热在维丁给塔列朗关于毛拉·伊德里斯总督职位的报告，1807 年 3 月 20 日); Hurmuzaki, ed., *Documente*, suppl. 1, vol. 2, no. 553, 403.

66 AMAE: CP Turquie 213: 114 (梅里亚热给塔列朗的报告，关于毛拉·伊德里斯和穆斯塔法帕夏在 2 月和 3 月的军事活动，1807 年 3 月 9 日); Hurmuzaki, ed., *Documente*, suppl. 1, vol. 2, no. 547, 397–398; AMAE: CP Turquie 213: 86 (梅里亚热在维丁关于多瑙河地区的军事准备的报告，1807 年 2 月 26 日); AMAE: CP Turquie 213: 86 (梅里亚热在维丁关于多瑙河地区的军事活动的报告，1807 年 2 月 15 日); Hurmuzaki, ed., *Documente*, suppl. 1, vol. 2, no. 543, 394; AMAE: CP Turquie 213: 86 (拉马尔在鲁塞关于穆斯塔法阿迦和毛拉・伊德里斯帕夏组织的运动的报告，1807 年 2 月 16 日); Hurmuzaki, ed., *Documente*, suppl. 1, vol. 2, no. 541, 393.

67 *Asım tarihi*, 2: 21, 180–181; *Tarih-i Cevdet*, 8: 89.

68 *Asım tarihi*, 1: 215; Uzunçarşılı, *Alemdar Mustafa Paşa*, 57.

69 BOA: HAT 641, C A 1298.

70 BOA: HAT 6411.

71 BOA: HAT 15039.

72 BOA: HAT 5965, CA 32118.

73 Shupp, *European Powers*, 327–353.

74 Ibid., 234–267.

75 Danacı Yıldız, ed., *Asiler ve gaziler*, 98.

76 BOA: C A 15901.

77 Hafız Mehmed b. Süleyman, *Ceride* (SK, Zühtü Bey, no. 453: 2a–3b), published by Beydilli, *Osmanlı Döeminde imamlar ve bir imamı günlüğü,* 103—236; *Câbî tarihi*, 1: 102–110. 关于英国事件的详细叙述，见 Yeşil, "İstanbul önlerinde bir İngiliz filosu"; Danacı Yıldız, "Vaka-yı Selimiyye," 268–329。

78 Juchereau de Saint-Denys, *Révolutions*, 2: 75.

79 Ibid., 70–9; Driault, *Études napoléoniennes: La politique orientale de Napoléon*, 80–110.

80 Driault, *Études napoléoniennes: La politique orientale de Napoléon*, 98–105; AMAE: CP Turquie 213; AMAE: Corresp. de Turquie, no. 24 (1806–1810), suppl.

81 Juchereau de Saint-Denys, *Révolutions*, 2: 74.

82 PRO: FO 78-55 (1807 年 2 月 25 日).

83 Driault, *Études napoléoniennes: La politique orientale de Napoléon*, 105–110; PRO: FO 78-55 (1808 年 2 月 24 日至 3 月 6 日的报告). 对宫廷和英国大使之间的危机与军事行动的失败的评价，见 James, *Naval History*, 210–220; Arbuthnot,

Correspondence, 1–5。

84 Yeşil, "İstanbul önlerinde bir İngiliz filosu," 455–466.

85 *Câbî tarihi*, 1: 105–106.

86 Yeşil, "İstanbul önlerinde bir İngiliz filosu," 465.

87 BOA: HAT 56092; HAT 57208.

88 BOA: C A 36907 (1806 年 9 月).

89 *Mustafa Necib Efendi tarihi*, 26. AMAE: CP Turquie 214: 145 (布廷从锡里斯特发出的关于奥斯曼军队组成的报告，1807 年 6 月 26 日); Hurmuzaki, ed., *Documente*, suppl. 1, vol. 2, no. 594, 442。

90 奥斯曼军队的特征，见 AMAE: CP Turquie 213: 30 (关于奥斯曼军队军事结构的报告，1807 年 1 月); Hurmuzaki, ed., *Documente*, suppl. 1, vol. 2, no. 525, 380; AMAE: CP Turquie 214: 72 (1807 年 6 月 13 日); Hurmuzaki, ed., *Documente*, suppl. 1, vol. 2, no. 583, 428; AMAE: CP 211 (1806 年 1 月 27 日)。区域和当地强人构成的军队组成的报告，见 BOA: C A 27990; Juchereau de Saint-Denys, *Révolutions*, 1: 92–96。

91 *Asım tarihi*, 1: 139. 新秩序时期，关于面包不断下降的质量和价格的上涨，见 Yeşil, "Zâhire nâzareti'nin kuruluşu," 141; Ağır, "Evolution of the Grain Policy," 585–587。

92 关于叛乱的奥斯曼史料有 *Asım tarihi*, 2: 20–53; *Câbî tarihi*, 1: 126–138; *Mustafa Necip Efendi tarihi*, 84–85; *Tarih-i Cevdet*, 8: 155–186; Derin, "Kabakçı Mustafa ayaklanmasına dair bir tarihçe"; id., "Yayla İmamı risalesi"; id., "Tüfengçı-başı Arif Efendi Tarihçesi"; Uzunçarşılı, "Kabakçı Mustafa İsyanına Dair Yazılmış Bir Tarihçe"; *Vaka-i cedid*; Ebû Bekir Efendi, *Vaka-i cedid*; Arapyan, *Rusçuk âyânı Mustafa paşa'nın hayatı ve kahramanlıkları*; *Sultan Selim-i Salisin Hal'ine dair risale*; Oğulukian, *Georg Oğulukyan'ı ruznamesi*; Andreasyan, "III. Selim ve IV. Mustafa devirlerine ait Georg Oğulukyan'ın ruznamesi"; Kethüda Said Efendi, "Tarih"。关于欧洲语言的史料，见 Juchereau de Saint-Denys, *Révolutions*; Prévost, "Constantinople en 1806 et 1807" and "Constantinople en 1808"; Canning, "Account of the Three Last Insurrections at Constantinople and the Present State of the Turkish Empire," 182–196; Franz Freiherr von Ottenfels, "Historische Schilderung der am 28ten July 1808 in Konstantinopel vorgefallenen Thronveränderung," HHStA, Türkei VII-2; *Relazione della catastrofe di Selim*

III. ed elevazione al trono di Constantinopoli di Mustafa' IV; Schlechta-Wssehrd, *Revolutionen*; Krasnokutskii, *Dnevnye zapiski poezdki v Konstantinopl' v 1808 godu*。关于1807年新秩序崩溃的详细研究，见 Danacı Yıldız, "Vaka-yı Selimiyye," esp. 330–450。

93 *Mustafa Necib Efendi tarihi*, 28–29; Ebû Bekir Efendi, *Vaka-i cedid*, 113.

94 *Mustafa Necib Efendi tarihi*, 27; *Tarih-i Cevdet*, 8, 170–183.

95 关于卡巴克彻·穆斯塔法的现代中篇小说，见 Koç, *Kabakçı Mustafa*。

96 *Câbî tarihi*, 1, 125–130; *Asım tarihi*, 2: 20–26; *Tarih-i Cevdet*, 8: 155–159; *Mustafa Necib Efendi tarihi*, 27–28.

97 Oğulukian, *Georg Oğulukyan'ın ruznamesi,* 5; *Câbî tarihi*, 1: 130; *Asım tarihi*, 2: 29–32; *Tarih-i Cevdet*, 8: 159–161; *Mustafa Necib Efendi tarihi*, 28–29.

98 *Mustafa Necib Efendi tarihi,* 46.

99 *Câbî tarihi*, 1: 130.

100 Ibid., 128–132.

101 *Tarih-i Cevdet*, 8: 167.

102 *Asım tarihi*, 2: 32–50; *Tarih-i Cevdet*, 8: 170–175; *Mustafa Necib Efendi tarihi*, 28–29.

103 BOA: HAT 7537.

104 Oğulukian, *Georg Oğulukyan'ın ruznamesi*, 5–6.

105 *Tarih-i Cevdet*, 8: 175.

106 校订版见 Beydilli, "Kabakçı isyanı"。

107 *Asım tarihi*, 2: 46–52; *Tarih-i Cevdet*, 8: 180–185; *Mustafa Necip Efendi tarihi*, 55–57; *Câbî tarihi*, 1: 145–146; Danacı Yıldız, ed., *Asiler ve gaziler*, 123–125; Beydilli, "Kabakçı isyanı"; Schlechta-Wsserhd, *Revolutionen*, 127–129.

108 Kafadar, "Janissaries and Other Riffraff," 119–125; Piterberg, *Ottoman Tragedy*, 163–183.

109 *Asım tarihi*, 2: 51.

110 İnalcık, "Military and Fiscal Transformation," 300–303.

111 Canbakal, "Vows as Contract in Ottoman Public Life"; Tamdoğan, "Nezir," 259–269.

112 *Asım tarihi*, 2, 98–100; *Mustafa Necib Efendi tarihi*, 70–74; *Tarih-i Cevdet*, 8: 213–214; AMAE: CP Turquie 214: 145（布廷从锡利斯特发来的关于奥斯曼军

队部署情况的报告，1807 年 7 月 26 日); Hurmuzaki, ed., *Documente*, suppl. 1, vol. 2, no. 594, 442–444.

113 *Mustafa Necib Efendi tarihi*, 65–69, 73; *Tarih-i Cevdet*, 8: 186–192, 212–213; Uzunçarşılı, *Alemdar Mustafa Paşa*, 64–69. 关于佩赫利万被阿莱姆达尔·穆斯塔法帕夏刺杀的描述，见 BOA: HAT 54144 (1807 年 7 月)。

114 BOA: C A 21112 (1808 年 2 月).

115 BOA: HAT 59055 (约 1807 年 7 月).

116 *Tarih-i Cevdet*, 8: 192–202.

117 对革命后的城市安全和经济的观察，见 Oğulukian, *Georg Oğulukyan'ın ruznamesi*, 18–24。

118 Kırımlı and Yaycıoğlu, "Heir of Chinghis Khan."

119 BOA: HAT 53809 (1807 年 2 月).

120 BOA: HAT 53657 (1807 年夏).

121 Ibid.

122 Oğulukian, *Georg Oğulukyan'ın ruznamesi*, 19–21.

123 Miller, *Mustapha Pacha Baïraktar*, 256–257.

124 Uzunçarşılı, *Alemdar Mustafa Paşa*, 93–94.

125 *Mustafa Necib Efendi tarihi*, 78–79.

126 关于普鲁士的瓜分计划，见 Ranke, *Hardenberg*, 3: 460–462; Zeeden, *Hardenberg*。

127 关于来自伊斯坦布尔的消息对蒂尔西特谈判的影响，见 Butterfield, *Peace Tactics*, 221–225; Shupp, *European Powers*, 544–550。

128 Napoleon I, *Correspondance*, 15: 12819.

129 Vandal, *Napoléon et Alexandre Ier*, 1: 499–507.

130 Shupp, *European Powers*, 544–550; Driault, *Napoléon et l'Europe*, 113–289.

131 AMAE: CP Turquie 215: 29 (来自鲁塞的关于奥斯曼和俄国官员之间谈判的报告, 1807年9月16日). BOA: C H 5444 (关于谈判的信件, C 1222 / 1807年6月).

132 Ionescu, *Manuc Bei*, 81–84.

133 关于停火谈判，见 AMAE: CP Turquie 215: 17, 19, 21, 23, 29, 33, 36, 41; BOA: C H 5444; Miller, *Mustapha Pacha Baïraktar*, 200–204。

134 Driault, *Études napoléoniennes: La politique orientale de Napoléon*, 215–254; Miller, *Mustapha Pacha Baïraktar*, 256–257.

135 Boppe, *Albanie et Napléon*, 125–273.

136 Driault, *Études napoléoniennes: La politique orientale de Napoléon*: 255–308.

137 *Tarih-i Cevdet*, 6: 135.

138 Juchereau de Saint-Denys, *Révolutions*, 2: 192.

139 Köprülü, "Asım Efendi," 669–670.

140 *Asım tarihi*, 2: 182–208.

141 Schlechta-Wsserhd, *Revolutionen*; Ali Seydi, *Alemdar Mustafa Paşa*; [Mehmed] Efdalüddin [Tekiner], "Alemdar Mustafa Paşa."

142 Uzunçarşılı, *Alemdar Mustafa Paşa*.

143 *Mustafa Necib Efendi tarihi*, 70–100; Arapyan, *Rusçuk âyânı Mustafa Paşa'nın hayatı ve kahramanlıkları*, 7.

144 Juchereau de Saint-Denys, *Révolutions*, 2: 165–188; Prévost, "Constantinople en 1808," 487. 朱舍罗·德圣但尼是奥斯曼国家的军事顾问，阿希尔·费利西泰·普雷沃是大革命期间法国大使馆的秘书。关于拿破仑时代的法国外交事务，见 Whitcomb, *Napoleon's Diplomatic Service*; Dehérain, *Vie de Pierre Ruffin*, in id., *Orientalistes et antiquaires*, 1, pt. 2: 92–93。

145 Miller, *Mustapha Pacha Baïraktar*, 211–227, 268–276.

146 BOA: HAT 54094.

147 *Asım tarihi*, 2: 180–181.

148 Juchereau de Saint-Denys, *Révolutions*, 2: 164.

149 Siruni, "Ramiz Pacha"; Alexandrescu-Dersca-Bulgaru, "Contribution," 77–94.

150 Behiç, "Sevânihü'l-levayıh."

151 *SO*, 3: 615–616.

152 Ionescu, *Manuc Bei*.

153 DanacıYıdız, "Vaka-yı selimiyye" 611–667.

154 *Mustafa Necib Efendi*, 75.

155 *Asım tarihi*, 2: 114; *Tarih-i Cevdet*, 8: 217; Uzunçarşılı, *Alemdar Mustafa Paşa*, 86.

156 Uzunçarşılı, *Alemdar Mustafa Paşa*, 85.

157 BOA: C A 8023 (1808 年 10 月).

158 BOA: HAT 52643-B (1808 年 3 月).

159 Miller, *Mustapha Pacha Baïraktar*, 272.

160 Ibid., 268–277.

161 BOA: HAT 53682.

162 *Asım tarihi*, 2: 191; *Mustafa Necib Efendi tarihi*, 85.

163 BOA: HAT 32139.

164 *Mustafa Necib Efendi tarihi*, 85.

165 Uzunçarsılı, *Alemdar Mustafa Paşa*, 102–111.

166 *Asım tarihi*, 2: 193.

167 Uzunçarşılı, *Alemdar Mustafa Paşa*, 115.

168 *Asım tarihi*, 2: 195–202; *Tarih-i Cevdet*, 8: 298–305; Uzunçarşılı, *Alemdar Mustafa Paşa*, 118–123; "Historische Schilderung der am 28ten July 1808 in Konstantinopel vorgefallenen Thronveränderung," HHStA, Türkei VII-2 (1808).

169 Derin, "Yayla İmamı risalesi," 213–272.

170 *Mustafa Necib Efendi tarihi*, 90.

171 *Asım tarihi*, 2: 195–202; *Tarih-i Cevdet*, 8: 298–305.

172 BOA: Milli Emlaktan devrolunan defterler, no. 11, *Ruzname*; *Şanizade tarihi*, 1: 21–23.

173 TSA: E 1025/2 (1808 年 9 月).

174 *Şanizade tarihi*, 1: 24.

175 *Tarih-i Cevdet,* 8: 324–328; *Câbî tarihi*, 1: 181–187; *Yayla İmamı risalesi*, 247–229; Oğulukian, *Georg Oğulukyan ruznamesi*, 34–36.

176 *Asım tarihi*, 2: 140–142, 162, 174–175; *Câbî tarihi*, 1: 236. 对处决塔亚尔帕夏的评论，见 HHStA: Türkei VII-2, no. 33, 209–214ff. (1808 年 9 月)。

177 1808 年 8 月 18 日那不勒斯驻伊斯坦布尔代表卢多尔夫・奇尔切洛的报告，见 Archivio di Stato di Napoli: Esteri-fasc. 241, inc. 117, 9r–10。也见 Pezzi, *Aspettando la pace*, 88–89。关于价格调控，见 *Câbî tarihi*, 1: 204–217。

178 Koçu, *Türk giyim, kuşam ve süslenme sözlüğü*,194. 另一版本见 Öztelli, *Uyan padişahım*, 203–204。

179 BOA: HAT 23559, 23562.

180 Kadić, *Tarih–i Anwarî*, 147–148.

181 HHStA: Türkei, VII-2 (1808), no. 33, 225–228ff.

182 *Şanizade tarihi*, 1: 62.

183 *Câbî tarihi*, 1: 169.

184 BOA: C S 559 (1808 年 9 月).

185 *Câbî tarihi*, 1: 232.

186 Oğulukian, *Georg Oğulukyan ruznamesi*, 36.

187 HHStA: Türkei, VII-2, no. 34, 232–235ff.

188 *Câbî tarihi*, 1: 218.

189 Ibid., 229.

190 HHStA: Türkei VII-2, no. 30, 159–185ff. (1808 年 9 月 10 日).

191 *Câbî tarihi*, 1: 224–225.

192 Beyhan, ed., *Saray günlüğu*, 246–247.

193 *Câbî tarihi*, 1: 228.

194 *Sanizade tarihi*, 1: 66–68; *Tarih-i Cevdet*, 9: 5–6; Uzunçarşılı, *Alemdar Mustafa Paşa*, 141–142.

195 BOA: C A 15925.

196 *Câbî tarihi*, 1: 233–234.

197 Khoury, *State and Provincial Society*, 166.

198 KM: Hacıoğlu Pazarı şeriye sicili (court record) (1213–1224), no. 337.

199 HHStA: Türkei, VII-2, no. 31, 186–90ff. (1808 年 9 月).

200 Ibid., no. 35, 252–255ff. (1808 年 11 月).

201 Yeşıl, "Nizâm-ı Cedî'ten yeniçeriliğin kaldırılmasına kadar," 179–181.

202 *Yayla İmamı risalesi*, 215–272.

203 *Câbî tarihi*, 1: 241.

204 Pakalın, *Osmanlı tarih deyimleri ve terimleri sözlüğü*, 1: 546–547.

205 *Documente Turceşti Privind Istoria României*, vol. 3, nos. 159, 162.

206 Krasnokutskii, *Dnevnye zapiski poezdki v Konstantinopol' v 1808 godu*, 1–20.

207 *Câbî tarihi*, 1: 214, 224, 225.

208 Ibid., 257, 239.

209 Ibid., 240–247.

210 *Şanizade tarihi*, 1: 98–99; *Câbî tarihi*, 1: 246–251.

211 Sakaoğlu, *Bir mülkün kadın sultanları*, 367.

212 Franz Freiherr von Ottenfels, "Schilderung der letzten Hälfte des Novembers 1808, in Costantinopel vorgefallenen Angelegenheiten," HHStA: Türkei VII-2 (1808 年 11 月).

213 Krasnokutskii, *Dnevnye zapiski poezdki v Konstantinopol' v 1808 godu*, 18–20.

214 Beydilli, "Baba Paşa."

215 俄国外交部，*Vneshniaia politika Rossii XIX i nachala XX veka*, 4: 408。

216 BOA: C A 16171.

217 BOA: C A 34844.

218 BOA: A. DVN 2403/61.

219 BOA: C A 8189; C A 37666; HAT 15701; KM: 112 - (Ruse) 64/5; BOA: A.DVN 2404/20.

220 *SO*, 4: 513.

221 Franz Freiherr von Ottenfels, "Schilderung der letzten Häfte des Novembers 1808, in Constantinopel vorgefallenen Angelegenheiten," HHStA Türkei VII-2 (1808 年 11 月).

222 Ibid.

223 *Şanizade tarihi*, 1: 102.

224 Tanpıar, *Beş şehir*, 226.

225 BOA: HAT 15783.

226 BOA: HAT 15783.

第五章

1 *Vekayi'-i Baba Paşa*, 211.

2 *Şanizade tarihi*, 82.

3 帝国精英的重要成员、总督许斯雷夫帕夏会议期间不在伊斯坦布尔，关于为他制作的《同盟誓约》副本，见 SK: Hüsrev Paş, no. 863。

4 在苏丹令状的副本 BOA: HAT 35242 被发现之前，历史学家无法接触到誓约的原本或立约人的副本，因此只能依赖萨尼扎德和艾哈迈德·杰夫代特帕夏发表的版本。HAT 35242 可在 Akyıldız, "Sened-i İttifak'ın ilk tam metni," 215–222 中找到，英译本见 Akyıldız and Hanioğlu, "Negotiating the Power of the Sultan," 23–30。

5 本章《同盟誓约》的英译基于 Akyıldız and Hanioğlu, "Negotiating the Power of the Sultan"，略有调整。

6 TSA: E 8393-1 (1809 年 10 月).

7 见第三章。

8 大维齐尔一职的转变，见 Yılmaz, "Sultan and the Sultanate"。

9 TSA: E 8393/1.

10 TSA: E 1479/2. 见第 199—200 页。

11 BOA: HAT 15783.

12 关于文牍科，见 Findley, *Bureaucratic Reform*, 51–91。

13 在 HAT 35242 中，穆罕默德·塔赫辛并不在签署人之列，但被列入 *Şanizade tarihi*, 81–82; *Tarih-i Cevdet*, 282–283 及 SK: Hüsrev Paş, no. 863 中。

14 Uzunçarşılı, "Nizam-ı Cedid ricalinden Kadı Abdurrahman Paşa"; Alexandrescu-Dersca-Bulgaru, "Contribution."

15 *SO*, 2: 679. 关于鲁米利亚的行省，见 Georgieva, "Administrative Structure and Government of Rumelia"。

16 İpşirli, "Esad Efendi, Salihzâde."

17 Kılıç, *Osmanlıda seyyidler ve şerifler*, 79–86; Morimoto, ed., *Sayyids and Sharifs*.

18 伊泽特·穆罕默德来自一个官僚家庭，其父阿里夫先生（卒于 1797 年）在帝国国库担任要职；*SO*, 3: 847; Okumuş, "Benlizâde İzzet Mehmed Bey'in sâkînâmesi," 900–910。

19 Panagiotopoulos et al. eds., *Arkheio Ali Pasa*, 1, no. 431.

20 *Câbî tarihi*, 1: 234.

21 *Vekâyi'-i Baba Paşa*, 211.

22 Ahmed Vasıf Efendi, *Mehâsinü'l-âsâr ve hakâikü'l-ahbâr*, 91.

23 在这个连续性的体系中，承诺和义务、担保和责任及其衍生概念承诺人、担保人是誓约的根本。

24 Hallaq, *Sharī'a*, 258–260, 553.

25 Ahmed Cevdet Paşa, *Mecelle-yi ahkam-ı adliye*, 190, no. 612.

26 Ibid., 193, nos. 626, 627.

27 Canbakal, "Vows as Contract in Ottoman Public Life"; Faroqhi, "Räuber, Rebellen und Obrigkeit im osmanischen Anatolien"; Tamdoğan, "Nezir"; Başaran, *Selim III*.

28 关于伊斯兰刑法中的程序问题，见 Peters, *Crime and Punishment in Islamic Law*, 79–91。

29 Schmitt, *Constitutional Theory*, 75.

30 见第四章。

31 Žižek, *For They Know Not What They Do*, 182–197, 205–209.

32 *Şanizade tarihi*, 1: 74–80.

33 Ibid., 74–75.

34 *Tarih-i Cevdet*, 9: 5–8, 278–283; Neumann, *Araç tarih, amaç Tanzimat*, 48–49, 188–189, 204–207.

35 关于 19 世纪奥斯曼历史编纂学，见 Kütükoğlu, "Sultan II. Mahmud devri Osmanlı tarihçiliği"; Kafadar and Karateke, "Late Ottoman and Early Republican Historical Writing"。

36 艾哈迈德·杰夫代特帕夏关于一些外省王朝边缘化的描述，见 *Tarih-i Cevdet*, 10: 117–118 , 194 , 197, 198, 209–219, 11: 23, 48, 87–88; 关于马哈茂德消灭外省王朝政策的解释，见 Hanioğlu, *Brief History*, 60–61; Neumann, "Ottoman Provincial Towns," 142–144; Zürcher, *Turkey*, 33, 41。

37 *Vekâyi'-i Baba Paşa*, 268–269.

38 Philliou, *Biography*, 56–60.

39 *Tarih-i Cevdet*, 12: 166–188; Reed, "Destruction of the Janissaries"; Levy, "Ottoman Ulema"; Yıdzı, *Neferin AdıYok*, 139–221.

40 Ursinus, *Regionale Reformen*; Çadırcı, *Tanzimat döneminde Anadolu kentleri'nin sosyal ve ekonomik yapısı*; Findley, *Bureaucratic Reform*, 140–150; Ortaylı, *Mahalli idareler*, 22–24; Kornrumpf, "Zur Rolle des Osmanischen Meclis."

41 BOA: C D 6239.

42 Kaynar, *Mustafa Reşit Paşa*, 295–301.

43 Namık Kemal, "Usul-ı meşverete dair mektubun birincisi," *Hürriyet* 12 (27 Cemaziye'l-evvel 1285 / 1868 年 9 月 14 日), 6. 引自 Sönmez, "From '*Kanun-ı* Kadim' (Ancient Law) to 'Umum-ı Kuvvet' (Force of the People)"。

44 Mardin, "Freedom"。

45 Menekşe, *İstanbul Camileri*, 41–42; Açıkgözoğlu, "Zeyneb Sultan Külliyesi."

46 Tanör, *Türkiye'de kongre iktidarları, 1918–1920*, 270–285; Kendirici, *Meclis-i Mebusan'dan Türkiye Büyük Millet Meclisine*, 60–100.

47 Ocak, "Milli mücadele'de Çapanoğlu isyanı."

48 Tökin, "Türkiye'de toprak ağalığı; id., "Türkiye'de derebeylik rejimi."

49 Meeker, *Nation of Empire*, 285–317.

50 Fleming, *Muslim Bonaparte*, 18–34; Güthenke, *Placing Modern Greece*, 200; Clayer, "Myth of Ali Pasha," 132–133.

51 Gradeva, "Osman Pazvantoğlu," 135–140.

52 Philip Khoury, *Urban Notables and Arab Nationalism*, 8–52.

53 Di-Capua, *Gatekeepers*, 30–35.

54 Ionescu, *Manuc Bei*, 1–30; Hovnanean, *Mirzayean Manuk Pēyin varuts' patmut'iwnĕ.*

55 Onar, *İare hukukunun umumi esasları*, 147–148; Kubalı, *Türk esas teşkilat hukuku dersleri*, 50; Savcı, "Batılı ilkeler altında demokratikleşme," 10; id., "Osmanlı-Türk reformlarının (ıslahat hareketlerinin) bir batı demokrasisi doğurma çabaları" 114; Abadan and Savcı, *Tükiye'de Anayasa Gelişmelerine bir Bakış*, 19; İhan Akın, *Kamu hukuku*, 301; Tunaya, *Tükiye'nin siyasi hayatında batılılaşma hareketleri*, 25; Özçelik, "Sened-i İttifak," 1–12; Akşin, "Sened-i İttifak ile Magna Carta'nın karşılaştırılması" 115–123; Küçükömer, *Düzenin yabancılaşması*, 56–57.

56 这一模式受到 19 世纪末 20 世纪初欧洲自由主义法律史学家的启发，他们认为现代民主国家是国家与市民社会、国王与议会、权势与权利、中心与边缘、公与私之间数世纪斗争的产物。见 Pollock and Maitland, *History of English Law*; Maine, *Ancient Law*; Pocock, *Ancient Constitution*, 256–258。

57 Lewis et al., "Dustur."

58 Itzkowitz, "Men and Ideas," 12–26.

59 İnalcık, "Sened-i İttifak ve Gülhane Hatt-ı Hümâyûnu," 603–622.

60 Berkes, *Development of Secularism*, 90–92; id., *Türkiye'de çağdaşlaşma*, 509–510. 类似观点见 Tanör, *Osmanlı-Türk anayasal gelişmeleri*, 41–64。

61 Sućeska, *Ajani*, 152–153.

62 Mardin, *Genesis*, 148.

63 *Journal politique* (Leiden), 引自 Salzmann, "Ancien Régime Revisited," 408；Barkey, *Empire of Difference*, 218–224。

64 Kili and Gözübüyük, *Türk anayasa metinleri*, 11–73; Tanör, *Osmanlı-Türk anayasal gelişmeleri*, 117–120, 164–165.

65 İnalcık, "Adaletnameler."

66 Palmer, *Age of the Democratic Revolution*, 1: 503–528.

67 Lewis, "Mashwara"; Erken, "Osmanlıdevleti'nde bir danısma organı" 13–29.

68 Kaminsky, "Estate, Nobility, and the Exhibition of Estate"; Myers, *Parliaments and Estates*; Poggi, *Development*, 36–85; Swan, "French Nobility," 143–146; Madariaga, "Russian Nobility," 225–227; Frost "Nobility of Poland-Lithuania," 184–185.

69 Baker, "Fixing the French Constitution;" 301–304; id., "Political Language," 648–653; Gordon S. Woods, "American Revolution," 610–616.

70 Grześowiak-Krawawics, "Anti-Monarchism," 53–54; Wagner, "Some Comments."

71 Davies, *God's Playground*, 2: 3–130; Sorel, *Eastern Question*, 120–149, 261–262.

结 语

1 Yaşar Kemal, *İnce Memed*, vol. 3: 310。

2 Brewer, *Sinews of Power*, 167–218.

3 DuRivage, *Revolution Against Empire*.

4 Tucker, *Nadir Shah's Quest for Legitimacy*; Jos J. L. Gommans, *The Rise of the Indo-Afghan Empire*.

5 Avrich, *Russian Rebels*, 180–255.

6 Erefe, "Bread and Provisioning."

7 Heyd, "Ottoman *ulema*," 80–96.

8 Hanioğlu, *Brief History*, 55–71.

9 Çelik, *Şeyhü'l-vüzera Koca Hüsrev Paşa*, 415–446.

10 *Vekâyi'-i Baba Paşa*.

11 BOA: HAT 17249.

12 Acun, *Çapanoğulları ve eserleri*, 38–65; Karaca, *Anadolu islahatı*, 17.

13 Aravantinos, *Historia Ali Pasha*; Kardam, *Cizre-Bohtan beyi Bedirhan*; Kamberović, *Husein-kapetan Gradaščević*.

14 Sezer, "Tepedelenli Ali Paşa'nin oğulları"; Kuneralp, *Son dönem Osmanlı erkân ve ricali*, 85.

15 İslamoğlu, "Property as a Contested Domain"; Barkan, "Türk toprak hukuku tarihi tarihinde Tanzimat." 也见 Owen, ed., *New Perspectives* 中的文章。

16 İnalcık, *Tanizamat ve Bulgar meselesi*; Turhan, *Ottoman Empire*. 对巴尔干坦齐马特改革的新解释，见 Blumi, *Reinstating the Ottomans*, 31–95。

17 例如，见 Doumani, *Rediscovering Palestine*, 118–130。

18 Tugay, *Three Centuries: Family Chronicles of Turkey and Egypt*; Hunter, *Egypt under the Khedives*.

19 Osterhammel, *Transformation*, 404.

20 Armitage, *Foundations*, 215–232.

21 Zens, "Pasvanoğu Osman Paş"; Fleming, *Muslim Bonaparte*, 57–69; Güner, *Vehhâbî-Suûdîler*, 201–214.

22 Brown, *Rise of Western Christendom*, 21.

23 近期关于帝国向民族国家过渡的著作，见 Anscombe, *State, Faith and Nation*, 121–218; Kayalı, *Arabs and Young Turks*, 30–51; Yosmaoğlu, *Blood Ties*, 48–77; M. A. Reynolds, *Shattering Empires*, 140–166。

24 Zandi-Sayek, *Ottoman Izmir*, 75–114; Ursinus, *Regionale Reformen*, 189–233; Çadırcı, *Tanzimat döneminde Anadolu kentleri'nin sosyal ve ekonomik yapıları*; Ortaylı, *Tanzimattan cumhuriyete yerel yönetim geleneği*.

25 Hanioğlu, *Brief History*, 72–149.

26 关于奥斯曼显要中的阿尔巴尼亚民族主义者，见 Birecikli, *Political Activities of Ismail Kemal Bej Vlora*; Avlonyalı Ekrem Bey, *Osmanlı Arnavutluk'undan anılar*。奥斯曼显要在叙利亚民族国家构建中的角色，见 Philip Khoury, *Urban Notables*, 58–74; Campos, *Ottoman Brothers*, 224–244; Pappe, *Rise and Fall*, 246–282; Gelvin, *Divided Loyalties*, 82–85。

27 Güthenke, *Placing Modern Greece*, 200; Clogg, *Concise History of Greece*, 29, 39, 41–42.

28 Clayer, "Myth of Ali Pasha"; id., *Aux origines du nationalisme albanais*, 442–443; Di-Capua, *Gatekeepers*, 30–35.

29 Tanör, *Türkiye'de kongre iktidarları*, 93–155, 252–283; Findley, *Turkey, Islam, Nationalism and Modernity*, 192–305; Zürcher, *Young Turk Legacy*, 137–138; Ocak, "Milli Mücadele'de Çapanoğlu isyanı"; Kendirci, *Meclis-i Mebusan'dan Türkiye Büyük Millet Meclisine*, 51–100; Frey, *Turkish Political Elite*, 184–191.

人名对照表
（按拼音顺序排列）

A

阿卜迪 Abdi

阿卜杜勒–哈米德一世 Abdülhamid I

阿卜杜勒–哈米德二世 Abdülhamid II

阿夫多·苏杰斯卡 Avdo Sućeska

阿拉丁帕夏 Alaeddin Pasha

阿里·卡比尔 Ali al-Kabir

阿里尔·萨尔兹曼 Ariel Salzmann

阿里夫先生 Arif Efendi

阿里帕夏（贾尼克） Ali Pasha (Canik)

阿里帕夏（约阿尼纳 / 台佩莱纳） Ali Pasha (Ioannina/Tepelenë)

阿纳托利·菲利波维奇·米勒 Anatolii Filippovich Miller

阿希尔·费利西泰·普雷沃 Achille Félicité Prévost

埃贝·塞利姆 Ebe Selim

埃布·贝基尔先生 Ebû Bekir Efendi

埃德蒙·伯克 Edmund Burke

埃明·帕夏扎德·穆罕默德·埃明 Emin Paşazade Mehmed Emin

埃萨德先生（约阿尼纳） Esad Efendi (of Ioannina)

埃斯马苏丹 Esma Sultan

埃西耶德·阿卜杜拉·拉米兹帕夏 Esseyyid Abdullah Ramiz Pasha

艾伯特·胡拉尼 Albert Hourani

艾哈迈德· 雷斯米先生 Ahmed Resmî Efendi

艾哈迈德·哈姆迪·坦珀纳尔 Ahmet Hamdi Tanpınar

艾哈迈德·哈塞基 Ahmed Haseki

艾哈迈德·杰夫代特帕夏 Ahmed Cevdet Pasha

艾哈迈德·萨基尔先生 Ahmed Şakir Efendi

艾哈迈德·瓦西夫先生 Ahmed Vasıf Efendi

爱德华·吉本 Edward Gibbon

安托万·朱舍罗·德圣但尼 Antoine Juchereau de Saint-Denys

安托万–伊尼亚斯·梅林 Antoine-Ignace Melling

奥拉斯·塞巴斯蒂亚尼 Horace Sébastiani

奥斯曼·帕兹万特奥卢 Osman Pazvantoğlu

奥托卡尔–玛丽亚·冯·施勒希塔–弗泽尔德 Ottokar-Maria Von Schlechta-Wsserhd

B

巴基·泰兹詹 Baki Tezcan

贝蒂尔·巴沙兰 Betül Başaran

贝纳德·刘易斯 Bernard Lewis

本吕·帕索 Bönlü Paşo

比尔吉维 Birgivi

彼得·布朗 Peter Brown

伯纳德·刘易斯 Bernard Lewis

博戈什·塞巴斯蒂安 Bogos Sébastian

布劳顿男爵 Baron Broughton

C

查尔斯·阿巴思诺特 Charles Arbuthnot

查尔斯·梅尔 Charles Maier

查希尔·奥马尔 Zahir al-Umar

D

达蒂维兰奥卢·穆罕默德 Dağdevirenoğlu Mehmed

大穆夫提阿塔乌拉先生 Grand Mufti Ataullah Efendi

大卫·阿米蒂奇 David Armitage

大卫·索金 David Sorkin

代内巴什 Denebaş

丹尼尔·洛德·斯梅尔 Daniel Lord Smail

道格拉斯·诺思 Douglas North

德温·德威斯 Devin DeWeese

迪里扎德·埃西耶德·阿卜杜拉 Dürrizade Esseyyid Abdullah

蒂尔西尼克利·伊斯梅尔阿迦 Tirsinikli İsmail Agha

蒂莫西·米切尔 Timothy Mitchell

F

法提赫·耶希尔 Fatih Yeşil

菲尔代夫西·埃明 Firdevsi Emin

菲利普·库恩 Philip Kuhn

费齐贝扎德·穆罕默德 Feyzibey-zade Mehmed Efendi

冯·施蒂尔默 von Stürmer

弗朗茨・冯・奥滕费尔斯 Freiherr Franz Von Ottenfels
佛朗哥・文图里 Franco Venturi

H

哈蒂杰苏丹 Hadice Sultan
哈菲兹・伊斯梅尔 Hafız İsmail
哈吉・艾哈迈德阿迦 Hacı Ahmed Agha
哈吉・拜克塔什 Hacı Bektaş
哈吉・哈桑 Hacı Hasan
哈吉・穆罕默德・埃明阿迦 Hacı Mehmed Emin Agha
哈吉・易卜拉欣先生 Hacı İbrahim Efendi
哈立德・法赫米 Khaled Fahmy
哈利勒・哈米德帕夏 Halil Hamid Pasha
哈利勒・伊纳尔哲克 Halil İnalcık
哈桑・塔赫辛 Hasan Tahsin
侯赛因・格拉达什切维奇 Hüseyin Gradaščević
侯赛因・许斯尼 Hüseyin Hüsnü
胡尔希特・艾哈迈德帕夏 Hurşit Ahmet Pasha

J

基斯・贝克 Keith Baker
吉赫特奥卢 Cihhetoğlu
吉耶米诺 Guilleminot
季米特里奥斯・帕帕斯塔蒂乌 Demetrios Papastamatiou
加比先生 Câbî Efendi
加拉塔勒・侯赛因 Galatalı Hüseyin

加利布（诗人） Galib (poet)

加利布先生 Galib Efendi

加齐扎德·阿卜杜勒－拉蒂夫先生 Gazzizade Abdullatif Efendi

加武尔·伊马姆 Gavur İmam

贾布巴尔奥卢·苏莱曼 Cabbaroğlu Süleyman

贾扎尔·艾哈迈德帕夏 Jazzar Ahmad Pasha

简·哈撒韦 Jane Hathaway

杰拉勒丁·恰潘奥卢 Celaleddin Çapanoğlu

杰马尔·卡法达尔 Cemal Kafadar

居尔居·奥斯曼帕夏 Gürcü Osman Pasha

K

卡巴克彻奥卢·穆斯塔法 Kabakçıoğlu Mustafa

卡迪·阿卜杜勒－拉赫曼帕夏 Kadı Abdurrahman Pasha

卡迪·奇拉伊 Kadı Çırağı

卡尔·施密特 Carl Schmitt

卡赫韦吉奥卢·穆斯塔法阿迦 Kahvecioğlu Mustafa Agha

卡拉奥斯曼奥卢·奥马尔 Ömer Karaosmanoğlu

卡拉奥斯曼奥卢·哈吉·侯赛因 Karaosmanoğlu Hacı Hüseyin

卡拉伊吉扎德·穆斯塔法阿迦 Kalaycizade Mustafa Agha

卡利昂库·阿里 Kalyoncu Ali

卡伦·巴基 Karen Barkey

凯末尔·贝伊迪尔利 Kemal Beydilli

凯末尔·卡尔帕特 Kemal Karpat

凯滕吉奥卢·阿里 Ketencioğlu Ali

康奈尔·弗莱舍 Cornell Fleischer

康斯坦丁·伊普希兰蒂 Constantinos Ipsilantis

柯普吕律·穆罕默德帕夏 Köprülü Mehmed Pasha

柯塞·穆萨 Köse Musa

柯塞帕沙奥卢·哈菲兹·艾哈迈德阿迦 Kösepaşaoğlu Hafız Ahmed Agha

科贾·塞克班巴什 Koca Sekbanbaşı

科贾·优素福帕夏 Koca Yusuf Pasha

科奇博伊努祖·希勒米·易卜拉欣帕夏 Keçiboynuzu Hilmi İbrahim Pasha

科扎尔科·侯赛因 Kozarko Hüseyin

克里斯蒂娜·菲利奥 Christine Philliou

克里斯托夫·诺依曼 Christoph Neumann

克里斯托弗·艾伦·贝利 Christopher Alan Bayly

库楚克·侯赛因帕夏 Küçük Hüseyin Pasha

L

拉吉布·沙米 Ragıb al-Shami

理查德·乔治 Richard George

卢多尔夫·奇尔切洛 Ludolf a Circello

路易·杜佩雷 Louis Dupré

罗伯特·罗斯韦尔·帕尔默 Robert Roswell Palmer

M

马哈茂德·伯吕克巴希 Mahmud Bölükbaşı

马哈茂德·拉伊夫先生 Mahmud Raif Efendi

马哈茂德·扎伊姆 Mahmud Zâim

马哈茂德一世 Mahmud I

马哈茂德二世 Mahmud II

马纳甫·易卜拉欣 Manav İbrahim

马努克·米尔扎扬 Manuk Mirzayan

玛丽–洛尔·勒盖 Marie-Laure Legay

毛拉·穆斯塔法 Molla Mustafa

毛拉·伊德里斯（维丁） Molla İdris (of Vidin)

梅里利·S. 格林德尔 Merilee S. Grindle

梅米什先生 Memiş Efendi

米切尔森将军 General Michelson

米特吉姆·艾哈迈德·阿希姆 Mütercim Ahmed Asım

米歇尔·福柯 Michel Foucault

米许尔达扎德·哈吉·阿卜杜勒–拉赫曼 Mühürdarzade Hacı Abdurrahman

穆罕默德·阿里（卡瓦拉） Muhammad Ali (of Kavala)

穆罕默德·阿里帕夏（埃及） Muhammad Ali Pasha (of Egypt)

穆罕默德·阿泽姆 Muhammad al-‘Azm

穆罕默德·埃明·贝希奇先生 Mehmed Emin Behiç Efendi

穆罕默德·德尔维什 Mehmed Derviş

穆罕默德·哈克 Mehmed Hakkı

穆罕默德·坚吉兹·盖拉伊 Mehmed Cengiz Geray

穆罕默德·卡拉奥斯曼奥卢 Mehmed Karaosmanoğlu

穆罕默德·卡拉伊兰奥卢 Mehmed Karayılanoğlu

穆罕默德·萨利赫 Mehmed Salih

穆罕默德·塔赫辛 Mehmed Tahsin

穆罕默德·谢里夫先生 Mehmed Şerif Efendi

穆罕默德二世 Mehmed II

穆赫辛扎德·穆罕默德帕夏 Muhsinzade Mehmed Pasha

穆斯塔法·巴伊拉克塔尔（阿莱姆达尔·穆斯塔法帕夏） Mustafa Bayraktar

(Alemdar Mustafa Pasha)

穆斯塔法・凯末尔 Mustafa Kemal

穆斯塔法・雷菲克 Mustafa Refik

穆斯塔法・内吉布 Mustafa Necib

穆斯塔法四世 Mustafa IV

N

拿破仑・波拿巴 Napoleon Bonaparte

纳米克・凯末尔 Namık Kemal

内齐尔阿迦 Nezir Agha

尼古拉・鲁勉采夫 Nikolay Rumyantsev

诺曼・伊茨科维茨 Norman Itzkowitz

P

帕拉斯勒・穆罕默德帕夏 Palaslı Mehmed Pasha

帕特罗纳・哈利勒 Patrona Halil

佩赫利万・易卜拉欣阿迦（巴巴帕夏） Pehlivan İbrahim Agha (Baba Pasha)

皮埃尔・拉芬 Pierre Ruffin

普罗塔・马蒂亚・内纳多维奇 Prota Matija Nenadovic

Q

齐什托维利 Ziştovili

恰潘奥卢・苏莱曼 Çapanoğlu Süleyman

钱达尔勒・哈伊尔丁 Çandarlı Hayreddin

切莱比・穆斯塔法帕夏 Çelebi Mustafa Pasha

S

萨利赫扎德·艾哈迈德·埃萨德 Salihzade Ahmed Esad

萨尼扎德·阿塔乌拉先生 Şanizade Ataullah Efendi

赛义德·蒂尔西尼克利·伊斯梅尔阿迦 Seyyid Tirsinikli İsmail Agha

赛义德·穆斯塔法 Seyyid Mustafa

赛义德·易卜拉欣 Seyyid İbrahim

斯拉沃热·齐泽克 Slavoj Žižek

斯坦福·肖 Stanford Shaw

斯特凡诺斯·米西奥斯 Stefanos Misios

苏丹穆斯塔法汗 Sultan Mustafa Khan

苏格拉底·佩特梅萨斯 Sokrates Petmezas

苏莱曼·佩纳先生 Süleyman Penah Efendi

苏莱曼三世 Selim III

苏珊·雷诺兹 Susan Reynolds

T

塔列朗 Talleyrand

塔亚尔·马哈茂德（贾尼克） Tayyar Mahmud (of Canik)

泰佩代伦利·维利帕夏 Tepedelenli Veli Pasha

图尔弗鲁·穆罕默德·西帕希 Turfullu Mehmed Sipahi

W

韦利帕夏 Veli Pasha

乌贝杜拉赫·库什马尼 Ubeydullâh Kuşmânî

X

希勒米·易卜拉欣帕夏 Hilmi İbrahim Pasha

希里内·哈马德 Shirine Hamadeh

先知穆罕默德 Prophet Muhammad

小威廉·皮特 William Pitt the Younger

谢里夫·马尔丁 Şerif Mardin

许斯雷夫帕夏 Hüsrev Pasha

Y

亚克玛兹奥卢 Yakmazoğlu

亚历山大· 穆鲁齐斯 Alexander Mourouzis

亚历山大· 普罗佐罗夫斯基 Alexander Prozorovsky

亚历山大· 苏佐 Alexander Soutzo

亚历山大·格里戈里耶维奇·克拉斯诺库茨基 Aleksandr Grigor’evich Krasnokutskii

亚历山大一世 Alexander I

亚瑟·佩吉特 Arthur Paget

亚沙尔·凯末尔 Yaşar Kemal

亚武兹·切扎尔 Yavuz Cezar

亚伊拉·伊玛米 Yayla İmamı

耶恩·奥斯曼帕夏 Yeğen Osman Pasha

耶勒克奥卢·苏莱曼 Yılıkoğlu Süleyman

叶卡捷琳娜二世 Catherine II

叶梅利扬·普加乔夫 Yemelyan Pugachev

伊恩·科勒 Ian Coller

伊沙克帕夏 İshak Pasha

伊斯梅尔（塞雷） İsmail (of Serres)

伊斯梅尔·哈克·乌尊恰尔舍勒 İsmail Hakkı Uzunçarşılı

伊斯梅尔·拉赫米 İsmail Rahmi

伊斯梅尔阿迦（鲁塞） İsmail Agha (of Ruse)

伊泽特·穆罕默德 İzzet Mehmed

易卜拉欣·哈克（埃尔祖鲁姆） İbrahim Hakkı (of Erzurum)

易卜拉欣·穆特菲里卡 İbrahim Müteferrika

易卜拉欣·内西姆 İbrahim Nesim

易卜拉欣帕夏（鲁米利亚省总督） İbrahim Pasha (the governor of the Rumelia provinces)

优素福·齐亚帕夏 Yusuf Ziya Pasha

优素福阿迦 Yusuf Agha

约翰·达克沃思 John Duckworth

约翰·麦克唐纳·金内尔 John Macdonald Kinneir

约瑟菲娜皇后 Empress Josephine

Z

朱利安·斯旺 Julian Swann